Axel Dreyer, Christian Antz (Hrsg.)
Kulturtourismus

Lehr- und Handbücher zu Tourismus, Verkehr und Freizeit

Herausgegeben von
Univ.-Prof. Dr. Walter Freyer

Kulturtourismus

Herausgegeben von
Axel Dreyer, Christian Antz

3., völlig neu bearbeitete Auflage

DE GRUYTER
OLDENBOURG

ISBN 978-3-486-58258-1
e-ISBN (PDF) 978-3-486-71102-8
e-ISBN (EPUB) 978-3-11-039832-8

Library of Congress Control Number: 2020940968

Bibliografische Information der Deutschen Nationalbibliothek
Die Deutsche Nationalbibliothek verzeichnet diese Publikation in der Deutschen Nationalbibliografie; detaillierte bibliografische Daten sind im Internet über http://dnb.dnb.de abrufbar.

Umschlaggestaltung: Imgorthand / E+ / getty images
Satz: le-tex publishing services GmbH, Leipzig
Druck und Bindung: CPI books GmbH, Leck

www.degruyter.com

Geleitwort des „Deutschen Tourismusverbands" (DTV)

Liebe Leserin, lieber Leser,

wie der Deutschlandtourismus insgesamt, steht auch der Kulturtourismus in Deutschland im Zeichen von Veränderung. Über lange Zeit galt die Gleichung Kulturtourismus = Städtetourismus. Mittlerweile hat er aber eine Vielzahl von Gesichtern ausgeprägt – städtische, ländliche, grüne oder kulinarische. So weist der *GfK Destination-Monitor* 2018 noch den Besuch kultureller Sehenswürdigkeiten als wichtigste Aktivität der deutschen Gäste im Urlaub aus. Wenn wir aber gleichzeitig sehen, dass der Aufenthalt in der Natur für Urlauber eine ebenso hohe Bedeutung gewinnt, lädt dies zum Weiterdenken und Weiterarbeiten ein. Vielleicht kann die Corona-Krise, die den Tourismus und die Kultur gleichermaßen schwer getroffen hat, hier sogar noch zu einem Katalysator werden.

Auch deswegen verfolgte der DTV von 2015 bis 2019 gemeinsam mit zahlreichen Partnern das Projekt „Die Destination als Bühne", in dem Tourismusregionen und Akteure aus dem Kulturbereich gemeinsam Strategien für den Erfolg des Kulturtourismus im ländlichen Raum erarbeiteten. Auch hier zeigte sich: Veränderung bestimmt den Alltag. Nicht nur, dass Kulturtourismus den Weg Richtung ländliche Regionen eingeschlagen hat, auch die Anforderungen an die Kulturverantwortlichen und Tourismusorganisationen (DMOs) verändern sich rasant. Gerade im ländlichen Raum kann der Tourismus das kulturelle Angebot für die Einheimischen sichern. Wenn wir über Veranstaltungen als Reiseanlass hinausdenken, können – mit zeitgemäßen Konzepten – beispielsweise Schlösser, Guts- und Herrenhäuser sowie Gartenanlagen und Parks ihr Potenzial und ihre Anziehungskraft voll ausspielen. So kann ein produktives Zusammenspiel in strukturschwachen Regionen zum Motor für Einkommen, Beschäftigung und nachhaltige Entwicklung werden. Dafür müssen allerdings DMOs ebenso wie Kulturschaffende den Blick über den eigenen Tellerrand hinaus riskieren, zusammenarbeiten und Bündnisse schmieden.

Erfolgversprechende Best-Practice-Beispiele entstehen bereits überall in Deutschland. Deswegen bemüht sich der DTV auch um eine neue Grundlagenuntersuchung des Bundes für diesen Bereich. Die letzte stammt aus dem Jahr 2006 und fokussierte naturgemäß noch auf das Zusammenspiel von Städte- und Kulturtourismus. Gerade zu einem Zeitpunkt, wo die Bundesregierung eine nationale Tourismusstrategie erarbeitet, wünschen wir uns, dass dieses für Deutschland wichtige Thema Kultur sehr viel mehr Berücksichtigung darin findet.

Das große Potenzial des Kulturtourismus kann nur durch gemeinsame Anstrengungen gehoben werden. Am größten ist die Aussicht auf Erfolg, wenn die Rollen klar verteilt sind: eine DMO, die sich als Moderator, als Dirigent begreift, und aktive Kulturschaffende, die es verstehen, überregionale Leuchttürme und auch kleinere Angebote

https://doi.org/10.1515/9783486711028-201

gut miteinander zu vernetzen. Als DTV setzen wir uns seit Jahren für ein konstruktives Miteinander ein – zwischen den unterschiedlichen politischen Ebenen, zwischen den Verbänden und genauso auch zwischen den Tourismus- und Kulturpartnern. Weil wir mit gebündelten Interessen und gebündeltem Know-how viel mehr erreichen können, als viele kleine Initiativen nebeneinander das vermögen, führen Kooperation und Vernetzung zu höheren Erfolgsaussichten.

Bei allem Enthusiasmus und Potenzial muss uns klar sein: Eine solche Veränderung geht nicht von heute auf morgen. Sie braucht Zeit, Geduld und am besten von vorneherein eine langfristige Perspektive. Aber vielleicht kann gerade hier der Tourismus am meisten von der Kultur profitieren. Denn wie sagte schon Hippokrates: „Das Leben ist kurz, die Kunst währet lange.“

In diesem Sinn wünschen wir Ihnen eine spannende Lektüre und viele neue Erkenntnisse mit diesem lange überfälligen Grundlagenwerk zum Kulturtourismus.

Reinhard Meyer
Deutscher Tourismusverband e. V.
Präsident

Norbert Kunz
Deutscher Tourismusverband e. V.
Geschäftsführer

Vorwort der Herausgeber

Als „Heimaturlaub“ bezeichnet der Zukunftsforscher Horst Opaschowski Reisen im eigenen Land. Diese boomen derzeit und haben sehr viel mit der verstärkten Sinnorientierung im Tourismus der 2010er und 2020er Jahre sowie mit der Suche nach der eigenen Kultur und den persönlichen Wurzeln zu tun. Krisen in Wirtschaft, Politik oder Gesundheit, wie die Corona-Pandemie, werden den Trend weg von Internationalität und Anonymität hin zu Regionalität und Identität auf dem Reisemarkt weiter stärken. Alltags- und Hochkultur können dabei zu tragenden Säulen der Tourismuswirtschaft werden. Diese Entwicklungen aufgreifend wird deshalb nach über 20 Jahren eine vollständig neu erarbeitete Ausgabe des Standardwerks zum Kulturtourismus vorgelegt. Obwohl sogar der Eingangssatz zum Vorwort der ersten Auflage aus dem Jahr 1996 noch heute Gültigkeit besitzt – „Der Kulturtourismus mit seinen wesentlichen Ausprägungen – Städtereisen, Reisen zu Musicals und Veranstaltungen, Studienreisen etc. – gehört zu den boomenden Reisearten in Deutschland. Die wirtschaftliche Bedeutung für die Städte, aber auch für ländliche Regionen steigt.“ –, war von vorneherein klar, dass der gesamte Inhalt auf den Prüfstand kommen und eine Neuorientierung erhalten musste. Zwar ist die Grundstruktur des Werks mit einführenden, eher allgemein gehaltenen Beiträgen zum Kulturtourismus, gefolgt von zahlreichen Artikeln zu den einzelnen Erscheinungsformen, bestehen geblieben. Dennoch sind alle Beiträge neu recherchiert und verfasst worden. Es liegt in der Natur der Sache, dass in diesem Zusammenhang und nach so vielen Jahren auch zahlreiche neue Autorinnen und Autoren gefunden werden mussten.

Der Beharrlichkeit meines Freundes und Kollegen Christian Antz, dem ich schon seit den Anfängen meiner Professur an der Hochschule Harz durch seine Tätigkeit im Wirtschaftsministerium Sachsen-Anhalt verbunden bin, ist es zu verdanken, dass das Vorhaben nicht ins Stocken geraten und zu einem Abschluss gekommen ist. Als Netzwerkern ist es uns geglückt, bundesweit agierende Expertinnen und Experten aus Wissenschaft und Praxis zusammenzuführen. Am Ende ist damit auch ein Kooperationsprojekt der beiden im Tourismus etablierten Hochschulen, der Hochschule Harz in Wernigerode und der Fachhochschule Westküste in Heide, entstanden.

Gemeinsam legen wir nun eine Publikation vor, die eine Mischung aus eher grundlegenden und stärker praxisorientierten Beiträgen darstellt. Obwohl inzwischen eine Reihe weiterer Bücher zum Kulturtourismus in seiner Gesamtheit erschienen sind, hebt sich das vorliegende Werk durch seine Schwerpunktsetzung und Interdisziplinarität von anderen deutlich ab und findet dadurch seinen Platz in der Wissenschaftslandschaft. Im Lauf der Jahre sind darüber hinaus eine Reihe von Monografien zu Spezialthemen des Kulturtourismus erschienen, wie z. B. zum Filmtourismus oder zum Architekturtourismus. Uns ist es gelungen, auch diese neueren Erscheinungsformen mit Einzelbeiträgen abzudecken. Ein ganz großer Dank gilt

https://doi.org/10.1515/9783486711028-202

allen Autorinnen und Autoren für ihre Mitwirkung, aber auch für ihre Geduld und Bereitschaft zur Überarbeitung von Manuskripten.

Noch ein Dank! Ein Buch in der vorliegenden Form benötigt viele denkende Köpfe und helfende Hände. Ich danke insbesondere Claudia Kepke M. A. für den Kontakt zu den Autorinnen und Autoren sowie jegliche Unterstützung bei der Erstellung des Manuskripts. Dr. Ilka Backmeister-Collacott hat sich mit dem Lektorat um den Lesefluss und das Textverständnis äußerst verdient gemacht. Und auch meine wissenschaftliche Hilfskraft Katharina Dröge hat uns sehr unterstützt. Gerne hebe ich an dieser Stelle ganz besonders die engagierte und unbürokratische Zusammenarbeit mit Kathleen Herfurth M. A., die das Buch im Verlag De Gruyter betreut hat, hervor. So bereitet das Schaffen Freude!

Prof. Dr. Axel Dreyer	Prof. Dr. Christian Antz
Wernigerode/Braunschweig	Heide/Magdeburg

Inhalt

Abbildungsverzeichnis

https://doi.org/10.1515/9783486711028-203

Tabellenverzeichnis

https://doi.org/10.1515/9783486711028-204

Christian Antz

1 Geschichte des Kulturtourismus

Warum Menschen zu allen Zeiten authentische Kulturstätten aufsuchen

Zusammenfassung: Allen Prognosen zufolge handelt es sich beim Kulturtourismus auch weiterhin um einen Wirtschaftsmarkt, der europaweit wächst, insbesondere beim Kulturtourismus im weiteren Sinn (vom Alltags- über die Hoch- bis zur Genusskultur). Die gesamtökonomischen Wirkungen von Kultur und Kulturtourismus sind relativ groß und reichen von einer einkommensstarken Zielgruppe bis zu einem sekundären Imageeffekt. Trotzdem entwickelt sich der Begriff des Kulturtourismus – wie die tourismuswissenschaftliche und -wirtschaftliche Beschäftigung mit der Kultur als zentrales Reisemotiv – erst Ende der 1980er-Jahre. Langfristigen Erfolg im Kulturtourismus verspricht von der Angebotsseite her nur die Authentizität der präsentierten Kultur, die sich aus der Aura des historischen Originals sowie dem gelebten Bewusstsein der Bevölkerung zusammensetzt. Dass dies schon seit der Antike so war und sich über alle Epochen gleichermaßen weiterentwickelte, ist ein Phänomen, das auch bei der Gestaltung der Zukunft der Kulturreise berücksichtigt werden sollte. Kultur muss immer interessant und darf nicht langweilig vermittelt werden. Noch mehr Menschen können erreicht werden, wenn der Kulturtourismus langfristig nicht nur Bedürfnisse befriedigt, sondern Sehnsüchte weckt.

Schlagwörter: Kulturtourismus, Kulturreise, Italienreise, Grand Tour, Bildungsreise, Pilgerreise

1.1 Begriffsbestimmung und Abgrenzung

„Kulturtourismus – wie viel ließe sich über dieses Thema sagen, wenn man nur etwas wüsste!“ Dieser Ausruf – frei nach dem Schriftsteller Robert Gernhardt auf unser Thema übertragen – soll uns gleich am Anfang bewusst machen – und muss dies leider auch am Ende wieder tun –, dass es keine einzige Definition für Kulturtourismus in der Vergangenheit wie in der Gegenwart gibt. Dazu sind die Themen und die Akteure, die Anbieter und die Nachfrager, die Produkte und die Märkte sowie deren Geschichte zu unterschiedlich. Doch sollten wir nicht verzweifelt die Flinte ins Korn werfen, denn es existieren mittlerweile erprobte und beschriebene kulturwirtschaftliche Strategien, um trotz der Differenziertheit eine definitorische Eingrenzung zu beschreiben, eine historische Entwicklung aufzuzeigen und damit auch künftig eine kulturtouristische

Prof. Dr. Christian Antz, Kunsthistoriker und Kulturmanager, Honorarprofessor für Slow Tourism, Institut für Management und Tourismus (IMT), Fachhochschule Westküste, Heide

https://doi.org/10.1515/9783486711028-001

Wertschöpfung zu erreichen. Zunächst soll es uns um die Definition, die Arten und die Kunden des Kulturtourismus gehen (vgl. im Folgenden Antz 2008; Heinze 1999; Steinecke 2007). Nach der Analyse von Angebot und Nachfrage im Kulturtourismus sollen diese Rahmenbedingungen auf die Geschichte angewandt und die Entwicklungen der letzten 2.000 Jahre gerafft dargestellt und ausdifferenziert werden. Am Ende wird sich gleichfalls die Frage der Positionierung des Kulturtourismus in der Zukunft stellen.

Die Kulturreise ist so alt wie die Menschheit – die Neugier auf die Kultur der Anderen brachte die Menschen in Bewegung

Reisen – sich mit einem Ziel oder Motiv von einem Ort zum nächsten bewegen – gibt es, seitdem der Mensch in Dörfern sesshaft geworden ist, und noch intensiver, seit er Städte gegründet hat. Kulturtourismus, der Besuch bedeutsamer Bauten, Kunstwerke, Bildungs- und Aufführungsstätten, ist neben dem Geschäftstourismus, verbunden mit der beruflich bedingten Produktion und dem Handel von Waren, und dem spirituellen Tourismus, dem eher privat orientierten Besuch religiöser und kultischer Stätten, eine der drei ursprünglichen Reiseformen überhaupt. Doch auch in Kriegen, die es seit Entstehen der Menschheit ebenfalls gibt, können kulturtouristische Erfahrungen zentral sein, ob dabei ganze Gesellschaftskulturen zielgerichtet zerstört oder adaptiert werden. Dabei spielt das Kulturerlebnis und der daraus entstehende Kulturtransfer im Geschäfts- wie im spirituellen Tourismus eine zusätzlich zu berücksichtigende Rolle. Der Mitnahmeeffekt war damals wie heute oft beträchtlich, obwohl man sich – über alle Zeiten hinweg – möglicherweise nicht als Kulturreisender bezeichnet hätte.

Obwohl die Kulturreise durchgängig die Menschheits- und somit die Tourismusgeschichte begleitet hat, wurden sich die Tourismuswissenschaft wie die -wirtschaft erst Ende des 20. Jahrhunderts der Kultur als Reisemotiv bewusst. Dies rührt wahrscheinlich einerseits daher, dass die Bildungs- und Kulturreise bis 1945 so tief im Selbstverständnis des Reisens an sich verankert war, dass sie thematisch nicht gesondert herausgearbeitet wurde. Die Kulturreise war die eigentliche Reise, obwohl sie sich schon in ihre Einzelbestandteile aufzulösen begann. Und der Reisende war per se ein Kulturreisender. Andererseits entwickelten sich nach 1945 rasant die Tendenzen zu Erholungs-, Konsum- oder Erlebnisorientierung im Tourismus, sodass die schullehrerhafte Variante der Kulturreise ganz aus dem Fokus der wirtschaftlichen und der wissenschaftlichen Betrachtung verschwand. Grundlegend hatten Wirtschaftswunder wie 1968er-Revolte in geballter Breitseite das traditionelle Kulturbild in Deutschland und Europa niedergewalzt.

Das Zerbrechen von und die darauf folgende Sehnsucht nach Wertetraditionen führt die Menschen verstärkt auf historische Spuren

Erst mit dem Rückbesinnen auf die Wertetradition Deutschlands und Europas im Zuge der friedlichen Revolutionen um 1990 entwickelte sich der Wunsch, diese Kulturstätten wieder bewusst aufzusuchen. Jeder kannte ja noch schemenhaft und lehrbuchhaft Goethe und Weimar, aber hatte es diese Biografien und Wirkungsstätten auch real gegeben? Jetzt ergab sich die Möglichkeit und entwickelte sich das Bedürfnis, die knarzenden Bretter klassizistischer Häuser selbst zu besuchen, die Aura und Authentizität zu spüren, obwohl beispielsweise das Weimarer Goethehaus in Teilen und das Frankfurter in Gänze eine Rekonstruktion der Nachkriegszeit sind. Um es den wieder als wissbegierige Kunden aufzubauenden Kulturreisenden einfacher zu machen, wurden kulturelle Leuchttürme mit dem „UNESCO-Welterbe"-Label in Deutschland ausgezeichnet und gemeinsam präsentiert, kulturelle Netzwerke zu jährlich wechselnden Themenjahren zusammengeschlossen, wie 1986 das „Asam-Jahr" in Ostbayern oder 1996 das „Luther-Jahr" in Deutschland, oder zu dauerhaften geografischen Routen gebündelt, wie 1990 die „Deutsche Fachwerkstraße" oder 1993 die „Straße der Romanik" in Sachsen-Anhalt.

Diese Produktpolitik hatte mehr oder weniger Erfolg, je nachdem ob das kulturelle Thema auch ein entsprechendes Gegenüber als Nachfrager hatte, wie eng kulturelle Anbieter und Touristiker gemeinsam und in eine Richtung an einem Seil zogen, beziehungsweise wie eindeutig und penetrierend das Marketing für das jeweilige kulturelle Thema war. Dessen ungeachtet gebührt Klemens Unger, dem damaligen Geschäftsführer des Fremdenverkehrsverbands Ostbayern, der Ruhm, in der praktischen sowie wissenschaftlichen Diskussion den Begriff des „Kulturtourismus" in Abgrenzung zur altehrwürdigen Studienreise als neues Dachthema für alle kulturell bedingten Reisen 1986 zu benennen. Mehr als 2.000 Jahre sind Menschen auf den kulturellen Spuren ihrer Artgenossen gereist, ohne dass dafür ein wissenschaftlich tragfähiger, aber dennoch vielseitig interpretierbarer Begriff gefunden worden wäre. Nun haben wir endlich eine kulturpolitische Sprechgrundlage; und die „Tourismuswissenschaft" selbst gibt es ja auch erst seit den 1990er-Jahren, als sie nach und nach die „Fremdenverkehrsgeografie" abgelöst hat. Die Themen sind beide Male also jahrzehntealt, nur der „Wortschlauch", in den sie gefüllt wurden, ist neueren Datums.

Definition des Kulturtourismus

Unter Kulturtourismus versteht man Reisen, bei denen meist historische Artefakte persönlich und vor Ort als Original erlebt werden. Als Reisemotiv gelten die Besichtigung historisch bedeutsamer Bauten, Orte, Städte und Landschaften sowie der Besuch von herausragenden kulturellen Sammlungen, Veranstaltungen und Bräuchen. Beim Kulturtourismus im engeren Sinn ist die Kultur das Hauptmotiv, im weiteren Sinn ein Aspekt der Reiseentscheidung. Die überlieferte Authentizität des Angebots und die Alleinstellung aus Nachfragesicht sind die hauptsächlichen Erfolgsfaktoren kulturtouristischer Wertschöpfung.

Trotz aller Differenziertheit hat sich das Hauptmotiv der Kulturreisenden, das Erleben des Originals, seit 2.000 Jahren nicht verändert. Auch die Frage der Alleinstellung ist bereits seit der Antike ein zentrales Auswahlkriterium für Reiseziel und -route. Must-have-seen-Listen sind in der globalisierten und digitalisierten Welt wichtiger denn je, um den Überblick über die kulturellen Reiseziele nicht zu verlieren; doch diese Leuchtturmlisten existierten bereits für die alten Griechen und Römer. Schlecht profilierte, uneindeutige Angebote wurden schon damals ausgesondert.

Das Original ist der Kristallisationspunkt der Kulturreise zu allen Zeiten

Die folgende Analyse und Geschichte des Kulturtourismus bezieht sich im Wesentlichen auf Deutschland und Europa. Dies ist einerseits historisch bedingt, da die Kulturreisenden bis ins 20. Jahrhundert zum größten Teil europäische Orte, Städte und Länder – von Irland bis Russland, von Dänemark bis Malta, einschließlich des Mittelmeerraums mit Marokko, Ägypten und Palästina – aufsuchten. Dabei spielte Italien als Erbe des Imperium Romanum seit der Völkerwanderungszeit sowie als Erbe der Stadtstaaten und des Papsttums seit der Renaissance zeitübergreifend eine zentrale kulturtouristische Rolle. Die eurozentrische Sichtweise bleibt zum großen Teil auch heute und in Zukunft bezüglich des Angebots bestehen. Natürlich werden jetzt und künftig auch (aus europäischer Sicht) exotische Kulturen in Asien, Amerika, Australien und Afrika besucht; Metropolen wie New York oder Tokio mit ihren Museen sind und werden zu kulturtouristischen Leuchttürmen. Doch Europa mit seiner geschlossenen und ehemals richtungsweisenden christlichen Kulturtradition ist und bleibt für die Europäer selbst, aber auch für die Amerikaner (die vielfach in Europa familiär verwurzelt sind) und die Asiaten (deren Anteil in Bevölkerung und Wirtschaft steigt) das zentrale kulturtouristische Angebot. Mag auch der Nachbau von Goethes Weimarer Gartenhaus in Japan aufgestellt oder das österreichische Dorf Hallstadt in China nachgebaut werden – die mit Aura und Tradition verbundenen Originale finden Asiaten und Amerikaner auch weiterhin nur in Europa.

Das Thema (kulturelle) Bildung schwingt bei der Beschreibung zu Geschichte und Zukunft des Kulturtourismus immer mit (vgl. im Folgenden Antz 2008; Grünewald Steiger/Brunotte 2007; Mandel 2012). Aus überheblicher Sicht tritt seit dem 19. Jahrhundert immer wieder, gerade beim Thema Massen-Kulturtourismus, die Forderung auf, ob nicht nur ausreichend Gebildeten der Zugang zu diesen Stätten gestattet werden dürfe. Dies ist jedoch kein Thema des Tourismus, sondern eine scheinbar im Zuge der 1968-Revolte noch weiter verloren gegangene Grundlage des Bildungssystems der entsprechenden Länder sowie des allgemeinen Verhaltenskodex von Gesellschaften. Zum einen geht es also um das Wissen über Geschichte und Kunst sowie über Lebensweisen und Denkmuster und deren Verknüpfung zur eigenen Lebensgeschichte; zum anderen werden Verhaltensregeln, wie sie vor 40 Jahren durch Familie und Gesellschaft weitergegeben und als existent vorausgesetzt werden konnten, anscheinend nicht mehr erlernt, können jedoch von der Tourismuswirtschaft auch nicht vor dem Besuch kultureller Stätten vermittelt werden. Es geht dabei um Themen wie beispielsweise, dass in Kirchen nicht laut geredet wird und sie nicht unangemessen gekleidet betreten werden sollten oder dass Kunstwerke, also auch historische Bauten, nicht berührt, nicht beschmiert und nicht zerstört werden dürfen. Als unabdingbare Voraussetzung für ein erfolgsorientiertes und zukünftiges Handeln im Kulturtourismus gelten demnach zwei Forderungen an alle am Kulturtourismus Beteiligte, und dies über alle Zeiten hinweg: Respekt vor dem kulturellen Erbe früherer Generationen sowie Wille zur Vermittlung des kulturellen Erbes an heutige und künftige Generationen.

1.2 Arten des Kulturangebots und der Kulturtouristen

Neben Wachstumswelle und Wettbewerbsverschärfung ist der heutige und künftige Kulturtourismus – wie die pluralistische Gesellschaft – sowohl angebots- als auch nachfrageseitig gekennzeichnet von Fragmentierung und Differenzierung (vgl. im Folgenden Antz 2008; Dreyer 2000; Heinze 1999; Kagermeier/Raab 2010; Klein/Pröbstle/Schmidt-Ott 2017; Mandel 2012; Quack/Klemm 2013; Steinecke 2007). Er zerfällt wie der Tourismus insgesamt in unendlich viele Nischenmärkte, die sich in acht Arten des Kulturtourismus einordnen lassen, die sich teilweise überschneiden. Fast alle diese Facetten des Kulturtourismus gab es schon immer, sie hingen in früheren Jahrhunderten aus Sicht der Nachfrager wie Anbieter allerdings enger zusammen. Als zentrales Angebot des Kulturtourismus seit der Antike kann das Objekt – das Kunstwerk als Gebäude, Gemälde oder Skulptur – gelten, zu dem sich entsprechend viele oder wenige Menschen hingezogen fühlten und dann auch hinreisten.

Dabei gab es immer schon einen kulturellen bzw. kulturtouristischen Kanon, was der Reisende seiner Zeit unbedingt gesehen haben sollte. Die jeweiligen gesellschaftlich geprägten Moden, aber auch die Zerstörung von Kunstwerken oder die Unzugänglichkeit von Regionen führte dabei zu einem Wechsel im Ranking. In vergangenen Jahrhunderten waren die Anzahl und die Auswahl der Leuchttürme jedoch erheblich einfacher. Um den Wald vor lauter Bäumen in der globalisierten Welt noch erkennbar zu machen, sprießen die Reiseführer zu den 99 oder 100 oder auch 111 wichtigsten Stätten der Welt, Europas, Deutschlands, Bayerns oder Münchens wie Pilze aus dem Boden. Da hatten es die Griechen mit ihren „Sieben Weltwundern“ noch erheblich einfacher.

Acht Arten des Kulturtourismus aus Sicht von Angebot und Nachfrage

- Objektkulturtourismus (Kunst-, Museums-, Burgen-, Architektur-, Welterbe- oder Industriereisen)
- Erinnerungskulturtourismus (Geschichts-, Literatur-, Film- sowie Schlachtfeld-, Gedenkstätten- oder Dark-Reisen)
- Ensemblekulturtourismus (Dorf-, Festungs- oder Städtereisen)
- Gebietskulturtourismus (Kulturdestinations-, Kulturlandschafts- oder Kulturgebietsreisen)
- Ereigniskulturtourismus (Festspiel-, Ausstellungs-, Opern-, Musical- oder Kulturevent-Reisen)

- Themenkulturtourismus (Kulturstraßen- oder spirituelle Reisen)
- Gastronomiekulturtourismus (Erlebniskultur-, Weinkultur- oder Gourmetreisen)
- Fernkulturtourismus (dazu gehören Ethnokultur-, Kreuzfahrt- oder Soziokulturreisen)

Quelle: In Anlehnung an Antz 2008 und Steinecke 2007

Kulturreisen waren schon immer keine eindeutige und eingleisige Angelegenheit
Während die „Prediger" für den europäischen Kulturtourismus die Palette der Anbieter und Zielgruppen von Kultur auf das größtmögliche Maß ausweiten, lassen die Bedächtigen sie in der Mitte einpendeln, und die Skeptiker wie die Lobbyisten des Aktiv-, Erlebnis- oder Erholungstourismus schätzen ihre Bedeutung eher gering ein. Von der Angebots- wie auch von der Nachfrageseite aus lässt sich jedoch ein hochgradig differenziertes Bild zeichnen, da unter Kulturtourismus alle Reisen, bei denen Kultur das haupt- wie das nebensächliche Reisemotiv darstellt, verstanden werden.

Drei Kategorien von Kulturtouristen, aus denen auch zwei unterschiedliche Kulturmarketingstrategien abgeleitet werden können, lassen sich deshalb grundsätzlich unterscheiden. Bei den **Kulturtouristen im engeren Sinne** ist der Besuch von Kulturveranstaltungen und -einrichtungen oder die Besichtigung des baulichen kulturellen Erbes Hauptreiseanlass. In der Regel werden dabei mehrere Kulturangebote miteinander verknüpft. Das Volumen dieser engeren Zielgruppe der Kulturtouristen ist vergleichsweise geringer. Zudem ist sie nicht mit den einfachen Ansprachemethoden des Marketings zu erreichen, da sie ein professionelles, auf die Kultur zugeschnittenes Angebot erwartet. Diese sich als kulturaffin verstehenden Kulturtouristen müssen unbedingt das Ziel des Kulturmarketings sein, da ihre Qualitätsmaßstäbe unbewusst auch von den Gelegenheitskulturtouristen angelegt werden. Also im Klartext gesprochen: Wo der Kulturtourist im eigentlichen Sinn hingeht, daran orientiert sich auch der Gelegenheitskulturtourist.

Drei Arten der Kulturtouristen aus Sicht der Anbieter

- Kulturtouristen im engeren Sinne (Kultur als Hauptreiseanlass)
- Kulturtouristen bei Gelegenheit (Kultur als Reisebaustein)
- Kulturtouristen der Spontaneität (Kultur als Nebensache)

Für die meisten Besucher bleibt authentische Kultur ein notwendiger, aber gelegentlicher Reisebaustein
Die **Kulturtouristen bei Gelegenheit** planen und besuchen mehrere kulturelle Ziele im Rahmen einer Reise, wenngleich der Hauptreisezweck nicht kulturbezogen ist. Neben dem eigentlichen Reisezweck – dem Erholungsurlaub, dem Besuch von Freunden oder der Geschäftsreise – werden Kulturangebote wahrgenommen. Der Gelegenheits-

kulturtourist verknüpft somit häufig mehrere Reiseanlässe. Diese Zielgruppe ist für die europäischen Kulturtouristiker die mit Abstand größte, wird aber von den Kulturhardlinern eher mit Verachtung gestraft. Sie sind einfacher vom Tourismusmarketing zu erreichen, für ein anspruchsvolleres Kulturangebot jedoch schwieriger zu motivieren. An der erfolgreichen Ansprache dieser großen und wichtigen Kundengruppe zeigt sich deshalb, wie gut Image-, Tourismus- und Kulturmarketing einer Stadt oder Region miteinander kooperieren.

Für die **Kulturtouristen der Spontaneität** ist Kultur nur eine touristische Aktivitätsform unter vielen. Der Besuch eines Kulturangebotes wird nicht unbedingt eingeplant, sondern der „Zufallskulturtourist" beschließt kurzfristig ein Kulturangebot wahrzunehmen, z. B. weil es regnet oder es gerade angesagt ist. Bei Kultur wirkt, wie für vieles andere im Urlaub, auch der Mitnahmeeffekt. Eine eigene Zielgruppenansprache durch die Kulturtouristiker lohnt sich für diese Zielgruppe nur sehr bedingt. Hier ist – und das ist das Gute – das professionelle und kontinuierliche Imagemarketing einer Destination geeignet, um das Kulturangebot als eines der zentralen Themen zu platzieren. Dies hilft unterbewusst auch bei der Kundenansprache der Kulturtouristen im engeren Sinne und denen bei Gelegenheit.

Die professionelle Aufarbeitung der Angebote der Kulturtourismusarten sowie die strategische Ausrichtung auf eine der kulturtouristischen Zielgruppen sind für den Kulturmanager sowie den Kulturtouristiker nicht einfach, da dies sehr gute Kenntnisse von den Inhalten des jeweiligen Kulturthemas bzw. der Kulturdestination, der Chancen und Gefahren der Angebote wie der Wünsche der jeweiligen Kundengruppen voraussetzt. In der Realität werden jedoch Angebote und Zielgruppen meist über einen Kamm geschoren, sodass die eingesetzten Finanzmittel kaum Wirkung erzielen und das kulturtouristische Angebot weder zum Kulturerbe noch zum Kulturmarkt passt. Im Zentrum des Kulturtourismus steht nach wie vor das authentische kulturelle Produkt, aus dem heraus Attraktivität und Interesse zum Reisen generiert werden muss. In der Vergangenheit hat diese Kulturvermittlung über Reisen bei wechselnden Themen und Moden funktioniert, sodass auch das 21. Jahrhundert sein kulturtouristisches Erfolgskonzept entwickeln muss.

1.3 Antike – Weltwunder und Orakel

Mit dem Beginn der schriftlichen Überlieferung liegen uns Belege vor, dass Menschen gereist sind; über Ausgrabungen lassen sie sich schon für deutlich länger zurückliegende, prähistorische Epochen nachweisen. Der damalige „Geschäftstourismus", der dem Austausch von Waren durch Handel diente, machte dabei den überwiegenden Teil des Tourismusvolumens aus. Dabei wurden in die jeweilige Heimat auch viele Kenntnisse über Kultur, Stil und Mode in Architektur, Malerei, Plastik, jedoch vor allem im Kunstgewerbe anderer Regionen vermittelt. Der Handelstransfer war bereits in der Antike – und wird es im Tourismus weiterhin bleiben – auch Kulturtransfer (vgl. im Folgenden Bausinger/Beyer/Korff 1991; Knoll 2006; Lauterbach 2006).

Ebenso verhielt es sich beim spirituellen Reisen: Bereits in griechischer – und noch in römischer Zeit – wurden die bedeutenden vier panhellenischen Heiligtümer der Griechen in Olympia, Delphi, Isthmia und Nema von Nah- und Fernreisenden aufgesucht. Dabei nahmen die Reisenden nicht nur an den sakralen Kulten teil, sondern bestaunten auch die kulturellen Sehenswürdigkeiten der Götterheiligtümer, genauso wie dies bei den mittelalterlichen Pilgern späterer Zeiten der Fall war, wo Religion und Kunst Aspekte der Reiseentscheidung gewesen sein dürften. Schon ab ca. 150 v. Chr. entwickelte sich innerhalb des kulturtouristischen Reisesegments auch die Bildungs- und Wissenschaftsreise heraus, die u. a. nach Ägypten (Bibliothek und Akademie des Ptolemaios in Alexandria) oder nach Griechenland (Akademien von Platon und Aristoteles in Athen) führte. Auch hierfür gibt es wiederum eine vergleichbare Entwicklung in Mittelalter und Neuzeit.

Die Sieben Weltwunder der Antike war der erste, aber nicht der letzte Kanon der Kulturreise

Die Grundlage der klassischen Kulturreise der Antike bildete der am Übergang von den vorderasiatischen zu den griechischen Hochkulturen entstandene und erstmals durch den Historiker Herodot (um 450 v. Chr.) überlieferte Kanon der „Sieben Weltwunder". Mit den Hängenden Gärten der Seramis in Babylon, dem Koloss in Rhodos, dem Grab des Mausolos in Halikarnassos, dem Leuchtturm von Pharos in Alexandria, den Pyramiden in Gizeh, dem Tempel der Artemis in Ephesos und der Zeusstatue des Phidias in Olympia – entstanden ca. zwischen 2800 bis 320 v. Chr. – gehörten zwei Statuen, ein Garten, zwei Grabdenkmale und zwei Bauten zu den Must-have-Seen der antiken Welt. Gleichzeitig wird hier schon der zentrale kulturtouristische Raum festgelegt, wie er bis ins 20. Jahrhundert gültig war: der Mittelmeerraum, wobei sich das Zentrum hier noch im östlichen Mittelmeer – zwei Highlights in Ägypten, zwei in Griechenland und drei in Kleinasien – befand. Dieser antike Kanon wurde im Lauf der Jahrhunderte – auch über die Völkerwanderungszeit hinweg – weiterentwickelt, vor allem da viele der Weltwunder bereits in der Antike verschwanden und bis heute nur die Pyramiden von Gizeh die Stürme der Zeit überdauert haben. Zunächst wurden die Weltwunder-(Reise-)Kataloge überdimensional ausgeweitet, dann fand ein Austausch zerstörter Objekte statt, wie beispielswiese durch das Kapitol in Rom oder den Artemisaltar in Delos. Außerdem gab es auch einen Städte-(Reise-)Kanon, der in römischer Zeit Alexandria, Athen und Rom, in spätantiker Zeit Alexandria, Rom, Konstantinopel und Trier sowie in frühmittelalterlich-ottonischer Umdeutung Rom, Konstantinopel und Magdeburg umfasste.

Als bereits antiker Bestand der Kulturreise kann neben der Kanonbildung der Kulturreiseführer gelten, auch was die reale Überlieferung angeht. Der Schriftsteller Pausanias (um 160 n. Chr.) erarbeitete eine Griechenlandbeschreibung, die der Gründlichkeit des *Baedecker*-Reiseführers des 19. Jahrhunderts entspricht. Pausanias kannte viele Stätten aus eigener Anschauung und zog die wichtigsten Sekundärquellen heran, er hatte einen ganzheitlichen Blick, der gleichermaßen Natur, Kultur und Lebensweise einschließlich aller wichtigen Kunstwerke umfasste und verknüpfte, und er bemühte sich um eine plastische und schon damals gut lesbare Darstellung.

Die antiken Verkehrswege bilden das Rückgrat des Kulturtourismus bis in die Neuzeit

Die Grundlagen der Kulturreise, wie wir sie heute kennen oder uns ihrer erinnern, wurden somit bereits in der Antike gelegt (vgl. Bausinger/Beyer/Korff 1991). Die Anbieterseite war auch infrastrukturell gut aufgestellt, sogar was den Schiffsverkehr über Flüsse und das Mittelmeer sowie das immer perfekter ausgebaute römische Fernstraßennetz betraf. In der Spätantike stellte der römische Staat dem Reisenden ungefähr 90.000 Kilometer Überlandverbindungen und 200.000 Kilometer Landstraßen zur Verfügung. Mit der „Tabula Peutingeriana" (um 375 n. Chr.) hat sich eine kartografische Darstellung des römischen Straßennetzes (Viae publicae) von Britannien bis Zentralasien erhalten, die neben den Straßen auch Tagesetappen und Pferdewechselstationen verzeichnet. Neben Reiseführern zu den Kulturstätten, wie beispielsweise jenem von Pausanias, gab es also auch professionelle Orientierung über Kartenmaterial.

Was die Nachfrageseite betrifft, sollte man sich jedoch keinen Illusionen hingeben. Es gab neben den Handelsreisenden und den Kriegführenden nur eine kleine Gruppe Reisender, die sich nur dem Schönen hingegeben haben. Reisen war auch aus finanziellen Gründen nur wenigen möglich, und darunter fast nur Männern. Auch Sklaven, die teilweise ein höheres Bildungsniveau besaßen, konnten sich nicht frei bewegen. Es blieb damit eine geringe Anzahl von freien Bürgern, die es sich aus pekuniären, bildungskulturellen und/oder religiösen Gründen leisten konnten, eine Kulturreise, die damals eine beschwerliche Fernreise war, durchzuführen.

1.4 Mittelalter – Bildung, Reliquien und Spolien

Die Völkerwanderungszeit, die nur sehr eingeschränkt als Epoche des Reisens – noch weniger des Kulturreisens – verstanden werden kann, stellt durchaus eine Zäsur gegenüber der durch eine straffe römische Verwaltung und Armee geprägte Antike dar (vgl. im Folgenden Bausinger/Beyer/Korff 1991; Knoll 2006; Lauterbach 2006). Trotzdem übernahmen viele Völker des Nordens und Ostens nach ihrer erneuten Sesshaftwerdung erhebliche kulturelle und gesellschaftliche Grundlagen aus der Antike bzw. rekonstruierten und adaptierten sie später für ihre Zwecke. Auch die Infrastruktur für das Reisen war vielfach erhalten geblieben. Die Reisemotive blieben in ähnlicher Form und nur mit anderen Vorzeichen weiter bestehen, vor allem der Geschäftsreisetourismus. Sogar die Bildungsfahrten in östliche Richtung fanden weiterhin statt, bis Kaiser Justinian 529 die Platonische Akademie in Athen schließen ließ.

Klöster waren in Mittelalter und früher Neuzeit zentrale Anlaufpunkte für Bildungs-, Pilger- sowie Handlungsreisenden

Interessanterweise gründete im gleichen Jahr, 529, der heilige Benedikt das Mönchskloster Monte Cassino im Latium und gab ihm eine feste Regel, gleichsam einen Verhaltenskodex. Während im östlichen Mittelmeerraum, in Ägypten und im Orient, Eremitenmönche vorherrschten, entstanden in Europa – von Italien ausgehend – nun große Klostergemeinschaften. Nach bescheidenen Anfängen sollten irische Mönche und karolingische Herrscher das benediktinische Mönchtum ab dem 7. Jahrhundert über ganz Europa verbreiten. Dies war aus mehreren Gründen entscheidend für die Entwicklung des Kulturtourismus im ganzen Mittelalter. Denn Benedikt setzte in seiner Regel u. a. zwei Schwerpunkte: einerseits auf die Bildung, was Schulen und Wissenstransfer nach sich zog, und andererseits auf die Gastfreundschaft, was den Bau von Hospizen bei den Klöstern für fremde Mönche und Laien bewirkte. Damit entstanden in den Benediktinerklöstern Wissenschaftszentren, die vor den Domschulen und weit vor den Universitäten ein einheitliches benediktinisches (europäisches), an der Antike orientiertes Bildungsprogramm aufstellten. Grundlage hierfür musste die Recherche zur Wissenschaftsliteratur bis in die entlegendsten Winkel, deren Vervielfältigung in den Skriptorien und Sammlung in Bibliotheken sein, wobei auch antike Kultur- und Kunstgeschichte eine wichtige Rolle spielte, sodass diese und ein neues, der Zeit entsprechendes Stilempfinden die Grundlage für den Bau und die Ausstattung von Kirchen und Klöstern bildeten. Adlige, Mönche, die den Kulturtransfer am Laufen hielten, und Pilger, die auf einem nach und nach ausgebauten, am antiken Straßensystem orientierten Wegesystem reisten, erhielten so die Möglichkeit einer Übernachtung und Verköstigung als Vorläufer der heutigen Hotels.

Im Mittelalter waren nur wenige klassische (reine) Kulturreisende unterwegs, doch die Kirchen – zunächst die Klöster, dann die Kathedralkirchen und anschließend die Stadtbürgerkirchen mit ihren angegliederten Bildungseinrichtungen – verbreiteten über Europa einen Kulturkanon, der flächendeckend zur Errichtung von Kulturbauten von hoher baukünstlerischer Qualität führte. Um sich für eigene Projekte Anregungen zu holen bzw. Kenntnisse anzueignen, waren kunstinteressierte weltliche und geistliche Hochadelige sowie von ihnen beauftragte Künstler und Denker über das ganze Mittelalter hinweg unterwegs, um diese Bauten in Augenschein zu nehmen. Bereits Karl der Große und Otto der Große besorgten sich in Italien antike architektonische Versatzstücke und Gestaltungsmuster, um sie in ihren Bauten in Aachen bzw. Magdeburg als Spolien einzubauen. Die Klöster und der Hofadel, wie Karls Vertrauter, der fränkische Gelehrte Einhard, in Steinbach und Seligenstadt, zogen entsprechend nach. Als weiterer wichtiger Reisegrund konnten für die Zeitgenossen die Reliquien der Heiligen gelten, aufgrund derer ein solches Bauwerk meist überhaupt erst erbaut (Wallfahrtskirche in Vézelay für die Überreste der heiligen Maria Magdalena) oder erneuert (Kölner Dom für den Schrein der Heiligen Drei Könige) wurde. Damit einher ging ein professionelles Wallfahrtswesen, das große Massen an Pilgern und Kulturreisenden organisieren konnte und damit wirtschaftliches Wachstum in die jeweilige Region brachte.

Pilgerstätten und antike Architekturen verkörpern im Mittelalter kulturelle und wirtschaftliche Macht

Die drei wichtigsten Pilgerstätten der Christenheit entwickelten sich nacheinander, was mit politischen Umwälzungen vor Ort zusammenhing, wenngleich auf festen und touristisch eingespielten, teilweise antiken Routen. Nachdem Kaiser Konstantin große Kirchen in Rom, Trier, Konstantinopel und Jerusalem hatte errichten lassen, begannen die Pilger nach Osten zu reisen: zum Licht, zu Christus, zu den Stätten der Bibel, ins Heilige Land, vor allem nach Jerusalem respektive zur Grabeskirche Christi (325) (vgl. Bausinger/Beyer/Korff 1991). Dass es sich um durchgeplante Fernreisen handelte, verdeutlichen die ersten erhaltenen Reiseberichte, die von einem anonymen Pilger aus Bordeaux (333) und von Egeria aus Galizien oder Aquitanien (um 381) stammen. Auch machten sich in den ersten Jahrhunderten viele Frauen auf die weite Reise, dem Beispiel der heiligen Helena, der Mutter Kaiser Konstantins, folgend. In der Frühzeit nahmen die meisten Pilger den Landweg, der jedoch mit der Eroberung Jerusalems durch das islamische Kalifat ab 637 mit Schwierigkeiten verbunden war. Obwohl Jerusalem zwischen 1099 und 1187 und damit für kurze Zeit von den christlichen Kreuzfahrern erobert wurde, wählten die Pilger nun den Seeweg – fast schon mit der modernen Pauschalreise vergleichbar –, meist über Venedig. Die ganzen mittelalterlichen Reiseberichte zeigen, dass sich die Jerusalemfahrer bereits unterwegs viele Pilger- und Kulturstätten angeschaut hatten, dann einige Zeit in Venedig mit Warten, Einkaufen und der Besichtigung von Sehenswürdigkeiten verbrachten und ebenso in Palästina neben religiösen auch kulturtouristische Motive verfolgten.

Spätestens mit der islamischen Eroberung Jerusalems 637 und einem längeren Reiseboykott nach Palästina begann die Pilgerfahrt nach Rom, zu den Gräbern der Apostel Petrus und Paulus, dem Sitz des Papsttums, an Bedeutung zu gewinnen. Für den Besuch der sieben Hauptkirchen S. Pietro, S. Giovanni, S. Sebastiano, S. Maria Maggiore, S. Lorenzo, S. Paolo und S. Croce in Gerusalemme wurden den Pilgern Ablässe versprochen. Da die Städte entlang des Fernwegs Via Francigena, („Frankenstraße"), den alle Reisenden von nördlich der Alpen von England über Skandinavien bis Polen bis nach Rom bereisen musste, alle auch von den Pilgern profitieren wollten, boten sie neben wichtigen Reliquien auch repräsentative Kirchenarchitektur auf.

Erst ganz unscheinbar (nach 818) und nach der Rückeroberung vom maurischen Kalifat (nach 1078) entwickelte sich im Osten Europas ganz rasant eine dritte große europäische Pilgerfahrt zu einem weiteren Apostelgrab, dem des Jakobus Maior in Santiago de Compostela in Galizien. Vier Hauptwege führten im Mittelalter durch Frankreich: die Via Turonensis von Paris, die Via Lemovicensis von Vézelay, die Via Podiensis von Le Puy und die Via Tolosano von Arles aus, die sich an den Pyrenäen zu einem Weg vereinigten. Aus Ländern wie England, Schweden, Deutschland, Russland oder Italien waren diese Ausgangspunkte zu erreichen. Die Klöster und Städte auf diesen Pilgerwegen putzten sich als Zwischenziel ebenfalls heraus, präsentierten ihre Reliquien, errichteten große, mit kostbarem Bauschmuck ausgestaltete Kirchengebäude und legten Herbergen an. Meist amortisierte sich die Investition in die Zukunft für die Destinationen schon im Mittelalter. Seit dem Heiligen Jahr 1999 erleben die französischen und spanischen Hauptorte an der Pilgerroute – nach einer langen Durststrecke aufgrund von Ereignissen wie Reformation, Aufklärung und (Welt-)Kriegen – wieder einen bedeutenden Aufschwung an Pilgern und Kulturreisenden.

Wissenschafts- und Bildungszentren werden im Verlauf des Mittelalters europäische Vorreiter auf dem Reisemarkt

Als ein langfristiger Trend bis heute kann auch die Bildungsreise in Zentren der Wissenschaft gedeutet werden. Studenten und Professoren machten sich bereits im Mittelalter bildungs- und kulturhungrig auf den Weg in die neu entstehenden Universitäten und die Universitätsstädte, die einen internationalen Ruf aufbauten. Mit Parma (962), Salerno (vor 1000; vor allem in Medizin), Bologna (nach 1088; vor allem in Recht), Oxford (nach 1096), Paris (1200; vor allem in Scholastik) und Padua (1222) entstanden erste europäische Zentren der Wissenschaft, die, um ihren Ruf erhalten zu können, auch architektonisch und städtebaulich aufrüsten mussten. Auch hier spielte – wie heute – das Kulturimage eine entscheidende Rolle. Dass Themen wie Bildung, Religion, Kultur und Reisen im Mittelalter und in der Neuzeit nicht getrennt, sondern zusammen gesehen werden müssen, kann am Beispiel Albrechts von Käfernburg, ab 1206 Erzbischof von Magdeburg, verdeutlicht werden. Aus thüringischem Adel stammend, studierte er an der Hildesheimer Domschule und anschließend in Paris und Bologna. Beim Neubau des niedergebrannten Magdeburger Doms brachte er die neuen Architekturideen, die er in Frankreich gesehen hatte, mit ein und errichtete den ersten gotischen Großbau in Deutschland. Er transferierte gleichzeitig wichtige Mauritiusreliquien aus Meranien dorthin und fügte die antiken Bauteile, die bereits Otto der Große aus Italien mit nach Magdeburg gebracht hatte, als Spolien in den Neubau ein. Als Berater des römisch-deutschen Kaisers brachte er – wie schon 250 Jahre zuvor Kaiser Otto der Große – einen Großteil seines späteren Lebens im wärmeren und kulturell antikennäheren Italien zu.

Wie schon in der Antike ist im Mittelalter zunächst von einer kleinen Elite auszugehen, die vor allem Fernreisen als Kulturreisen – auch in Verbindung mit der Wissenschaft – unternahm bzw. unternehmen konnte. Hochadel, Feudalherren und reiche Handelsleute machten die größte Gruppe darunter aus; sie reisten jedoch meist nicht allein, sondern mit einem größeren Tross an Kleinadeligen und Bediensteten. Diese hatten für die Finanzabrechnung Buch zu führen und Reiseberichte zu verfassen. Daneben trat vor allem im Umfeld der Klöster und später der Universitäten eine Bildungselite, die von den reichen Klöstern und Adeligen gefördert wurde. Mit Beginn der Stadtentwicklung und der dortigen Herausbildung des Bürgertums gab es im Hoch- und Spätmittelalter auch eine ausreichend finanzkräftige Klientel für Fernreisen. Und sogar delegieren ließ sich das Reisen: Wenn man genug Geld hatte, wegen eines Sühneversprechens jedoch eine Pilgerreise unternehmen sollte, konnte man jemanden dafür bezahlen, für einen selbst als Ersatz die mühsame Reise anzutreten und dazu noch alles Gesehene aufzuschreiben.

1.5 Renaissance – Humanismus und Antike

Bezüglich des christlichen Wertekanons und damit des kulturellen Alltagslebens gibt es keine Zäsur zwischen Mittelalter und Renaissance, wenngleich die Reformation in Mitteleuropa dem Thema Bildung und Individuum mehr Raum eingeräumt hat. Auch im Kulturtourismus sind die Hauptaktionsfelder zunächst gleich geblieben, obwohl der Kulturtourismus im engeren Sinn umfangreichere Formen annimmt (vgl. im Folgenden Bausinger/Beyer/Korff 1991; Knoll 2006; Lauterbach 2006).

Das Bildungsideal bestimmt bewusst oder unbewusst die Motivation zur Kulturreise bis heute

Dies lässt sich bereits am Pilgertourismus nachweisen. Im Nachgang der Eroberung Konstantinopels durch die Osmanen 1452 und der Umwälzungen durch die Reformation ab 1517 kam die Wallfahrt nach Jerusalem aus politischen und die nach Santiago aus religiösen Gründen immer mehr zum Erliegen. Gleichzeitig gewann die Fahrt der Transalpinen nach Rom, vor allem seit der Einführung der Heiligen Jahre durch Papst Bonifaz VIII. (1300), immer mehr an Bedeutung und wurde professioneller ausgebaut. Ab der Hochrenaissance trat neben der religiösen, auch der rein kulturelle Zweck der Reise immer mehr in den Vordergrund. Es ging vor allem (wieder) um das antike Erbe, wobei das Erlebnis der Architektur und Skulptur neben die Überlieferung und die Stätten trat. So führten die Päpste und ihre Nepoten archäologische Grabungen durch und bauten Antikensammlungen auf; so kam beispielsweise die berühmte Laokoon-Gruppe auf Betreiben Papst Julius II. nach 1506 in die päpstlichen Sammlungen, wurde im Belvedere des Vatikan aufgestellt und sollte bis ins 19. Jahrhundert künstlerisch nachwirken. Gleichzeitig versammelten die Päpste die besten zeitgenössischen Künstler in Rom, deren neue Architektur, Malerei und Plastik zu einem Anziehungspunkt für Reisende wurde. Adelige und Kleriker, Pilger, Künstler und Kaufleute zog es gleichermaßen in die Heilige Stadt, und dies meist aus mehrfachem Interesse. Nach Venedig wiederum reiste im Jahr 1505 der Maler Albrecht Dürer, hierbei einem künstlerischen und humanistischen Interesse folgend. Doch auch in umgekehrte Richtung konnte die Reise gehen, wie es der Aufenthalt des Humanisten, Dichters und Diplomaten Enea Silvio Piccolomini zeigt, der einen Großteil seines Lebens in der Schweiz, in Deutschland und in Österreich verbrachte, bevor er 1458 als Papst Pius II. den Papstthron bestieg. Der Austausch zwischen den Ländern nördlich und südlich der Alpen, insbesondere zwischen den Niederlanden (Herzogtum Burgund, Handelsstädte) und Italien (oberitalienische Städte, Republik Venedig, Königreich Neapel) war durch die Aktivitäten von Handelsleuten und Bankiers besonders intensiv, was Künstler und Kulturreisende nach sich zog. 1520 reiste Dürer in die Niederlande, da er dort – wie bereits in Venedig – die innovativsten Maltechniken studieren wollte. Neben Kunstwerken zeitgenössischer italienischer Hochrenaissancekünstler kauften die Medici in Florenz oder die Anjou in Neapel auch die neuartige niederländische Ölmalerei an.

Wissenschaftliche Pilgerfahrten konnten gleichzeitig Bildungs-, Kultur- und Geschäftsreise sein

Ferner beflügelte auch weiterhin die Wissenschaft die Kulturreisen. Die internationale Reputation der Kloster- und Domschulen ließ sehr zu wünschen übrig, während die städtischen Ansprüche noch nicht ausgeprägt waren. Die sich nach und nach aus den Beschränkungen der Kirche befreienden, durch Neugründungen multiplizierenden und im europäischen Wettbewerb befindlichen Universitäten brachten aber immer mehr Menschen auf Reisen. Ab der Spätrenaissance bzw. im Barock etablierte sich die Peregrinatio academica, also das „Universitäts-Hopping“ jener Gebildeten, die es sich leisten konnten, sich über mehrere europäische Stationen hinweg zu bilden und zu forschen. Der Begriff weist darauf hin, dass sich neben oder anstelle der religiösen Pilgerfahrt nun eine wissenschaftliche „Pilgerfahrt“ als Statussymbol zu etablieren beginnt. Der berühmte niederländische Humanist Erasmus von Rotterdam war so ein Weltbildungsreisender: Nach seinem Studium an der Pariser Sorbonne war in London und Cambridge, aber auch in Basel, Löwen und Freiburg im Breisgau wissenschaftlich tätig. 1507 suchte er in Venedig den Verleger Aldus Manutius auf, den seinerzeit besten europäischen Drucker des 16. Jahrhunderts, um mit ihm über die künstlerische Umsetzung seiner Werke zu sprechen.

Gleichwohl war die Kulturreise ohne eine Verbindung zur humanistischen Forschung, zu Handelsinteressen oder zu religiösen Zielen in der Renaissance noch nicht so stark ausgeprägt. Als Motive traten nun neue Phänomene auf wie künstlerische Schulung, diplomatische Missionen oder der Aufbau einer Kunstsammlung. Erst im 17. Jahrhundert sollte für die Kulturreise im klassischen Sinn ein Überbau geschaffen werden.

1.6 Barock, Aufklärung und Klassizismus – die Grand Tour

Mit dem Rückgriff auf die Antike und auf das Fundament des Humanismus entwickelte sich im Barock die Reiseform der Kulturreise, die als klassische Bildungsreise verstanden werden kann und an der sich Forschung und Tourismus in Abgrenzung zu heutigen Formen des Kulturtourismus immer noch orientieren: die sog. Grand Tour (vgl. im Folgenden Bausinger/Beyer/Korff 1991; Brilli 1997; Leibetseder 2004; Knoll 2006; Lauterbach 2006; Freller 2007). Als Bildungsreise im aristokratisch-demokratischen England entwickelt und zunächst auf den Adel beschränkt, verbreitete sich die Grand Tour schließlich über ganz Europa und war bis ins 19. Jahrhundert für Söhne des europäischen Adels sowie des gehobenen Bürgertums quasi obligatorisch. Nach Abschluss der schulischen und universitären Ausbildung sollte die Kulturreise den Übergang zum politisch-gesellschaftlichen Erwachsenendasein bilden. Zwar wurden auch die Niederlande, Frankreich, Deutschland und (von den Nichtengländern) England besucht, meist jedoch auf dem Weg zum Hauptziel Italien. Wie in der Renaissance waren es antike und moderne Kunst und Architektur, die die Hauptkriterien für den Besuch darstellten. Es sollten dabei auch Landeskunde, politisches System, Alltagsleben fremder Länder und natürlich das eigene weltmännische Auftreten erlernt werden. Der englische Philosoph Francis Bacon definierte 1601 in seinem kurzen Essay *of Travel* das System der Grand Tour, wie es ungefähr 250 Jahre lang Bestand haben sollte. Darin führte er aus, dass Reisen der Lebensausbildung diene, man Sehenswürdigkeiten anschauen und Veranstaltungen besuchen solle, wofür man Reiseführer verwenden und darüber hinaus eine glückliche Wahl bei der Reisebegleitung haben müsse; zudem solle man ein Reisetagebuch führen und, zurück zu Hause, das Gelernte weiter einüben.

Abhaktourismus ist keine Erfindung der Moderne

Damit waren – neben dem frommen Wunsch der Vervollkommnung des ewig strebenden Menschen durch das Reisen – jedoch auch schon die Grundlagen für die Verkrustung der Grand Tour gelegt. Wie in der Antike wurde ein fester Kanon von Städten und Objekten festgelegt, die man sehen und gleichsam abhaken musste. Ein lockeres und neugieriges Abweichen von der Route war nicht vorgesehen. Darauf achteten die Hofmeister, welche die adeligen Jünglinge begleiteten, ebenso wie dies die gedruckten Reiseführer suggerierten. Letztere schossen nun mit der Fortentwicklung des Verlagswesens wie Pilze aus dem Boden, ihre Autoren schrieben aber in der Regel viel voneinander ab. Indem sie Route und wichtigste Sehenswürdigkeiten praktisch vorgaben, bildeten sie wiederum die Basis der oft auch gedruckten Tagebücher, sodass sich über die Zeit eine große Langeweile und Korsettierung bei Lesen, Besichtigung und Aufschreiben breitmachte. Gleichwohl gehörte die Grand Tour zum guten Ton, war Prestigesache beim weiteren politisch-gesellschaftlichen Aufstieg und erfuhr so bis ins 19. Jahrhundert kaum eine Veränderung.

Nach und nach kam es aber zu „Wiederholungstätern" – Adelige, die auch in späteren Jahren immer wieder nach Italien reisten, um sich weiter an antiker und zeitgenössischer Kunst zu bilden, gerade durch die Anschauung archäologischer Grabungen, die sich Anregungen für ihre Bauvorhaben vor allem bei den Bauten des Renaissancearchitekten Andrea Palladio im Veneto holten oder Kunst für die eigenen Sammlungen erwarben. Die Reiserouten und -ziele blieben trotzdem nahezu gleich:

Rom war meist das Ziel, später kamen Neapel und Paestum dazu, selten auch Sizilien; bei Hin- und Rückreise führte eine Strecke über Florenz, eine andere über Vicenza und Venedig. Die Reise beinhaltete, obwohl sie meist strikt durchgeplant war, eine für uns nicht mehr ohne Weiteres nachvollziehbare Breite der Wissensvermittlung durch Reisen: von Städten und Kunst über Geografie, Geologie und Landeskunde bis hin zu Wirtschaft und politischem System. Lessing und Goethe begleitete beispielsweise bei ihren Italienfahrten die dreibändige, 1770/71 erstmals erschienene und all diese Facetten beinhaltende Italienbeschreibung von Johann Jacob Volkmann, der Italien, Frankreich, die Niederlande, England und Spanien selbst bereist hatte.

Theatralisierung in Architektur und Städtebau lassen die Pilgeraugen des 17. und 18. Jahrhunderts überlaufen

Emotionale Ablenkungen versprach auch die im Zuge der Gegenreformation neu in Gang gekommene Wallfahrt nach Rom. Aber selbst die protestantischen und anglikanischen Grand-Touristen zeigten sich von den Ritualen und Zeremonien der päpstlichen Gottesdienste – gerade zur Osterzeit – innerlich berührt. Im Kontext des Reformkonzils von Trient 1545 bis 1563 waren große neue architektonische und künstlerische Vorhaben zur Ausführung gekommen, vor allem beauftragt durch die Päpste und ihre Nepoten sowie die Reformorden, allen voran die Jesuiten. Diese gingen einher mit einer theatralischen Inszenierung, welche die neuen Pilger anzog. Als Beispiel sei die Theatralisierung des Petersplatzes durch Bernini (bis 1667) genannt. Bereits Papst Sixtus V. hatte in seiner kurzen Amtszeit (1585–1590) eine grundsätzliche Veränderung des römischen Stadtplans vorgenommen. Von der Porta del Popolo, dem Eingangstor für alle von jenseits der Alpen herankommende Besucher, wurden gerade Sichtachsen und breite Straßen durch die Altstadt Roms geschlagen, die jeweils als Point de Vue einen ägyptischen Obelisken erhielten. Diese sollten die Beine beim Pilgern in Anschauung des jeweiligen Ziels leichter machen und gleichzeitig Orientierung hin zu den sieben zu besuchenden Hauptkirchen bieten. Denn wer es nun schaffte – und erst durch die städtebaulichen Veränderungen war dies für geübte Fußgänger überhaupt möglich –, diese Kirchen an einem Tag zu besuchen, erhielt einen besonderen Ablass. Um die Grand-Touristen wie auch die Pilger ab den Heiligen Jahren 1575 und 1600 kulturell hochwertig und zeitgemäß zu empfangen, erhielten diese Hauptpilgerkirchen außerdem neue Ausstattungen bzw. prächtigere Außenfassaden, während Ordenskirchen (z. B. Il Gesù) im neuen Zeitgeschmack ex novo errichtet wurden.

Erst im Barock entwickelt sich ein europäisches Reisewegenetz, das sich wieder mit dem der Antike messen kann

Neben der Pilger- und klassischen Kulturreise nahm auch die Peregrinatio academica, also die Bildungsreise zu mehreren Universitäten in verschiedenen Ländern, weiter an Fahrt auf. Gerade im 16. und 17. Jahrhundert kam es zur Gründung neuer Hochschulen, auch in attraktiven Kulturstädten, die sich schnell hohes Renommee erwarben, so 1551 die Gregoriana in Rom, wo sich viele nordalpine katholische Studenten einschrieben, und 1694 in Halle, wo viele evangelische Studenten ihr Studium absolvierten. Seit der Entdeckung Amerikas 1493 durch Christoph Kolumbus und des Seewegs nach Indien 1498 durch Vasco da Gama wären überdies außereuropäische Fern-Schiffsreisen möglich gewesen. Im 17. und 18. Jahrhundert wurden die entstehenden Routen jedoch nur für den Geschäftsreiseverkehr des Handels genutzt. Besonders im 18. und 19. Jahrhundert kam es außerdem zu Forschungsreisen in immer wieder neu entdeckte Regionen, die von Regierungen, Handelsgesellschaften und Akademien finanziert wurden, jedoch nicht als Kulturreisen im engeren Sinne betrachtet werden können.

Möglich wurden die oft ein bis drei Jahre dauernde Grand Tour, aber auch zielstrebigere und kürzere Bildungsreisen durch den Aufbau einer stabilen Infrastruktur eines europäischen Landstraßennetzes sowie eines professionellen Routen- und Fahrplansystems für Kutschen. Im Heiligen Römischen Reich, das die meisten Reisenden durchfahren mussten, lag der Post- und Personentransport als Monopol in den Händen der Kaiserlichen Reichspost sowie der Familie Thurn und Taxis. Damit war es möglich, Reisen im Hinblick auf Strecken, Fahrtzeiten, Übernachtungen in Gasthäusern an den Poststationen wie auch Finanzen vorzuplanen. Damit war die Postkutsche zwischen 1750 und 1850 das wichtigste Transportmittel auf einer Reise. Noch immer waren es Adelige und reiche Bürger, die sich zur Grand Tour aufmachten, ihre gesellschaftliche Stellung also durch das Statussymbol einer Kulturreise nach Italien dokumentierten. Dabei nahmen sie in ihrem Tross aber auch Hofmeister, Mediziner, Gelehrte und weitere dienstbare Geister mit. Studierte Bürger, Schriftsteller und Künstler konnten sich in wachsender Zahl ebenfalls gen Süden auf den Weg machen, wenn sie über eine Patronage oder ein Stipendium finanziell abgesichert waren.

1.7 Romantik und Realismus – Individualität und Selbstfindung

Obwohl die Grand Tour auch Anfang des 19. Jahrhunderts weiter existierte, wälzten Französische Revolution, Napoleons Umorganisationen und nachfolgende Restaurationen sowie die Säkularisierung die Geisteshaltung und die Kultur der Menschen in Europa um (vgl. im Folgenden Bausinger/Beyer/Korff 1991; Spode 1991; Lauterbach 2006). Tausendjährige Traditionen in Klöstern und Kirchen gerieten aus dem Blickfeld, auch aus dem des Kulturtourismus. Damit einher ging die Abkoppelung des Menschen von dem, was ihn über Jahrtausende geprägt hatte: vom Rhythmus der Natur (Jahreszeiten, Landwirtschaft, Lebensrhythmus) und vom Glauben an ein Jenseits (Gott, Christentum, Jahreskreis).

Durch Aufklärung und Rationalismus wurde die mittelalterliche Kultur zunächst fremd und dann wieder spannend

Erst Fremde – Touristen aus England und Schottland – rückten die heimische Kultur Deutschlands als neues touristisches Ziel bewusst in den Fokus. Während George Gordon Byron, der gefeierte europäische Dichter und Enkel eines Südseeforschers, bereits 1817 die Alpen, die Schweiz, die Gipfel in seinem Werk *Manfred on the Jungfrau* feierte und damit dem beginnenden Alpentourismus wichtige Impulse gab, wurde im zweiten Band von *Childe Harold's Pilgrimage* aus dem Jahr 1818 die Kulturlandschaft von Rhein und Mosel, ihre Dörfer, Burgen, Kirchen, verherrlicht. Parallel fixierte der Maler William Turner 1817 und 1824 den Charme der Rhein- und Mosel-Romantik auf Bildern. Beide Künstler verstanden es, durch ihre Popularität neue Reiseformen in unbekannte (europäische) Regionen hervorzubringen, so gemächliche Schifffahrten auf deutschen Flüssen oder Höhenwanderungen in Schweizer Berge.

Auch sonst brach Byron gewissermaßen die Monotonie der Reiseziele in Europa auf: Ihn zog es bereits 1809 nach Portugal, Spanien, Malta, Albanien, Griechenland und Kleinasien. Gleichzeitig weckten Byron und Turner mit ihren mehrfachen langen Aufenthalten in Italien, insbesondere in Venedig, die in ihren Werken Niederschlag fanden, auch weiter die Sehnsucht nach diesem Land. Wie der Protagonist Harald standen beide Künstler für einen neuen, grüblerischen Reisetyp – gleichsam Antiheld und Außenseiter. Italien blieb zwar nach wie vor das Land der Sehnsucht und der Kulturreise, doch es sollte nun aus dem Korsett der konventionellen Grand Tour befreit werden. Es ging um persönliche Empfindungen, individuelle Erlebnisse, langsames Fortkommen, beobachtende Alltagsnähe, die sich aus den veränderten Zeitumständen in den Bedürfnissen der Reisenden und deren Beschreibungen nunmehr verstärkt wiederfindet.

In Europa entwickelt sich um 1800 die erste Reisewelle gegen das Schneller, Weiter, Größer

In einem kurzen Zeitraum der inneren und äußeren Unsicherheit entstand in der ersten Hälfte des 19. Jahrhunderts mit der Kritik am „Abhaktourismus“ der Grand Tour eine Form der subjektiven kulturellen Reiseerfahrung, die vielfach mit einer Selbstfindungssuche der Reisenden einherging. Die Gegenstrategien der Romantiker, bei denen bereits die heutigen Reisethemen der Langsamkeit wie Naturerfahrung (Ludwig Tieck), Muße (Joseph von Eichendorff), Spiritualität (Novalis) oder Wandern (Johann Gottfried Seume) vorgeprägt waren, liefen mit der Industrialisierung ins Leere und kamen erst 150 Jahre später wieder ins Reisebewusstsein zurück. Der berühmte Anti-Goethe'sche *Spaziergang nach Syrakus*, auf dem Johann Gottfried Seume 1801/02 von Grimma in Sachsen aus zumeist zu Fuß nach Syrakus in Sizilien unterwegs war, um das Land von Nahem und in der Tiefe wahrzunehmen, stellt den Idealfall dieser individuellen kulturellen Spurensuche dar. Mit der Veröffentlichung 1803 begann der Text auf seine Zeitgenossen intensiv zu wirken. Goethes *Italienische Reise*, der bis heute für Deutsche und Europäer klassische Bericht der Italienerfahrung des Dichters, wurde hingegen erst 1816 in Druck gegeben.

1.8 Moderne Reise – pauschal und formal

Grundlegende Veränderungen ab der Mitte des 19. Jahrhunderts betreffen den technischen Fortschritt, damit auch Raum und Zeit sowie die Reise. Das Ziel blieb weiterhin, bis zum Zweiten Weltkrieg, die klassische Bildungs- und Kulturreise, nun jedoch in einem zeitlich kürzeren, aber räumlich größeren Maßstab als früher, für größere Kundengruppen und in einem günstigeren finanziellen Rahmen (vgl. im Folgenden Bausinger/Beyer/Korff 1991; Spode 1991; Lauterbach 2006). Die bürgerlichen Schichten, die sich das Reisen leisten konnten, wuchsen mit dem Voranschreiten der Industrialisierung: Beamte, Professoren, Schriftsteller, Juristen, Lehrer und Ärzte zählten dazu. Für sie galt immer noch das Postulat, dass Reisen bildet; es ging um die Anschauung des Gelernten vor Ort, vor allem in Italien, sowie um die Selbstvergewisserung des neuen Gesellschaftsstatus.

Die Demokratisierung des Kulturtourismus für breite Bevölkerungskreise erfolgte erst in der Moderne

Während die Pilgerreise und die Universitätsreise ins Ausland ab dem 19. Jahrhunderts rückläufig waren, bildete sich in Europa gegen Ende des 18. Jahrhunderts der professionell organisierte Kur- und Gesundheitstourismus heraus, der neben Gesundung und Erholung dem Kulturaspekt eine erhebliche Bedeutung beimaß. So entstanden architektonisch reiche Kurorte in Europa, wo es wie bei der Kulturreise auch ums Sehen- und Gesehen-Werden ging. Erst nach 1900 wurde diese Reiseform für breitere Bevölkerungsschichten erschwinglich, verbunden mit der Zunahme des Erholungs- und dem Rückgang des Bildungsmotivs.

Voraussetzungen für den großen Reiseboom ab der zweiten Hälfte des 19. Jahrhunderts waren die von England ausgehende ungebändigte technische Entwicklung und der darauffolgende Ausbau der (touristischen) Infrastruktur. Die Verkehrsrevolution war zunächst mit dem Eisenbahnwesen verbunden: So fuhr 1825 die erste Pferdebahn auf Schienen, 1837 als Dampf- und ab 1888 als Elektrolokomotive. Bereits 1840 gab es den ersten festen Fahrplan, und 1848 fuhr der erste Zug mehr als 100 Kilometer pro Stunde. Gleichzeitig wuchsen die Zuglängen und damit die Anzahl der Zuggäste pro Fahrt. Während 1830 nur 332 Kilometer Schienenstrecke ausgebaut waren, betrug das Streckennetz durch Europa 1880 bereits 367.000 Kilometer. Die Schnelligkeit des Ausbaus machte nicht nur den Transport günstiger, sondern beförderte auch eine Verbreiterung der Zielgruppen für Bildungs- und Städtereisen in Europa.

Neben einer Blütezeit der Bahnreise entstand etwas zeitversetzt, dabei aber mit einem größeren Gästevolumen, die Schiffsreise. Die 1812 beginnende Dampfschifffahrt diente zuerst nur dem Warentransport, der Geschäftsreise und der wachsenden Zahl europäischer Auswanderer nach Amerika. Erst ab 1891 wurde der touristische Reiseverkehr über Kreuzfahrtschiffe aufgenommen. Der in der Anfangszeit von Albert Ballin und der HAPAG vorangetriebene Kreuzfahrtverkehr orientierte sich klassischerweise zunächst in den Mittelmeerraum und den Orient, später auch nach Amerika.

Die bürgerliche Klientel nimmt im 19. Jahrhundert mit der Pauschalreise den Faden der adeligen Kavalierstour wieder auf

Möglich wurde dieser Boom für Zug- und Schiffsreisen zu den Zielen der klassischen Bildungstour durch den neuen Typ der durchorganisierten Gruppen- und Gesellschaftsreise. Damit wurde das Reisen analog zur Anzahl der Reisenden günstiger und für die Reisenden aufgrund der Entlastung bei der Organisation einfacher. Thomas Cook hatte 1841 die Idee zum ersten Pauschalarrangement in England mittels des neuen Reisemittels Zug. Und der Erfolg gab ihm Recht: Ab 1855 ging es zunächst mit dem Zug, dann mit dem Schiff ins Ausland, oft in den Mittelmeerraum, ab 1866 in die Vereinigten Staaten und ab 1872 sogar auf Weltreise. Die Programmierung sowie die Vergünstigung bei der Pauschalreise brachten die Unterordnung des Einzelreisenden in eine Gruppe und in ein Pflichtprogramm mit sich. Beides wurde jedoch im 19. und 20. Jahrhundert nicht als Zwang, sondern eher als Entlastung empfunden. Wie der meist adelige Grand-Tourist des 17. und 18. Jahrhunderts ein Korsett an zu besichtigenden Bildungsinhalten vorgesetzt bekam, so lief auch die Pauschalreise nach Italien für die bürgerliche Mittelschicht im 19. und 20. Jahrhundert nach einem vom Reiseveranstalter festgelegten Programm ab, das aber gesellschaftlicher Grundkonsens war.

Dieser wurde auch durch den im 19. Jahrhundert wachsenden Reiseführermarkt mitbestimmt, als dessen wichtigster Repräsentant und Vorreiter sich der Verlag von Karl Baedeckers entwickelte. Wiederum von englischen Vorbildern beeinflusst, erschien der erste Band 1832, zur Burgen- und Städtereise entlang des Rheins und auch schon in einer deutschen wie auch in einer fremdsprachigen Ausgabe. Bände zu Italien ab 1861 und zum Mittelmeer ab 1909 – die sich entwickelnden Eisenbahn- und Schifffahrts- sowie Pauschalangebote begleitend – folgten. Der ab 1846 einheitlich rote und strapazierfähige Leineneinband, das handhabbare Taschenformat, das dünne, an Gebetbüchern orientierte Papier trotz Inhaltsschwere, die Lesebändchen zum Einmerken benötigter Informationen, die detaillierten Stadtpläne und Landkarten waren ebenso kennzeichnend wie die praktischen, immer auf dem neuesten Stand befindlichen Reisehinweise und die landeskundlichen, geschichtlichen sowie kunsthistorischen, von bekannten Experten verfassten Stadt- und Kunstbeschreibungen. Diese Breite und Genauigkeit an Wissensvermittlung orientierte sich an der Antike und der Grand Tour, nur wurde sie bei *Baedecker* dem Zeitgeist entsprechend komprimiert und professionalisiert. Auf der Grundlage der Kanonbildung vorheriger Jahrhunderte führte der Verlag bereits 1846 die von den Nachfragern gewünschten und geschätzten *Baedecker*-Sterne ein, durch deren Kategorisierung eine Stadt oder ein Kunstwerk von einer Sehenswürdigkeit gleichsam zu einer Sehensnotwendigkeit wurde.

Spätestens mit der Entwicklung der „Great Circulation Tour of the Continent" 1856 durch Thomas Cook entwickelte sich der Reisemarkt im heutigen Sinn. Auch wurde das Wort Tourismus ab 1800 in England und ab 1830 in Deutschland gebräuchlich. Nicht mehr der Wunsch des Individuums allein, sondern immer stärker das Interesse und die Nachfragebeeinflussung des Reiseveranstalters wurden nun zur treibenden Kraft der Pauschalreise für die nächsten 150 Jahre. Die Demokratisierung der Kulturreise über Preis- und Zeitpolitik beinhaltete auch eine straffe und ökonomische Organisationsform.

1.9 Wirtschaftswunder – Kultur, Erholung und Erlebnis für alle

Während sich bereits um 1900 die Intellektuellen über die Dumpfheit, das Philistertum und die Unkultur der neuen Pauschalreisenden ausließen, die – ohne die Kultur wirklich zu verstehen – durch die historischen Städte und Stätten geschleust wurden, wuchs dieser Massenreisemarkt nach dem Zweiten Weltkrieg immer weiter an. Aufgrund der Must-have-seen-Kanonisierung konzentrierte er sich auch im Kulturtourismus auf immer weniger Orte und Objekte, so entlang der klassischen Rheinroute auf den Kölner Dom mit 4 Mio. oder bei der Italientour auf Venedig mit 30 Mio. Besuchern pro Jahr (vgl. im Folgenden Spode 1991; Becker/Steinecke 1993a, 1993b; Antz 1999; Heinze 1999; Dreyer 2000). Ein Ende der Pauschalreise ist aus Preis- und Organisationsgründen nicht in Sicht, gerade weil sich die Anbieter den immer differenzierter werdenden Bedürfnissen der Kunden nicht verschließen. Von den 1930er- bis 1960er-Jahren waren die Gäste da noch einheitlicher und genügsamer; die Chance, als Mitglied des mittleren Bürgertums oder der gehobenen Arbeiterschaft in den Genuss einer Kulturreise zu kommen, war schon Wunscherfüllung genug. Bei kleinem Geld und straffer Organisation verkauften die nationalsozialistischen Freizeitorganisationen „Kraft durch Freude" und „Reisen, Wandern, Urlaub" zwischen 1933 und 1939 bereits 43 Mio. Reisen inner- und außerhalb Deutschlands, mit dem Zug und mit dem Schiff.

Erholung, Konsum und Erlebnis lösen im 20. Jahrhundert Bildung als zentrales Motiv der Kulturreise ab

Ende der 1950er-Jahre begannen privatwirtschaftliche Unternehmen, die potenziellen Gäste an dieser kriegsbedingt unterbrochenen Stelle wieder abzuholen. Dies geschah zunächst wieder über das instandgesetzte europäische Gleissystem mittels Zugreisen. Bereits 1951 wurde so das Reiseunternehmen „Ameropa" gegründet: ursprünglich um Ame(rikaner), vor allem der Besatzungsmächte, Reisen nach (Eu)ropa anzubieten. Sehr schnell spezialisierte sich das Unternehmen auf Europa-(Städte-)Reisen mit dem (Liege-)Wagen allgemein, bei denen auch Hotels mitgebucht werden konnten. Parallel entwickelte sich ein überdurchschnittlich rasch wachsender und immer facettenreicher werdender Busreisemarkt, der bereits in den 1930er-Jahren erste Früchte trug. Beispielsweise wurde 1950 das Unternehmen „Globetrotter" in Deutschland gegründet, das neben dem Inlands- auch den Italientourismus schnell wieder in seinem Programm festschrieb. Busreisen waren im Vergleich zum Zug auf kleinere und geschlossenere Gruppen ausgerichtet, flexibler bei der Besichtigung auch kleiner Kulturorte und -stätten und damit bequemer – die Traumziele waren so ohne Umsteigen erreichbar. Wie bei allen anderen Transportarten ging es beim Bus anfangs nur um ein sicheres und funktionierendes Fortbewegungsmittel, ab den 1990er-Jahren im Wettbewerb immer mehr auch um steigenden Komfort.

Hinzu kamen Flugreisen. Bereits „Cook" verkaufte 1919 erste Flugtickets, und 1926 wurde die „Lufthansa" als deutsche Fluggesellschaft gegründet. Aber bis in die 1960er-Jahre hinein war diese Reiseform aus Kostengründen einer exklusiven Gästegruppe vorbehalten. Durch technischen Fortschritt und damit einhergehend mit größeren Passagierflugzeugen sowie günstigeren Preisangeboten entwickelte sich in den 1970er- und 1980er-Jahren ein wahrer Reiseboom an Individual- und vor allem Pauschalreisen mit dem Flugzeug. Damit wurde neben dem Europa- auch der internationale Tourismus zu Kulturstätten Amerikas oder Asiens für viele Menschen erschwinglich. Das Extrem des Städtehoppings – die erschwingliche Weltreise – wurde 1947 zum ersten Mal von „Pan Am" als „Round the World Ticket" angeboten. Der in den 1990er-Jahren einsetzende Billigflugtourismus zielt vor allem auf den Markt der Städtereise, der zumeist Shopping- und Kulturtourismus miteinander verbindet. Der Flugtourismus als eher neues Transportmedium ist aus dem klassischen Städte- und Kulturreisemarkt nicht mehr wegzudenken.

Auch der Kreuzfahrttourismus schloss an die Vorkriegszeiten an, konnte aber gegenüber dem wachsenden Flugtourismus zunächst nicht mithalten, da das exklusive, hochpreisige und zugleich zeitaufwendige Reisen mit Luxusdampfern keinen Markt mehr hatte. Erst in den 1970er-Jahren konnte sich die Kreuzfahrt wieder etablieren, da über Preis, All-inclusive-Angebote und Mittelklassekabinen eine breitere Bevölkerungsschicht erreicht wurde. Die seit 1981 ausgestrahlte Fernsehserie *Das Traumschiff* entwickelte sich zu einem kostenlosen Werbeträger in Deutschland, um das Bedürfnis nach Kreuzfahrten zu den Kulturstätten im Mittelmeerraum oder in der Karibik zu wecken. Durch den perfekteren Ausbau von Gastronomie, Animation und All-inclusive-Angeboten sind die Schiffe seit den 2010er-Jahren nahezu autark, sodass die Kulturstätten teilweise gar nicht mehr über den klassischen Tagesausflug besucht werden müssen, sondern nur noch als Hafenkulisse dienen.

Der wachsende Wohlstand der Industrienationen bettet die kulturellen Höhepunkte in immer perfekter inszenierte Pauschal- und Individualreisen ein

Zug-, Bus-, Flug- oder Schiffsreisen entwickeln sich als Pauschalreise seit den 1960er-Jahren zum wichtigsten Markt für die Anbieter. Seit Cook ab 1868 neben den Reisen auch Hotelvoucher mitverkaufte, wurden Reisepauschalen immer attraktiver, durch Lohnanstiege und Urlaubsgesetze seit den 1950er-Jahren machbarer und mit dem technischen Fortschritt auch günstiger. In Deutschland ist dieser „Urlaub für alle" mit den Firmengründungen wie „Neckermann" 1963 oder „TUI" 1968 verbunden. Ließen sich die „Neckermänner" in den 1960er-/1970er-Jahren noch bedenkenlos und in großen Mengen in die klassischen Urlaubsziele lenken, so stehen die Anbieter in den 2010er-Jahren einer anspruchsvollen und hybriden Klientel gegenüber: Sie erwartet für einen günstigen Preis sehr diversifizierte Angebote, die von Pauschalen an den Strand oder ins Kloster, als Rundreise oder All-inclusive, in die historische Altstadt oder auf den Spuren Goethes reichen.

Andererseits öffnete sich damit der Markt ab Ende der 1990er-Jahre für viele Spezialreiseanbieter. Dabei wurde der Individualtourismus noch gar nicht beachtet, der zwar schlechter zu messen, aber nichtsdestotrotz sehr intensiv ist. Der wirtschaftliche Aufschwung in den 1950er-Jahren hatte es vielen Deutschen beispielsweise ermöglicht, ein eigenes Auto – als Statussymbol ebenso wie als Fortbewegungsmittel – zu erwerben, mit dem es in die klassischen Urlaubsregionen Deutschlands und ab den 1960er-Jahren nach „Bella Italia" ging. Wer es sich leisten konnte, besichtigte die klassischen Highlights. Beginnend mit dem VW-Bus sowie mit Zug und Flugzeug wuchs der Individualreisemarkt mittels Auto, Wohnwagen und Wohnmobil. Reisen wurde in der Zeit von 1960 bis 1980 zum Allgemeingut. In den Industriegesellschaften Europas gehörte ab den 1970er-Jahren die jährliche Urlaubsreise, ob pauschal oder individuell, zum Lebensstandard und zum Gesellschaftsstatus. Bis in unsere Zeit gehört für viele Europäer das Reisen – im Gegensatz zu den unzähligen Generationen vergangener Jahrtausende – zum Lebensrhythmus dazu, nur sind die erwarteten Glückserlebnisse uneindeutiger geworden.

Die Sichtbarkeit des Wohlstands für alle über den jährlichen Tourismus schloss zunächst an die klassische Kulturreise der Vorkriegszeit an. Daneben entwickelten sich als Auswirkungen der Leistungsgesellschaft ab den 1960er-Jahren eine ausgeprägte Erholungs-, ab den 1970er-Jahren eine Konsum- und ab den 1980er-Jahren eine Erlebnisorientierung. Der Besuch von Kulturstätten konnte hier zumeist nicht als unverrückbare Attraktivität mithalten. Das Kulturerlebnis blieb teilweise nur eine Facette unter vielen Reisebedürfnissen oder eine Folie der Andersartigkeit. Andererseits wuchs die absolute Menge von jährlich Reisenden auf eine bisher nicht geahnte Größe, weshalb die Gruppe der Kulturreisenden mehr als konstant blieb. Der Diversifizierung der Reiseanlässe trugen auch die Pauschalreiseanbieter Rechnung. Und so zerfiel auch der als unübertroffener Standard angesehene *Baedecker* über die Jahrzehnte in Reiseführer für Kulturreisende im engeren Sinn, für Erlebnisreisende mit vielen, in

Stadtpläne eingeblendete Abbildungen oder aber für Überblicksreisende mit der Nennung der Highlights und Shoppinginformationen, der wegen seiner kurzen Halbwertzeit nach der Reise auch entsorgt werden kann. Seit den beginnenden 2010er-Jahren stützen sich auch Individualreisende mit hohem Bildungsgrad teilweise nur noch auf digitale Medien, ohne das haptische Pendant in der Seitentasche als Ballast mit sich zu tragen.

1.10 Das 21. Jahrhundert – Saturierung und Sinnorientierung

Am Ende des 18. Jahrhunderts war den westlichen Nationen noch eindeutig klar: In Freiheit und Fortschritt, in Wachstum und Modernisierung, in Schnelligkeit und Industrialisierung liegt die positive Zukunft der Welt. Trotz zweier Weltkriege und tiefgreifenden Krisen wird das von Menschen Machbare in der globalisierten Welt oft weiter als erstrebenswertes Nonplusultra angesehen (vgl. im Folgenden Steinecke 2007; Antz 2008; Kagermeier/Raab 2010; Quack/Klemm 2013; Klein/Pröbstle/Schmidt-Ott 2017). Die Digitalisierung vergrößert zudem den Marktplatz des Reisens, von der Orientierung und Information bis zur Buchung. Die Popularität und Ubiquität des Reisens ist ungebrochen. Die Ausdifferenzierung eines Reiseprogramms bis in kleinste Verästelungen wird dank digitaler Medien für Anbieter wie für Nachfrager gelöst. Auch der Kulturtourismus wird sich in diesen sich äußerlich auflösenden Strukturen seinen Markt bzw. seine Märkte weiterhin sichern.

Der „Zug" des Fortschritts fährt in noch höherer Geschwindigkeit weiter, während die Furcht vor der Schnelligkeit der neuen Zeit – ähnlich wie in der Romantik, nur in größerer Breite – reflektiert wird. Diese Gegenbewegung zu Langsamkeit, Sinnorientierung und Reduktion hin macht sich auch auf dem Reisemarkt bemerkbar. Ausgehend von dem Trend zur Erholung in der Nachkriegszeit und dem zu Wellness in den 1990er-Jahren entwickelt sich dieser Nischenmarkt des Reisens in Verbindung mit fast allen klassischen Märkten vom Natur- über den Wander- und Gesundheits- bis zum Kulturtourismus. Die Rückbesinnung auf das historische und kulturelle Erbe Europas führt schon jetzt zu einem Anwachsen des Kulturtourismus, sowohl in den Ländern selbst wie auch bei der internationalen Nachfrage. Zunächst sind es die Städte oder die Welterbestätten, dann die Kulturlandschaft und das immaterielle Welterbe (Bräuche bis Küche), die neben dem touristischen Erlebnis auch Halt bieten können. Dieses kulturelle Eintauchen über das Reisen kann sich im „Heimaturlaub", dem neuen Erleben der eigenen Kultur wie beim Erschließen einer anderen (Hoch-)Kultur einstellen.

Die Sehnsucht nach einer wie auch immer gearteten Heimat kann die Kulturreise im 21. Jahrhundert erfüllen

Dabei müssen sich die Kulturanbieter selbst die Stärke ihres Angebots aufs Neue bewusst machen und es gekonnt der neugierigen, aber zunehmend anspruchsvollen Reiseklientel vermitteln. Denn das Kulturerbe in seiner Breite steht meist nicht mehr im Fokus der potenziellen Gäste, der Bevölkerung selbst fehlt ebenfalls vielfach der Stolz darauf, und der Wettbewerb auf dem Reisemarkt wird keinesfalls einfacher. Das Kulturangebot muss sich vor Ort mit anderen, oft kulturfremden Angeboten verbinden und so eine größere Kundenklientel binden. Doch hierzu wäre eine ganz andere, intensivere Art der Kommunikation und Zusammenarbeit vonnöten: Meist reden die verschiedenen Kulturanbieter in einer Stadt schon nicht miteinander, geschweige denn mit Wanderverbänden, Kirchen, Radwegeorganisationen oder Gastronomie. Doch wie beispielhaft in der Fränkischen Schweiz oder am Elberadweg zu zeigen ist, werden viele Gäste über den Aktivtourismus an die Kultur herangeführt.

Durchaus vergleichbar mit dem Mittelalter mit seinem Pilgerwesen kann auch im 21. Jahrhundert die Nachfrage nach Kultur und Spiritualität über ein gemeinsames Angebot gebündelt werden. Die Themen Pilgern und Klosterurlaub binden dann viele Nachfrager, wenn die Pilgerwege wie die Kirchen- und Klosterorte eine lange Geschichte haben und noch heute ein authentisches Bild darbieten. Gleichzeitig sollten sie nicht nur spirituell aufgeladen sein und gelebte Rituale erfahrbar machen, sondern auch regelmäßige Öffnungszeiten bieten. Ohne Ansprechpartner für potenzielle Gäste vor Ort werden spirituell-kulturelle Ziele meist unattraktiv bleiben. Denn das historische Gehäuse bedarf einer entsprechenden Belebung, die den Gast in eine tradierte Welt eintauchen lässt. Die Ausdifferenzierung der Gäste führt auch zu unterschiedlichen Reisemotiven, die aus dem Gesamtfeld des Kulturtourismus eine Spezialisierung herausgreifen. Da gibt es die genannten Klostertouristen, aber auch Industrie- und Bergbauspezialisten, Brauerei- und Weihnachtsmarktfreaks, Burgen- und Museumsliebhaber, Festungs- und Musik- oder Film- und Gartenfans. Für all diese Nachfrager können spezifische Lösungen bei Individual- wie Pauschalreisen entwickelt werden.

Auch der klassische Kulturreisende ist weiterhin präsent, und genügend Reiseanbieter von Pauschalreisen, wie beispielsweise „Studiosus", leben von diesen Nachfragern. Aber auch hier ist ein Wandel zurück zu den Kulturreisen des 18. und 19. Jahrhunderts festzustellen, bei denen neben der Besichtigung von Kulturstätten auch eine mit regionalen und gut zubereiteten Speisen oder eine umfängliche und ganzheitliche Landeskunde auf dem Programm standen. Der englische National Trust arbeitet bei der Besichtigung seiner Architektur- und Naturdenkmale verstärkt mit diesen Themen: ein Picknick im Park, individuell ausgestaltete Führungen von Ehrenamtlichen, authentische Wohnräume, geschmackvolle Verkaufsläden mit selbst gebackenen Plätzchen und Bio-Marmeladen oder Bed-and-Breakfast-Angebote in historischen Mauern verankern den Besuch nachhaltig im Gedächtnis.

Europäer wie Amerikaner und Asiaten suchen verstärkt europäische Kulturstätten auf, die historisch authentisch sind und gleichzeitig inszeniert werden

Europa und die Traditionen europäischer Kultur und Geschichte werden auch beim internationalen Publikum immer gefragter. Ob Amerikaner oder Chinesen, sie sind fasziniert von Authentizität, Historizität, Alltagskultur, Architektur und Kunst, in der sich europäische Hochkultur auf relativ engem Raum ausgedrückt hat. Aber auch sie erwarten eine Verknüpfung zwischen Kirche und Weihnachtsmarkt, Museum und Gastronomie, Gartenbetreiber und Theater, Burg und Weinbauer, Dichterstätte und Hotel – was nur durch Kooperationen zwischen allen Beteiligten möglich ist. Die Akteure einer Region können in einer gemeinsamen Strategie und einem gemeinsamen Handeln die Gäste zu „Freunden" von Stadt, Land und Kultur machen, wenn sie nämlich zeigen können, dass Kultur etwas Lebendiges ist. Nicht zu erreichendes, aber trotzdem wünschenswertes Ziel wird es demnach sein, auch jeden Mann und jede Frau auf der Straße zum Botschafter der regionalen Kultur und zum Dienstleister des regionalen Kulturtourismus zu machen. Die Erfahrung zeigt, dass in einer Destination, wo diese Identität „gelebt" wird, auch der Kulturtourismus erfolgreich funktioniert.

Je hochkarätiger eine Kulturstätte ist, je authentischer sie sich präsentiert, je mehr sie in einen kulturellen und räumlichen Gesamtrahmen eingebunden ist und je stärker sie emotional aufgeladen wird, desto größer ist das Interesse von Kulturtouristen aus dem In- und Ausland sowie aus allen drei Reisetypkategorien (klassisch, Gelegenheit, Zufall) an einem Besuch. Kultur darf langfristig deshalb nicht nur Bedürfnisse befriedigen, sondern muss Sehnsüchte wecken. Der Gast in Hotel und Gaststätte, der Besucher in Museum und Kirche, der Tourist in der Tourismusregion und Stadt ist immer ein und derselbe Kunde, dem man nach wie vor als König begegnen muss, um kulturelle, kulturtouristische und (gesamt-)wirtschaftliche Erfolge zu erzielen.

Deshalb ist die Nachfrage nach gut organisierten künstlichen (historischen) Welten, wie sie beispielsweise der „Europa-Park" im badischen Rust bietet, auch so groß, weil zum einen Infrastruktur und Inhalte gut und stimmig sind und zum anderen die Dienstleistung mit dem touristischen Produkt qualitativ und inhaltlich zusammenfällt. Der Wille zur Vermittlung der kulturellen Inhalte und das Wissen von den Bedürfnissen der Gäste muss auch bei den Kultureinrichtungen vorhanden sein. Kulturtouristen im engeren Sinn wie auch solche, die bei Gelegenheit oder zufällig reisen, gibt es, seit es Reisen gibt, so in Verbindung mit Geschäftsreise- und später Erholungstourismus, vor allem aber beim spirituellen Tourismus.

Kultur muss in Zukunft Sehnsüchte wecken, um Besucher nachhaltig zu begeistern

Die Wellenbewegungen zu wahlweise mehr oder weniger Kultur werden bleiben; ebenso wird die Welt der Trends und Moden bunter und widersprüchlicher werden. Was kann Europa den emotional offenen Kulturtouristen also künftig bieten? Wenn man bei einer der ältesten Formen des Tourismus bleibt, wäre etwa das Benediktinerkloster Weltenburg an der Donau als Beispiel anzuführen, ein historisches Klostergebäude, in dem man übernachten kann, eine Kirche, in der man mit Mönchen beten kann und in der der Weihrauchduft eine ständige Nutzung erahnen lässt, wo gleichzeitig neben Gottesdienst und Stundengebet auch Konzerte stattfinden, Wanderwege um das Kloster herum und an die Donau führen sowie eine Brauerei mit international ausgezeichneten Regionalbieren und ein traditionelles Gasthaus mit einem Angebot regionaltypischer Speisen existieren. Dies zu bewahren, aufzubauen und (wieder) zu finden, wird im 21. Jahrhundert mit dem Begriff Exklusivität verbunden werden. Die traditionelle und gewachsene Kultur ist ja gerade das Authentische, Unverrückbare und Einmalige, nach dem der Gast sucht. Die sich verändernden Bedürfnisse der heutigen Reisenden zu erkennen und in höherem Maße als bisher zu erfüllen, wird die gemeinsame Aufgabe von Kultur-, Werbe- und Tourismusverantwortlichen sein. Vitrine an Vitrine, Daten an Daten, aber auch Medien an Medien werden der Bedeutung der Kultur ebenso wenig gerecht wie den Wünschen der Reisenden. Doch die hintergründige Kultur- kann mit der bestehenden Erlebnis- und der kommenden Sinngesellschaft strategisch versöhnt werden, um hiermit gleichzeitig wirtschaftlich-touristischer Erfolg zu generieren. Kultur ist also nicht langweilig, sondern bringt Spaß – wenn einige Kulturanbieter daraus nicht weiterhin etwas Langweiliges machen und ein ernstes Gesicht dabei aufsetzen.

Literatur

Antz, C., Die Zukunft der Geschichte. Chancen des Kulturtourismus in Sachsen-Anhalt, in: Mitteldeutsches Jahrbuch für Kultur und Geschichte 6, 1999, S. 147–157.

Antz, C., Kulturtourismus. Empfehlungen für einen langfristigen Erfolg, in: Scheytt, O. / F. Loock (Hg.), Kulturmanagement und Kulturpolitik (Lieferung 8. D 1.6 Strategie und Steuerung), Berlin 2008, S. 1–18.

Antz, C., Spirituelles Wandern, in: Dreyer, A. / A. Menzel / M. Endreß (Hg.), Wandertourismus. Kundengruppen, Destinationsmarketing, Gesundheitsaspekte, München 2010, S. 283–294.

Antz, C., Die „Straße der Romanik" und der Mythos von Sisyphos. Von Arbeit und Erfolg im Kulturtourismus am Beispiel einer regionalen und doch europäischen Kulturstraße von 1992 bis 2013, in: Ranft, A. / W. Schenkluhn (Hg.), Kulturstraßen als Konzept. 20 Jahre Straße der Romanik, Regensburg 2016 (= More Romano. Schriften des Europäischen Romanik-Zentrums, 5), S. 41–52.

Antz, C. / C. Juranek, Schlösser, Museen, Tourismus. Chancen einer Partnerschaft, Hg.: Ministerium für Wirtschaft und Arbeit des Landes Sachsen-Anhalt, Schloß Wernigerode GmbH, Wernigerode 2005 (= Tourismus-Studien Sachsen-Anhalt, 20).

Bausinger, H. / K. Beyer / G. Korff, Reisekultur. Von der Pilgerfahrt zum modernen Tourismus, München 1991.

Becker, C. / A. Steinecke (Hg.), Kulturtourismus in Europa. Wachstum ohne Grenzen?, Hg.: Europäisches Tourismus Institut GmbH an der Universität Trier, Trier 1993a (= ETI-Studien, 2).

Becker, C. / A. Steinecke (Hg.), Megatrend Kultur? Chancen und Risiken der touristischen Vermarktung des kulturellen Erbes, Hg.: Europäisches Tourismus Institut GmbH an der Universität Trier, Trier 1993b (= ETI-Texte, 1).

Brilli, A., Als Reisen noch eine Kunst war. Vom Beginn des modernen Tourismus – Die „Grand Tour", Berlin 1997.

Buschmann, L. / L. L. Kolbitz (Hg.), Kulturtouristische Netzwerke im ländlichen Raum, Berlin 2013.

Datzer, R. et al., Handbuch Kulturtourismus in Sachsen-Anhalt, Ltg.: C. Antz u. a., Hg.: Ministerium für Wirtschaft und Arbeit des Landes Sachsen-Anhalt, Magdeburg/Potsdam 2006 (= Tourismus-Studien Sachsen-Anhalt, 23).

Dreyer, A., Kulturtourismus, 2. Aufl., München/Wien 2000 (= Lehr- und Handbücher zu Tourismus, Verkehr und Freizeit).
Feige, M. et al., Städte- und Kulturtourismus in Deutschland, Hg.: Deutscher Tourismusverband, Bonn 2006.
Freller, T., Adelige auf Tour. Die Erfindung der Bildungsreise, Ostfildern 2007.
Gorsemann, S., Bildungsgut und touristische Gebrauchsanweisung. Produktion, Aufbau und Funktion von Reiseführern, München 1995 (= Internationale Hochschulschriften, 151).
Grünewald Steiger, A. / J. Brunotte (Hg.), Forum Kultur – Kulturtourismus. Qualitäten des kultivierten Reisens, Wolfenbüttel 2007 (= Wolfenbütteler Akademie-Texte, 32).
Günter, W., Kulturgeschichte der Reiseleitung, Bergisch Gladbach 1989 (= Bensberger Manuskripte, 37).
Hachtmann, R., Tourismus-Geschichte, Göttingen 2007.
Hausmann, A. / L. Murzik (Hg.), Neue Impulse im Kulturtourismus, Wiesbaden 2011.
Heinze, T. (Hg.), Kulturtourismus. Grundlagen, Trends und Fallstudien, München/Wien 1999.
Heinze, T. (Hg.), Kultursponsoring, Museumsmarketing, Kulturtourismus. Ein Leitfaden für Kulturmanager, 2. Aufl., Wiesbaden 2005.
Kagermeier, A. / F. Raab, Wettbewerbsvorteil Kulturtourismus. Innovative Strategien und Produkte, Berlin 2010 (= Schriften zu Tourismus und Freizeit, 9).
Klein, A. / Y. Pröbstle / T. Schmidt-Ott (Hg.), Kulturtourismus für alle? Neue Strategien für einen Wachstumsmarkt, Bielefeld 2017.
Knoll, G. N., Kulturgeschichte des Reisens. Von der Pilgerfahrt zum Badeurlaub, Darmstadt 2006.
Landgrebe, S. / P. Schnell (Hg.), Städtetourismus, München/Wien 2005.
Lauterbach, B., Tourismus. Eine Einführung aus Sicht der volkskundlichen Kulturwissenschaft, Würzburg 2006 (= Kulturtransfer, 3).
Leibetseder, M., Die Kavalierstour. Adlige Erziehungsreisen im 17. und 18. Jahrhundert, Köln u. a. 2004 (= Beihefte zum Archiv für Kulturgeschichte, 56).
Mandel, B., Tourismus und Kulturelle Bildung. Potentiale, Voraussetzungen, Praxisbeispiele und empirische Erkenntnisse, München 2012 (= Kulturelle Bildung, 28).
Pechlaner, H. / E. Innerhofer, Sinnsuche im Urlaub. Chancen und Perspektiven für den Tourismus, Bozen 2016 (= Transfer – EURAC research).
Quack, H.-D. / K. Klemm (Hg.), Kulturtourismus zu Beginn des 21. Jahrhunderts, München 2013.
Spode, H., Zur Sonne, zur Freiheit! Beiträge zur Tourismusgeschichte, Berlin 1991 (= Berichte und Materialien der Freien Universität Berlin, Institut für Tourismus, 11).
Steinecke, A., Kulturtourismus. Marktstrukturen, Fallstudien, Perspektiven, München/Wien 2007.
Strobel y Serra, J., 10 Thesen zum Kulturtourismus, in: Grünewald Steiger, A. / J. Brunotte (Hg.) 2007, S. 8–17.
Weissenborn, B., Kulturtourismus, Trier 1997.

Axel Dreyer

2 Kulturtourismus – eine Einführung

Zusammenfassung: Die erste Auflage dieses Buches (Dreyer 1996) stellte eines der ersten umfassenden und überblickshaften Werke für den Kulturtourismus dar. Ihm folgten weitere Sammelwerke mit unterschiedlichen inhaltlichen Ansätzen (Heinze 1999; Steinecke 2007; Hausmann 2019), die den Facettenreichtum des Kulturtourismus deutlich machten. In den letzten Jahren hat sich die Bedeutung einiger Felder des Kulturtourismus verlagert, was sich in den veränderten Inhalten des vorliegenden Buches niederschlägt.

In diesem Beitrag werden die aktuell wichtigen Grundlagen des Kulturtourismus übersichtlich zusammengefasst. Es wird gezeigt, wie unterschiedlich der Begriff Kultur aufgefasst werden kann und wie differenziert die Ausprägungen des Kulturtourismus sind. Die für den Tourismus relevanten kulturellen Aktivitäten werden aufgezeigt, es wird eine Brücke zur Kreativwirtschaft geschlagen und auf die Bedeutung der Kultur und des Kulturtourismus als Standort- und Wirtschaftsfaktoren eingegangen. Hervorgehoben werden soziokulturelle Aspekte des Kulturtourismus; dabei liegt ein Schwerpunkt auf der Gastgeberkultur und der Entstehung von Overtourism. Des Weiteren widmet sich der Beitrag dem UNESCO-Welterbe als bedeutendem Markenzeichen im Kulturtourismus. Abschließend werden die Erscheinungsformen des Kulturtourismus kurz erläutert, wobei der Bezug zu den weiteren Beiträgen in diesem Buch hergestellt wird.

Schlagwörter: Kulturtourismus, Standortfaktor, Wirtschaftsfaktor, Gastgeberkultur, Akkulturation, Overtourism, UNESCO-Welterbe

2.1 Kultur und Tourismus

In der Literatur finden sich unzählige unterschiedliche Definitionen für den Kulturbegriff. Allgemein können eine enge und eine weite Sichtweise unterschieden werden. Tatsächlich kann das gesamte menschliche Miteinander als Kultur verstanden werden. Dies reicht schließlich bis in das Wirtschaftsleben hinein, wo Unternehmen die Art und Weise, in der sie sich am Marktgeschehen beteiligen, als Unternehmens*kultur* bezeichnen.

Als Kultur kann die Gesamtheit dessen verstanden werden, was aus der Entwicklung, Pflege und Veredelung menschlicher Fähigkeiten entsteht und was für menschliche Gemeinschaften in einer bestimmten Region typisch ist. Gerade der letzte Teil dieser Definition deutet an, dass sich die Menschen aufgrund unterschiedlichster Le-

Prof. Dr. Axel Dreyer, Professor für Tourismusmanagement/Marketing, Institut für Tourismusforschung, Hochschule Harz, Wernigerode

https://doi.org/10.1515/9783486711028-002

bensgrundlagen in allen Teilen dieser Welt („Regionen“) andersartig entwickeln. Das Bewusstsein dafür schärft gerade in Zeiten einer zusammenrückenden Welt (Datenströme, Verkehrsverbindungen, Migrationsbewegungen) den Blick für regionale Besonderheiten, was sich in neuen Schwerpunkten des kulturell motivierten Tourismus niederschlägt. So haben zum Beispiel regionale Produkte oder der kulinarische Tourismus in den letzten Jahren an Bedeutung gewonnen. In diesen Kontext passt die Definition von Heinze (1999, 63), der unter Kultur im weiten Sinn Sitten, Bräuche und Traditionen, Handwerk, Denkmäler, Essen und Trinken, Sprache und vieles mehr versteht, während er Kultur im engen Sinn als kunstgeschichtliche Angebote einer Region betrachtet, wie z. B. Bauwerke oder Museen.

In der umfassendsten Sichtweise beinhaltet der Kulturbegriff auch die unterschiedlichsten Ausprägungen des Sports, während sonst in touristisch orientierten Publikationen von Kultur und Sport als nebeneinander existierenden Angeboten ausgegangen wird. Und tatsächlich existieren Sportangebote, die für einzelne Regionen oder auch Nationen typisch sind (American Football, asiatische Kampfsportarten), auch wenn sie sich zum Teil auch in anderen Regionen der Welt verbreitet haben.

Von besonderer Bedeutung für die spätere touristische Betrachtung ist die Unterscheidung von Hochkultur und Breitenkultur. Hierbei wird die soziale Dimension als zentrales Bestimmungsmerkmal für kulturelle Erlebnisse in den Mittelpunkt gerückt. Während Hochkultur als „Bildungskultur“ anzusehen ist und sich auf „reine“ Kulturangebote bezieht (wie z. B. Opern, Konzerte, Theatervorstellungen, Ballett, Museen und Kunstausstellungen oder Lesungen), enthält Breiten- oder Alltagskultur einen stärkeren Unterhaltungswert. Aus dem reinen Kulturgenuss wird ein umfassenderes Kulturerlebnis. Breitenkultur umfasst z. B. Straßentheater, Sommerakademien, kommerzielle Kinovorführungen, Musicals, Pop- und Open-Air-Konzerte oder auch Stadt- und Volksfeste (Opaschowski/Pries/Reinhardt 2006: 251 f.).

2.2 Begriffsbestimmung des Kulturtourismus

In der Tourismusliteratur wurde eine Vielzahl an Definitionen für den Begriff Kulturtourismus formuliert (vgl. Becker 1993; Dreyer 2000a; Richards 2005; Steinecke 2007; Heinze 1999, 2009; Hausmann 2019; sowie Kapitel 1 in diesem Buch). Ähnlich wie der Kulturbegriff ist auch der Terminus Kulturtourismus einem stetigen Wandel unterworfen, und der Versuch einer Definition stellt infolgedessen eine Schwierigkeit dar. Eine weitere Herausforderung besteht darin, den Kulturtourismus von anderen Reisearten abzugrenzen und die Besonderheiten darzustellen. Mithilfe der folgenden Abb. 2.1 wird dem Leser ein Systematisierungsvorschlag auf der Grundlage möglicher kultureller Aktivitäten als Basis einer Zuordnung zum Kulturtourismus unterbreitet.

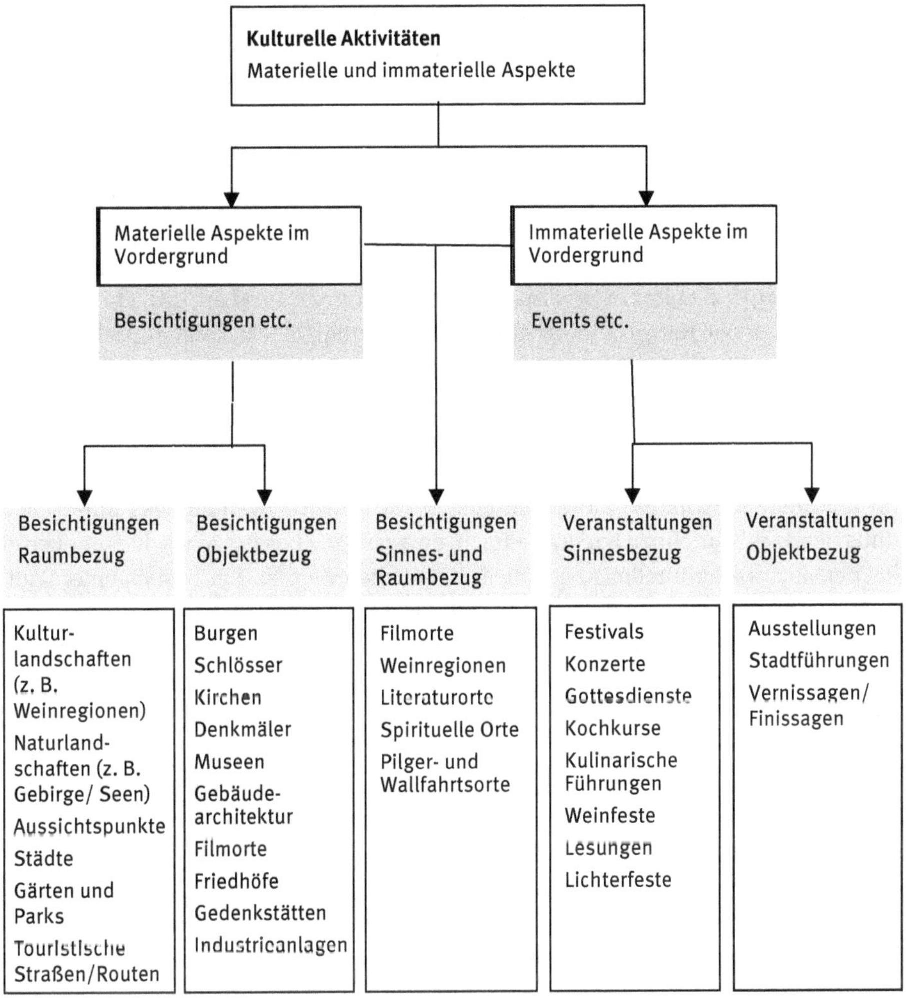

Abb. 2.1: Kulturelle Aktivitäten im Überblick (Quelle: eigene Darstellung)

2.2.1 Kulturelle Aktivitäten

Der Kulturbezug einer Reise lässt sich unterscheiden nach der Art der kulturellen Attraktion sowie den daraus resultierenden Aktivitäten. Wie für Dienstleistungen typisch, bestehen kulturelle Attraktionen aus materiellen und immateriellen Elementen. Daraus ergeben sich unterschiedliche Aspekte der Wahrnehmung der Kultur. Materielle Kulturgüter können besichtigt, angeschaut und vielleicht auch angefasst werden. Immaterielles ist nicht greifbar, kann aber mit den Sinnen wahrgenommen (erfahren) werden. Kulturelle Aktivitäten lassen sich demnach – wenn auch nicht gänzlich überschneidungsfrei – unterteilen in Besichtigungen (schwerpunktmäßig visuelle Wahrnehmung) materieller Kulturgüter sowie vornehmlich sinnlich erfahrbare Aktivitäten.

Unter materiellen Gesichtspunkten sind Besichtigungen raum- oder objektbezogene Formen des Kulturtourismus. Die räumliche Dimension wird bei der Betrachtung außergewöhnlicher Kulturlandschaften ebenso deutlich wie bei Naturlandschaften, die aufgrund einer Einmaligkeit in den UNESCO-Welterbestatus erhoben worden sind (z. B. das Wattenmeer). Eine Kombination von beidem findet sich z. B. im Oberharzer Wasserregal; dies ist ein Bewässerungssystem für den Bergbau, das einen Teil der Charakteristik der Harzer Mittelgebirgslandschaft darstellt. Besonders vielschichtig im Hinblick auf kulturelle Aktivitäten ist der Stadtraum; er bietet Aussichtspunkte, Gebäude- und Stadtarchitektur, Kirchen, Museen etc. und ist damit nicht zufällig eines der wichtigsten Ziele für Touristen. Im Gegensatz zu diesen typischen Formen der dauerhaft vorhandenen Besichtigungen bieten Veranstaltungen temporäre Möglichkeiten für kulturelle Aktivitäten. Dieser zeitliche Bezug stellt ein wesentliches Unterscheidungsmerkmal dar. Hinzu kommt vielfach, dass einige Sinne des Menschen intensiver bei der Nutzung kultureller Angebote angesprochen werden. Der Besuch einer Wallfahrtskirche respektive eines Gottesdienstes als Pilger macht eben einen Unterschied zur eher beiläufigen Besichtigung einer Kirche im Rahmen eines Stadtrundgangs. Für das Erleben der Kultur ist z. B. die Sprache (Akustik) als Kernelement der Kommunikation (z. B. bei Stadtführungen oder Vermittlungsangeboten in Museen) besonders wichtig. Und auch die Musik bietet ein weites Feld kultureller Angebote (Konzerte, Festivals, Opernaufführungen etc.). Im Hinblick auf die Kulinarik (Gustatorik, Olfaktorik) werden zunehmend neue Akzente gesetzt, wobei regionale Produkte und Wein eine besondere Rolle im kulinarischen Tourismus spielen. Da hier die Besonderheiten von Regionen (bspw. das Terroir des Weins mit einzigartigen Kulturlandschaften des Weinbaus) kennzeichnend sind, hat sich der kulinarische (Wein-)Tourismus als Teil des Kulturtourismus etabliert. Ebenso zählen Veranstaltungen zu einem immer bedeutender werdenden Angebot des kulturellen (Er-)Lebens. Gerade das Zusammenspiel von materiellen und immateriellen Faktoren führt hier zu außergewöhnlichen Angeboten. Besonders gut lässt sich dies am Beispiel der Opernaufführungen in der Arena von Verona darstellen, weil hier die Atmosphäre des rund 2000 Jahre alten Stadions zusammen mit dem musikalischen Erlebnis wirkt. So ließe sich für jede Aufzählung in der Abb. 2.1 ein Beispiel finden; an dieser Stelle sei jedoch auf die einzelnen Beiträge dieses Buches verwiesen.

2.2.2 Differenzierung des Kulturtourismusbegriffs im deutschen und englischen Sprachraum

Kulturtourismus wird in der englischsprachigen Literatur als „cultural tourism", „heritage tourism" oder auch „cultural heritage tourism" bezeichnet. Er zählt zu den bedeutendsten und am schnellsten wachsenden Segmenten des Tourismus (vgl. Poria/Butler/Airey 2003: 239). Der Begriff „cultural heritage" wird als Kulturerbe übersetzt, das in materielle und immaterielle Güter unterschieden wird. Beachtenswert ist hierbei, dass zu den immateriellen Gütern auch die geistigen Ursprünge eines Landes gezählt werden (vgl. Kolland 2003: 10). In der Literatur wird auf die Schwierigkeit einer allgemeingültigen englischsprachigen Definition verwiesen, da es in der angelsächsischen Literatur mehrere Begriffe für Kulturtourismus gibt, die gleichbedeutend benutzt werden (vgl. Alzua/O'Leary/Morrison 1998: 3). Mehrere Begriffe aus dem Englischen beschreiben also nur einen Begriff in der deutschen Sprache.

Die grundlegende Position des International Council on Monuments and Sites (ICOMOS) aus dem Jahr 1976 definiert in seiner „Charter of Cultural Tourism" Kulturtourismus folgendermaßen (ICOMOS 2005: 25): „Cultural tourism is that form of tourism whose object is, among other aims, the discovery of monuments and sites. It exerts on these last a very positive effect insofar as it contributes – to satisfy its own ends – to their maintenance and protection. This form of tourism justifies in fact the efforts which said maintenance and protection demand of the human community because of the socio-cultural and economic benefits which they bestow on all the population concerned." Diese Definition ist eine objektbezogene (monuments and sites), da der Fokus zunächst auf den Attraktionen liegt. Zusätzlich werden die positiven Effekte auf soziokultureller und ökonomischer Ebene beschrieben. Auffällig ist, dass die Nachfrageseite nicht in die Definition miteinbezogen wird.

Dagegen definiert die UNWTO (2005) cultural tourism als: „Tourist activities that have, as their main motivation, the enjoyment of the cultural resources of a certain location, town, or village." Diese Formulierung ist sehr allgemein gehalten und vernachlässigt die soziokulturelle und ökonomische Ebene.

Richards (2005: 15) hingegen vertritt die Auffassung, dass zwei Sichtweisen von Kulturtourismus existieren: Er unterteilt in eine objektbezogene (technische) Definition, die sich auf Kultur als Produkt konzentriert („all movements of persons to specific cultural attractions, such as heritage sites, artistic and cultural manifestations, arts and drama outside their normal place of residence") und in eine konzeptionelle Definition, die sich auf Kultur als Prozess fokussiert („the movement of persons to cultural attractions away from their normal place of residence, with the intention to gather new information and experiences to satisfy their cultural needs").

Auch in der deutschsprachigen Literatur wurden und werden zahlreiche Überlegungen angestellt, wie man Kulturtourismus definitorisch fassen kann. Eine frühe und weit verbreitete Begriffsbestimmung stammt von Jätzold (1993): „Der Kulturtourismus nutzt Bauten, Relikte und Bräuche in der Landschaft, in Orten und Gebäuden, um dem Besucher die Kultur-, Sozial- und Wirtschaftsentwicklung des jeweiligen Gebietes durch Pauschalangebote, Führungen, Besichtigungsmöglichkeiten und spezifisches Informationsmaterial nahezubringen. Auch kulturelle Veranstaltungen dienen häufig dem Kulturtourismus" (zit. nach Steinecke 2007). Obwohl diese Definition den Kulturtourismus sowohl aus Angebots- als auch aus Nachfragesicht schon sehr gut erfasst, ist Jätzolds Gliederung des Kulturtourismus aus damaliger Sicht zwar schon umfassend, doch heute nicht mehr ausreichend. Eine Schwierigkeit der Begriffsbestimmung ergibt sich daraus, dass der Kulturbegriff sehr vielschichtig ist und dementsprechend von Touristen auch sehr unterschiedlich aufgefasst wird. Daher ist es nicht verwunderlich, dass bei Befragungen von Touristen nach ihrer Reisemotivation die unterschiedlichsten kulturellen Aktivitäten als wesentlich genannt werden. Um diesem Dilemma zu entgehen, hatte Dreyer (1996: 26) den Kulturtourismus aus Nachfragesicht definiert: „Mit Kulturtourismus werden alle Reisen bezeichnet, denen als Reisemotiv schwerpunktmäßig kulturelle Aktivitäten zugrunde liegen." Aus heutiger Sicht ist diese Begriffsbestimmung zu allgemein. Nach Steinecke sind in der Mehrzahl der Definitionen vier grundsätzliche Merkmale enthalten (Steinecke 2007: 10):

- Interesse der Touristen an Kultur
- Besichtigung kultureller Institutionen
- Besuch von Veranstaltungen
- Zentrale Rolle einer fachlich fundierten Informationsvermittlung

Diese Kriterien berücksichtigen sowohl die Nachfrage als auch die Angebotsseite mit Kulturobjekten (Burgen, Schlösser etc.) sowie immateriellen Attraktionen (Events, Veranstaltungen etc.) und der Kulturvermittlung. In Ergänzung zu den bereits genannten Definitionen zeigt Hausmann (2019: 3) auf, dass Kulturtourismus sowohl Teil des Tages- als auch des Übernachtungstourismus sein kann: „Kulturtourismus umfasst Tages- und Übernachtungstourismus, bei dem das Haupt- oder ein Nebenmotiv der auswärtigen Gäste darin besteht, das kulturelle Erbe bzw. Angebot einer Destination zu nutzen."

Als Symbiose der zentralen Aspekte aller aufgeführten Definitionen ergibt sich eine neue Definition. Diese schließt sowohl die Kulturvermittlung („Informationen") als auch den Prozesscharakter (besonders deutlich bei „Erlebnissen") ein:

Kulturtourismus umfasst alle Reiseformen, bei denen Reisende im Rahmen kultureller Aktivitäten Informationen über und Erlebnisse durch Attraktionen (Sehenswürdigkeiten und Veranstaltungen) erlangen, wobei die Befriedigung des Bedürfnisses nach Kultur eine zentrale Rolle der Reise einnimmt, ganz gleich ob es eine Tages- oder Übernachtungsreise ist.

2.2.3 Nachfrage im Kulturtourismus

Als erster Aspekt der Nachfrage kann auf die Bedeutung der Kultur für den Reisenden abgestellt werden. Häufig wird daher zunächst zwischen Kulturtouristen und Auch-Kulturtouristen unterschieden. Im Sinne der Reiseanalyse der F.U.R. kann man diejenigen als Kulturtouristen bezeichnen, für die das Motiv „den Horizont erweitern, etwas für Kultur und Bildung tun" eine große Bedeutung hat. In der Reiseanalyse werden Kultururlauber durch die gewählte Urlaubsform charakterisiert; für die Befragten steht die Zuordnung zur „Studienreise“ oder „Kulturreise (Festspiele, Theater, Konzerte etc.)“ (vgl. Heinze 1999, S. 64) zur Auswahl. Auch-Kulturtouristen werden von verschiedenen Autoren dadurch charakterisiert, dass sie an kulturellen Sehenswürdigkeiten und/oder Aktivitäten interessiert sind, jedoch die Kultur nicht das zentrale Reisemotiv und die zentrale Betätigung auf der Reise darstellt.

In der Literatur werden Kulturtouristen oft als ein attraktives und einfach zu differenzierendes Marktsegment beschrieben. Kulturtouristen gelten im Allgemeinen als älter, besser ausgebildet und wohlhabender als andere Reisende. Dies ist heute in dieser Einfachheit nicht mehr zutreffend. Ebenso wie sich das kulturtouristische Angebot ausdifferenziert hat, ist auch die Nachfrage differenzierter geworden. Mit einigen wenigen soziodemografischen Merkmalen wie Alter und Einkommen lassen sich die Reisenden mit den vielschichtigen, zuvor genannten kulturellen Aktivitäten nicht hinreichend charakterisieren. Vielmehr erhalten im Marketing sogenannte Personas eine größere Bedeutung – Nutzermodelle, mit deren Hilfe sich Lebensstile bzw. spezifische Werthaltungen darstellen lassen. Die Nachfrage im Kulturtourismus basiert dabei auf generellen Entwicklungen der Gesellschaft (Megatrends), aus denen sich die touristischen Trends ableiten lassen, die wiederum für die kulturtouristische Entwicklung Bedeutung haben.

Seit den 1970er-Jahren können bestimmte Grundrichtungen in der Beliebtheit bei den Kulturreisenden bestimmt werden. Mit der wachsenden Freizeit der Deutschen hat neben anderen Beschäftigungen auch das Interesse an Kultur eine neue Dimension erhalten. War das kulturelle Interesse früher vor allem von Bildungsmotiven bestimmt, so besteht heute eher eine Freizeitkultur mit Schwerpunkten auf Unterhaltung, Geselligkeit, Erlebnis und Inszenierung. Beispielsweise dominierte kulturell in Deutschland bis in die 1970er-Jahre hinein das traditionelle Theater mit wechselnden Spielplänen, auf denen überwiegend klassische Schauspiele, Operetten und Opern standen. Ende der 1990er-Jahre erfreuten sich insbesondere die großen standortfesten Musicalproduktionen eines starken Zulaufs. Inzwischen werden zusätzlich zu den modernen und traditionellen Theaterformen immer neue kulturelle Angebote kreiert und das Angebot hat eine enorme Breite erhalten. Heute sind es vor allem Veranstaltungen und Ereignisse („Events“), die das kulturelle Interesse breiter Bevölkerungsschichten hervorrufen und dafür sorgen, dass die Kulturwirtschaft, zu der auch der Kulturtourismus gezählt werden kann, sich zu einem bedeutenden Faktor der Dienstleistungswirtschaft entwickelt. Dabei nimmt die Erlebnisorientierung stetig zu. Für

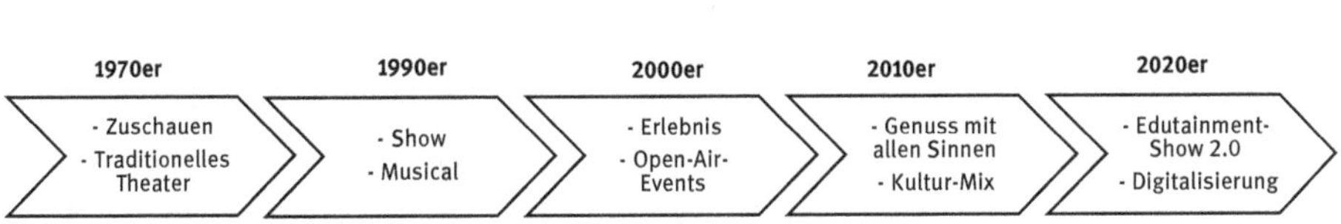

Abb. 2.2: Exemplarische Entwicklung des Kulturtourismus 1970–2030 (Quelle: Eigene Darstellung)

die 2010er-Jahre lässt sich eine Entwicklung zu einem multisensualen Kulturmix im Angebot konstatieren, wobei in jüngster Zeit die Digitalisierung neue Angebots- und Vermittlungsformen zulässt, was die Vielfalt des bisherigen Angebots um neue Showelemente (Illumination etc.) und die Komponente des Edutainment bereichert (siehe Abb. 2.2).

Eine der neueren Typologien der Kulturtouristen zeigt die Abb. 2.3 (siehe Kapitel 21 in diesem Buch).

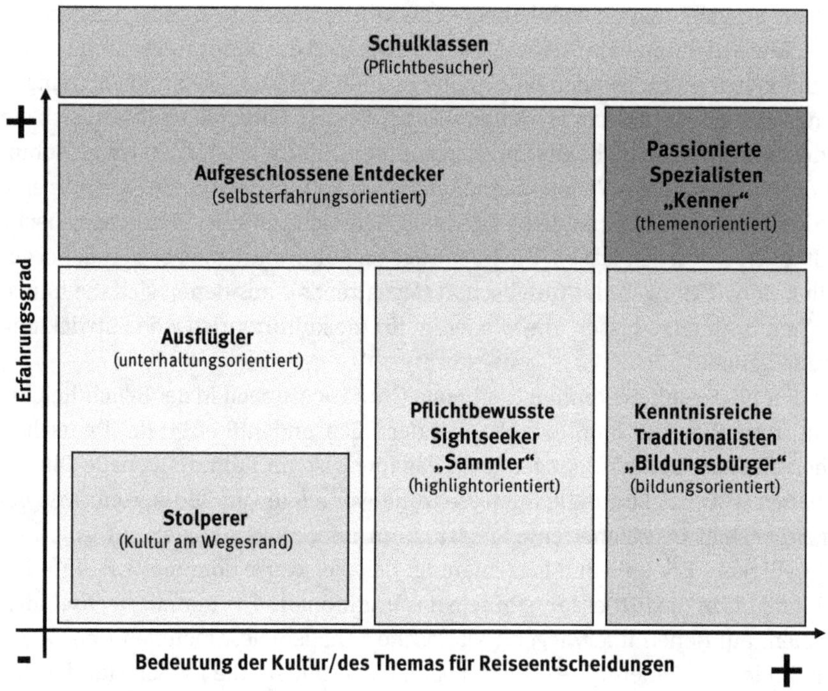

Abb. 2.3: Typologie der Kulturtouristen (Quelle: Eigene Darstellung nach Burzinski/Hieke/Jaeckert 2019)

2.2.4 Kreativwirtschaft

Wer heute an die Kulturwirtschaft denkt, muss auch die Kreativwirtschaft einbeziehen. Gerade die Zusammenhänge zwischen der Kreativwirtschaft und der touristischen Entwicklung werden immer deutlicher, und durch die Ausdifferenzierung des Kulturtourismus entstehen stets neue Reiseangebote mit kreativwirtschaftlichen Elementen. In diesem Sinne könnte man durchaus auch von einem Kultur-

und Kreativtourismus sprechen. Die Kultur- und Kreativwirtschaft umfasst ein breites Spektrum künstlerischen Handelns. Nach einem Leitfaden der Wirtschaftsministerkonferenz (2009) werden „[u]nter Kultur- und Kreativwirtschaft [...] diejenigen Kultur- und Kreativunternehmen erfasst, welche überwiegend erwerbswirtschaftlich orientiert sind und sich mit der Schaffung, Produktion, Verteilung und/oder medialen Verbreitung von kulturellen/kreativen Gütern und Dienstleistungen befassen." Die nachfolgende Tabelle 2.1 gibt einen Überblick über die elf unter diesem Begriff zusammengefassten Branchen der Kreativwirtschaft. (www.kultur-kreativ-wirtschaft.de/KUK/Navigation/DE/DieBranche/Uebersicht/uebersicht.html, 1.7.2019). Der Tourismusbezug ist bisweilen offensichtlich (Festivals und Konzerte, Kunstmuseen etc.), vielfach jedoch auch noch erklärungsbedürftig (siehe Kapitel 17 und 20 in diesem Buch).

Tab. 2.1: Kultur- und Kreativwirtschaft im Tourismus (Quelle: Eigene Darstellung der touristischen Bezüge in Anlehnung an Bertschek u. a. 2019)

	Branche	**Wirtschaftszweige und Beispiele für touristischen Bezug**
Kulturwirtschaft	Buchmarkt	Literarische Reisen Bücherdörfer Reiseliteratur
	Musikwirtschaft	Festivals und Konzerte Musikgastronomie Musiker Herstellung/Vertrieb Musikinstrumente (als Erlebnismuseum) Konzertveranstalter Private Konzerthäuser
	Kunstmarkt	Kunstreisen Museumsshops Kunstmuseen Einzelhandel mit Kunstgegenständen/Antiquitäten Selbstständige bildende Künstler
	Filmwirtschaft	Film- und TV-Produktion (Imagekampagnen, Reisedokumentationen, Aufenthalt der Crew vor Ort) Filmfestivals Einzelhandel mit Filmträgern Selbstständige Darsteller (z. B. für Imagekampagnen) Kinos Filmreisen zu Drehorten/ Filmführungen
	Rundfunkwirtschaft	Hörfunkveranstalter (Reiseberichte, Imagewerbung) Fernsehveranstalter (Reiseberichte, Dokumentationen) Selbstständige Reisejournalisten und Reisefotografen

Tab. 2.1: (Fortsetzung)

	Branche	Wirtschaftszweige und Beispiele für touristischen Bezug
	Markt für darstellende Künste	Theaterensembles Zirkusbetriebe Musicaldarsteller Selbstständige Artisten, Schauspieler
	Architekturmarkt	Gebäudearchitektur Stilepochen, neue Museumsarchitektur, Winzerarchitektur etc. Architekturreisen (z. B. Bauhaus-Architektur, Guggenheim-Museum in Bilbao) Architekturbüros (Erhalt des kulturellen Erbes, Ausbau touristischer Infrastruktur) Öffentliche (Live-)Restaurationen
	Designwirtschaft	Interior Design (z. B. Boutique- und Designhotels) Herstellung von Schmuck-/Gold- und Schmiedewaren Grafik- und Kommunikationsdesign Fotografen Industrie-, Produkt- und Modedesign (z. B. Reiseutensilien)
	Pressemarkt	Fachzeitschriften/Zeitungen (Reiseberichte) Reisejournalisten und Reisefotografen
Kreativwirtschaft	Werbemarkt	Werbeagenturen/Werbegestaltung (z. B. Imagewerbung, Kataloggestaltung) Vermittlung von Werbeflächen
	Software- und Gamesindustrie	Entwicklung und Programmierung von Internetseiten Webportale touristischer Unternehmen Verlegen von Computerspielen und Software Softwareentwicklung (Augmented/Virtual Reality, Apps für Touristen, Gamification)

2.3 Kultur und Kulturtourismus als Standortfaktoren

Im Incoming-Bericht der Deutschen Zentrale für Tourismus ist „Cultural and Heritage" der drittwichtigste Standortfaktor für Deutschland (vgl. DZT 2010: 3). Kultur beinhaltet nicht nur kulturhistorische Denkmäler, Bauten oder Bräuche in der Landschaft, an Orten oder in Gebäuden, sondern auch die Lebensweise der einheimischen Bevölkerung, Traditionen und kreative Elemente. Unternehmen tendieren dazu, sich dort niederzulassen, wo hochqualifizierte Arbeitskräfte leben (wollen) – etwa in einem Wohnumfeld, in dem unterschiedliche Ethnien, Kulturen und Subkulturen zusammen leben und einen motivierenden Wissensaustausch praktizieren (vgl. Florida 2002: 6 f.). Die Ausprägung von weichen infrastrukturellen Faktoren wird wichtiger für die moderne Gesellschaft, ebenso werden dies das Image und der Ruf einer Stadt (vgl. DIHK o. J.). Darüber hinaus sehen Städte und Kommunen Kulturpolitik nicht mehr nur als weichen Standortfaktor, sondern als „integralen Bestandteil von Stadtplanung, Stadtentwicklung und Tourismusförderung" (Kulturdezernat Oldenburg 2007: 12). Die Zukunftsfähigkeit von Städten ist somit untrennbar mit der Förderung von Kultur und attraktiven Kulturangeboten verbunden.

Und eben dieses Attraktivitätspotenzial ist es auch, das den Tourismus antreibt. Entscheidend für den Erfolg einer Stadt als Destination ist die Aufbereitung des kulturellen Angebots nicht nur für die Wünsche und Bedürfnisse der einheimischen Bevölkerung, sondern auch für die Touristen. Deren Interesse richtet sich auf das Erleben der Stadt, das aus einem Mix aus Stadtbesichtigung, Shopping und Gastronomiebesuch sowie dem Besuch von Kunst- oder Kultureinrichtungen und Veranstaltungen besteht. Nicht umsonst hat das Angebot thematischer Gästeführungen in den Städten in der letzten Dekade deutlich an Quantität und Qualität zugenommen.

2.3.1 Ökonomische und soziale Aspekte

Kultur als Wirtschaftsfaktor

Aus dem Kulturtourismus resultieren ökonomische Effekte auf drei Ebenen. Zunächst sind die direkten Wirkungen zu nennen. Kulturelle Betriebe oder Veranstalter erwirtschaften durch Besucher- und andere Einnahmen Umsätze und Einkommen für ihre Beschäftigten sowie Steueraufkommen für die Kommunen (primärer Sektor). Hinzu kommt der Kaufkraftzufluss für den Standort durch Ausgaben der Kulturbesucher in Geschäften, dem Gastgewerbe und bei Dienstleistern außerhalb von Besichtigungen oder Veranstaltungsbesuchen (sekundärer Sektor). Dabei profitieren insbesondere die Gastronomie und der Einzelhandel. Wertschöpfung entsteht aber auch indirekt durch Vorleistungen, die die Kulturbetriebe und die touristischen Betriebe des sekundären Sektors in Anspruch nehmen. Dadurch kommt es zu Umsätzen und Einkommen auf der sogenannten zweiten Umsatzstufe. Von dieser Zulieferung von Waren und Dienstleistungen profitiert eine Vielzahl privater und öffentlicher Betriebe. Darüber hinaus sind nichtmonetäre Wirkungen als Wirtschaftsfaktor durch kulturelle Attraktivität nicht zu unterschätzen. Die Steigerung des Bekanntheitsgrads und der Imagegewinn durch Kulturangebote sowie die Verbesserung des Wohn- und Freizeitwerts sind – allerdings schwer messbare – Effekte. Gleichwohl spielen sie eine wichtige Rolle bei der (tourismus-) wirtschaftlichen Entwicklung einer Region.

Die Entwicklung des Kulturtourismus bietet für eine Destination zahlreiche Vorteile. Positive Auswirkungen im direkten Zusammenhang mit dem Tourismus sind, neben den genannten Effekten, die Tatsachen, dass Kultur qualifizierte Arbeitsplätze schafft, Kulturangebote die regionale Identität fördern und die Nutzung des endogenen Potenzials im Vordergrund steht und somit vorhandene Ressourcen genutzt werden können.

Darüber hinaus bieten Kultureinrichtungen (Museen etc.) für den Tourismus häufig vom Wetter unabhängige Angebote, was wiederum zur Stärkung der Nebensaison beiträgt. In ländlichen Regionen wird der Kulturtourismus sogar als Hoffnungsträger gesehen. Denn in wirtschaftlich schwächeren Gegenden kann der Kulturtourismus ein Stück weit dem ökonomischen Ausgleich zu wirtschaftsstarken Regionen dienen (Bieger/Beritelli 2013: 31). Auf Grundlage des bereits existierenden endogenen Kulturpotenzials können kulturtouristische Angebote auch ohne hohe zusätzliche Investitionen entwickelt werden. Als regionale Ausgleichseffekte sind z. B. die Entwicklung von kulturellen Themenstraßen zu nennen, die fast immer ländliche Gebiete einbeziehen und eine touristische Inwertsetzung des kulturellen Erbes ermöglichen. Somit bringen sie die mit dem Kulturtourismus verbundene Wertschöpfung auch in abgelegene Gebiete (Steinecke 2007: 16).

Den positiven Effekten des Kulturtourismus stehen negative ökonomische Effekte gegenüber, u. a. Preissteigerungen, saisonale Beschäftigung, Monostrukturen und einfache Beschäftigungsverhältnisse, wie sie am Beispiel der Stadt Venedig, UNESCO-Weltkulturerbe, besonders deutlich ersichtlich sind. Hohe Lebenshaltungskosten und fehlende Arbeitsplätze außerhalb der Tourismuswirtschaft sind zentrale Gründe für sinkende Einwohnerzahlen (Armellini/Reuther 2015).

Soziokulturelle Aspekte des Kulturtourismus

Im soziokulturellen Bereich spielt die Akzeptanz und gleichzeitige Sensibilisierung der Einheimischen und der Reisenden für den Tourismus (sowie für die Belange der Einheimischen!) eine große Rolle. Wird hier – gefragt sind z. B. Destinationsmanagementorganisationen und Reiseveranstalter – Wert auf die Kommunikation dieser Aspekte gelegt, kann negativen soziokulturellen Spannungen entgegengewirkt werden, und es besteht eine Chance, dass die jeweiligen (Kultur-)Destinationen den Tourismus eher als Bereicherung anerkennen anstatt als Bedrohung. Im Ergebnis ist eine Reihe positiver Effekte zu identifizieren, die durch den Kulturtourismus entstehen können. Dazu zählen u. a. die Wiederbelebung von Traditionen und Bräuchen durch Rückbesinnung auf das kulturelle Erbe, psychologische Stabilisierungseffekte in strukturschwachen Regionen, die Vermittlung eines pannationalen Denkens sowie die Förderung von Völkerverständigung und Vergangenheitsbewältigung (Steinecke 2007: 22 f.).

Nichtsdestotrotz besteht die Gefahr negativer Effekte; zu nennen sind u. a. eine Überkommerzialisierung des kulturellen Erbes, Akkulturation und die Erschwerung oder sogar Verhinderung der kulturellen Weiterentwicklung (Steinecke 2007: 21 f.). Diesbezüglich zeigt Jafari (1983) drei verschiedene Kulturen auf, die ein durch den Tourismus induziertes Wechselspiel darstellen: die lokale Kultur, die Touristenkultur und die importierte Kultur (nach Thiem 1994: 36 f.). Thiem erweitert das Modell zum Vier-Kulturen-Schema, das von Freyer (2015: 600) aufgegriffen wird und durch ihn eine größere Verbreitung erfährt. Mithilfe des touristischen Kulturmodells las-

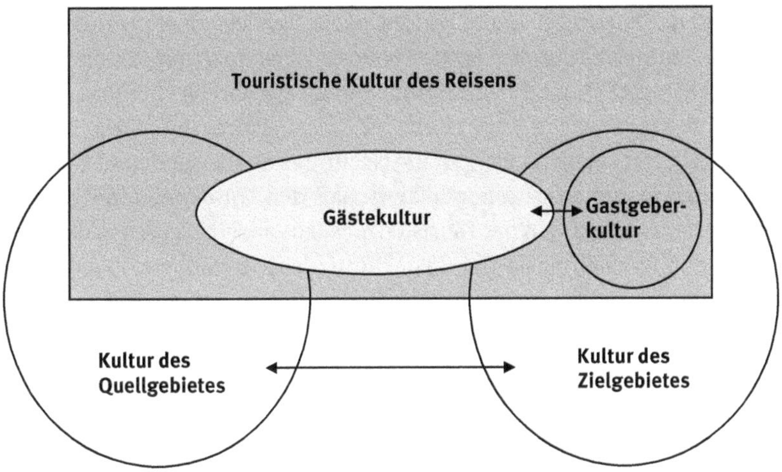

Abb. 2.4: Touristisches Kulturmodell (Quelle: Freyer 2015: 600, in Anlehnung an Thiem 1994: 247 und Jafari 1983)

sen sich die durch den Tourismus hervorgerufenen Veränderungen besser einordnen (Abb. 2.4).

Hinsichtlich der durch den Tourismus hervorgerufenen Veränderungen wird die **Akkulturation** besonders thematisiert, die die wechselseitige Beeinflussung durch das regelmäßige Aufeinandertreffen von Menschen aus verschiedenen Kulturkreisen bezeichnet (Freyer 2006: 478; vgl. auch Lüem 1985; Thiem 1994). Dies geschieht beispielsweise, wenn Menschen aus Industrieländern regelmäßig auf Menschen aus Entwicklungsländern treffen oder wenn im Großstadtleben sozialisierte Menschen auf Menschen aus ländlich geprägten Regionen treffen. Zu berücksichtigen ist, dass weniger entwickelte Kulturen eine stärkere Angleichung durchmachen als höher entwickelte (Krippendorf 1978: 59; zum Wirkungsschema der Akkulturation Lüem 1985: 68). Zusammen mit dem Demonstrationseffekt, der aus dem Sich-bewusst-Werden über vorhandene kulturelle Unterschiede hervorgerufen wird, ergibt sich eine Disposition/Tendenz hin zum Kulturwandel. Aufseiten der Einheimischen in vergleichsweise weniger entwickelten Regionen kann dieser Effekt zu Imitation oder Identifikation führen und (wesentlich) zur Veränderung von Verhaltensweisen oder Elementen der heimischen Kultur beitragen (Thiem 1994: 65; Freyer 2015: 597).

Die **Kultur der Quellregion** umfasst die kulturellen Elemente, die für die Einwohner einer touristischen Entsenderegion typisch sind, während die **Kultur des Zielgebiets** darauf abstellt, was für den Lebens- und Wirtschaftsraum und seine Bewohner typisch ist (die gewachsene oder auch „lokale" Kultur). Aus der Kultur der Quellregion heraus entwickelt sich eine **Gästekultur** (bei Thiem als „Ferienkultur" bezeichnet, bei Freyer als „Heimatkultur auf Reisen"). Dazu zählen die Reisemotivation und das gesamte Reiseverhalten (vom Wunsch nach Bio-Produkten, dem Bedürfnis nach Erholung bis zur Partylaune etc.), das wiederum auf gesellschaftlichen Entwicklungen basiert (Arbeitszeiten, Ferienregelungen, hedonistische Tendenzen etc.); ebenso dazu zählen Sprachkenntnisse oder der eigene Lebensstil, der auch auf Reisen praktiziert wird. Besonders deutlich wird der Zusammenhang zur und der Einfluss auf die **Gastgeberkultur**, die sich aus der Anpassung der Dienstleistungen (Hotels, Restaurants, Ausflugsangebote, Souvenirs etc.) an die Nachfrage der Reisenden entwickelt. Beispielsweise nähert sich die Gastronomielandschaft den Vorlieben und (Un-)Verträglichkeiten von Nahrungsmitteln der Touristen meistens an; hier zeigt sich das Ausmaß der Prägung durch die Einflüsse der Gästekultur, denn je stärker z. B. die Nachfrage nach regionaler Küche und regionalen Produkten ausgeprägt ist, desto geringer fällt der Anpassungsdruck auf die Gastgeberkultur aus.

Entfernt sich die Gastgeberkultur jedoch stärker von ihrer ursprünglichen Kultur, besteht die Gefahr, dass die Destination ihre Einzigartigkeit und Authentizität verliert und Wettbewerbsnachteile erleidet, was ebenso geschehen kann, wenn für Gäste aus verschiedensten Quellgebieten und unterschiedlichsten Kulturkreisen Elemente zu einem „internationalen" Angebot vermischt werden. Dies führt leicht zu einem Verlust ursprünglicher Traditionen und zu einer „Touristifizierung" und „Globalisierung" des Angebots, das damit immer austauschbarer wird (Freyer 2011: 601). Als Beispiel seien hier die Aufführungen traditioneller Tänze von Einheimischen speziell für Touristen genannt, wie sie u. a. auf Bali, auf den hawaiianischen Inseln oder bei den Maori in Neuseeland zu beobachten sind.

Die Beeinflussung der Kulturen ist aber keine Einbahnstraße. Reisende nehmen Eindrücke mit nach Hause, und durch die gemachten Erfahrungen wird die eigene Gästekultur weiterentwickelt. Dies wirkt sich nicht nur auf die spätere Reisenachfrage aus, sondern auch auf die Nachfrage nach Dienstleistungen, die im Urlaub beeindruckt haben. Und so prägt diese Nachfrage auch ein Stück weit das eigene Wohnumfeld, in dem z. B. neue Angebote für Ayurveda in Wellnessanlagen, asiatische Restaurants oder Rooftop-Bars mit „beach flair" entstehen.

Gastgeberkultur und Overtourism

Neuerdings stehen Destinationen einem weiteren Phänomen gegenüber. Einheimische verspüren mancherorts, dass die touristische Nachfrage und die damit verbundene Entwicklung der Gastgeberkultur ihre Heimat extrem verändert und nehmen diese Entwicklung zum Großteil negativ wahr. Nicht mehr der wirtschaftliche Aufschwung durch den Tourismus, sondern die sich aus der Reisenachfrage entwickelnden Nachteile stehen im Vordergrund. Auch dieser Aspekt kann ganze Bücher füllen, hier müssen jedoch einige Beispiele genügen; diese sind vor der Corona-Pandemie niedergeschrieben worden. Ob und wie sich die im Folgenden beschriebenen Situationen am Ende dieser Pandemie verändern, ist heute nicht vorauszusagen. Besonders stark wahrgenommen werden bisher Verdrängungseffekte, weil Wohnraum zu Ferienwohnungen umgewidmet wird (z. B. für die Internet-Buchungsplattform airbnb), weil die Preise für Nahrungs- und Genussmittel in den touristischen Zentren steigen oder weil einfach sehr (respektive zu) viele Menschen Plätze, Parks und Cafés bevölkern und damit den Raum für die ursprünglichen Bewohner einengen. Dieses Phänomen wird als „Overtourism" bezeichnet. Nicht nur in kleineren Städten und Orten mit hoher Tourismusintensität entsteht dieser Effekt (wie in Venedig, wo die Kreuzfahrtindustrie das Fass zum Überlaufen bringt), sondern seit Mitte der 2010er-Jahre machen auch Großstädte wie Barcelona in dieser Hinsicht von sich reden. Allerdings sind Reaktionen auf den zunehmenden Massentourismus unterschiedlich. In Städten wie z. B. Rom geht man mit den steigenden Touristenzahlen (bislang noch) etwas gelassener um, auch wenn es in der Hauptsaison zu langen Wartezeiten kommen kann, um den Petersdom und die Vatikanischen Museen zu besichtigen oder das Colosseum und die Engelsburg zu besuchen. Wenn man das nachstehende Foto (Abb. 2.5) des Trevi-Brunnens betrachtet, zu dem die Besuchermassen von morgens bis in die Dunkelheit strömen, ahnt man, dass die Situation auch hier einmal eskalieren könnte.

Abb. 2.5: Besucheransturm am Trevi-Brunnen in Rom bis in die Nacht hinein (Foto: Axel Dreyer)

Ein weiteres Beispiel für „Overtourism", allerdings ganz anderer Art und mit einem sehr eigenen Grund, ist das UNESCO-Weltkulturerbe Hallstatt im österreichischen Salzkammergut. Jährlich besuchen seit Ende der 2010er-Jahre fast eine Million Reisende den kleinen Ort, der direkt am Hallstädter See liegt und sich durch ein alpenländisches Landschaftsbild mit historischen Gebäuden auszeichnet. Seit es in der chinesischen Stadt Luoyangzhen eine Nachbildung des Ortes gibt, hat Hallstatt bei den Chinesen einen hohen Bekanntheitsgrad erlangt. Es ist das Phänomen entstanden, dass viele chinesische Touristen das Original besuchen wollen, ohne allerdings die Kopie in China gesehen zu haben. Ab Frühjahr 2020 greift in Hallstatt eine neue

Maßnahme zum Schutz der Destination: Es gibt ein Slot-System für Reisebusse, wodurch Zufahrt und Aufenthalt reglementiert werden (www.hallstatt.net, 2019).

Zugangsbeschränkungen und Reglementierungen sowie Preiserhöhungen und zusätzliche Abgaben gehören zu den wesentlichen Instrumenten der Steuerung von Touristenströmen an Orten mit Overtourism-Effekten. Anders können insbesondere einzelne Sehenswürdigkeiten, Bauwerke oder Naturdenkmäler nicht geschützt werden. Eine wichtige Einflussgröße ist die Höhe der Besucherzahlen. Der Terminus „carrying capacity" beschreibt den Belastungsgrad an Besucherzahlen von touristischen Einrichtungen, denn kulturelle Attraktionen haben eine individuelle maximale Aufnahmefähigkeit an Besuchern. Die daraus abgeleiteten Besucherbegrenzungen können zum Fortbestand der betroffenen Kulturdenkmäler für die nächste Generation beitragen. Demzufolge muss es vielerorts ein umfassendes Besuchermanagement geben, das die Anzahl der Besucher reguliert und kontrolliert, wie dies z. B. auf den zu Ecuador gehörenden Galapagos-Inseln und dem Machu Picchu in Peru geschieht, die beide zum UNESCO-Welterbe zählen.

2.3.2 UNESCO-Welterbestätten als besonders schützenswerte Kultur- und Naturdenkmäler

Das Konzept des Welterbes wurde 1972 ins Leben gerufen und ist ein Programm der UNESCO, das auf einem Übereinkommen zum Schutz des Kultur- und Naturerbes der Welt basiert. Die UNESCO-Liste des Welterbes umfasste Ende 2019 insgesamt 1121 Stätten in 167 Ländern. Alleine in Deutschland stieg die Zahl der Welterbestätten von 22 im Jahr 2009 auf nunmehr 46 im Jahr 2019 an. Hinzu kommen im kulturellen Schutzprogramm der Weltorganisation noch das immaterielle Welterbe (in Deutschland z. B. das Genossenschaftswesen), das Weltdokumentenerbe (z. B. die Gutenberg-Bibel und die Himmelsscheibe von Nebra), die UNESCO-Geoparks sowie die Biosphärenreservate (www.unesco.de, 2019).

Für die Erhaltung der Welterbestätten erwerben die Vertragsstaaten keine finanziellen Hilfen, sondern sie werden im Gegensatz dazu mit Auflagen bedacht, die zur Bewahrung des Welterbestatus eingehalten werden müssen. Eine Herausforderung besteht also darin, das kulturelle Erbe zu schützen und gleichzeitig die Bedürfnisse einer wachsenden Zahl kulturinteressierter Besucher zu befriedigen, die oftmals erst durch die Ernennung einer Sehenswürdigkeit zu einer UNESCO-Welterbestätte angelockt werden. Die Verantwortlichen agieren demzufolge im Spannungsfeld von Vermarkten und Erhalten/Renovieren, um eine nachhaltige Entwicklung mit einer authentischen Präsentation des kulturellen (Welt-)Erbes zu gewährleisten (Luger/Wöhler 2008: 105 f., 124) und einen möglichst großen Nutzen aus dem Welterbestatus zu ziehen. Dieser besteht in einem Prestigegewinn, der Erschließung neuer Finanzierungsquellen, einem verbesserten Management sowie positiven Effekten für die Regionalentwicklung (Luger/Wöhler 2008: 176–179).

Die Tabelle 2.2 zeigt die Weltkultur- und Weltnaturerbestätten im überwiegend deutschsprachigen Raum (Deutschland, Österreich, Schweiz sowie in der Autonomen Provinz Bozen, genannt Südtirol). Nicht aufgeführt sind u. a. die UNESCO-Geoparks, Weltdokumentenerbe und Biosphärenreservate.

Tab. 2.2: UNESCO-Welterbestätten in den D-A-CH-Ländern und Südtirol (S) nach Ernennungsjahren (Quellen: www.unesco.de; www.unesco.ch; www.unesco.at; www.suedtirol.info; Stand 12/2019 * die zweite Zahl beschreibt das Jahr der Erweiterung)

Jahr*	Name der Stätte	
1978	Aachener Dom	D
1981	Speyerer Dom	D
1981	Residenz Würzburg mit Hofgarten und Residenzplatz	D
1983	Stiftsbezirk St. Gallen	CH
1983	Altstadt von Bern	CH
1983	Benediktinerinnen-Kloster St. Johann in Müstair	CH
1983	Wallfahrtskirche „Die Wies"	D
1984	Schlösser Augustusburg und Falkenlust in Brühl	D
1985	Dom und Michaeliskirche in Hildesheim	D
1986	Römische Baudenkmäler, Dom und Liebfrauenkirche von Trier	D
1987	Hansestadt Lübeck	D
1990, 1992, 1999	Schlösser und Parks von Potsdam und Berlin	D
1991	Kloster Lorsch	D
1992; 2010	Bergwerk Rammelsberg, Altstadt von Goslar und Oberharzer Wasserwirtschaft	D
1993	Altstadt von Bamberg	D
1993	Klosteranlage Maulbronn	D
1994	Stiftskirche, Schloss und Altstadt von Quedlinburg	D
1994	Völklinger Hütte	D
1995	Grube Messel	D
1996	Historisches Zentrum der Stadt Salzburg	A
1996	Schloss und Gärten von Schönbrunn	A
1996	Kölner Dom	D
1996	Luthergedenkstätten in Eisleben und Wittenberg	D
1996; 2017	Das Bauhaus und seine Stätten in Weimar, Dessau und Bernau	D
1997	Hallstatt-Dachstein/Salzkammergut	A
1998	Semmering Eisenbahn	A
1998	Klassisches Weimar	D
1999	Museumsinsel Berlin	D
1999	Wartburg	D
1999; 2010	Stadt Graz – Historisches Zentrum und Schloss Eggenberg (Erweiterung)	A
2000	Wachau	A
2000	Drei Burgen sowie Festungs- und Stadtmauern von Bellinzona	CH
2000	Gartenreich Dessau-Wörlitz	D
2000	Klosterinsel Reichenau	D
2001	Historisches Zentrum von Wien	A

Tab. 2.2: (Fortsetzung)

Jahr*	Name der Stätte	
2001	Fertő-Neusiedler See	A
2001	Industriekomplex Zeche Zollverein in Essen	D
2001; 2007	Schweizer Alpen Jungfrau-Aletsch	CH
2002	Oberes Mittelrheintal	D
2002	Altstädte von Stralsund und Wismar	D
2003; 2007	Monte San Giorgio	CH
2004	Rathaus und Roland in Bremen	D
2004	Muskauer Park (Park Muzakowski)	D
2005	Grenzen des Römischen Reiches – Obergermanisch-Raetischer Limes	D
2006	Altstadt von Regensburg mit Stadtamhof	D
2007	Lavaux, Weinberg-Terrassen	C
2007; 2011; 2017	Alte Buchenwälder und Buchenurwälder der Karpaten und anderer Regionen Europas	A, D
2008	Schweizer Tektonikarena Sardona	CH
2008	Rhätische Bahn in der Landschaft Albula/Bernina	CH
2008	Siedlungen der Berliner Moderne	D
2009	La Chaux-de-Fonds / Le Locle, Stadtlandschaft Uhrenindustrie	CH
2009	Wattenmeer	D
2009	Dolomiten	S
2011	Prähistorische Pfahlbauten um die Alpen	CH, A, D, S
2011	Fagus-Werk in Alfeld	D
2012	Markgräfliches Opernhaus Bayreuth	D
2013	Bergpark Wilhelmshöhe	D
2014	Karolingisches Westwerk und Civitas Corvey	D
2015	Speicherstadt und Kontorhausviertel mit Chilehaus	D
2016	Das architektonische Werk von Le Corbusier	CH, D
2017	Höhlen und Eiszeitkunst der Schwäbischen Alb	D
2018	Archäologischer Grenzkomplex Haithabu und Danewerk	D
2018	Naumburger Dom	D
2019	Montanregion Erzgebirge/Krušnohoří	D
2019	Augsburger Wassermanagement-System	D

2.3.3 Stakeholder im Kulturtourismus

Der (Kultur-)Tourismus ist im Idealfall geprägt von Kooperationen zwischen mehreren Akteuren auf der Basis einer gemeinsamen Strategie. Diese Kooperationen existieren oftmals zwischen der öffentlichen Hand und privaten Unternehmen, woraus sich ein umfassendes Interessensystem in der Destination ergibt. Tourismusorganisationen im Kulturtourismus können städtische oder ländliche Organisationen sein, die ggf. unterschiedliche Schwerpunkte bezüglich ihrer Ziele, Kundengruppen sowie Absatzmärkte setzen, was wiederum zu Konflikten führen kann. Für den Erfolg eines touristischen Produkts/einer Kulturreise spielen zahlreiche Leistungsträger

Abb. 2.6: Leistungsträger im Kulturtourismus (Quelle: Eigene Darstellung)

entlang der Customer Journey eine Rolle. Zu den „traditionellen/klassischen" Leistungsträgern, die im Tourismus allgemein bekannt sind (Transportunternehmen, Unterkünfte, gastronomische Betriebe und Destinationsmanagementorganisationen) kommen weitere Leistungsträger von Attraktionen mit Kulturbezug (Gästeführer, Betreiber von Sehenswürdigkeiten, Museen, Schlössern, Burgen, Klöstern, Gartenanlagen, Bildungseinrichtungen etc.) sowie mit einem speziellen Eventbezug (Eventagenturen, Theater, Opernhäuser, Entertainmentunternehmen, Souvenirhandel etc.). Voraussetzung für den Erfolg im Tourismus ist eine effektive und kontinuierliche Zusammenarbeit untereinander. Die Abb. 2.6 zeigt die Vielfalt der Leistungsträger im Kulturtourismus, die trotz unterschiedlicher Interessen für einen erfolgversprechenden Kulturtourismus zusammenarbeiten müssen (siehe auch Kapitel 4 in diesem Buch).

2.4 Erscheinungsformen des Kulturtourismus

Schon die bisherigen Ausführungen haben gezeigt, welche Vielfalt im Kulturtourismus steckt. Dementsprechend hat sich im Lauf der Jahre eine Reihe von alten und neuen kulturtouristischen Erscheinungsformen entwickelt. Die Abb. 2.7 zeigt die wichtigsten von ihnen, die auch in diesem Buch mit einem eigenen Beitrag repräsentiert sind. Lediglich der **Eventtourismus**, der selbst unterschiedlichste Erschei-

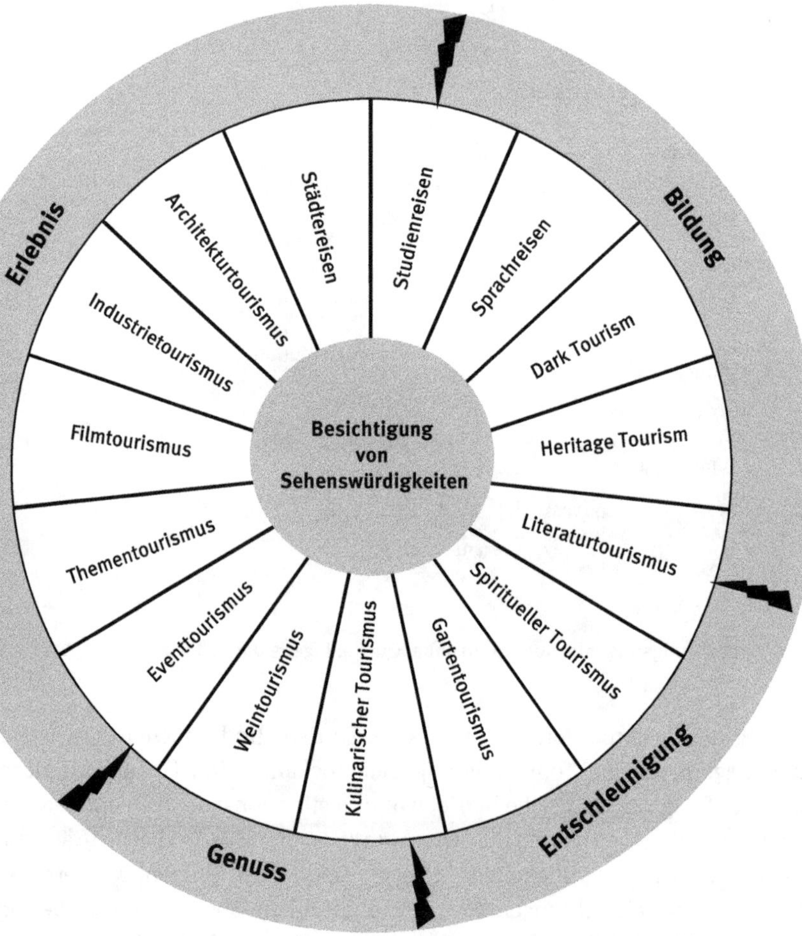

Abb. 2.7: Erscheinungsformen des Kulturtourismus (Quelle: Eigene Darstellung)

nungsformen beinhaltet (Konzertreisen, Musicalreisen, Opernreisen etc.; vgl. Dreyer 1998; Freyer 2000; Rothärmel 2000), hat in diesem Buch keine eigenständige Berücksichtigung gefunden. Sehenswürdigkeiten und Besichtigungsmöglichkeiten als Attraktionen stellen den Kern des Kulturtourismus dar. Die Megatrends in der Gesellschaft und die sich daraus entwickelnden touristischen Trends bilden den Rahmen, in dem sich die kulturtouristischen Formen ausbilden. Der Bildungsaspekt spielt dabei eine große Rolle und tritt in den Erscheinungsformen des Kulturtourismus mit unterschiedlicher Intensität auf; bei Sprachreisen oder dem **Heritage Tourism**, dem **Dark Tourism** sowie dem **Literaturtourismus** steht er im Vordergrund (siehe Kapitel 13, 14 und 20 in diesem Buch).

Häufig ist das Bedürfnis nach Bildung auf Reisen jedoch gepaart mit dem Wunsch nach Erlebnissen (Edutainment), was sich bei Studien- und Städtereisen besonders gut realisieren lässt. In den Vordergrund hat sich in den letzten Jahren auch das Bedürfnis nach Entschleunigung und Genuss auf Reisen gespielt. Dementsprechend ist die Bedeutung des kulinarischen Tourismus gestiegen; der Weintourismus ist hier eine spezielle Ausprägung, mit der sich eine Reihe von ländlichen Regionen profilieren. Aber auch Fragen nach dem Sinn des Lebens erhalten heute im Zusammenhang mit dem Reisen eine ganz neue Bedeutung (siehe Kapitel 15 in diesem Buch).

Eine der offensichtlichsten Ausprägungen des Kulturtourismus ist die **Studienreise**, die aus der klassischen Bildungsreise hervorgegangen ist (Tigges 1971: 19). Bei modernen Studienreisen steht heute die Erlebnisorientierung im Vordergrund. Gesucht werden Lebenssituationen und Kultureindrücke des Gastlandes, sodass von einer Kombination aus bildungsorientierten Besichtigungen, Erlebnissen und Erholung gesprochen werden kann. Die Reisen werden von geschulten Reiseleitern geführt, die als konstitutives Element der Studienreise anzusehen sind (siehe Kapitel 5 in diesem Buch). Die Reiseleiter haben eine vermittelnde Funktion und sollen das kulturelle Erbe für Touristen unterschiedlicher kultureller und sozialer Herkunft relevant werden lassen, damit die eigene Perspektive auf die Welt erweitert und das Interesse und Verständnis für andere Lebensweisen erhöht wird (siehe Kapitel 3 in diesem Buch).

Sprachreisen sind ein ideales Angebot zum Erwerb von Fremdsprachenkenntnissen. Neben sprachlichen Qualifikationen werden auch kulturelle Besonderheiten vermittelt. Das Reiseziel besitzt bei Sprachreisen eine besondere Bedeutung, die über das übliche Entscheidungsmuster für eine Destination hinausreicht, denn die Entscheidung über das Sprachreiseziel richtet sich nach den zu entwickelnden Sprachkenntnissen. Bei Sprachreisen ist die Destinationsentscheidung also – im Unterschied zu anderen Reisen – eine nachrangige. Auch wenn andere Sprachen aufholen, so bleibt Englisch mit den englischsprachigen Destinationen das beliebteste Angebot (siehe Kapitel 6 in diesem Buch).

Der **Städtetourismus** ist geprägt von vielfältigen Besuchsmotiven wie Veranstaltungsbesuchen, Shopping und Besuch von Verwandten bzw. Freunden. Städtereisende möchten Kultur- und Freizeitangebote der Stadt nutzen, kulturtouristische Sehenswürdigkeiten entdecken und authentische Erfahrungen sammeln; der Kulturtourismus ist demzufolge ein wesentlicher Bestandteil des Städtetourismus. Der Bereich der Kulturangebote umfasst unterschiedlichste Segmente – von der klassischen Hochkultur bis zur stadtprägenden kulturellen Straßenszene. Darüber hinaus verleiht der geschäftlich bedingte Tourismus zahlreichen Städten eine zusätzliche Prägung (siehe Kapitel 7 in diesem Buch). Andererseits ist der Kulturtourismus aber auch ein **Hoffnungsträger für ländliche Regionen** (siehe Kapitel 12 in diesem Buch).

Kulturtourismus manifestiert sich in unterschiedlichen **Themen und Aktivitäten** während der Reise. Je nachdem wie eng man den Kulturbegriff wählt, spielen kulturelle Aspekte auf fast jeder Reise eine mehr oder weniger bedeutende Rolle. Weis, Reif und Eisenstein schreiben der deutschen Bevölkerung ein ausgeprägtes Interesse an kulturtouristischen Themen zu (siehe Kapitel 8 in diesem Buch). Die Bandbreite reicht vom Gartentourismus, dem **Filmtourismus** (z. B. Besuch von Drehorten; siehe

Kapitel 19 in diesem Buch) oder dem **Industrietourismus** (siehe Kapitel 18 in diesem Buch) bis hin zu Weinreisen oder dem Besuch spezieller touristischer Routen (wie z. B. der Straße der Romanik), von denen es in Deutschland ca. 190 verschiedene gibt.

Die Besichtigung von Sehenswürdigkeiten ist eine Beschäftigung mit der gebauten Umwelt. Gebäude und Bauwerke nehmen daher eine besondere Stellung im Tourismus ein. Wie Specht (siehe Kapitel 17 in diesem Buch) aufzeigt, kann Architektur neben elementaren funktionalen Aufgaben im Tourismus auch einen ästhetischen Beitrag leisten. Dabei können sowohl einzelne Bauwerke als auch zusammenhängende Strukturen zu Attraktionen werden und so maßgeblich den Erfolg einer Destination beeinflussen. Architektur hat in den letzten Jahren in touristischer Hinsicht eine neue Qualität für Destinationen erhalten. Einige Beispiele illustrieren diese Facetten: Bilbao schaffte es durch die außergewöhnliche Architektur des Guggenheim-Museums auf die touristische Landkarte; das Bauhaus feierte 2019 mit umfangreichem Programm sein 100-jähriges Jubiläum und ist ein Reiseanlass; Winzer und ganze Weinregionen verschaffen sich Aufmerksamkeit durch außergewöhnliche Architektur von Weingütern (z. B. Südtirol).

Schnittstellen zwischen einzelnen Erscheinungsformen des Kulturtourismus sind mannigfaltig. Zur Architektur sind nicht nur die Architektur von Gebäuden, Bauwerken und Ensembles zu zählen, sondern auch die Innenarchitektur (Museen, Gastronomie und Beherbergung etc.) und die Landschaftsarchitektur, für die der **Gartentourismus** als spezielle Ausprägung angesehen werden kann (siehe Kapitel 16 in diesem Buch).

Essen und Trinken ist zentraler Bestandteil einer jeden Reise. Peters, Groß und Dreyer zeigen kulturelle Bezüge auf und machen in verschiedenen Beiträgen zu **Kulinarischem Tourismus, Gastronomiekultur, Weintourismus** in diesem Buch deutlich, dass sie mehr bedeuten als nur den Konsum von Speisen und Getränken (siehe Kapitel 9, 10 und 11). Sie repräsentieren vielmehr Regionen mit ihren typischen Eigenheiten. Beispielhaft sei hier nur auf unterschiedliche Typen der Gastronomie (Länderküchen, Straußwirtschaften etc.) und im Sozialisationsprozess entwickelte Tischsitten und Traditionen verwiesen.

Alles in allem ergibt sich bei der Betrachtung des Kulturtourismus kein eingleisiges, sondern ein breit gefächertes und alle Reiseformen durchdringendes Bild. Die am Ende des 21. Jahrhunderts beginnende Diversifizierung der Tourismusformen wird sich – wie die gleichzeitig voranschreitende Individualisierung der Kunden (Papasabbas 2019; Zukunftsinstitut 2019) – als Megatrend fortsetzen. Damit wird der von vielen Praktikern wie Wissenschaftlern lange Zeit als „out" behandelte Kulturtourismus bei richtiger Ausformung noch positiver entwickeln, als dies in den vergangenen Jahren schon der Fall war. Gerade in Kombination mit den Phänomenen Heimat, Nachhaltigkeit, Langsamkeit und Kurzreise kann insbesondere der Reisemarkt Deutschland von den vielfältigen Ausprägungen kulturtouristischer Formen profitieren. Dies umso mehr, weil die Nachwirkungen der Corona-Pandemie den Wert der eigenen Region zusätzlich ins Bewusstsein rücken. Darüber hinaus dürfte die im Jahr 2019 intensiv medial verbreitete und als Fakt unbestreitbare Veränderung des Weltklimas zu Veränderungen im Konsum- und Reiseverhalten (Papasabbas 2019) führen, was den weniger weit entfernten Reisezielen – zumindest aus Sicht der Mitteleuropäer – zugute kommen dürfte.

Literatur

Alzua, A. / J. T. O'Leary / A. M. Morrison, Cultural and heritage tourism: identifying niches for international travelers, in: Journal of Tourism Studies 9:2–13, 1998.

Armellini, A. / A. Reuther, Venedig ist zum Albtraum geworden, 2015, https://www.welt.de/reise/staedtereisen/article144137129/Venedig-ist-zum-Albtraum-geworden.html (19.12.2019).

Bachleitner, R. / H. J. Kagelmann (Hg.), Kultur/Städte/Tourismus, Wien 2003.

Becker, C., Kulturtourismus: Eine Einführung, in: Becker, C. / A. Steinecke (Hg.) 1993, S. 7–9.

Becker, C. / A. Steinecke (Hg.), Kulturtourismus in Europa: Wachstum ohne Grenzen?, Trier 1993 (= ETI-Studien; 2).

Bertschek, I. et al., Monitoringbericht Kultur- und Kreativwirtschaft, 2018, https://www.kultur-kreativ-wirtschaft.de/KUK/Redaktion/DE/PDF/monitoring-wirtschaftliche-eckdaten-kuk-2018-langfassung.pdf?__blob=publicationFile&v=2 (19.12.2019).

Bieger, T. / P. Beritelli, Management von Destinationen, München 2013.

Burzinski, M. / K. Hieke / Y. Jaeckert, Kultur. Tourismus, 2019, https://www.touristiker-nrw.de/wp-content/uploads/2019/11/KULTURTOURISMUS_Ein-Praxisleitfaden_WEB.pdf (19.12.2019).

Deutsche UNESCO-Kommission, 2019, https://www.unesco.de/ (19.12.2019).

DIHK – Deutscher Industrie- und Handelskammertag, Partnerschaft Kultur und Wirtschaft, Bonn o. J.

Dreyer, A., Vermarktung von Destinationen mit Events, in: Freyer, W. et al. (Hg.), Events – Wachstumsmarkt im Tourismus?. Tagungsband zum 3. Dresdner Tourismussymposium, Dresden 1998, S. 51–74.

Dreyer, A., Der Markt für Kulturtourismus, in: Dreyer, A. (Hg.) 2000, S. 25–47.

Dreyer, A. (Hg.), Kulturtourismus, München/Wien 1996.

Dreyer, A. (Hg.), Kulturtourismus, 2. Aufl., München/Wien 2000.

DZT Deutsche Zentrale für Tourismus e. V., Incoming-Tourismus Deutschland. Edition 2010, 2010, https://www.germany.travel/media/de/pdf/dzt_marktforschung/Incoming-Tourismus_Deutschland_Edition_2010_PDF.pdf (19.12.2019).

Florida, R., The Rise of the Creative Class, New York 2002.

Freyer, W., Event-Management im Tourismus, in: Dreyer, A. (Hg.), Kulturtourismus, 2. Aufl., München/Wien 2000, S. 211–242.

Freyer, W., Tourismus: Einführung in die Fremdenverkehrsökonomie, 8. Aufl., München 2006.

Freyer, W., Tourismus-Marketing: Marktorientiertes Management im Mikro- und Makrobereich der Tourismuswirtschaft, 7. Aufl., München 2011.

Freyer, W., Tourismus: Einführung in die Fremdenverkehrsökonomie, 11. Aufl., München 2015.

Freyer, W. / D. Meyer / K. Scherhag (Hg.), Events – Wachstumsmarkt im Tourismus?. Tagungsband zum 3. Dresdner Tourismussymposium, Dresden 1998.

Hallstatt Welterbe, Fragen & Antworten zu Hallstatt, 2019, https://www.hallstatt.net/service/fragen-and-antworten-zu-hallstatt/?source=home (19.12.2019).

Hausmann, A., Einführung in den Kulturtourismus, Wiesbaden 2019.

Heinze, T., Kulturtourismus: Grundlagen, Trends und Fallstudien, München 1999.

Heinze, T., Kultursponsoring, Museumsmarketing, Kulturtourismus: Ein Leitfaden für Kulturmanager, 4. Aufl., Wiesbaden 2009.

IDM Südtirol, 2019, https://www.suedtirol.info/de (19.12.2019).

Initiative Kultur- und Kreativwirtschaft der Bundesregierung, 2019, https://www.kultur-kreativ-wirtschaft.de/KUK/Navigation/DE/Home/home.html (19.12.2019).

Initiative Kultur- und Kreativwirtschaft der Bundesregierung, Kultur- und Kreativwirtschaft. Die Branche, 2019, https://www.kultur-kreativ-wirtschaft.de/KUK/Navigation/DE/DieBranche/Uebersicht/uebersicht.html (19.12.2019).

International Council on Monuments and Sites (ICOMOS),, Definition of Cultural Heritage, 2005, http://cif.icomos.org/pdf_docs/Documents%20on%20line/Heritage%20definitions.pdf (19.12.2019).

Jätzold, R., Differenzierungs- und Förderungsmöglichkeiten des Kulturtourismus und die Erfassung seiner Potentiale am Beispiel des Ardennen-Eifel-Saar-Moselraumes, in: Becker, C. / A. Steinecke (Hg.) 1993, S. 135–144.

Kolland, F., Konfliktlinien im Kulturtourismus, in: Bachleitner, R. / H. J. Kagelmann (Hg.) 2003, S. 9–21.

Krippendorf, J., Fremdenverkehr in Entwicklungsländern, Bern 1978.

Kulturdezernat Stadt Oldenburg (Hg.), Masterplan. Kultur in der Stadt Oldenburg, 2007, https://oldenburg.de/fileadmin/oldenburg/Benutzer/PDF/30/302/Masterplan/olwf_kultur_masterplan_final.pdf (19.12.2019).

Lüem, T., Sozio-kulturelle Auswirkungen des Tourismus in Entwicklungsländern. Ein Beitrag zur Problematik des Vergleiches von touristischen Implikationen auf verschiedenartige Kulturräume der Dritten Welt, Zürich 1985.

Luger, K. / K. Wöhler, Welterbe und Tourismus: Schützen und Nutzen aus einer Perspektive der Nachhaltigkeit, Innsbruck 2008.

Opaschowski, H. / M. Pries / U. Reinhardt, Freizeitwirtschaft: Die Leitökonomie der Zukunft, Hamburg 2006.

Österreichische UNESCO-Kommission, 2019, https://www.unesco.ch/ (19.12.2019).

Papasabbas, L., Der wichtigste Megatrend unserer Zeit, 2019, https://www.zukunftsinstitut.de/artikel/der-wichtigste-megatrend-unserer-zeit/ (2.1.2020).

Quack, H.-D. / K. Klemm (Hg.), Kulturtourismus zu Beginn des 21. Jahrhunderts, München 2013.

Richards, G., Cultural Tourism in Europe, 2005, http://www.tram-research.com/cultural_tourism_in_europe.PDF (19.12.2019).

Rothärmel, Management von Musical-Unternehmen – am Beispiel der Stella Musical AG, in: Dreyer, A. (Hg.) 2000, S. 243–266.

Steinecke, A., Kulturtourismus: Marktstrukturen, Fallstudien, Perspektiven, München 2007.

Studienkreis für Tourismus (Hg.), Der aktive Urlaub. Urlaubswünsche, Programmangebote, Organisationsformen, Starnberg 1971.

Swiss Commission for UNESCO, 2019, https://www.unesco.ch/ (19.12.2019).

Thiem, M., Tourismus und kulturelle Identität. Die Bedeutung des Tourismus für die Kultur touristischer Ziel- und Quellgebiete, Bern/Hamburg 1994 (= Berner Studien zu Freizeit und Tourismus; 30).

Tigges, R., Bildungsreisen gestern und heute, in: Studienkreis für Tourismus (Hg.) 1971, S. 151–157.

Wirtschaftsministerkonferenz (Hg.), Leitfaden zur Erstellung einer statistischen Datengrundlage für die Kulturwirtschaft und eine länderübergreifende Auswertung kulturwirtschaftlicher Daten, Köln 2009.

Zukunftsinstitut (Hg.), Megatrend-Glossar, 2019, https://www.zukunftsinstitut.de/artikel/mtglossar/ (31.12.2019).

Birgit Mandel

3 Kulturvermittlung im Tourismus

Zusammenfassung: Das Potenzial von Kulturvermittlung in touristischen Kontexten wird unter der Fragestellung analysiert, auf welche Weise und mit welchen Formaten ein breites Spektrum touristischer Besucher Zugänge zu Kunst und Kultur der bereisten Region finden kann. Dabei geht es um das Potenzial des (Massen-)Tourismus, auch nicht kunstaffine Menschen für Kunst und Kultur im Sinne des Audience Development zu interessieren und kulturelle Selbstbildungsprozesse anzuregen. Dies wird unter der Fragestellung betrachtet, inwiefern die üblichen Barrieren des Besuchs traditioneller Kulturangebote im touristischen Kontext entfallen. Es werden Perspektiven für ein kulturelles Destinationsmanagement aufgezeigt, das einheimische und touristische Besucher zusammen denkt.

Schlagwörter: Kulturvermittlung, Kulturtouristen, Besuchsbarrieren, Kulturelles Destinationsmanagement, Kulturelle Aktivitäten

3.1 Einführung

Viele Studien belegen, dass kulturelles Sightseeing zentraler Bestandteil touristischer Aktivitäten ist (u. a. Isenberg/Müllenmeister/Steinecke 2003; World Tourism Organisation 2003; F.U.R. Reiseanalyse u. a. 2014/2003). Auch nicht spezifisch Kulturinteressierte besuchen im Rahmen einer Urlaubsreise kulturelle Bauwerke, Einrichtungen und Veranstaltungen; vor allem der Besuch von Museen gehört zum Repertoire touristischen Rollenverhaltens. Während im Alltag der Anteil der regelmäßigen sogenannten Kern-Kulturnutzer von Kultureinrichtungen wie Theater, Museen und Orchester nur ca. 5–10 % der Bevölkerung ausmacht (Renz 2015) und eine zunehmende Homogenisierung des Kulturpublikums auf ein in der Regel formal hoch gebildetes Klientel zu konstatieren ist, sind Menschen auf einer Urlaubsreise über Bildungs- und Milieugrenzen hinweg sehr viel offener für kulturelle Angebote (Mandel 2012, Pröbstle 2014, Drews 2017). Während wir bei den einheimischen Besuchern ein tendenziell nachlassendes Interesse an klassischen Kulturangeboten und an Präsentationen kulturellen Erbes beobachten (vgl. Eurobarometer 2013), werden diese im expandierenden Tourismus stark nachgefragt.

Ob und inwiefern aus Kulturbesuchen im Kontext von Urlaubsreisen auch nachhaltige kulturelle Erfahrungen und ein länger anhaltendes Interesse an Kunst und Kultur erwachsen, dürfte auch mit der Qualität von Kulturvermittlung im Tourismus zusammenhängen. Unter Kulturvermittlung wird hier die (professionelle) Kommuni-

Prof. Dr. Birgit Mandel, Leitung des Instituts für Kulturpolitik und Professorin für Kulturvermittlung und Kulturmanagement, Universität Hildesheim

https://doi.org/10.1515/9783486711028-003

kation und Präsentation von Kunst und Kultur bezeichnet, mit dem Ziel, Interesse und Verständnis für bestimmte Kulturformen zu generieren, Rahmenbedingungen für kulturelle Bildungsprozesse zu ermöglichen, ebenso wie zwischen verschiedenen Kulturen zu vermitteln und Verbindungen zu stiften.

Im Tourismus geht es in der Vermittlung häufig darum, kulturelles Erbe für Touristen unterschiedlicher kultureller und sozialer Herkunft relevant werden zu lassen. Eine weitere zentrale Funktion der Kulturvermittlung in touristischen Kontexten besteht darin, Zugänge zu kulturellen Traditionen und Alltagsritualen einer zunächst als fremd wahrgenommenen kulturellen Umgebung zu bekommen, die die eigene Perspektive auf die Welt erweitern sowie das Interesse und Verständnis für andere Lebensweisen erhöhen.

Kulturvermittlung in touristischen Kontexten beinhaltet sowohl managementorientierte Vermittlungsformen wie etwa Positionierung, Branding bzw. Marketing für Destinationen und Kulturinstitutionen, mediale Vermittlung durch Leitsysteme, Informationstafeln, Flyer, Reiseführer, Filme, Audioguides, Inszenierungen respektive Events wie auch personale Vermittlung durch Reiseleiter, Museumsführer und Animateure.

3.2 Forschungsstand

Während es zu den Themen Kulturvermittlung, kulturelle Bildung, Audience Development und Alltagskulturnutzung vielfältige theoretische Diskurse und empirische Studien gibt (vgl. u. a. www.kulturvermittlung-online.de, www.kubi-online.de), bestehen im deutschsprachigen Raum nur wenige Erkenntnisse über die besonderen Rezeptionsbedingungen, Motivationen und Nutzungsverhalten touristischer Kulturbesucher sowie sich daraus ergebende Konsequenzen für die Kulturvermittlung. Kulturtourismus wird vorwiegend aus einer Anbieterperspektive betrachtet, weniger aus Sicht des einzelnen Touristen und des individuellen Werts, der diesem aus der Beschäftigung mit Kunst und Kultur im Rahmen einer Urlaubsreise erwachsen kann.

Unter dem in den 1970er-Jahren geprägten Begriff der Reisepädagogik wurde das Bildungspotenzial des Tourismus in den Blick genommen. Dies geschah vor allem aus der Perspektive, Reisen als Stimulus der Persönlichkeitsentwicklung Heranwachsender zu betrachten sowie unter dem Fokus „Besser reisen" im Sinne von bewusster und umweltschonender reisen – weniger jedoch als Auseinandersetzung mit kulturpädagogischen bzw. -vermittelnden Dimensionen des Tourismus (Müllenmeister 1978; Krippendorf 1984; Steinecke 1989). Auch Anfang der 1990er-Jahre setzten sich mehrere Tagungen mit dem Zusammenhang von Pädagogik und Tourismus auseinander. Dabei wurde auch danach gefragt, inwiefern Urlaubsorte zu Lernorten werden können und wie sich die Qualifizierung von Reiseleitungen verbessern lässt, die man nicht nur den kommerziellen Veranstaltern überlassen dürfe (Steinecke 1990; Busse/Isenberg 1991; Nahrstedt 1991; Wallraven 1991).

Einen weiteren Anlauf, das Potenzial der Freizeitsphäre für Bildungsprozesse zugänglich zu machen, unternahm die Freizeitpädagogikwissenschaft mit ihrem Projekt „Aquilo" 2002, das verschiedene populäre Freizeitorte in Deutschland daraufhin untersuchte, ob und wie informelles Lernen dort stattfindet und wie Lernprozesse in Freizeitkontexten optimiert werden können. Lernen wird dabei verstanden als „ein aktiver, konstruktiver Prozess, der dem Individuum die eigene Lebenswelt erschließt. Interessen, Emotionen und Kontexte spielen dabei eine wichtige Rolle" (Brinkmann/ Freericks u. a. 2005: 6). Bei dieser Definition sind deutliche Parallelen zur kulturellen Bildung erkennbar.

Es gibt bislang nur wenige Untersuchungen (Mandel 2012; Pröbstle 2015), die sich mit dem besonderen Einfluss von Kunst und Kultur auf Aneignungs- und Bildungsprozesse in touristischen Kontexten auseinandersetzen und die Themen Tourismus und Kulturvermittlung (einschließlich Kulturmarketing/PR, Kunstvermittlung und Kulturpädagogik) in ihrem Wirkungszusammenhang betrachten. Das könnte daran liegen, dass der Tourismus größtenteils privatwirtschaftlich organisiert ist und man in Deutschland kommerziellen Angeboten im Allgemeinen und dem (Massen-) Tourismus im Besonderen wenig nachhaltiges Anregungs- und Bildungspotenzial zutraut. Für Kulturvermittlung im Tourismus gibt es – bis auf wenige praxisorientierte Empfehlungen für einzelnen Felder (u. a. Freericks 2000; Finger 2003) – kaum Qualitätsstandards.

Pröbstle konstatiert nach einer Recherche aller deutschsprachigen empirischen Studien zum Kulturtourismus, dass es wenig Wissen über Wirkungsweisen kulturtouristischer Aktivitäten auf Touristen gebe. Auch würden Kulturanbieter keine (Bildungs-)Ziele in Bezug auf die Zielgruppe Touristen formulieren. Gerade für einen nachhaltigen Kulturtourismus sei die Frage wesentlich, „welche Wirkungsabsicht Kulturbetriebe gegenüber Kulturtouristen anstreben und welcher spezifischen Vermittlungsformen diese bedürfen. Ein bloßer ‚Abhaktourismus', der weder dazu beiträgt, das kulturell Erlebte zu verinnerlichen, noch langfristig die Erinnerung daran wachzuhalten, steht der Kulturvermittlung konträr gegenüber und kann nicht Gegenstand eines nachhaltigen Kulturtourismus sein" (Pröbstle 2010: 243 f.).

Eine tourismuskritische Auseinandersetzung mit Sightseeing liefern Thurner (2011) und Luger (2008), in der sie kulturelle Bildungserfahrungen im massentouristischen Kontext ausschließen. Im Gegensatz dazu spricht sich John (2010) dezidiert dafür aus, kulturelle Artefakte klassischer Institutionen auch im massentouristischen Kontext zugänglich zu machen: so z. B. durch eine erlebnisorientierte Inszenierung von Museen, die selbst kunstungeübten Besuchern einen immersiven Zugang ermögliche.

Pröbstle (2015) hat sowohl Sekundärerhebungen empirischer Daten zur touristischen Kulturnutzung wie die erste qualitative Studie zu unterschiedlichen kulturtouristischen Typen und ihren spezifischen Interessen und Aneignungsweisen durchgeführt, um daraus Konsequenzen für Vermittlung abzuleiten. Die Autorin dieses Artikels hat in einer ersten Überblicksstudie Kulturvermittlung in unterschiedlichen touristischen Formen untersucht: von der Studienreise über Städtetrips, Kulturangebote auf Cluburlauben und Kreuzfahrtschiffen bis zu kulturellen Erlebniswelten (Mandel 2012).

3.3 Wissenschaftliche Grundlagen: Begriffe und Funktionen der Kulturvermittlung

Nachfolgend werden einige zentrale Begrifflichkeiten und Erkenntnisse des Themas eingeführt und praktische Konsequenzen für Kulturvermittlung im Tourismus abgeleitet.

Kulturvermittlung ist der Oberbegriff für diverse Formen der Vermittlung zwischen künstlerischer Produktion und Rezeption, zwischen verschiedenen Kulturen sowie der Initiierung eigenen ästhetischen und kulturellen Gestaltens und umfasst kulturorganisatorische, kunstvermittelnde und kulturpädagogische mediale und personale Vermittlungsformen (Mandel 2008). Kulturvermittlung bezeichnet die professionelle Seite des Vermittlers bzw. der vermittelnden Institution; kulturelle Bildung die Perspektive des sich bildenden Subjekts. Hier wird davon ausgegangen, dass Reisen auch im massentouristischen Kontext in besonderer Weise kulturelle Bildungsprozesse auslösen kann.

Kulturelle Bildung wird verstanden als Selbstbildungsprozess in Auseinandersetzung mit Kunst und Kultur, bei dem ästhetische Differenzerfahrungen im Sinne einer Erweiterung oder sogar Irritation bisheriger Wahrnehmungsmuster emotional erlebt und bewusst reflektiert werden und damit zur Weiterentwicklung eigener Perspektiven auf die Welt führen (vgl. Dewey 1988; Zirfass 2005). Kulturelle Bildung geht über Lernen und kognitiven Wissenszuwachs hinaus und umfasst vielmehr Strukturen der Weltaneignung durch vielfältige neue ästhetische und kulturelle Erfahrungen und eine bewusste, auch selbsttätige Auseinandersetzung mit ästhetischen und künstlerischen Gegenständen. Kulturelle Bildung beinhaltet die Fähigkeit, kulturelle Phänomene und Symbole ästhetisch über ihre bloße Funktion hinaus wahrzunehmen, sie lesen und entziffern zu können, um ihre verschiedenen Bedeutungen zu erfassen und sie sinnfällig für die (Neu-)Interpretation und Gestaltung des eigenen Lebens zu nutzen (vgl. Mandel 2012; Reinwand-Weiss 2013). Ästhetische Wahrnehmung ist eine wesentliche Voraussetzung für kulturelle Bildungsprozesse.

Der „touristische Blick“, so wie er sich in der Romantik mit der „Entdeckung der Landschaft“ ab Mitte des 18. Jahrhunderts mit ihrem idealisierten Blick auf Natur herausgebildet hat (Wuthenow 1980: 73), ist immer ein ästhetischer Blick. Er unterscheidet sich vom Alltagsblick dadurch, dass er die Dinge nicht nur funktional wahrnimmt, sondern zweckfrei in ihrem Gestaltet-Sein als schön, besonders, sehenswürdig. Und dennoch forciert der „touristische Blick“ oft die Begrenzung von Wahrnehmung auf Klischees, mitgebrachte Wunschbilder bei gleichzeitigem Bedürfnis nach authentischen Wahrnehmungen (Mac Cannell 1976; Mandel 1996; Wang 1999; Schnepel 2013).

Zugleich regen Reisen und Tourismus in besonderer Weise dazu an, interkulturelle Bildungsprozesse zu stimulieren als bewusste Wahrnehmung von Differenzen und Gemeinsamkeiten zwischen Kultursystemen (Lang-Wojtasik/Scheunpflug 2002).

Audience Development als eine Funktion der Kulturvermittlung bezeichnet das systematische, strategische Bemühen einer Kultureinrichtung, neue Besucher oder auch andere Besuchergruppen zu gewinnen und zu binden (Mandel 2008). Dies ist zu einer zentralen Herausforderung klassischer Kulturinstitutionen geworden, denen es nachweislich immer weniger gelingt, eine sozial heterogene Besucherschaft zu erreichen (Mandel 2013, 2016; Renz 2015). Zugleich werden Kultureinrichtungen, allen voran die Museen an touristisch attraktiven Orten zunehmend zu Magneten für Touristen. Touristische Besucher sind für Kultureinrichtungen in touristisch nachgefragten Städten oder Regionen eine zentrale Zielgruppe, wenngleich sie keine homogene Gruppe darstellen. So ist nach Antz (2008: 4) zu unterscheiden zwischen:

- „Kulturtouristen im engeren Sinne" (hochgebildet, zumeist älter mit relativ hohem Einkommen und hohen Ansprüchen);
- „Gelegenheitskulturtouristen" (breites Spektrum sozialer Gruppen, für Kultur aufgeschlossen, ist jedoch nicht Hauptzweck des Reisens, wird eher wahrgenommen, weil man bestimmte Sehenswürdigkeiten gesehen haben muss);
- „Zufallskulturtouristen" (beschließen zufällig und spontan, ein kulturelles Angebot wahrzunehmen, z. B. weil es regnet).

Während die erste Touristengruppe ihre Kulturbesuche vorab plant und sich darauf vorbereitet, werden kulturelle Programme und Sehenswürdigkeiten von Gelegenheits- und Zufallskulturtouristen oft erst vor Ort zur Kenntnis genommen.

Pröbstle (2014: 303 ff.) wiederum macht nach einer umfangreichen Befragung von Touristen im Rahmen kultureller Aktivitäten fünf verschiedene Typen von Kulturtouristen aus:

- „unterhaltungsorientierte Ausflügler";
- „pflichtbewusste ‚Sightseeker' ";
- „aufgeschlossene Entdecker";
- „kenntnisreiche Traditionalisten";
- „passionierte Spezialisten".

Nur die letzten beiden Typen können zu den spezifisch Kunst- und Kulturinteressierten gezählt werden, die auch im Alltag regelmäßig kulturelle Veranstaltungen besuchen. Für viele Menschen erweise sich demnach der Alltag tendenziell als „Kulturverhinderer" (Pröbstle 2014: 299), denn hier mangele es oftmals an Zeit, Muße und Gelegenheit für kulturelle Aktivitäten. Im Urlaub jedoch böten sich diese als willkommene Aktivität an. Zu vermuten ist darüber hinaus, dass in der Rolle des Touristen auch bestimmte Barrieren, die mit „kultureller und sozialer Distinktion zu tun haben, gesenkt werden. „Im Modus des Tourist Seins wird Selbst- und Weltermächtigung möglich [...] Tourismusräume fungieren infolge ihrer Distanz zu Alltagsräumen auch als ‚Schutz- oder Freiräume', in denen und durch die andere Selbst- und Weltverhältnisse sowie soziale Beziehungen gebildet und erprobt werden können" (Wöhler/Pott/Denzer 2010: 12 f.).

Gerade dann, wenn touristische Besucher mit wenig Vorerfahrungen und wenig eigenen Fragen kulturelle Angebote wahrnehmen, kann Kulturvermittlung von zentraler Bedeutung dafür sein, nachhaltiges Interesse und kulturelle Selbstbildungsprozesse auszulösen. Beispielhaft werden nachfolgend einige **Formate der Kulturvermittlung im Tourismus** aufgelistet. Diese haben sich bewährt, wenn es darum geht, nicht spezifisch kulturinteressierte und vorgebildete kulturelle „Sightseeker" zu erreichen, wozu die Mehrzahl der touristischen Kulturbesucher gehört.

Kulturvermittlung als Managementaufgabe von Destinationen und Kulturinstitutionen:

- Herstellung eines thematischen Gesamtzusammenhangs über Themenrouten, über die auch Zufallskulturtouristen „stolpern", Leitsysteme oder leicht verständliche Informationen vor Ort; z. B. Zusammenbindung von Parkanlagen zu einer Gesamttour (z. B. „Gartenträume" in Sachsen-Anhalt) oder Spazierrouten, bei denen künstlerische Werke einer bestimmten Landschaft an den Orten ihrer Entstehung vermittelt werden (z. B. Kandinsky-Münter-Spaziergang in Murnau).
- Verknüpfung zwischen Einzelobjekt und bereister Region herstellen: Wie sind bestimmte Artefakte mit der Geschichte und den aktuellen Lebensweisen der bereisten Region verbunden? Was erzählen sie über deren Besonderheiten? Dabei sollten Hinweistafeln und Flyer zu den Themen und historischen Hintergründen der zu besichtigenden Objekte in leicht verständlicher Sprache verfasst sein, damit diese von einer breit gefächerten Gruppe touristischer Besucher auch gelesen werden.
- Gesamtpakete schnüren, die verschiedene Programme und Serviceleistungen verbinden, u. a. in Kooperation mit verschiedenen Kultureinrichtungen und Freizeitanbietern: z. B. Kombination einer Ausstellung mit einem thematisch passenden Stadtspaziergang, eines Konzerts mit einer Schiffstour oder Besichtigung einer Parkanlage samt abschließendem Picknick mit allen Teilnehmenden.
- Verbindung von Kultur und Natur, z. B. Theateraufführung an einem See oder Konzert im Wald.
- Unkonventionelle Verknüpfung verschiedener hoch- und alltagskultureller Sphären im Sinne eines breiten Kulturbegriffs. Als Beispiel hierzu sei die „Kulturelle Landpartie" im Wendland genannt, wo Kunstausstellungen und Konzerte mit Märkten und Gastronomie verbunden werden.
- Angebote für das gemeinsame Erleben kultureller Angebote von touristischen Besuchern und Einheimischen; so z. B. beim Straßentheaterfestival in Holzminden, das viele touristische Besucher anzieht und von der Bevölkerung aktiv unterstützt und begleitet wird, auch in Bezug auf die kulinarische Versorgung.

- Mediale Vermittlung in Form von ästhetischen Inszenierungen und „suggestiven Merkwelten“ (vgl. John 2010: 35), die das Eintauchen mit allen Sinnen in eine besondere Atmosphäre ermöglichen: Dies gilt insbesondere für Museen und andere Ausstellungsräume, deren kuratorisches Konzept maßgeblich für Verständnis und Interesse an den Inhalten sind, wie etwa das stark nachgefragte und von touristischen Besuchern begeistert rezipierte Auswandererhaus in Bremerhaven.
- Relevanz und Anschlussfähigkeit an Themen von allgemeinem Interesse jenseits einer Fachperspektive: Touristische Gelegenheitskulturbesucher interessieren sich weniger etwa für kunsthistorische Details als für grundlegende menschliche und gesellschaftliche Themen.
- Herstellung von Zusammenhängen zu aktuellen Themen
- Erzählen emotional berührender Geschichten, um Kulturgeschichte zugänglich und erlebbar zu machen: So erhält man z. B. im Auswandererhaus als Besucher beim Eintritt den Namen einer historischen Auswandererperson, auf deren individuellen Spuren man die Ausstellung durchlebt.
- Nutzung digitaler Medien wie Apps, digitale Audioguides oder Games, um flexibel auf ganz unterschiedliche Wissensbedarfe und Interessen unterschiedlicher Touristengruppen reagieren zu können: So bietet das Rijksmuseum in Amsterdam eine Vielzahl unterschiedlicher Themenrouten-Apps durch sein Haus an.
- Kostenlose Vermittlungsangebote wie Audio Guides und Kurzführungen, die auf unterhaltsame Weise einen Überblick vermitteln.
- Gut aufbereitete Informationen zum Nachlesen zu Hause.

Personale Vermittlung
- Stimulierung subjektiver Sichtweisen bei Führungen, indem die Teilnehmenden aktiv aufgefordert werden, ihre Wahrnehmungen und persönlichen Assoziationen einzubringen oder ihre subjektive Objektauswahl zu treffen.
- Stimulierung aktiver Aneignung kultureller Artefakte, z. B. durch das zentrale touristische Medium der Fotografie, mit dem Besucher respektive Teilnehmende niedrigschwellig eigene Sichtweisen auf das Erfahrene zum Ausdruck bringen können.
- Angebote für Kommunikation und Interaktion der touristischen Besucher untereinander, etwa während einer Führung, aber auch danach, z. B. bei einem gemeinsamen Besuch des Museumscafés.

3.4 Thesen und Perspektiven der Kulturvermittlung im Tourismus

Kunst- und Kulturbesichtigungen auf touristischen Reisen sind nicht nur Bestandteil touristischen Rollenverhaltens auch über Milieugrenzen hinweg, sondern können darüber hinaus einen Beitrag zur Aneignung und zum Verständnis der bereisten Regionen liefern. Aus ästhetischen und kulturellen Differenzerfahrungen, die im touristischen Kontext gemacht werden – vor allem wenn diese bewusst als persönliche Horizonterweiterung wahrgenommen werden –, können kulturelle Bildungsprozesse erwachsen.

Kulturvermittlung kann dazu beitragen, dass kulturelle Erfahrungen auf Reisen nachhaltig wirken, indem sie Rahmenbedingungen schafft, die dem Urlaubscharakter kulturellen Erlebens entsprechen und zugleich zur aktiven Erschließung und Aneignung von Kunst und Kultur ermutigt. Formen der Kulturvermittlung, die Bedürfnissen touristischer Freizeitbesucher im Prozess touristischer Inwertsetzung entsprechen, können Motor sein für notwendige Transformationsprozesse von Kultureinrichtungen und regionalen Kulturlandschaften. Diese sind auch dazu geeignet, eine sozial diversere einheimische Besucherschaft zu erreichen. Begegnungen zwischen einheimischen und touristischen Besuchern im Rahmen kultureller Angebote können dazu führen, dass touristische Besucher einen kulturellen Ort als besonders authentisch wahrnehmen, da dieser auch von den Einheimischen genutzt wird. Umgekehrt können einheimische Besucher über ihre Rolle als Gastgeber Verbundenheit und kulturelle Identität mir ihrer lokalen Kultur weiter ausbilden (Drews 2017). Vor allem in strukturschwachen Regionen kann die touristische Inwertsetzung kultureller Angebote dazu beitragen, dass diese überhaupt aufrechterhalten werden können. Der Kulturtourismus wird in Kulturentwicklungsplanungen zunehmend zu einem Faktor, um nicht nur wirtschaftliche Umwegrentabilität zu erzeugen, sondern auch ein einheimisches kulturelles Leben zu stimulieren (OECD 2008).

Zugleich könnte die kulturtouristische Positionierung weniger bekannter Orte und ihrer einheimischen Kultur ein Ausweg aus der hohen massentouristischen Überlastung der bekannten Sights sein. Eine Akzentverschiebung von der Fokussierung auf bekannte Stätten kulturellen Erbes hin zum „Creative Tourism", wie von der OECD vorgeschlagen, würde einerseits zeitgenössische Angebote der Kultur- und Kreativwirtschaft einer Region einbeziehen, andererseits für besondere Erfahrungen aufseiten der Touristen sorgen, indem diese aktiv an kulturellen Angeboten von und mit einheimischen Kulturschaffenden teilnehmen, sei es durch Kochkurse, Workshops zu Handwerkstechniken, Tanzkurse u. v. m. (OECD 2014: 65; Drews 2017).

Kulturvermittlung im Tourismus könnte zukünftig auch ein partizipatives Destinationsmanagement einschließen, das Einheimische in die Konzeption touristischer Angebote einbezieht sowie die Weiterentwicklung und Positionierung gemeinsamer Kulturorte der Begegnung von einheimischen und touristischen Besuchern moderiert.

Literatur

Antz, C., Kulturtourismus. Empfehlungen für einen langfristigen Erfolg, in: Scheytt, O. / F. Loock (Hg.), Handbuch Kulturmanagement, Berlin/Stuttgart 2008, D 1.6, o. S. (Loseblattsammlung).

Brinkmann, D. / R. Freericks / S. Krämer / H. Theile, Projekt Aquilo. Aktivierung und Qualifizierung erlebnisorientierter Orte, Bremen 2005, Endbericht des Forschungsprojekts, gefördert durch das BMBF (= IFKA-Schriftenreihe).

Dewey, J., Kunst als Erfahrung, Frankfurt am Main 1988 (Originalausgabe 1958).

Drews, K., Kulturtourismus im ländlichen Raum an „dritten Orten" der Begegnung als Chance zur Integration von Kultur- und Tourismusentwicklung. Eine Befragung von touristischen und einheimischen Kulturbesuchern in ländlichen Regionen Niedersachsens, Hildesheim 2017.

Drews, K. / B. Mandel, Kulturtourismus im ländlichen Raum: ‚Dritte Orte' der Begegnung von touristischen und einheimischen Kulturnutzern als Chance für wirtschaftliche und kulturelle Entwicklung, in: Kulturpolitische Mitteilungen IV:62–63, 2015.

Europäische Kommission (Hg.), Cultural Access and Participation (= Special Eurobarometer, 399, TNS Opinion & Social), http://ec.europa.eu/public_opinion/archives/ebs/ebs_399_en.pdf (11.11.2015), 2013.

Finger, C. / B. Gayler, Animation im Urlaub. Handbuch für Planer und Praktiker, München/Wien 2003.

Forschungsgemeinschaft Urlaub und Reisen, Reiseanalyse 2003. Erste Ergebnisse ITB 2003, Berlin 2003, siehe http://www.fur.de/fileadmin/user_upload/RA_Zentrale_Ergebnisse/Reiseanalyse_2003.pdf (17.10.2016).

Forschungsgemeinschaft Urlaub und Reisen (F.U.R), Reiseanalyse 2014. Erste ausgewählte Ergebnisse der 44. Reiseanalyse zur ITB 2014, 2014, siehe http://www.fur.de/fileadmin/user_upload/RA_Zentrale_Ergebnisse/RA2014_ErsteErgebnisse_DE.PDF (2.11.2016).

Freericks, R., Reiseleitung im Kulturtourismus, in: Dreyer, A. (Hg.), Kulturtourismus, München 2000, 2. Aufl., S. 345–362.

Isenberg, W. / H. Müllenmeister / A. Steinecke mit Forschungsgruppe Tourismus, Tourismus im Wandel. Bevölkerungsbefragung zu Reisemotiven und Reisezielen, Paderborn 2003.

John, H., Museen und Tourismus – Partner einer (fast) idealen Allianz, in: John, H. et al. (Hg.), Museen und Tourismus. Wie man Tourismusmarketing wirkungsvoll in die Museumsarbeit integriert, Bielefeld 2010, S. 9–50.

Lang-Wojtasik, G. / A. Scheunpflug, Bildung durch Begegnungsreisen? Interkulturelles Lernen in Zeiten des Massentourismus, in: Kreienbaum, H. et al. (Hg.), Bildung als Herausforderung. Leben und Lernen in Zambia, Frankfurt am Main 2002.

Luger, K., Welterbe-Tourismus. Ökonomie, Ökologie und Kultur in weltgesellschaftlicher Verantwortung, in: Luger, K. / K. Wöhler (Hg.), Schützen und Nützen aus einer Perspektive der Nachhaltigkeit, Innsbruck 2008, S. 17–41.

MacCannell, D., The Tourist. A new theory of the leisure class, New York 1976.

Mandel, B., Wunschbilder werden wahr gemacht. Aneignung von Urlaubswelt durch Fotosouvenirs am Beispiel deutscher Italientouristen der 50er und 60er Jahre, Frankfurt am Main 1996.

Mandel, B., Tourismus und Kulturelle Bildung. Potenziale, Voraussetzungen, Praxisbeispiele und empirische Erkenntnisse, München 2012.

Mandel, B., Interkulturelles Audience Development. Zukunftsstrategien für öffentlich geförderte Kultureinrichtungen, Bielefeld 2013.

Mandel, B., Audience Development, kulturelle Bildung, Kulturentwicklungsplanung, Community Building. Konzepte zur Reduzierung der sozialen Selektivität des öffentlich geförderten Kulturangebots, in: Mandel, B. (Hg.), Teilhabeorientierte Kulturvermittlung. Diskurse und Konzepte für eine Neuausrichtung des öffentlich geförderten Kulturlebens, Bielefeld 2016, S. 19–49.

Müllenmeister, H. M., Animationsmodell Länderkunde, TUI. Beitrag zum Internationalen Modellwettbewerb „Mehr Urlaubsqualität", in: Studienkreis für Tourismus (Hg.), Mehr Ferienqualität, Starnberg 1978.

Nahrstedt, W., Tourismus. Von der Erziehungswissenschaft vergessen? Themen und Strukturen der Reisepädagogik heute, in: Busse, G. et al. (Hg.), Lernen auf Reisen? Reisepädagogik als neue Aufgabe für Reiseveranstalter, Erziehungswissenschaft und Tourismuspolitik, Köln 1991 (= Bensberger Protokolle, 65).

Nahrstedt W. und Institut für Freizeitwissenschaft und Kulturarbeit (Hg.), Lernort Erlebniswelt (Vorstudie Acquilo), Bielefeld 2002.
OECD, The impact of Culture on Tourism, 2008, OECD Studies on Tourism.
OECD, Tourism, Trends and Policies 2014, 2014, OECD Studies on Tourism.
Pröbstle, Y., Kulturtouristen. Soll- und Ist-Zustand aus Perspektive der empirischen Kulturforschung, in: Föhl, P. / P. Glogner (Hg.), Publikumsforschung. Fragestellungen und Befunde der empirischen Forschung, Wiesbaden 2010, S. 239–278.
Pröbstle, Y., Kulturtouristen. Eine Typologie, Wiesbaden 2014.
Reinwand-Weiss, V.-I., Künstlerische Bildung – Ästhetische Bildung – Kulturelle Bildung, in: Handbuch Kulturelle Bildung, München 2012/13, sowie in: Kulturelle Bildung, https://www.kubi-online.de/artikel/kuenstlerische-bildung-aesthetische-bildung-kulturelle-bildung (17.10.2016), S. 108–114.
Renz, T., Nicht-Besucherforschung als Grundlage von Audience Development. Die Förderung kultureller Teilhabe durch Kulturpolitik und Kulturmanagement, Bielefeld 2015.
Schnepel, B., Kulturerbe im Zeitalter des Massentourismus, in: Girke, F. et al. (Hg.), Kultur all inclusive. Identität, Tradition und Kulturerbe im Zeitalter des Massentourismus, Bielefeld 2013, S. 21–37.
Steinecke, A., Reisepädagogik 2000. Perspektiven und Aufgaben der Pädagogik im Tourismus der 90er Jahre, in: Zeitschrift für Freizeitpädagogik 11, 1989.
Steinecke, A. (Hg.), Lernen. Auf Reisen? Bildungs- und Lernchancen im Tourismus der 90er Jahre, Bielefeld 1990 (= Schriftenreihe / Institut für Freizeitwissenschaft und Kulturarbeit, 9).
Thurner, I., Sehenswürdigkeiten. Konstruktion und Rezeption, in: Kagermaier, A. / A. Steinecke (Hg.), Kultur als touristischer Standortfaktor. Potenziale, Nutzung, Management. Paderborner Geographische Studien zu Tourismusforschung und Destinationsmanagement, Paderborn 2011 (= Paderborner Geographische Studien zu Tourismusforschung und Destinationsmanagement/Universität Paderborn), S. 1–17.
Urry, J., The Tourist Gaze. Leisure and travel in contemporary societies, London 1990.
Wang, N., Rethinking Authenticity in Tourism Experience, in: Annals of Tourism Research 26(2):349–370, 1999.
Wegener-Spöhring, G., Massentourismus und Pädagogik, Hohengehren 1991.
World Tourism Organisation, Tourism Market Trends – Europe, Madrid 2003.
Wuthenow, R. R., Die erfahrene Welt. Europäische Reiseliteratur im Zeitalter der Aufklärung, Frankfurt am Main 1980.
Wöhler, K. / A. Pott / V. Denzer, Formen und Konstruktionsweisen von Tourismusräumen, in: Wöhler, K. et al. (Hg.), Tourismusräume. Zur soziokulturellen Konstruktion eines globalen Phänomens, Bielefeld 2010, S. 11–19.
Zirfas, J., Aisthesis, in: Bilstein, J. et al. (Hg.), Anthropologie und Pädagogik des Spiels, Weinheim/Basel 2005.

Martin Linne, Axel Dreyer und Christian Antz

4 Tourismus – Kultur – Marketing

Zusammenfassung: Tourismus, Kultur und Marketing – da treffen zwei unterschiedliche Welten aufeinander. Für die einen (die Touristiker) ist Marketing ein zentraler Bestandteil des Handelns, um gute Angebote entwickeln und vermarken zu können; für die anderen (die Kulturschaffenden) könnte es auch ohne gehen. Dieser Beitrag zeigt, welche Synergien durch Kooperation entstehen können. Kooperation setzt jedoch gegenseitiges Verständnis voraus, denn nur gemeinsam können gute Angebote geschaffen werden. Das kann gelingen, weil die Ansätze und Instrumente des Marketings im Grunde gleichermaßen gelten bzw. genutzt werden können. Allerdings zeigt dieser Beitrag auch, dass es zwischen den Leistungsträgern des Tourismus und den Kulturbetrieben noch Optimierungspotenziale im gegenseitigen Verständnis und in manchen Bereichen der Vermarktung gibt.

Schlagwörter: Marketinginstrumente, Inszenierung, Kooperationen, Produktgestaltung, Kernprodukt, Destinationsmanagement

4.1 Marketing in den Segmenten Tourismus und Kultur

Eine Reise setzt sich aus vielen Einzelleistungen verschiedenster Leistungsträger zusammen. Erst in der Ganzheit entsteht das Produkt, das der Kunde als eine Reise wahrnimmt (vgl. Linne 2008: 97 ff.; Hartmann 2014: 49 ff.). Zu diesen Leistungsträgern in den Bereichen Kultur und Tourismus zählen aber nicht nur die typischen Tourismusbetriebe wie Busunternehmen, Bahn- und Fluggesellschaften, Hotels, Restaurants oder Seilbahngesellschaften. Auch Sehenswürdigkeiten aller Art, Museen, Ausstellungen, Events, Konzerte, also die vielfältigsten Kulturangebote, sind aus dem Blickwinkel des Tourismus als Leistungsträger zu verstehen. Kulturanbieter sind ein wichtiger Teil dessen, was der Gast als Gesamtleistung Reise wahrnimmt.

Das Produkt Reise entsteht demnach erst durch das Zusammenwirken der verschiedenen Leistungsträger. Außerdem muss zum unternehmerischen Angebot die kundenseitige Nachfrage treten (Uno-actu-Prinzip) (vgl. Dreyer/Linne 2016: 24). Ein Hotelzimmer bleibt ein leerer Raum, solange es nicht von einem Hotelgast bewohnt wird. Erst durch die Nutzung des Zimmers seitens des Gastes entsteht das touristische Produkt „Hotelaufenthalt“ (Linne 2008: 27). Ob der Nachfrager als Gast, Besucher, Zu-

Prof. Dr. Martin Linne, Professor für BWL/Tourismusmanagement insb. Hospitality Management, Institut für Tourismusforschung, Hochschule Harz, Wernigerode
Prof. Dr. Axel Dreyer, Professor für Tourismusmanagement/Marketing, Institut für Tourismusforschung, Hochschule Harz, Wernigerode
Prof. Dr. Christian Antz, Kunsthistoriker und Kulturmanager, Honorarprofessor für Slow Tourism, Institut für Management und Tourismus (IMT), Fachhochschule Westküste, Heide

https://doi.org/10.1515/9783486711028-004

hörer oder Kunde bezeichnet wird, macht dabei keinen Unterschied. Ähnlich verhält es sich mit kulturellen Angeboten. Was nützt eine Ausstellung, wenn sie von Touristen und Einheimischen nicht wahrgenommen wird. Auch Museen brauchen Besucher, um ihren Zweck voll und ganz erfüllen zu können, denn neben die zentralen Aufgaben des Forschens, Sammelns, Bewahrens und Vermittelns tritt die des Ausstellens.

Das Marketing unterschiedlicher Betriebe, Organisationen und Institutionen folgt prinzipiell demselben Muster, unterscheidet sich im Detail jedoch sehr deutlich, je nachdem welcher Art die angebotenen Leistungen sind. Diese Leistungen werden in der Sprache des Marketings meistens als „Produkt" bezeichnet (vgl. Linne 2016: 67 ff.). Weil es schließlich doch einen erkennbaren Unterschied macht, welche Art von Einrichtung Marketing betreibt, wird oft auch begrifflich eine Unterscheidung getroffen. Und so kennen wir eben die Ausdifferenzierung in Museumsmarketing, Theatermarketing, Musicalmarketing, Kinomarketing oder auch Eventmarketing u. v. m. Trotzdem bleibt das Grundprinzip gleich, ob beim Hotel- oder Kulturmarketing.

In der Marketingliteratur wird generell von vier grundlegenden Instrumenten ausgegangen: Produktpolitik, Preispolitik, Vertriebspolitik und Kommunikationspolitik. Im englischen Sprachraum werden diese als die vier P's bezeichnet: Product, Price, Place, Promotion. Bei Dienstleistungsprodukten wie im Kulturmarketing ist es notwendig, diese vier P's um drei weitere P's zu ergänzen (Abb. 4.1). Diese leiten sich jedoch als dienstleistungsspezifische Erweiterungen der Produktpolitik ab: Kundenprozessgestaltung (Process), Servicepersonal (Personnel) und Ausstattungspolitik/Gestaltung des Dienstleistungsumfeldes (Physical Evidence) (vgl. Dreyer/Linne

Abb. 4.1: Überblick über das Marketinginstrumentarium in Tourismus und Kultur (Quelle: Eigene Abbildung)

2016: 17 f.; ähnlich auch Hartmann 2018: 180 ff.). Auch hier kann festgestellt werden, dass diese sieben Marketinginstrumentarien in allen Tourismusbereichen angewandt werden müssen, um gesellschaftliche und wirtschaftliche Erfolge zu erzielen. Dabei werden ausdrücklich die Kulturpolitik und das Kulturmanagement miteingeschlossen. Kultur findet nicht in einem separaten Bereich statt, sondern ist Teil der Dienstleistungskette in Gesellschaft und Tourismus.

4.2 Kulturtouristische Produktgestaltung

4.2.1 Grundlegendes zur Produktgestaltung

Produktpolitik ist der wichtigste Teil des Marketinginstrumentariums. Ohne Produkte gibt es nichts zu vermarkten. Deshalb bestimmen Produkte im Wesentlichen die Ausgestaltung der anderen Marketinginstrumente: Preis, Vertrieb und Kommunikation. Touristische Produkte sind spezielle Formen von Dienstleistungen oder Dienstleistungsprodukten; sie sind stets immateriell, nicht lagerfähig und erfordern das Mitwirken der Gäste (Uno-actu-Prinzip bzw. Co-Creation) (vgl. Dreyer/Linne 2016: 24). Auch das kulturelle „Produkt", sei es eine zur Besichtigung zur Verfügung stehende Burg oder Kirche, ein Museum oder ein Musical, folgt prinzipiell dem gleichen Gestaltungsmechanismus wie alle touristischen Angebote. Auch dabei spielen Anbieter/Kulturanbieter und Gäste/Besucher Hand in Hand.

Tourismus

Beispiele aus der touristischen Produktgestaltung sollen hier für das richtige Verständnis sorgen. Das Hotelbett oder das Zugabteil sind nicht das eigentliche touristische Produkt, sondern sie sind ein Teil des physischen Umfelds (Ausstattungspolitik), also des Dienstleistungspotenzials. Der Hotelgast erwirbt ja nicht das Hotelzimmer an sich, sondern die Möglichkeit, sich in dem Zimmer und dem Hotel für eine gewisse Zeit aufhalten zu können. Auch bei der Bahnreise besteht das Produkt im Kern aus dem Transfer von A nach B, der Zug mit seinen Wagen (1. und 2. Klasse, Speisewagen) stellt den Rahmen und ist verantwortlich für den Komfort auf der Reise. Touristische Produkte sind deshalb stets immateriell (Übernachtung, Transfer von A nach B etc.), auch wenn dafür materielle Leistungsbestandteile (Dienstleistungspotenziale) bereitgestellt werden.

Diese beiden Beispiele verdeutlichen in etwa schon, wie wichtig es ist, das erlebbare Dienstleistungspotenzial (z. B. das Hotelzimmer) im Rahmen der Ausstattungspolitik (Physical Evidence) so zu gestalten, dass der Gast nicht nur (gut) schlafen kann, sondern sich auch wohlfühlt. Doch erst bei einer ganzheitlichen Gestaltung der Abläufe im Hotel im Rahmen der Kundenprozessgestaltung (Process) und mit gut geschultem und motiviertem Servicepersonal (Personnel) wird aus den harten Faktoren des Dienstleistungspotenzials nach und nach ein gutes, marktfähiges touristisches Produkt (vgl. Dreyer/Linne 2016: 17 f.).

Touristische Produktgestaltung kann einerseits auf der Ebene eines jeden einzelnen Leistungsträgers betrachtet werden (Hotelaufenthalt als „Produkt", der ICE als „Produkt" der Deutschen Bahn etc.). Jeder Leistungsträger ist für seine Leistung und die Zufriedenheit seiner Kunden allein verantwortlich. Bei der touristischen Produktgestaltung kann andererseits aber auch die gesamte Reise betrachtet werden (Pauschalreise eines Reiseveranstalters als „Produkt"; siehe auch Customer Journey bei Dreyer/Linne 2016: 22 f.). Die unterschiedlichen Betrachtungsebenen zeigen, wie unterschiedlich die Möglichkeiten der touristischen Produktgestaltung sein können. Die Grundsätze des Marketings ändern sich dadurch jedoch nicht. Sie sind im Kern durch die eingangs genannten Marketinginstrumente vorgegeben. Da bei einer Pauschal-, aber auch bei einer Individualreise niemals ein Angebot (Hotel, Bahn, Museum etc.) alleine steht bzw. als Solitär von den Kunden/Besuchern wahrgenommen wird, sondern immer die gesamte Produktkombination, müssen selbstredend die unterschiedlichen Produktgestalter/-anbieter im Sinne des Gastes miteinander kommunizieren. Dass diese einfache und grundlegende Regel immer noch nicht bzw. unzureichend angewandt wird, gehört zu den Desideraten des Tourismusmarketings sowie insbesondere des Kulturtourismusmarketings.

Bei der Produktgestaltung geht es darum, Entscheidungen zu treffen, welche Eigenschaften das touristische Produkt unter nachfrageorientierten/absatzwirtschaftlichen Gesichtspunkten haben soll. Es geht dabei aber nicht nur um die erstmalige Gestaltung, sondern auch um die stetige Weiterentwicklung und Verbesserung einer Leistung. Nicht der einmalige Marketingerfolg eines Produkts – manche verwechseln dies auch mit dem Erfolg eines Kommunikationserzeugnisses wie Katalog oder Broschüre – macht das Produkt langfristig erfolgreich, sondern das kontinuierliche, oft mühsame Abarbeiten an der zukunftsorientierten Produktgestaltung.

Gerade in Zeiten der Globalisierung verändern sich die Kundenansprüche an Leistungen der Dienstleistungswirtschaft so rasant, dass eine kontinuierliche Analyse des Produkts wie des Markts unabdingbar ist. Für die Unternehmen wie für die Kulturanbieter liefern folgende Fragen hierzu grundlegende Informationen:
- Welche Bedürfnisse besitzen meine Kunden?
- Welche Erwartungen haben sie daher bezüglich eines Produkts?
- Welche(n) Nutzen müssen meine Produkte daher stiften?

Der Nutzen einer Reise besteht für den Kunden dabei aus dem Hauptnutzen und dem Zusatznutzen. Dementsprechend bestehen touristische Produkte (a) aus Hauptleistungen (Kernprodukt), die den Hauptnutzen befriedigen, und (b) Zusatzleistungen, die den Zusatznutzen befriedigen (vertiefend Freyer 2011, 454 ff.). Der Begriff Zusatzleistung wirkt zunächst abwertend, er ist es aber nicht, denn touristische Produkte sind im Hinblick auf das Kernprodukt oft relativ austauschbar (Hotel plus Verpflegung). Erst durch besondere Zusatzleistungen (Begrüßungssekt, Zimmerservice,

Stadtrundfahrt im Oldtimerbus etc.) ist es möglich, einzelne touristische Produkte von Konkurrenzangeboten abzugrenzen und damit ein Stück weit einzigartig zu machen. Über die Zusatzleistungen bzw. den Zusatznutzen ist es auch möglich, kulturtouristische Beherbergungs- und Gastronomieprodukte erfolgreich für den Anbieter wie den Nachfrager zu entwickeln. So werden beispielsweise im Geschäftsreisetourismus Burgen und Schlösser als Special Locations für Tagungen nachgefragt, das Übernachten in historischen Ensembles unter dem Dach „Relais & Châteaux" angeboten oder wie in Bayern historische Gasthöfe unter der Marke „Genuss mit Geschichte" zusammengefasst. Werden zu den Hauptleistungen eines Hotels (Bett und Frühstück) bestimmte Zusatznutzen geschaffen, so kann aus einem Hotel auch ein besonderes Kulturhotel werden, wie das folgende Beispiel eines Literaturhotels zeigt.

> „Im ‚Hotel auf den Hummerklippen' auf der Nordseeinsel Helgoland steht das Thema Literatur im Vordergrund. Überall stehen Bücher zum Ausleihen bereit: In den Zimmern – nach Autoren benannt, auf den Fluren, im Frühstücksraum. Tische bestehen z. B. aus übergroßen Bücherstapeln. Für Autoren bietet das Hotel besondere Konditionen. Es werden Lesungen und Kultur-Events angeboten." (Vgl. http://www.hotel-hummerklippen.de/, 2.8.2017)

Kultur

Wie bereits dargelegt folgt das Marketing von Kultureinrichtungen grundsätzlich denselben Prinzipien wie im Tourismus. Allerdings haben wir es dabei auch häufiger mit Non-Profit-Unternehmen zu tun, deren Geschäftsleitungen bisweilen in der Budgetverwaltung ein anderes Denken an den Tag legen (müssen, z. B. kleine Heimatmuseen) als gewinnorientierte Betriebe und daher oft auch ein anderes marktorientiertes Verhalten entwickeln. Dies führt wiederum zum Teil zu anderen, weniger auf Vermarktung ausgerichteten Ausprägungen des Marketing-Mix. Andererseits agieren im heterogenen Kultursektor auch hochprofessionelle Unternehmen, man denke an den Musicalbereich (z. B. Stage Entertainment), an den Show- (z. B. Cirque de Soleil) oder den Museumssektor (z. B. Guggenheim-Museen). Häufig dient bei der unzureichenden Produktgestaltung die Ausrede, man sei ja eine Kultureinrichtung, nur dazu, sich nicht mit den Bedürfnissen der Gäste und dem Produktkern der jeweiligen Institution auseinanderzusetzen. Ob Hotel, Schloss oder Museum, das jeweilige Produkt richtet sich nicht an den jeweiligen Anbieter, sondern an die häufig gleiche Gruppe von Nachfragern. Der alte touristische Kernsatz, dass „der Wurm dem Fisch schmecken müsse und nicht dem Angler", trifft auch auf die Gestaltung der Kulturprodukte zu.

Über Produktgestaltung im Kultursektor zu schreiben ist trotzdem eine Herausforderung, da die Leistungen (Haupt- und Zusatzleistungen) extrem unterschiedlich sein können. Eine umfangreiche Auseinandersetzung mit grundsätzlichen Fragen der Produktpolitik in Kultureinrichtungen führt bereits Hardy Geyer (2008: 153 ff.), bei dem allerdings die an den Kundenprozessen (Dreyer 2008: 180 ff.) orientierten typischen Aspekte des Dienstleistungsmarketings (Process, Personnel und Physical Evidence) zu kurz kommen. So ist aus Kundensicht das Produkt eines Museums nicht nur die Gesamtheit der Ausstellungsräume mit den darin befindlichen Exponaten. Vielmehr setzt sich die Dienstleistung des Museumsbesuchs insgesamt aus zahlreichen weiteren Bestandteilen zusammen, zu denen

- die Atmosphäre im Eingangsbereich und in den Museumsräumen ebenso zählt wie
- die Organisation des Ticketkaufs inklusive möglicher Slots zur Verringerung von Wartezeiten und Überfüllung,
- die Möglichkeit und Gestaltung zur Abgabe von Kleidung und Gepäckstücken (Wartezeiten, Gepäckfächer mit oder ohne Pfand etc.),
- die Möglichkeit zur Betrachtung der Exponate (z. B. mit oder ohne Sitzplätze), Erläuterungen zu den Artefakten (Tafel, Audio Guide, Smartphone App etc.),
- die Existenz eines Cafés oder anderer Formen der Museumsgastronomie,
- das Sortiment im Museumsshop und vor allem
- die Freundlichkeit aller Mitarbeiter – um nur einige wichtige Aspekte zu nennen.

Ähnlich verhält es sich mit dem Besuch einer Oper. Neben der Art und Weise und der damit verbundenen Qualität der Inszenierung und der künstlerischen Darbietung machen eine Vielzahl weiterer Faktoren das Produkt Opernbesuch aus (Geyer 2008: 161). Für den Besucher ist es wie im Tourismus schließlich das Gesamterlebnis, das ihm positiv oder negativ in Erinnerung bleibt. An drei gegensätzlichen Beispielen lässt sich sehr deutlich zeigen, wie unterschiedlich das Produkt eines Opernbesuchs sein kann und welche touristischen Implikationen mit ihm verbunden sind.

Nehmen wir einmal Verdis „Aida". Da ist zunächst die Oper auf der Bühne eines städtischen Theaters, in Deutschland oft eines Zweckbaus der Nachkriegszeit, bei der es in erster Linie auf die Inszenierung und das Ensemble ankommt. Anders sieht es bei einer Aufführung auf der temporär bespielten, in den Bodensee ragenden Freilichtbühne von Bregenz aus, die aus einer spektakulär gestalteten Seekulisse besteht und einen nicht unerheblichen Teil des Gesamterlebnisses ausmacht („Aida" wurde 2009 gespielt). Die touristische Bedeutung der Seebühne lässt sich allein dadurch beschreiben, dass ein Großteil der Besucher aus Lindau (Deutschland) mit dem Schiff ins österreichische Bregenz übersetzt und außerdem Sonderzüge zwischen beiden Städten verkehren. Als drittes Beispiel dient Verona. Dort wurde „Aida" z. B. 2017 in zwei unterschiedlichen Inszenierungen (modern und klassisch) gespielt – also zwei unterschiedliche Opernprodukte angeboten. Die außergewöhnliche Atmosphäre entsteht in erster Linie durch die mehr als 2000 Jahre alte Arena, gepaart mit dem italienischen Lebensstil auf der sie umgebenden Piazza Brà (siehe Abb. 4.2 auf der nächsten Seite). Mit diesen Beispielen wird deutlich, dass es nicht alleine und vielleicht sogar nicht einmal in erster Linie die Oper „Aida" ist, für die sich die Menschen interessieren, sondern das Gesamterlebnis, bestehend aus Opernstück, Inszenierung, Spielstätte und dem „Drumherum". Dabei wurde das Thema Dienstleistung noch gar nicht thematisiert. Allein das Hervorrufen eines „unvergesslichen Augenblicks" eines Kul-

Abb. 4.2: Arena di Verona (Foto: Axel Dreyer)

turerlebnisses verdeutlicht die harte Arbeit an der kulturellen Produktgestaltung, egal ob es sich um eine Opernaufführung oder einen Museumsbesuch handelt.

Kulturtourismus

Das Marketing für kulturtouristische Angebote entspricht demzufolge den Mechanismen des Tourismusmarketings, gepaart mit den Besonderheiten der Kulturprodukte. Im Hinblick auf den Tourismus müssen immer die elementaren Bausteine der Reise berücksichtigt werden (Verkehrsmittel für An- und Abreise, Übernachtung, Gastronomie vor Ort etc.); hinzu kommen im Kulturtourismus Kulturbausteine, die das jeweilige kulturtouristische Angebot erst ausmachen. Dabei wirkt es sich auf die Reisebestandteile und den Reiseverlauf aus, welcher Art die Kulturangebote sind (Museumsbesuch, abendliche Veranstaltung, Besuch mehrerer Städte, Stadtführung, Kirchenbesuch etc.). Grundsätzlich unterscheidet sich das Marketing innerhalb des Kulturtourismus nach der unterschiedlichen Art der Kulturreise (Studienreise, Sprachreise, Veranstaltungsreise, Städtereise etc.), weil jedes dieser Angebote sich an andere Kundengruppen richtet (mehr dazu in den jeweiligen Kapiteln dieses Buches). Gemeinsam sind allen Kulturreisearten die zielgruppen- respektive gästeorientierte Ausrichtung der Produktgestaltung, die Einbindung der kulturellen Kernleistung in das Gesamtreiseangebot sowie die Herausarbeitung der den kulturellen Orten innewohnenden Atmosphäre. Das kulturelle Original ist das touristische Alleinstellungsmerkmal, für das der Gast/Kunde auf Reisen geht. Dabei sind der authentische Ort wie der autochthone Wein zwei Seiten einer kulturtouristischen Erfolgsmedaille.

Eine Sonderrolle im Marketing spielt die Destination. Als Zielpunkt bzw. Zielgebiet der Reise bildet sie den Kern und den Rahmen der Reise gleichermaßen, und dies auch im Kulturtourismus. Mit Kern ist gemeint, dass die meisten Leistungsbestandteile der Reise innerhalb der Destination zu finden sind: Hotel, Restaurant, Sehenswürdigkeit etc. Der Rahmen entsteht durch das geografische und inhaltliche Umfeld. Im Allgemeinen liefert das räumliche Zielgebiet wesentliche Merkmale der Reise (Strandurlaub am Meer, Skiurlaub in den Bergen, Radurlaub im Flachland und an Flüssen u. v. m.). Im Speziellen entsteht das kulturtouristische Angebot aus einer Fülle endogener und exogener Faktoren, die als „touristisches Terroir" bezeichnet werden können. Bei diesem Terroirbegriff, der sich vom Weinbau unterscheidet, liegt die Betonung auf der Kultur in Form von regional gewachsenen Traditionen, Lebenskultur, Identität, Gastronomie, Sprache/Dialekten etc. einer Region. Da diese Faktoren einzigartig sind, besteht über das touristische Terroir die Möglichkeit, dass Destinationen eine klare Differenzierung vom Wettbewerb erreichen und somit die Austauschbarkeit verringern können (Dreyer/Linne 2016: 27). Außerdem ergeben sich hier übergreifende Ansätze einer erfolgreichen touristischen Produktentwicklung. Beispiele wären Geburts- oder Wohnorte berühmter Persönlichkeiten (Goethe in Weimar), historische Ereignisse (Fall der Mauer in Berlin), Monumente und Bauwerke (Sagrada Familia in Barcelona) oder Kultureinrichtungen (Guggenheim-Museum in Bilbao).

4.2.2 Inszenierung als Mittel der Produktgestaltung

Die allgemeinen Entwicklungen auf dem Tourismusmarkt beinhalten eine verstärkte Orientierung hin zu Erlebnis und Erlebnisqualität. Die in den letzten 20 Jahren enorm gestiegene Zahl an Publikationen zum Thema Erlebnisgesellschaft, Erlebnisse, Erlebnisökonomie, Erlebnismarketing, Erlebniswelten, Management von Erlebnissen oder Messung von Erlebniswerten verdeutlicht die Aktualität des Themenfelds Erlebnisinszenierung (u. a. Hennings/Müller 1998; Pine/Gilmore 1999; Schulze 2000; Steinecke 2000; Müller/Scheurer 2004; Weiermair/Brunner-Sperdin 2006; Mikunda 2016). Das Erlebnis wird zum hauptsächlichen Zweck des Handelns und Reisens. Der Erlebniswert (Ästhetik, Design etc.) der Angebote steht im Mittelpunkt und wird zum dominierenden Faktor der Kauf- und Reisemotivation (vgl. Schulze 2000: 13, 59), wie dies bereits im Hinblick auf die Oper „Aida" thematisiert wurde. Im Hinblick auf den Kulturtourismus geht die Entwicklung dahin, dass eine Kulturreise nicht nur als Produkt oder Dienstleistung, sondern als ganzheitliches Erlebniskonsumgut betrachtet wird.

Erlebniselemente spielen bei der Reiseentscheidung, Qualitätsbeurteilung und Kundenzufriedenheit eine gewichtige Rolle. Erleben kommt dabei nicht nur im klassischen Sinn durch Lust, Abenteuer oder „Thrill" einer Achterbahnfahrt zum Ausdruck, sondern kann auch „leise" sein und aus (multi)sensualer Stimulierung bestehen, da ein prägendes Erlebnis im Kopf entsteht. Die kulturtouristische Produktgestaltung kann nur den Rahmen liefern und die Grundlage dafür sein, dass der Konsument die Inanspruchnahme der Leistung als Erlebnis empfindet.

Für eine (touristische) Inwertsetzung von Kulturobjekten kann sich die Inszenierung als geeignetes Mittel erweisen. Inszenierung im touristischen Sinne ist an den im Theater gebräuchlichen Begriff angelehnt und bedeutet das Hervorheben, Betonen und Verstärken des vorhandenen kulturellen Potenzials, ohne das Kulturobjekt nachhaltig zu belasten. Unscheinbare Dinge gewinnen durch geschickte Inszenierung an Bedeutung bzw. erlangen ihre eigentliche Bedeutung zurück. Einige wenige Maßnahmen bzw. Gestaltungsprinzipien können diesen Inszenierungsgedanken von Kulturobjekten erläutern. Sie können

- auf den ersten Blick unscheinbar wirkende Kulturschätze erlebbar machen,
- klare Empfangssituationen schaffen, die dem Besucher den Startpunkt signalisieren,
- Informationen und Übersichten zum besuchten Kulturobjekt bereitstellen,
- Orientierungssicherheit bieten, die einen mühelosen Kultur- oder Kunstgenuss ermöglicht,
- einen Spannungsbogen durch Anwendung der Inszenierungsinstrumente aufbauen.

Faktoren für die Angebotsinszenierung, die sich auch auf verschiedene Bereiche anwenden lassen, sind auch in der Abb. 4.3 abzulesen (Müller/Scheurer 2004; Dreyer/Linne 2008: 63 ff.). Die Erfüllung von Grundbedürfnissen sowie das Wohlbefinden des Besuchers stehen dabei über allen weiteren Gedanken zur Inszenierung. Deshalb muss zunächst einmal auf das Einlösen der Grundbedürfnisse (z. B. Bereitstellung sauberer Toiletten, Möglichkeit für den Getränkekauf etc.) geachtet werden, bevor es an die eigentliche Produktgestaltung geht, für die ein thematischer Rahmen gefunden werden muss. Erst dann kann die eigentliche Inszenierungsaufgabe im Kulturtourismus angegangen werden.

Abb. 4.3: Faktoren einer kulturtouristischen Inszenierung (Quelle: Dreyer u. a. 2010: 248, nach: Müller/Scheurer 2004 und Mikunda 2016)

Ein immer noch sehr gutes und dennoch seltenes Beispiel für eine museale Erlebnisinszenierung ist das Auswandererhaus in Bremerhaven. Dort wird der Besucher in die Person eines Auswanderers hineinversetzt, er nimmt eine andere Identität an, wird also Teil der Inszenierung und des kulturtouristischen Produkts und durchlebt den Prozess der Auswanderung. Begleitet wird der Rundgang durch den interaktiven Einsatz unterschiedlichster Medien. Auf diese Weise werden alle Sinne des Besuchers angesprochen; Langeweile kann schlichtweg nicht aufkommen.

Als ein weiteres, dieses Mal archäologisches Beispiel für die kulturtouristische Inwertsetzung kann die Himmelsscheibe von Nebra (UNESCO-Weltdokumentenerbe) gelten, deren Inszenierung Überlegungen zugrunde liegen, wie man eine tellergroße Scheibe, die aus nächster Nähe besichtigt werden müsste, und einen unscheinbaren, im Wald liegenden Fundort touristisch vermarkten kann. Es entstand die Idee der Arche Nebra im touristisch noch nicht so stark erschlossenen Unstruttal in Sachsen-Anhalt. Mit dem Bau dieses Erlebniszentrums in unmittelbarer Nähe zum Fundort gelang die touristische Inwertsetzung und Inszenierung. Ähnlich verhält es sich mit dem Fund der Schöninger Speere aus der Altsteinzeit, für die in Niedersachsen mit architektonischem Anspruch das paläon in unmittelbarer Nachbarschaft des Fundortes gebaut wurde.

Inszenierungen wohnt immer auch das Element der Besucherlenkung inne, die eine besondere Bedeutung besitzt, wenn einerseits die In-Szene-Setzung einer kulturellen Attraktivität gelingen soll und andererseits die Attraktivität von Kulturobjekten (im besten Fall) zu einem massenhaften Besucherandrang führt. Auch sensible Ökosysteme und fragile architektonische Kunstwerke können tatsächlich durch übergroßen Besucherandrang gefährdet werden. Der Massentourismus („Overtourism“) hat außerdem Auswirkungen auf die Gemütslage der Besucher, die weder lange Schlangen an den Kassen noch das Gedränge in Museumsräumen oder an der Garderobe lieben. Kapazitätsbeschränkungen und intelligente Formen der Besucherlenkung können sowohl die Bedrohungen als auch die aufkeimende Unzufriedenheit durch Massenandrang deutlich vermindern. Allerdings haben sich Kultureinrichtungen bisher selten etwas bei Experten der Besucherlenkung, wie z. B. Disneys Freizeitparks, abgeschaut. Durch eine interdisziplinäre Herangehensweise könnten auf der einen Seite für Kultur wie Tourismus Synergien geschaffen werden. Auf der anderen Seite ist der Overtourism nur an wenigen Kulturorten der Welt – dort aber dafür sehr massiv – spürbar. Mit dem Argument, dass man keinen Massentourismus haben möchte, lässt sich jedoch jede Kulturinszenierung und -aufwertung inhaltlich verhindern.

4.3 Einsatz anderer Marketinginstrumente

Eine strategische und inhaltliche Produktpolitik besitz, wie die bisherigen Ausführungen gezeigt haben, eine zentrale Bedeutung im Marketing. Dennoch sind die weiteren „P’s“ erforderlich, um die Produkte überhaupt vermarkten zu können. Die Kommunikationspolitik (Promotion), die Preispolitik (Price) und die Vertriebspolitik (Place) ergeben mit der Produktpolitik zusammen den nötigen Marketing-Mix, der sich dann aus den jeweils spezifisch geplanten Einzelmaßnahmen zusammensetzt (vgl. Hartmann 2018: 180 ff.; Dreyer/Linne 2016: 18). Die Instrumente sind in der Literatur umfänglich dargestellt; darum soll im Folgenden nur kurz erläutert werden, welche Besonderheiten es im Bereich des Kulturtourismus für die weiteren drei Instrumente Kommunikation, Preis und Vertrieb gibt.

Kommunikationspolitik

Kommunikationspolitik beinhaltet alle Aktivitäten, mit denen die Leistungen (Produkte/Angebote) internen und externen Adressaten präsentiert werden (vgl. Dreyer/Linne 2016: 81). Im Kulturtourismus ergeben sich speziell im Bereich der Kommunikation interessante kundenorientierte Möglichkeiten. So liefert die Kultur – gerade im weiteren Sinne – Themen, die neben den grundlegenden historischen Fakten in der Kommunikation vermittelt werden können. Es können Geschichten erzählt, Biografien von Menschen eingebunden oder ansprechende Bilder erzeugt werden. Gerade über kulturelle Attraktionen lassen sich touristische Angebote individueller, interessanter und damit weniger austauschbar vermarkten. Dies betrifft die Kommunikation über Public Relations, Printmedien oder Social Media. Kulturelle Angebote liefern sozusagen einen authentischen Input für die touristische Kommunikation eines Orts und einer Destination, weit über den eigentlichen kulturtouristischen Fokus hinaus. Ein Beispiel dafür sind die Aktivitäten des Tourismusmarketings in Wolfenbüttel, der Geburtsstadt von Gotthold Ephraim Lessing. Wolfenbüttel bezeichnet sich nicht nur als „Lessing-Stadt", vielmehr ist Lessing Thema auf vielen Ebenen der touristischen Kommunikation. In der Social-Media-Kommunikation bietet die Stadt einen eigenen Blog zum Thema Lessing an (https://echtlessig.de; 8.2.2019). Das Thema wird zudem intensiv in die Produktentwicklung einbezogen (z. B. thematische Stadtführungen mit Lessing-Darsteller, Geo-Caching zum Thema Lessing; vgl. https://www.wolfenbuettel.de/Tourismus, 8.2.2018).

Vertriebspolitik

Vertriebspolitik umfasst alle Maßnahmen und Instrumentarien, die dazu dienen, Kunden die Leistungen anzubieten. Während es im Konsumgütersektor meist um die physische Warenverteilung geht, liegt der Schwerpunkt in Kultur und Tourismus vielmehr auf dem Verkauf und der Verkaufsförderung von Inhalten und Dienstleistungen. Dabei werden verschiedene Vertriebswege differenziert (direkte und indirekte), und letztlich entscheidet heutzutage der richtige Mix an Vertriebswegen (Multi-Channel-Management) über den vertriebspolitischen Erfolg (vgl. Dreyer/Linne 2016: 75 ff.). Im Kulturtourismus liegen hierbei die Herausforderungen in der Kooperation der unterschiedlichen Akteure. Ein digitaler Vertrieb ist wie Printmedien für den Tourismus heute selbstverständlich. Im Kulturtourismus sind jedoch passende Schnittstellen zwischen kulturellen und touristischen Leistungsträgern erforderlich. Damit ließen sich vermehrt Eintrittskarten für Museen und Ausstellungen genauso online über die touristischen Portale verkaufen wie z. B. Musical- oder Theaterkarten.

Ein (annähernd) gutes Beispiel hierfür sind die Aktivitäten in Hamburg, das versucht sich als Musicalhauptstadt in Deutschland zu positionieren. Die Stadt ermöglicht daher ein nahezu optimales Online-Ticketing für Musicals und Revuen in den Theatern. Der Erwerb von Eintrittskarten in die zahlreichen Museen und Ausstellungen der Stadt ist jedoch nur eingeschränkt möglich (vgl. https://www.hamburg-tourism.de/buchen/tickets/museenausstellungen/, 28.05.2020).

Lassen es die kulturellen Einrichtungen zu, ihre Leistungen mit anderen touristischen Leistungen zu bündeln und gemeinsam den Gästen anzubieten, so können damit grundsätzlich die Absatzchancen gesteigert werden. Damit lassen sich für die kulturellen Leistungsträger neue, touristische Vertriebskanäle erschließen. Voraussetzung ist jedoch die grundsätzliche digitale Distributionsfähigkeit kultureller Leistungen mit eingerichteten Schnittstellen zu den touristischen Vertriebswegen. Offenbar gibt sich auch in diesem Punkt in der Zukunft noch ein größerer Handlungsbedarf.

Preispolitik

Im Rahmen der Preispolitik wird nicht nur der Verkaufspreis für eine Leistung festgelegt, sondern es sind auch Entscheidungen über Preiszuschläge oder -nachlässe, über Konditionen und akzeptierte Zahlungsmittel zu treffen. Im Business-to-Business-Geschäft (z. B. zwischen Museum und Reiseveranstalter) sind außerdem Entscheidungen über Provisionen und Boni zu treffen (vgl. Dreyer/Linne 2016: 65 ff.). Und genau dieser Entscheidungsbereich spielt im Kulturtourismus eine größere Rolle. Werden touristische und kulturelle Angebote gemeinsam vertrieben, sind auch für kulturelle Leistungen Provisionen fällig. Auch im kulturellen Bereich sind z. B. vielfältige Formen der Preisdifferenzierung üblich (Gruppenpreise für Schulklassen, Familientickets, Rabatte für Senioren etc.). Besondere Aspekte der Preispolitik sind jedoch im Bereich des Kulturtourismus noch nicht zu erkennen.

4.4 Kooperationen als Voraussetzung für den Kulturtourismus

In der modernen Tourismuswirtschaft kann eine Reise nur als Ganzes betrachtet werden. Im Hinblick auf den Kunden wird von einem „Gesamterlebnis Reise“ gesprochen. Während der gesamten Reise ergänzen sich zahlreiche Dienstleistungen verschiedener Unternehmen und Institutionen zu einer geschlossenen Servicekette. Das gilt sowohl für Individual- als auch für Pauschalreisen. Im Tourismus ist es üblich, dass die verschiedenen Teilleistungen von unterschiedlichen und bisweilen konkurrierenden Unternehmen und Institutionen angeboten werden. Der Reisegast erwartet deshalb in der Regel eine Angebotsauswahl. Damit eine Reise für den Kunden/Gast zu einem

Gesamterlebnis werden kann, sind die touristisch relevanten Betriebe dazu aufgefordert, miteinander zu kooperieren. Dies trifft auch auf Unternehmen mit gleichartigen Angeboten zu, die sich eigentlich in einer Konkurrenzsituation befinden. Liegt das Erfordernis von Kooperation trotz einer Konkurrenzsituation vor, wird von „Kooperenz" gesprochen (Woratschek u. a. 2003: 255, 278 f.; Dreyer/Linne 2016: 28). Diese Situation liegt häufig vor, wenn sich gleichartige Betriebe, z. B. Hotels, erstens im Rahmen des Destinationsmarketings gemeinsam um die Vermarktung ihrer Destination kümmern müssen, bevor sie zweitens in den Wettbewerb um den buchenden Gast treten. Oft müssen sich allerdings Unternehmer dazu überwinden, mit potenziellen Wettbewerbern zu kooperieren. Denn gerade in der Beherbergungsbranche ist kooperatives Verhalten schwierig, da Individualreisende die Buchung oft schon mit dem Erstkontakt (vor Antritt der Reise) durchführen. Auch bei Gastronomiebetrieben liegt kooperatives Verhalten nicht unbedingt auf der Hand, weil der Wettbewerb um den Kunden vor Ort stattfindet. Dennoch besitzen Kooperationen eine wertsteigernde Wirkung für den Gast. Serviceketten werden besser geschlossen, Empfehlungen führen zu abwechslungsreichen Angeboten und für die beteiligten Unternehmen zu neuen Kunden. Erst dadurch entstehen attraktive Angebotskombinationen für den Kunden/Gast, um den es ja letztendlich im Tourismus gehen soll.

Das hier schon mehrfach angesprochene Gesamterlebnis einer Reise erhält im Kulturtourismus eine zusätzliche Bedeutung dadurch, dass nicht nur die üblichen tourismusrelevanten Betriebe zusammenarbeiten müssen, sondern auch noch die Betriebe der Kulturwirtschaft untereinander und mit ihnen. Gäste sind an Besichtigungen und Veranstaltungsbesuchen interessiert und wollen Informationen dazu erhalten (Zeiten, Ticketpreise etc.). Viele nutzen zur Informationssuche ihr Smartphone, aber auch Hotelrezeptionen und touristische Informationsdienste müssen auskunftsfähig sein, Empfehlungen bereithalten, ggf. Tickets beschaffen und Hinweise für eine reibungslose Anfahrt zur Kultureinrichtung geben können. Nach dem Besuch sollte man dort wiederum erfahren können, mit welchen Verkehrsmitteln und zu welcher Abfahrtzeit man am besten zum Hotel zurückkehren kann oder wo Gastronomiebetriebe in der Nähe geöffnet haben.

Der Kultursektor weist eine andere Struktur als die Tourismuswirtschaft auf, die im Allgemeinen von marktwirtschaftlich arbeitenden und profitorientierten Organisationen geprägt wird. Im Kultursektor überwiegen hingegen Non-Profit-Organisationen. Das sind Einrichtungen, die zwar auch im Kern nach wirtschaftlichen Gesichtspunkten geführt werden (müssen), aber nicht nach Gewinnen streben. Ihre „Unternehmenszwecke" liegen überwiegend darin, ihre jeweiligen künstlerischen, kulturellen, ästhetischen, bildungspolitischen usw. Ziele zu realisieren. Daher ist eine auskömmliche Nachfrage nicht immer wichtig, und es ist weniger bedeutend, wie viele Besucher kommen oder wie viele Menschen das Produkt in Anspruch nehmen. Es ist auch wichtig, mit welchen Erfahrungen, Informationen oder Erkenntniszuwächsen die Besucher wieder gehen. Trotzdem steht das Thema Vermittlung im Fokus des Aufgabenspektrums von Kultureinrichtungen. Die Herausarbeitung der Alleinstellung einer Kultureinrichtung sowie der inhaltlichen Ausgestaltung der Angebote wird in einem dritten Schritt nicht an einer bedürfnisorientierten Inszenierung vorbeiführen.

Die Art und Weise, wie das kulturelle „Produkt" den Besuchern inhaltlich vermittelt wird, stellt künftig einen wesentlichen Faktor dar. Dabei steht erstens die Selbstreflexion und Selbstfindung der Kultureinrichtung an, denn ohne das strategische Wissen, wer ich bin und welche Rolle ich in einer Stadt oder Region spiele, kann ich nicht an andere Partner herantreten. Darüber hinaus scheint zweitens ein wichtiger Schritt die Kommunikation und Kooperation mit anderen Kulturinstitutionen von Stadt und Region zu sein, um sich gegenseitig inhaltlich abzugrenzen und gleichzeitig schlagkräftig zu agieren. Die Umsetzung dieser Kooperationsmaßnahme scheint vielen Kulturinstitutionen ungleich schwerer zu fallen als das Zugehen auf Unternehmen der Tourismuswirtschaft. Da eine „Sprache" gesprochen wird, können nämlich die Kulturinstitutionen untereinander nicht drum herumreden, sondern müssen Farbe und Fehler bekennen.

Wie die Unternehmen so sind auch die Kultureinrichtungen aufgefordert, neben der Gestaltung und Vermittlung ihres Produkts die Destination, das Reisezielgebiet als Ganzes stärker in den Blick zu nehmen. Dazu ist drittens eine Kommunikation und eine Kooperation zwischen den unternehmerischen und kulturellen Institutionen einer Destination unabdingbar. Einige Kultureinrichtungen scheuen aufgrund ihres Auftrags zum Sammeln und Bewahren davor zurück, ihre Produktgestaltung an den Zeitgeschmack der Gäste anzupassen sowie mit unternehmerischen Interessen zu verknüpfen. Doch neben den Produkten steht der Kunde (Gast, Besucher) bei Unternehmen wie Kultureinrichtungen im Zentrum jeder Produktgestaltung. Kooperationen zwischen Gastronomie und Theatern, Museen und Hotellerie, Tourismusverbänden und Burgen werden künftig über Erfolg oder Misserfolg auf beiden Seiten entscheiden. Selbst ein Museum wird heutzutage ohne ein professionell geführtes Café und einen zielgruppenorientierten Shop kaum marktfähig sein. Ein breiter aufgestelltes Angebot über touristische Kooperationen mit anderen Kulturinstitutionen wie mit Unternehmen aus Tourismus und Handel lässt ein stärker wahrgenommenes Angebot aus Sicht der Nachfrager, Synergien und Zuwächse bei den Anbietern und letztendlich ein positiveres Image für beide Seiten und die Destination entstehen.

Genau in dieser „Marktorientierung" liegt der Reiz, wenn Kultur und Tourismus in den Dialog treten. Die bestehenden, extrem unterschiedlichen „Daseinsphilosophien" von Kulturinstitutionen und Unternehmen müssen verstanden und akzeptiert werden, um darauf aufbauend dennoch gemeinsame Initiativen zu entwickeln. Wenn Tourismusunternehmen mit Kultureinrichtungen kooperieren, ist das als laterale Kooperation zu bezeichnen, wenn die Organisationen auf unterschiedlichen Geschäftsfeldern agieren (Hartmann 2018: 164 spricht von „diagonaler" Kooperation). Kooperationen beruhen auf freiwilliger Basis. Sie sollten dennoch vertraglich geregelt werden. Beispiele für gute, funktionierende Kooperationen zwischen Tourismus und Kultur nehmen zu. In Sachsen-Anhalt sind z. B. die Landesausstellungen nennenswert, bei denen die Museen in Halle und Magdeburg vorbildlich mit den Tourist-Informationen und der Großhotellerie zusammenarbeiten (vertiefend Steinecke/Herntrei 2017: 128 ff.).

Es ist elementar und strategisch, dass es im Kulturtourismus auf das gute Zusammenspiel vieler unterschiedlicher Akteure ankommt, wenn die Kultur auch ihren wirtschaftlichen Nutzen ausspielen soll. Nur durch eine hervorragende Dienstleistungsqualität auch bei den Kultureinrichtungen in Verbindung mit ihrem touristisch bedeutsamen Umfeld wird eine nachhaltige Inwertsetzung gelingen. Dafür muss das gegenseitige Verständnis von Kulturschaffenden und Touristikern weiter verbessert werden, denn es ist erkennbar, dass im Lauf der Zusammenarbeit auch die gegenseitige Achtung steigt. Probleme, die auch teilweise in Vorurteilen begründet sind, herrschen allerdings immer noch oft auf folgenden Gebieten vor:

- unterschiedliche Planungshorizonte
  (Tourismus: langfristige Planungsnotwendigkeit, insbesondere für die Vermarktung über (Bus-)Reiseveranstalter/Kultur: kurzfristige Planung wegen unsicherer Finanzierungszusagen),
- seitens der Touristiker vermutete Vorbehalte der Kulturträger gegenüber der touristischen Vermarktung und
- von den Kulturschaffenden vermuteter Mangel hinsichtlich des Kulturbewusstseins der politischen und touristischen Akteure.

Manchmal stecken die Probleme auch in kleineren Details, die zwar überwindbar wären, oft aber einem Paradigmenwechsel gleichkommen. Da ist z. B. das Phänomen des geschlossenen Montags in Museen. Gerade in der Hauptreisesaison sind solche Schließtage für den Touristiker unvorstellbar. Aber auch eine variable, untypische Öffnungszeit kostet Tourismusbetriebe vielfach einen erheblichen Informations- und gegebenenfalls auch Überzeugungsaufwand beim Kunden. Zum Glück gibt es zahlreiche Beispiele, dass starre Denkweisen überwindbar sind. Die „Lange Nacht der Museen“ in Hamburg und vielerorts in Deutschland ist ein solches Angebot. Einmal im Jahr öffnen über 50 Museen der Hansestadt ihre Türen von 18 bis 2 Uhr, was regelmäßig ca. 30.000 Besucher fasziniert. Damit gelingt ein guter Beitrag der Öffentlichkeitsarbeit der Kultureinrichtungen; er motiviert Menschen evtl. sogar erstmals und vielleicht auch zukünftig häufiger ein Museum zu besuchen. Und es lässt gute Kombinationen mit Shopping vorher, Abendessen dazwischen und einem Gutenachttrunk zum Anschluss zu.

Sprechen hilft! Auf diese einfache, aber nicht banale Formel ließe sich das Marketing in den Segmenten Tourismus und Kultur bringen. Doch ganz so einfach ist es nicht. Schließlich treffen hier zwei verschiedene Arten von Akteuren mit unterschiedlichen Sprachen aufeinander: touristische Leistungsträger, die grundsätzlich wirtschaftlich im Sinne einer Marktorientierung denken, und kulturelle Leistungsträger, die Budgetverantwortung haben und damit die Notwendigkeit für Kostenbewusstsein, aber für die nicht unbedingt die Kundenbedürfnisse im Vordergrund stehen. Deshalb ist ein regelmäßiger Austausch, zum Beispiel in Form eines „Runden Tischs" für die Entwicklung eines gegenseitigen Verständnisses von Kultur- und Tourismusakteuren geradezu unerlässlich (Föhl 2015: 37). Ebenso wichtig ist es, in der Destination Management Organisation einen Mitarbeiter zu beschäftigen, der sich den kulturtouristischen Kooperationsnetzwerken annimmt; Burzinski u. a. (2018: 21) nennen ihn einen „Kümmerer". Gutes Marketing im Kulturtourismus kann daher nur entstehen, wenn alle Beteiligten Akzeptanz füreinander und Vertrauen zueinander entwickeln. Dafür gibt es schon gute Beispiele, vielfach sind erste Schritte gemacht, aber in vielen Destinationen sind noch erhebliche Verbesserungspotenziale erkennbar. Und die zentrale Ausrichtung auf die Bedürfnisse des Kunden, Besuchers bzw. Gasts sollte Bewegung in die Denk- und Handlungsmuster aller Beteiligten bringen.

Literatur

Antz, C., Kulturtourismus. Empfehlungen für einen langfristigen Erfolg, in: Scheytt, O. / F. Loock (Hg.), Kulturmanagement und Kulturpolitik, (Lieferung 8. D 1.6 Strategie und Steuerung) 2008, S. 1–18.

Brunner-Sperdin, A., Erlebnisprodukte in Hotellerie und Tourismus. Erfolgreiche Inszenierung und Qualitätsmessung, Berlin 2008.

Burzinski, M. / L. Buschmann / Y. Pröbstle, Kulturtourismusstudie 2018. Empirische Einblicke in die Praxis von Kultur- und Tourismusakteuren 2018, http://www.projekt2508.de/wp-content/uploads/2018/05/Kulturtourismusstudie-2018-Webversion.pdf (17.9.2019).

Dreyer, A., Servicequalität, in: Geyer, H. / U. Manschwetus (Hg.) 2008, S. 175–190.

Dreyer, A. / M. Linne, Grundwissen Tourismusmarketing, Konstanz/München 2016.

Dreyer, A. / A. Menzel / M. Endreß, Wandertourismus – Kundengruppen, Destinationsmarketing, Gesundheitsaspekte, München 2010.

Föhl, P. S., Regionale Kooperationen im Kulturbereich. Begriffe und Systematisierungen, in: Föhl, P. S. / I. Neisener (Hg.), Regionale Kooperationen im Kulturbereich, Bielefeld 2015, S. 15–46.

Freyer, W., Tourismus. Einführung in die Fremdenverkehrsökonomie, Göttingen 2019, 2. Aufl.

Geyer, H., Produktpolitik, in: Geyer, H. / U. Manschwetus (Hg.) 2008, S. 153–173.

Geyer, H. / U. Manschwetus (Hg.), Kulturmarketing, München 2008.

Hartmann, R., Marketing in Tourismus und Freizeit, Konstanz/München 2018, 2. Aufl.

Hausmann, A., Kunst- und Kulturmanagement, Berlin 2019, 2. Aufl.

Heinze, T., Kultursponsoring, Museumsmarketing, Kulturtourismus. Ein Leitfaden für Kulturmanager, Wiesbaden 2005, 2. Aufl.

Hennings, G. / S. Müller (Hg.), Kunstwelten. Künstliche Erlebniswelten und Planung, Dortmund 1998.

Linne, M., Tourismus. Ein produkttypologischer Ansatz, Hamburg 2008.

Linne, M., Grundwissen Tourismus, Konstanz/München 2016.

Mikunda, C., Marketing spüren. Willkommen am Dritten Ort, München 2016, 4. aktual. und überarb. Ausg.

Müller, H. / R. Scheurer, Tourismus-Destination als Erlebniswelt. Ein Leitfaden zur Angebots-Inszenierung, Bern 2004.

Pechlaner, H. / S. Schön, Regionale Baukultur im Tourismus. Nachhaltige Vermarktung von Destinationen, Berlin 2010.

Pine, B. J. / J. H. Gilmore, The Experience Economy, Boston 1999.
Romeiß-Stracke, F., TourismusArchitektur. Baukultur als Erfolgsfaktor, Berlin 2008.
Schulze, G., Die Erlebnisgesellschaft. Kultursoziologie der Gegenwart, Frankfurt am Main 2000, 8. Aufl.
Steinecke, A., Erlebnis- und Konsumwelten, München 2000.
Steinecke, A., Kulturtourismus. Marktstrukturen, Fallstudien, Perspektiven, München/Wien 2007.
Steinecke, A. / M. Herntrei, Destinationsmanagement, Konstanz 2017, 2. Aufl.
Weiermair, K. / A. Brunner-Sperdin (Hg.), Erlebnisinszenierung im Tourismus. Erfolgreich mit emotionalen Produkten und Dienstleistungen, Berlin 2006.
Woratschek, H. / S. Roth / S. Pastowski, Kooperation und Konkurrenz in Dienstleistungsnetzwerken – Eine Analyse am Beispiel des Destinationsmanagements, in: Bruhn, M. / B. Stauss (Hg.), Dienstleistungsnetzwerke – Dienstleistungsmanagement Jahrbuch 2003, Wiesbaden 2003, S. 253–283.

Internet

www.hotel-hummerklippen.de/ (6.2.2018)
https://www.hamburg-tourism.de/buchen/tickets/museenausstellungen/ (28.05.2020)
https://www.wolfenbuettel.de/Tourismus (8.2.2018)
https://echtlessig.de/ (8.2.2018)
www.hamburg-tourism.de (8.2.2018)
www.expedia.de (8.2.2018)

Frano Ilić und Susanna Steensma

5 Studienreisen und Reiseleitung

Zusammenfassung: Dieser Beitrag wurde von Mitarbeitern des Reiseveranstalters Studiosus verfasst. Seit seiner Gründung im Jahr 1954 hat Studiosus den deutschen Markt für Studienreisen entscheidend geprägt. Heute ist das Unternehmen mit einem Umsatz von 276.650.000 Euro und 103.800 Teilnehmern der führende Studienreiseanbieter in Europa (Stand: 2019). Neben Qualität und Innovation sind Sicherheit auf Reisen und Nachhaltigkeit wichtige Bestandteile der Firmenphilosophie. Im Folgenden erfährt der Leser mehr über das Produkt Studienreisen und die Eigenschaften der Gäste aus dem Blickwinkel von Studiosus. *Die Herausgeber.*

Schlagwörter: Studienreise, Pauschalreise, Reiseleitung, Produktgestaltung, Studienreiseformen

5.1 Begriffsbestimmung von Studienreisen

Bildungsreisen und Studienreisen zählen zu den ältesten Reiseformen und werden dennoch Jahr für Jahr neu erfunden. Mit dem Konzept der „Modernen Studienreise" versuchen Anbieter der Reiseform Aktualität und Frische zu verleihen. Statt „Trümmertourismus" hält eine Erlebnisorientierung Einzug, und es locken – in der Katalogsprache der Veranstalter – der „Urlaub voller Leben abseits vom Massentourismus", der „Blick hinter die Kulissen", das „Eintauchen in fremde Kulturen" und die „Begegnung mit Einheimischen" – alles in allem intensive Reiseerlebnisse, die unvergessen bleiben sollen. Für die einen ist die Studienreise die einzig wahre Reiseform, ein Land in seiner Vielfalt zu entdecken, für die anderen wirkt sie immer noch altmodisch und überfordernd. Wo steht die Studienreise heute und was macht sie aus? Wie kann sie sich auf dem rasch wandelnden Markt behaupten, um weiterhin eine wettbewerbsfähige Urlaubsform zu sein?

In den 1980er-Jahren definierte man bezugnehmend auf die Erwartungshaltung der Kunden den Begriff Studienreise genauer. Die „Arbeitsgemeinschaft Studienreisen", ein loser Interessenverband von sieben Spezialisten, einigte sich 1983 auf folgende Definition: „Eine Studienreise ist eine Gruppenreise mit begrenzter Teilnehmerzahl, festgelegtem Reiseverlauf sowie deutschsprachiger, fachlich qualifizierter Reiseleitung" (Pressemitteilung der Arbeitsgemeinschaft, zit. nach Dietsch 2000: 76). In den 1990er-Jahren wurde die Definition zeitgemäß modifiziert: „Eine Studienreise ist

Dr. Frano Ilić, Leiter PR der Unternehmensgruppe Studiosus, Lehrbeauftragter an der Hochschule München (Touristische Fakultät), München
Dr. Susanna Steensma, Reiseleiterin bei Studiosus Reisen München GmbH, Gästeführerin der Landeshauptstadt München

https://doi.org/10.1515/9783486711028-005

eine Gruppenreise mit festgelegtem Reisethema, qualifizierter Reiseleitung und entsprechend begrenzter Zahl der Teilnehmer mit möglichst gleichartiger Interessenlage" (zit. nach Dietsch 2000: 76). Bezugnehmend auf diese Definition, die auch heute nichts von ihrer Gültigkeit verloren hat, lassen sich fünf Merkmale einer Studienreise festlegen (im Folgenden Dietsch 2000: 76–81).

5.1.1 Merkmale einer Studienreise

Gruppenreise

Wer eine Studienreise bucht, verreist immer mit einer festgelegten Gruppe. Die Zusammensetzung der Gruppe wird durch das Reiseziel, die Studienreiseform und die Interessen der Kunden bestimmt. Das Alter spielt primär keine Rolle, tendenziell fühlen sich Reisende ab 50 Jahren jedoch eher von Studienreisen angesprochen.

Begrenzte Teilnehmerzahl

Im Gegensatz zu manchen Rundreisen ist die Teilnehmerzahl bei einer Studienreise immer begrenzt. Es gibt unterschiedliche Kriterien, die die maximalen Teilnehmerzahlen bestimmen; dazu gehören u. a. die Kapazitäten der Transportmittel oder Unterkünfte. Idealerweise wird die Teilnehmerzahl durch das optimale Gruppenerlebnis definiert. Eine kleine Gruppe ist mobiler, kann sich flexibler den örtlichen Gegebenheiten anpassen, und der Reiseleiter steht in einem direkteren Kontakt zu den einzelnen Teilnehmern. Auch die „Begegnungen mit Land und Leuten" ist intensiver, wenn die Gruppe nicht allzu groß ist. Die optimale Gruppengröße hat sich in den letzten Jahren reduziert. Waren in den 1980er- und 1990er-Jahren Gruppen über 30 Personen durchaus Normalität, liegt die durchschnittliche Teilnehmerzahl heute zwischen 20 und 30 Reisenden. Bei sogenannten Kleingruppenreisen liegt sie sogar noch darunter, nämlich zwischen 6 und 15 Teilnehmern.

Fester Verlauf

Im Katalog oder im Internet wird immer ein fester Reiseverlauf ausgeschrieben, der den Kunden über das jeweilige Tagesprogramm informiert und die wesentlichen Besichtigungspunkte auflistet. Der Reiseverlauf ist Teil des Reisevertrags und der Kunde hat entsprechend Anspruch auf Erfüllung der beschriebenen Leistungen. Sehr detailliert kann der Gast im Vorfeld der Reisebeschreibung seine Route, seine Übernachtungsorte, aber auch den Freizeitanteil entnehmen. Dabei hat sich in den letzten Jahren die Form der Katalogausschreibung gewandelt – von einer Auflistung der besuchten Sehenswürdigkeiten hin zu emotionaleren Texten, die Lust auf die Reisen machen sollen. Kritiker der blumenreichen Wortwahl sprechen bisweilen von „Katalogprosa".

Qualifizierte Reiseleitung

Mit dem Reiseleiter steht und fällt der Erfolg einer Studienreise. Sie oder er begleitet die Gruppe während der gesamten Reise, kümmert sich um die Organisation vor Ort, die Vermittlung der Inhalte und die Gruppendynamik. Deshalb wird die Reiseleitung auch zu Recht als konstitutives Merkmal einer Studienreise angesehen. Ein speziell qualifizierter Studienreiseleiter verfügt über weitreichende Kenntnisse im Zielgebiet. Dazu gehören neben den klassischen Inhalten wie Geschichte, Kunst und Kultur auch Politik, Wirtschaft und Gesellschaft. Zudem sind Flora und Fauna sowie das lokale Brauchtum wichtige Themenfelder. In der Regel haben Studienreiseleiter ein geisteswissenschaftliches (Kunstgeschichte, Geschichte, Klassische Archäologie, Ethnologie etc.) oder ein sprach- bzw. landesspezifisches Studium (Anglistik, Sinologie, Arabistik, Indologie etc.) abgeschlossen.

Thematische Abgrenzung

Seit den 1980er-Jahren begann vor allem bei europäischen Zielen sowohl eine regionale Abgrenzung in Kulturlandschaften als auch eine thematische Spezialisierung. War es vorher noch „Die große Italienreise", die der Kunde gebucht hatte, so kann er jetzt einzelne Regionen wählen: „Apulien – Höhepunkte", „Toskana – umfassend erleben", „Umbrien – grünes Herz Italiens" etc. Dazu kommt oft auch noch eine zur Region passende Thematik: „Latium – Land der Etrusker", „Sizilien – Wanderung und Kunsterlebnis", „Rumänien – Moldauklöster und Siebenbürgen". Diese Differenzierung des Reiseangebots eröffnet den Kunden die Möglichkeit, ein Land mehrfach und auch intensiver unter Berücksichtigung seiner individuellen Interessen zu bereisen.

Diese aufgeführten Merkmale tragen dazu bei, die zahlreichen Angebote auf dem Markt eindeutiger zu definieren. Das Anschauen von Städten, Ländern, Landschaften, Monumenten und Menschen allein macht noch keine Studienreise aus. Erst die Vermittlung neuer Erkenntnisse während einer Reise führt zu einem geistigen Erleben und erhebt die Reise zu einer Studienreise (Klingenstein/Mundt 2011: 327).

5.1.2 Der Studienreisemarkt

Als klassische Studienreiseanbieter werden vom Reisebürovertrieb neben dem Marktführer Studiosus vor allem Gebeco, Dr. Tigges, Lernidee Erlebnisreisen, Windrose, Karawane, Ikarus, Wikinger Reisen, Biblische Reisen, Bayerisches Pilgerbüro, SKR Reisen und Chamäleon wahrgenommen. Dazu kommen noch einige Veranstalter, die Leserreisen für Verlage mit einer anspruchsvollen Klientel produzieren. Diese Verlage haben das Marktsegment für sich entdeckt, weil sie die Reichweite ihrer Printmedien zum Angebot nutzen können. Beispielweise vermarktet „Die Zeit" Reisen verschiedener Veranstalter als Leserreisen unter der Marke „Kulturreisen" (http://zeitreisen.zeit.de/). Die „Süddeutsche Zeitung" lässt dagegen Reisen von einem Bremer Veranstalter durchführen (https://leserreisen.sueddeutsche.de/). Festzuhalten ist, dass bei den meisten Veranstaltern die unterschiedlichen Reiseformen wenig differenziert werden und meist recht bunt zwischen Rund-, Erlebnis-, Kultur- und Studienreisen gemischt wird, was die eindeutige Verortung der Studienreise als eigenständiges Produkt erschwert.

Ein aktuelles, wenngleich keinesfalls vollständiges Bild des Marktvolumens lässt sich alljährlich anhand der Veranstalterbilanz der touristischen Fachzeitschrift fvw (fvw-Dossier 2018: 12 ff.) ermitteln. Denn neben der Studiosus-Gruppe mit ihren Veranstaltermarken Studiosus und Marco Polo legen darin traditionell auch Gebeco mit Dr. Tigges, Wikinger, Chamäleon und zahlreiche andere Spezialveranstalter ihre Karten auf den Tisch. Nimmt man die fvw-Bilanz 2016/17 als Grundlage, generieren die eben genannten Veranstalter einen Gesamtumsatz von 734,7 Mio. Euro und eine Gesamtteilnehmerzahl von rund 300.000 Teilnehmern. Auf das Spitzentrio Studiosus, Gebeco und Wikinger entfallen allein rund 70 % vom Gesamtumsatz und 75 % der Gesamtteilnehmerzahl.

Schätzungsweise gibt es mehr als 260 Reiseveranstalter in Deutschland, die Studienreisen im Angebot haben, 20 davon sind überregional aktiv und haben eine breite Angebotspalette (Steinecke 2007:277). Trotz dieser Vielfalt bleibt festzuhalten: Studien- und Erlebnisreisen sind ein Nischenmarkt. Einschlägige Publikationen weisen allein für den Studienreisemarkt im Jahr 2014/15 einen Gesamtumsatz von 0,72 Mrd. Euro aus und beziffern den Anteil am Pauschalreisemarkt mit 2,6 % (Dörnberg/Freyer/Sülberg 2018: 467).

5.2 Die Studienreise als Veranstalterprodukt

5.2.1 Unternehmensgeschichte und Firmenphilosophie von Studiosus

Die Studiosus Reisen München GmbH ist ein mittelständisches Unternehmen in Familienbesitz. 1954 durch Werner Kubsch als „Reisedienst Studiosus" gegründet, hat es sich im Lauf seines Bestehens durch die Qualität des Angebots, seine starke Kundenorientierung und seine innovativen Reiseideen zu Europas größtem Studienreiseveranstalter entwickelt. Heute führt Peter-Mario Kubsch die Unternehmensgruppe Studiosus in der zweiten Generation. Am Firmensitz in München sind 360 Mitarbeiter beschäftigt, darüber hinaus arbeitet Studiosus mit 600 Reiseleiterinnen und Reiseleitern weltweit zusammen. Während unter der Marke Studiosus vor allem Studienreisen angeboten werden, gestaltet das Unternehmen unter der Marke Marco Polo Entdeckerreisen, die den Aspekt „preiswert erleben und entdecken" in den Vordergrund stellen (vgl. Nachhaltigkeitsbericht 2018/19).

Neben Qualität und Innovation sind Reisesicherheit und Nachhaltigkeit wichtige Bestandteile der Firmenphilosophie von Studiosus. Sein Sicherheitsmanagement hat das Unternehmen im Kontext der erheblichen Verunsicherung nach den Ereignissen vom 11. September 2001 weiterentwickelt und als erster Reiseveranstalter weltweit ein zertifiziertes Sicherheitsmanagement eingeführt; dieses ist Teil des Studiosus-Qualitätsmanagementsystems und umfasst alle Ebenen der Planung und Durchführung der Reisen. Ein wichtiges Element ist dabei die offene und ehrliche Kommunikation des Themas Reisesicherheit gegenüber Kunden, Vertrieb und Medien – beispielsweise durch aktuelle Sicherheitsinformationen auf der Studiosus-Website (vgl. Nachhaltigkeitsbericht 2018/19).

Traditionell fühlt sich Studiosus zudem einem nachhaltigen und zukunftsfähigen Tourismus verpflichtet. Im Unternehmensleitbild heißt es: „Insbesondere liegt in unserer Verantwortung als Reiseveranstalter, unseren Kunden das Kennen- und Verstehenlernen fremder Länder und Kulturen in einer – aus sozial verantwortlicher und ökologischer Sicht – zukunftsfähigen, d. h. nachhaltigen Form zu ermöglichen."

In puncto soziale Verantwortung engagiert sich Studiosus dabei als Wirtschaftsunternehmen u. a. im Bereich der „Menschenrechte im Tourismus" (vgl. Nachhaltigkeitsbericht 2018/19). So wurden beispielsweise 2012 sämtliche Verträge mit den Leistungspartnern um neue Klauseln auf Basis der ILO-Kernarbeitsnormen ergänzt. Das betrifft faire Arbeitszeiten und Arbeitsbedingungen, angemessene Bezahlung, Versicherungsschutz, Gesundheitsschutz, Kinderarbeit, Kinderschutz, Ausschluss von Zwangsarbeit, Freizeitregelung für die Mitarbeiter, Schutz vor Diskriminierung, Meinungs- und Versammlungsfreiheit, angemessene Unterkunft. Zudem wurde 2012 durch Studiosus die Multistakeholder-Initiative „Human Rights in Tourism" mitbegründet (Maislinger 2017: 377–392). Für sein Menschenrechtsengagement hat Studiosus den CSR-Preis der Bundesregierung erhalten (https://www.csr-in-deutschland.de/DE/CSR-Preis/Rueckblick/CSR-Preis-2013/Preistraeger-2013/Studiosus/studiosus.html, 5.10.2019).

Neben der sozialen Verantwortung sieht sich Studiosus ebenso sehr im Bereich Umwelt- und Klimaschutz gefordert. Beispielsweise hat das Unternehmen bereits 1996 das Rail & Fly-Ticket in den Reisepreis eingeschlossen, bietet seit 2007 die freiwillige Flugkompensation durch Spenden an ein Klimaschutzprojekt der Studiosus Foundation e. V. an und stellt seit 2012 alle Bus-, Bahn- und Schiffsfahrten in den Zielgebieten klimaneutral. Als erster europäischer Reiseveranstalter überhaupt bestand Studiosus 1998 zudem den „Umwelt-TÜV" und erhielt ein Zertifikat für sein Umweltmanagement nach der EMAS-Norm (vgl. Nachhaltigkeitsbericht 2018/19).

5.2.2 Besonderheiten des Produkts Studienreise bei Studiosus

Begegnungen

Begegnungen mit Einheimischen zu ermöglichen, ist eine wichtiger Bestandteil von Studienreisen. Kunden möchten nicht nur die kulturellen und landschaftlichen Highlights eines Landes kennenlernen, sondern auch Einheimische treffen und aus erster Hand erfahren, wie die Menschen leben.

> *Beispiel: Auf einer Israelreise treffen Studiosus-Gäste Faten Mukarker in ihrem Wohnhaus in Bethlehem. Die 61-Jährige wuchs in Deutschland auf und zog anlässlich ihrer Eheschließung mit einem christlichen Palästinenser ins Heilige Land. Bei einem Mittagessen und einem anschließenden Stadtrundgang erfahren die Reisenden mehr vom Leben im Westjordanland, von den Unterschieden zwischen der deutschen und arabischen Kultur und ihrem engen Familienzusammenhalt* (https://magazin.studiosus.com/Unterwegs-mit-Studiosus/Studiosus-Reiseleiter-erzaehlen, 6.10.2019).

Im Unternehmensleitbild wird das Produkt „Moderne Studienreise" genau definiert: „Die Moderne Studienreise ist eine intelligente Form des Urlaubs: Sie ermöglicht eine intensive Begegnung mit dem Gastland, indem sie die gegenwärtige Lebenssituation und Kultur aufzeigt, Bezug zur Vergangenheit herstellt und dieses zu einem Erlebnis für alle Sinne werden lässt. Gleichzeitig bleibt genügend Zeit, um sich zu entspannen und zu erholen. Vororganisierte Extratouren geben den Gästen die Freiheit, zwischen dem Gruppenprogramm und alternativen Unternehmungen zu wählen. Die Planung und Durchführung der Reisen erfolgt so, dass die Menschenrechte im Zusammenhang mit der soziokulturellen Situation im Gastland respektiert und die Umweltbelastungen möglichst gering gehalten werden." (Nachhaltigkeitsbericht 2018/19).

Extratouren

Der Gedanke, in einer Gruppe an ein festes Programm gebunden zu sein, lässt manche Menschen davon Abstand nehmen, eine Gruppenreise zu buchen. Gleichzeitig werden die Kundenwünsche immer individueller. Als Reaktion hierauf hat Studiosus 2010 ein neues Element in seine Reisen aufgenommen: „Extratouren". Dabei handelt es sich um vorbereitete Programmalternativen, die parallel zum ausgeschriebenen Tagesablauf angeboten werden, sodass der Kunde nach seinem Gusto die Reise mitgestalten kann. Der eine will nach einem langen Abend lieber ausschlafen und relaxen, der andere stellt sich seine Reise aktiver vor und möchte eine Radtour unternehmen, statt ins Museum zu gehen. Einige „Extratouren" werden bereits exemplarisch im Katalog vorgestellt, und beim Versand der Reiseunterlagen erhält der Kunde dann eine Übersicht aller – der jeweiligen Jahreszeit angepassten – „Extratouren". Der Kunde entscheidet dann vor Ort, was er machen möchte, der Reiseleiter organisiert Fahrrad, Tickets oder Fahrpläne. Diese Flexibilisierung der Gruppenreise kommt bei den Kunden sehr gut an und macht Studiosus-Reisen auch für Neukunden attraktiver.

5.2.3 Planung und Durchführung der Reisen

Planung

Für die Planung und Durchführung der Reisen sind im Hause Studiosus Area-Manager (Gebietsleiter) zuständig. Sie haben die ganze Welt „unter sich aufgeteilt" und verantworten produktseitig mehrere Länder und Destinationen aus dem Reiseangebot. Unterstützt werden sie von Operations-Managern, die sich um die Durchführung der Reisen und um akute Notfälle (Streiks ...) kümmern, sowie Team-Assistenten, die u. a. sämtliche notwendigen Reservierungen vornehmen und die Reiseleiterunterlagen zusammenstellen. Der Hoteleinkauf und die Flugreservierung sind ebenfalls wichtige Funktionen, um das Produkt Studienreisen zu gestalten, und bilden ein Teil des Länderteams, das ein Area Manager leitet.

Für die Planung von neuen Reisen wird zu Beginn des Jahres eine sogenannte Planungskonferenz abgehalten, die den Bedarf aufgrund der aktuellen und der Abschätzung der künftigen Buchungslage eruiert. Hinzu kommen aktuelle Marktbeobachtungen, Wünsche von Kunden, Anregungen von Fremdenverkehrsämtern und Vorschläge von Studiosus-Reiseleitern. Zudem finden im Hause sogenannte Länderseminare statt, zu denen die Reiseleiter eingeladen werden. Dort werden dann Erfahrungen aus der abgelaufenen Saison ausgetauscht, Verbesserungsvorschläge für bestehende Reisen gemacht und Ideen für neue Reisen zusammengetragen. Von besonderer Bedeutung ist und bleibt die Beurteilung der Sicherheitslage eines Landes. Eine Grundlage dafür bilden die Informationen des Auswärtigen Amtes der Bundesrepublik Deutschland.

Nach der grundsätzlichen Planung beginnt die Arbeit der Touristiker, die in enger Zusammenarbeit mit Leistungsträgern und Agenturen die Praktikabilität und Umsetzungsmöglichkeiten prüfen. Bei der Terminierung der Reisen müssen nicht nur die Flugzeiten, Ferien und Feiertage berücksichtigt werden, sondern auch die Gegebenheiten im Lande (Feiertage, Festivals). Die Reisedauer richtet sich nach dem geografischen Verlauf des Landes (Fahrtstrecken, Übernachtungsmöglichkeiten ...) und nach den Urlaubszeiten der Kunden. Je nach Studienreisevariante müssen bei der Planung Produktstandards eingehalten werden. Bei Reisen in die Anden wird z. B. versucht, die Reise so zu gestalten, dass sie in tiefer gelegenen Regionen beginnt und die Gäste – wenn möglich – sukzessive in höhere Regionen weiterreisen, um die Akklimatisierung zu erleichtern. Bei allen Reisen werden Begegnungen mit Einheimischen eingeplant, je nach Reisedauer auch mehrere pro Reise. Höchste Priorität haben die Sicherheitsstandards bei der Planung. So hat Studiosus seine Leistungspartner weltweit verpflichtet, bei allen Reisen die europäischen Lenk- und Ruhezeitenregelung für Busfahrer einzuhalten. Das hat Auswirkungen auf die Fahrtstecken und damit auch auf die Routenplanung. Bei der Modifizierung vorhandener Reisen und der Erarbeitung neuer Reiseverläufe werden sogenannte Ländermentoren intensiv miteinbezogen. Dabei handelt es sich um erfahrene Studiosus-Reiseleiter, die das Land sehr gut kennen und in der abgelaufenen Saison häufig bereist haben. Gerade Ländermentoren können bei der Detailplanung wichtige Informationen beisteuern, Tagesabläufe kundenfreundlicher gestalten und der ganzen Reise einen roten Faden verleihen. So entsteht eine Reise, die dem Kunden das Maximum an Reiseerlebnis verspricht.

Kalkulation

Am Ende der Reiseplanung steht die Kalkulation der Reise, und dann entscheidet sich auch, ob eine Reise preislich wettbewerbsfähig ist und in den nächsten Katalog mit aufgenommen werden kann. Für den Reisepreis ausschlaggebende Parameter sind:

1. Kosten pro Teilnehmer u. a. für Hotel, Flug, Verpflegung, Eintrittsgelder. Diese Kosten sind vergleichsweise gut zu kalkulieren, da sie für jeden einzelnen Teilnehmer anfallen.
2. Kosten pro Gruppe u. a. für Busse, Trinkgelder, Reiseleitung. Diese Kosten werden geteilt, d. h., die Auslastung der Gruppe ist entscheidend für den wirtschaftlichen Erfolg einer Reise.
3. Allgemeine Kosten u. a. Provisionen, Werbungskosten. Diese Kosten vereinnahmen etwa die Hälfte der Aufschläge, die ein Veranstalter kalkuliert.

Bei der Kalkulation der Reisen unterscheidet sich ein Studienreiseveranstalter kaum von anderen Veranstaltern. In der Regel darf man von durchschnittlichen Aufschlägen in Höhe von 20–30 % auf die Fremdkosten ausgehen (Klingenstein/Mundt 2011: 346 ff.). Neben den echten reiserelevanten Kosten müssen auch die laufenden Betriebskosten des Unternehmens damit abgedeckt werden. Erschwerend für die Kalkulation kommt dazu, dass die Gruppengröße variiert, d. h., man muss als Kalkulationsgrundlage eine Mindestteilnehmerzahl festlegen, die den größten Teil der Kosten abdeckt. In der Regel handelt es sich um eine Mischkalkulation, bei der man von einer durchschnittlichen Gruppengröße ausgeht; wenn weniger Gäste buchen, dann minimiert sich der sogenannte Deckungsbeitrag, wenn mehr Gäste buchen steigt er. Ein weiterer variierender Parameter sind die Wechselkurse, die durch hohe Schwankungen gravierende Effekte auf die Kalkulation haben. Viele Reisekosten werden direkt vor und auch während der Reise in Devisen bezahlt. Um diese bestmöglich abzusichern, kaufen die meisten Veranstalter den größten Teil der Devisen im Lauf des Jahres zu einem möglichst günstigen Kurs ein, der dann die Grundlage für die gesamte Kalkulation bildet. Oft werden die Reisen ein bis eineinhalb Jahre im Voraus kalkuliert und der gedruckte Katalogpreis ist fast immer bindend. Um Unternehmen bei Preiserhöhungen zu entlasten, kam es 2010 zu einer Novellierung des Reiserechtsparagrafen im BGB. Bei entsprechender Gestaltung des Reisevertrags ist es erlaubt, eine Erhöhung der Kosten bis 21 Tage vor Reisebeginn teilweise an den Kunden weiterzugeben (Klingenstein/Mundt 2011: 348). Gerade unkalkulierbar starke Schwankungen bei Flugkosten können so an den Kunden weitergegeben werden. Der Reingewinn einer Reise liegt im Idealfall bei etwa einem Prozent des Reisepreises (Klingenstein/Mundt 2011: 347).

Durchführung

Nachdem die Reise im Katalog veröffentlicht und vom Kunden gebucht wurde, folgt die Durchführung der Reise. Dabei werden von den Team-Assistenten alle notwendigen Dienstleistungen für jeden einzelnen Termin nochmals bestätigt und reserviert. Der für die Reise zuständige Studiosus-Reiseleiter erhält sämtliche Buchungsunterlagen und Reservierungsbestätigungen und kann während der Reise zur Absicherung nochmals mit allen Dienstleistern Kontakt aufnehmen. Das gewährleistet einen reibungslosen Ablauf und einen hohen Qualitätsstandard bei allen Reisen. Bei Notfällen oder ungeplanten Ereignissen steht sowohl dem Reiseleiter als auch dem Kunden ein 24-Stunden-Notfalltelefon zur Verfügung. Die Operations-Manager sind die Ansprechpartner bei Problemen vor Ort wie beispielsweise bei Streiks oder Routen- und Programmänderungen und können zeitnah reagieren.

5.2.4 Reiseleitung als konstitutives Element der Studienreise

Die „Visitenkarte" des Unternehmens sind die Studiosus-Reiseleiter (Nachhaltigkeitsbericht 2018/19). Die abwechslungsreiche und anspruchsvolle Tätigkeit setzt sich aus den folgenden Schwerpunkten zusammen:

- Organisation,
- inhaltliche Vermittlung,
- Betreuung und Dienstleistung,
- Abrechnung und
- Feedback über den Reiseverlauf.

Studiosus beschäftigt rund 600 Reiseleiter (Herbst 2019). Sie setzen den hohen Anspruch des Unternehmens bei der Qualität der Reisen vor Ort in die Praxis um. Um eine gleichbleibend hohe Qualität bei der Reiseleitung zu gewährleisten, hat das Unternehmen als erster europäischer und bisher einziger Veranstalter sein System zur Auswahl, Aus- und Weiterbildung nach DIN EN ISO 9001 zertifizieren lassen. Eine Überprüfung erfolgt alle drei Jahre.

Auswahl

Die Anforderungen von Studiosus an die Bewerber sind hoch, so sollten sie ein Hochschulstudium absolviert haben oder über eine langjährige Praxis als Studienreiseleiter verfügen. Inzwischen gibt es zahlreiche Länder (z. B. Südafrika, Griechenland und Türkei), in denen eine örtliche Reiseleiterlizenz erforderlich ist. Es wird erwartet, dass die Landessprache bzw. die Verkehrssprache des Zielgebiets beherrscht wird. Soziale Kompetenz, Begeisterungsfähigkeit, Organisationstalent und eine positive Ausstrahlung werden ebenfalls vorausgesetzt.

Bei einem persönlichen Vorstellungsgespräch werden sowohl Fachwissen zum Reiseland als auch die anderen Voraussetzungen überprüft. In einem Auswahlseminar wird der Bewerber in Hinsicht auf Teamfähigkeit, Interaktion mit der Gruppe und Führungsqualität getestet. Belastbarkeit, Reaktionsfähigkeit, persönliches Auftreten und die Art der Vermittlung wird im Rahmen dieses Seminars ebenfalls überprüft. Falls die Bewerbung erfolgreich war, folgt die Einladung zu einem Einführungsseminar.

Ausbildung

In einem einwöchigen Einführungsseminar lernen die Kandidaten das Handwerkszeug eines Studiosus-Reiseleiters: Die Kombination aus Wissensinhalten und praktischen Übungen spiegelt die realen Bedingungen auf einer Studiosus-Reise wider, sodass die Teilnehmer ideal auf ihren künftigen Reiseleiteralltag vorbereitet werden. Als Nächstes begleitet der zukünftige Reiseleiter einen erfahrenen Kollegen auf einer Reise. Dabei erhält er auch die Möglichkeit einen Reisetag zu gestalten – sowohl bei der Organisation als auch bei den Führungen. Abschließend erstellt er einen Bericht mit wertvollen Informationen, der ihm später als „Logbuch" dient. Dann folgt die „Premierenreise", bei der stets ein Telefoncoach zur Verfügung steht, falls sich unterwegs noch Fragen ergeben oder Hilfestellung jeglicher Art benötigt wird. Nach Beendigung der ersten Reisesaison findet ein Erfahrungsaustausch statt. Dort werden offene Fragen für die Praxis geklärt.

Weiterbildung

Studiosus-Reiseleiter nehmen regelmäßig an Weiterbildungsveranstaltungen teil. Dabei werden Seminare aus unterschiedlichen Bereichen angeboten – wie z. B. Einsatz moderner Medientechnik, Flora und Fauna für Wanderreiseleiter, interkulturelle Kompetenz, Stimmbildung und Sprechtraining, nonverbale Kommunikation und Gruppendynamik. Jedes Jahr führt Studiosus rund 40 Seminare im In- und Ausland durch. Lokale Studiosus-Reiseleiter werden vor Ort geschult – wie z. B. in Südafrika und Namibia. Dieses umfangreiche Weiterbildungsangebot für Reiseleiter ist einzigartig in Europa. Alle Gäste erhalten am Ende ihres Urlaubs einen Beurteilungsbogen, in dem sie auch den Reiseleiter bewerten. Diese Informationen werden sowohl für den Schulungsbedarf als auch vom Reiseleiter zur Themenintensivierung genutzt.

5.2.5 Zielgruppenorientierte Produktgestaltung bei Studiosus

Kundengruppen

Der touristische Markt ist einem stetigen Wandel unterworfen. Urlaubswünsche und Bedürfnisse der Kunden werden durch eine Flut von Informationen aus dem Internet beeinflusst, und Reiseanbieter versuchen mit ihren Produkten, diese Wünsche tagesaktuell zu erfüllen. Welchen Einfluss hat das auf die Zielgruppe der Studienreisenden? Auch sie hat sich im Lauf der letzten Jahrzehnte parallel zum demografischen und sozialen Wandel verändert (Klingenstein/Mundt 2011: 331 ff.). Waren es früher vor allem Akademiker mit geisteswissenschaftlichem Hintergrund und Lehrer, so interessiert sich heute aufgrund der modernen Reiseinhalte ein breiteres Publikum für die Reisen. Nach wie vor stellen Lehrer aber eine begehrte Zielgruppe dar, da sie interessiert sind, über die notwendigen finanziellen Mittel verfügen und genügend Zeit zum Reisen haben. Auch ein Frauenüberschuss auf Studienreisen ist nichts Ungewöhnliches, da viele Frauen gerne in einer Gruppe reisen, als Alleinreisende sehr sicherheitsbewusst sind, manchmal über mehr Zeit zum Reisen verfügen sowie eine höhere Lebenserwartung und oftmals mehr Interesse an klassischen Themen wie Kunstgeschichte haben (Klingenstein/Mundt 2011: 331 ff.). Das klassische Einstiegsalter bei Studienreisen variiert je nach Reiseland und Reiseart. Insbesondere die sogenannten Best Ager, die Generation 50Plus, fühlt sich von Studienreisen angesprochen: eine kaufkräftige, konsumfreudige und qualitätsbewusste Gruppe, die von allen Medien umworben wird und die einen steigenden Anteil an der Bevölkerung ausmacht. Die Kinder haben das Haus verlassen und/oder die wirtschaftliche Lage erlaubt es, hochwertige Reisen zu buchen. Je nach Reiseziel und Reiseart steigt der Altersdurchschnitt innerhalb einer Gruppe. Jüngere Gäste buchen entweder Aktivreisen (z. B. WanderStudienreisen), exotische Fernreisen oder Reisen mit einem Themenschwerpunkt, an dem sie interessiert sind. Ältere Gäste entscheiden sich eher für Reisen „mit Muße", kürzere Reisen und europäische Ziele.

Gemeinsam ist allen Studienreisenden die Aufgeschlossenheit, Neugier für die Fremde und der Wunsch nach organisiertem Urlaub, bei dem sie sich um nichts kümmern müssen. Da neben dem Erholungsfaktor der Erlebnisfaktor im Urlaub für viele Kunden immer wichtiger wird, könnte die Studienreise in Zukunft für ein noch breiteres Publikum zu einer denkbaren Reiseform werden. Den Erlebniswert hat Studiosus durch die „Moderne Studienreise" bei allen Reisen intensiviert, und mit den zahlreichen unterschiedlichen Studienreisevarianten und Produktlinien werden gezielt neue Zielgruppen angesprochen. „Urlaub machen" bedeutet auch, sich um nichts kümmern zu müssen, Land und Leute kennenlernen, hinter die Kulissen blicken und ferne Länder sicher zu bereisen.

Reisevarianten

Ein Land in seiner ganzen Vielfalt kennenzulernen, das ist der Wunsch vieler Studienreisender. Aber jeder hat seine eigenen Vorstellungen von einem gelungenen Urlaub und eigene Interessensschwerpunkte. Um den unterschiedlichen Bedürfnissen gerecht werden zu können, hat Studiosus sein Angebot – neben der „normalen" Studienreise – in viele Reisevarianten und Produktlinien aufgefächert (Abb. 5.1).

KlassikStudienreise: Reisen zum intensiven Kennenlernen einer Kultur. Kleine Gruppen mit maximal 20 Reisenden erlauben besonders ausführliche Besichtigungen, und das Programm sieht den Besuch zusätzlicher Sehenswürdigkeiten vor.
NaturStudienreise: Spektakuläre Landschaften und/oder eine eindrucksvolle Tier- und Pflanzenwelt stehen bei diesen Reisen im Vordergrund.
ExpeditionsStudienreise: Aufbruch in touristisch wenig erschlossene Regionen, doch ohne in Schonräume der Natur und in die Lebensräume abgeschieden lebender Völker einzubrechen.
Studienreise mit Muße: Die geruhsamste Form der Studienreise. Hier möchte der Gast Anstrengungen meiden und wünscht Bequemlichkeit, aufmerksamen Service und Freiraum zum Genießen und Entspannen – kurzum: Studienreisen mit Muße.
PreisWert-Studienreise: Das Erlebnis Studienreise zum günstigeren Preis. Der Gast reist in einer etwas größeren Gruppe und wohnt in Hotels einer teilweise niedrigeren Kategorie.
KreuzfahrtStudienreise: Kreuzfahrten auf modernen Schiffen. Der Studiosus-Reiseleiter informiert die Gäste sowohl an Bord als auch während der Landgänge durch seine Vorträge.
WanderStudienreise: Eine Studienreise für Aktive. Beim Wandern durch idyllische Landschaften kommt man einem Land und seinen Menschen besonders nahe.

Abb. 5.1: Reisevarianten bei Studiosus (Quelle: Studiosus)

Produktlinien

Um einen breiteren Markt und auch die Wünsche spezieller Zielgruppen anzusprechen, hat Studiosus seit vielen Jahren sein diesbezügliches Programm ausgebaut. Familien mit Kindern haben andere Bedürfnisse als Singles und Alleinreisende. Ebenso hält der Trend nach Städtereisen sowie Kurz- und Eventreisen an. Seit einigen Jahren verstärkt sich auch der Wunsch nach Reisen in kleinen Gruppen, mehr Erholung und entspanntem Erleben eines Urlaubslandes. Gerade diese Zielgruppe spricht Studiosus mit seinem jüngsten Produkt smart & small an.

kultimer bietet spannende Reisen zu den Top-Events in aller Welt, wie z. B. Opern- und Klassik-Highlights, Festivals und Ausstellungen. Dazu kommen Reisen mit Themenschwerpunkten wie beispielweise Gärten, Essen und Trinken, Tierbeobachtung u. v. m. Immer ist ein kundiger Studiosus-Reiseleiter vor Ort mit dabei, alles ist perfekt organisiert, sodass sich der Gast um nichts kümmern muss.

Studiosus smart & small kombiniert erholsamen Urlaub mit Entdeckungen und Begegnungen. Konzipiert wurde das Angebot für all jene, denen reiner Badeurlaub zu langweilig und eine Studienreise zu intensiv ist. Durchgeführt werden die Reisen mit maximal 15 Teilnehmern. Dabei übernachten die Studiosus-Gäste in kleineren, stimmungsvollen Hotels und erleben mit ihrem Studiosus-Reiseleiter spannende Ausflüge und Begegnungen, die nur in kleiner Gruppe möglich sind. Für das Plus an Entspannung sorgt das im Vergleich zu typischen Studienreisen reduzierte Besichtigungsprogramm.

Studiosus CityLights umfasst Städtereisen in kleinen Gruppen mit einem Studiosus-Reiseleiter. Der Gast muss sich um nichts kümmern und ist rundum betreut, alles ist perfekt organisiert: vom Transfer in das zentral gelegene Hotel über das durchdachte Besichtigungsprogramm, durch das der Studiosus-Reiseleiter führt, bis hin zum Ticketservice.

Studiosus me & more bietet Singles und Alleinreisenden eine ideale Möglichkeit, interessante, weltoffene Menschen mit ähnlichen Interessen zu treffen und mit ihnen einen anregenden, erholsamen Urlaub zu verbringen. Zusammen mit einem Studiosus-Reiseleiter entdecken die Reisenden ein fremdes Land. Gute Einzelzimmer sind bei Studiosus me & more schon im Grundreisepreis enthalten. Es besteht ein großes Angebot an Weihnachts- und Silvesterreisen.

Studiosus Family spricht Familien mit Kindern zwischen 6 und 14 Jahren an wie auch Großeltern, die mit den Enkeln verreisen möchten, oder Singles mit Kind. Auf dem Programm stehen spannende Besichtigungen und gemeinsame Abenteuer für Jung und Alt.

5.3 Ausblick

Studienreisen in ihrer ganzen Vielfalt sind ein ausgefeiltes Rundum-sorglos-Paket. Die Gäste erhalten tiefe und lang anhaltende Einblicke in das Reiseland und haben die Möglichkeit zu emotionalen persönlichen Begegnungen mit Einheimischen.

Die nachhaltige Programmgestaltung, die Studienreisen zu eigen ist, wird vor dem Hintergrund des Klimawandels und dem damit verbundenen Bedeutungszuwachs „grüner" Themen noch wichtiger werden. Zumal Nachhaltigkeit auch die Chance bietet, das Sinnhafte von Reisen in den Vordergrund zu rücken und sich damit auch von anderen Urlaubsformen zu unterschieden. Dabei wird es allerdings darauf ankommen zu verdeutlichen, dass nachhaltiges Reisen mehr als Klimaschutz ist und unweigerlich auch eine soziale und ökonomische Komponente beinhaltet.

Neue Zielgebiete zu entdecken, könnte den Anbietern jedoch schwerfallen. So hat Studiosus bereits jetzt 125 Länder im Angebot. Dennoch kommt es immer wieder vor, dass Länder über einen gewissen Zeitraum – beispielsweise aus Sicherheitsgründen – nicht bereist werden können, und dann „wiederentdeckt" werden. Ein Beispiel hierfür war in der Vergangenheit Israel, das erst 2005 nach Ende der Intifada und einer mehrjährigen Pause wieder ins Studiosus-Programm aufgenommen wurde. Aus fernerer Zukunft betrachtet könnte Syrien, bis 2011 ein Studienreisenziel par excellence, ebenfalls in diese Kategorie Länder fallen.

Bei allem Wandel wird eines jedoch gleich bleiben: Bei Studienreisen macht der Studienreiseleiter auch künftig den Unterschied aus!

Literatur

Dietsch, Klaus, Studienreisen, in: Dreyer, Axel (Hg.), Kulturtourismus, München 2000, 2. Aufl., S. 71–99.

von Dörnberg, Adrian / Walter Freyer / Werner Sülberg, Reiseveranstalter und Reisevertriebs-Management. Funktionen – Strukturen – Prozesse, Berlin 2018, 2. Aufl.

fvw-Dossier, Veranstalter Umsatz 2016/17, in: fvw 4:12–17, 2018.

Klingenstein, Max A. / Jörn W. Mundt, Studienreisen, in: Mundt, Jörn W. (Hg.), Reiseveranstaltung. Lehr- und Handbuch, München 2011, 7. Aufl., S. 323–354.

Maislinger, Cathrine, CSR, Menschenrechte und Tourismus – ein Umsetzungsbeispiel anhand des Roundtable Menschenrechte im Tourismus, in: Lund-Durlacher, Dagmar / Matthias S. Fifka / Dirk Reiser (Hg.), CSR und Tourismus. Handlungs- und branchenspezifische Felder, Berlin 2017, S. 377–392.

Steinecke, Albrecht, Kulturtourismus. Marktstrukturen, Fallstudien, Perspektiven, München 2007.

Studiosus, Nachhaltigkeitsbericht 2018/19, Online: https://nachhaltigkeit.studiosus.com (6.10.2019).

Axel Dreyer und Martin Linne

6 Sprachreisen

Zusammenfassung: Sprachreisen sind ein ideales Angebot zum Erwerb von Fremdsprachenkenntnissen. Neben sprachlichen Qualifikationen werden auch kulturelle Besonderheiten vermittelt. Das Angebot an Sprachreisen ist sehr vielfältig, weshalb den Konsumenten eine qualitätsorientierte Marktübersicht kaum möglich ist. Da sich Qualitätsversprechen in erster Linie nicht aus dem Preis ableiten, sind z. B. die Mitgliedschaft eines Anbieters von Sprachreisen im Fachverband Deutscher Sprachreiseveranstalter (FDSV) sowie die Einhaltung der DIN EN 14804 Garanten für gutes Lernen, anerkannte Zertifikate und allgemeine Verbraucherrechte. Auch wenn andere Sprachen aufholen, so bleibt Englisch mit den englischsprachigen Destinationen das beliebteste Angebot.

Schlagwörter: Sprachreise, Sprachkurs, Schüler, Beruf, Sprachkompetenz, interkulturelle Kompetenz, Veranstalter, Qualität

6.1 Sprachen als grundlegendes Element der Sprachreisen

6.1.1 Sprachkompetenz

Sprachreisen dienen meistens der Weiterentwicklung der sprachlichen, aber auch der interkulturellen Kompetenzen der Reisenden, wobei neben das Element der Bildung immer häufiger ein nicht zu unterschätzender Freizeitwert tritt. Die Bedeutung der Sprache als wesentliches Element der Verständigung von Menschen ist für die Betrachtung von Sprachreisen zentral und wird deshalb vorangestellt, bevor die wichtigsten Bausteine einer Sprachreise erläutert werden. Möglicherweise wird in diesem Beitrag eine umfangreichere Sammlung von Literaturquellen vermisst. Das hat seinen Grund. In den bis heute vorliegenden zentralen Veröffentlichungen zum Kulturtourismus mit Überblickscharakter (u. a. Heinze 1999; Steinecke 2007) wird dieses Thema nämlich stets stiefmütterlich behandelt. Eine Ausnahme stellt nur die erste Auflage des vorliegenden Buches dar, in der Kirsch (1996: 101 ff.) ausführlich und ebenfalls in einem eigenen Kapitel auf das Thema eingeht.

Die Sprache ist eines der wichtigsten Kulturgüter des Menschen. Sprache bildet die Grundlage für alles menschliche Denken und Lernen; sie ist der Schlüssel zu Verständigung, Integration und sozialer Teilhabe. Neben der sprachlichen Kompetenz erlangen in der heutigen Zeit interkulturelle Fähigkeiten eine wachsende Bedeutung.

Prof. Dr. Axel Dreyer, Professor für Tourismusmanagement/Marketing, Institut für Tourismusforschung, Hochschule Harz, Wernigerode
Prof. Dr. Martin Linne, Professor für BWL/Tourismusmanagement insb. Hospitality Management, Institut für Tourismusforschung, Hochschule Harz, Wernigerode

https://doi.org/10.1515/9783486711028-006

Der Austausch zwischen Kulturen wird umso leichter, je besser die Kommunikation zwischen den Menschen funktioniert. Besonders deutlich wird uns dies auf Reisen vor Augen geführt. Die Verbindung von sprachlicher und interkultureller Kompetenz erhält ihre Relevanz auch durch die zunehmende Internationalisierung der Wirtschaft. Deren Aktivitäten beschränken sich nicht mehr nur auf internationale Arbeitsteilung. Es wird immer selbstverständlicher, dass Industrie- und Dienstleistungsunternehmen internationale Standorte unterhalten und Mitarbeiter zeitweise außerhalb ihres Heimatlands eingesetzt werden.

Die Konzentration auf die bisherige Weltsprache Englisch und die Sprachen bevölkerungsreicher Nationen (wie Chinesisch, Spanisch und Russisch) reicht heute jedoch kaum mehr aus. Insbesondere durch Tatsachen wie die Notwendigkeit, in Krisengebieten Konflikte zu lösen, durch den Einsatz internationaler Hilfsorganisationen und die Flüchtlingssituation, denen sich nicht nur Deutschland und Europa, sondern auch andere Länder der Erde gegenübersehen, sind verstärkt Kenntnisse weiterer Sprachen gefragt (z. B. Arabisch, Dari, Persisch), die bisher weniger im Fokus standen. Das belegt auch die Entwicklung der bei Sprachreisen in Deutschland nachgefragten Sprachen: Englisch geht in Relation zu anderen Sprachen leicht zurück, während die Nachfrage nach anderen Sprachen steigt; vor allem Spanisch wird immer beliebter (Abb. 6.1).

Sprachkompetenz besteht längst nicht nur im Aneinanderreihen von Vokabeln. Dies reicht selbst bei sinnhafter Verknüpfung heute nicht mehr aus, um sich angemessen in einem fremden Land zurechtzufinden. Interkulturelle Kompetenz – das Wissen um Riten und Gebräuche, Kulturen und Geschichte – ist ebenfalls erforderlich, um in einer internationalisierten Beziehung ein anerkannter, glaubwürdiger und akzeptierter Partner zu sein (Kirsch 1996: 104). Auch in der Tourismuswissenschaft hat die Beschäftigung mit der Thematik der interkulturellen Kompetenzen parallel zur gesellschaftlichen Relevanz zugenommen (vgl. Herdin 2014; Zehrer u. a. 2014).

6.1.2 Sprachen erlernen

Fremdsprachen können auf mehrfache Weise erlernt werden. Am häufigsten werden Sprachen in Schulen durch einen Einheimischen vermittelt, der die jeweilige Sprache ebenfalls einst als Fremdsprache erlernt hat. Auf diese Weise wird durch sprachkompetente Lehrer das Grundwissen unterrichtet. In höheren Klassen wird auch vertiefte Stoffvermittlung betrieben, um Bereiche der interkulturellen Kompetenzen auszubauen. Seltener werden Sprachen an Schulen durch einen Native Speaker gelehrt. Diese Chance der Vermittlung nutzen vor allem Hochschulen und private Sprachschulen.

Eine andere Möglichkeit besteht darin, eine Sprache in einem Land zu erlernen, in dem die jeweilige Sprache von den Einheimischen gesprochen wird. Dies erfordert vom Nachfrager räumliche Mobilität, erhöhten finanziellen Einsatz und die Bereit-

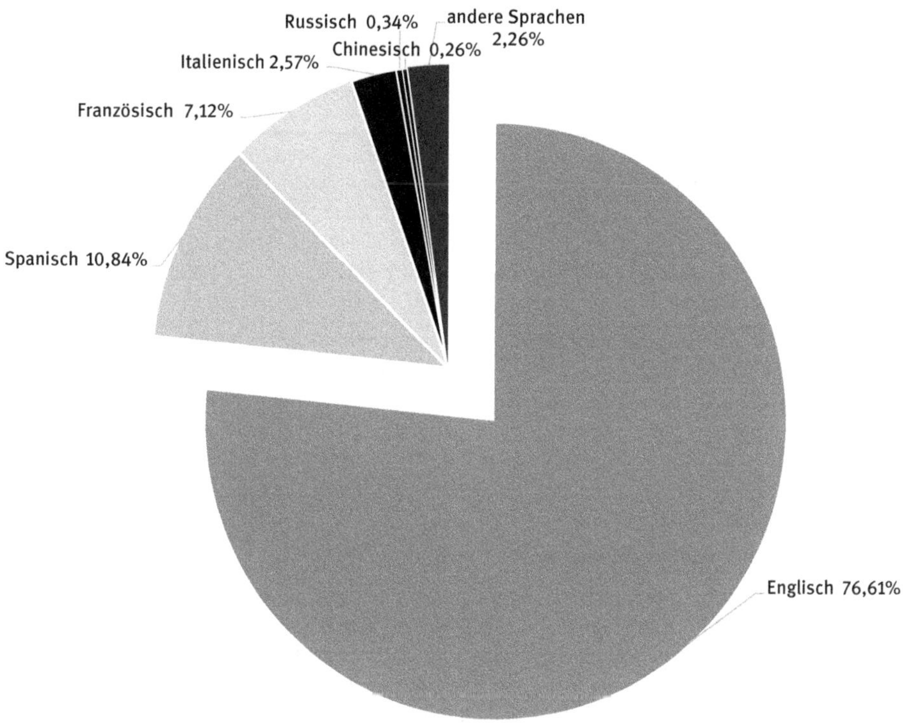

Abb. 6.1: Nachfrage ausgewählter Sprachen bei Sprachreisen in Deutschland (Quelle: Eigene Abbildung nach https://fdsv.de/_der-fdsv/statistik/key-facts-2/ [14.8.2019])

schaft, sich in einem bestimmten zeitlichen Rahmen intensiv mit der fremden Sprache auseinanderzusetzen. Erst dieses intensive Lernen der fremden Sprache ermöglicht das Erfahren kultureller Unterschiede und damit die Chance, kulturellen Normen zu erlernen und zu verstehen.

Sprachreisen sind daher als Bildungsreisen zu werten, die eine angenehme und stressfreie Form des Lernens darstellen. Das Lernen wird nicht nur zum Erlebnis, sondern bei Sprachreisen ist es problemlos möglich, die wichtigen Aspekte kultureller Unterschiede in den Urlaubsrahmen einzubinden, zu erleben und besser zu verstehen. Sprachreisen können als Individualreisen und organisierte Reisen (Pauschalreisen) durchgeführt werden. Eine Anerkennung als Bildungsreise wird jedoch oft nur bei organisierten Reiseformen möglich sein, wenn neben der eher beiläufigen Art, Sprachen und Kulturen zu erlernen, auch ein aktiver Sprachunterricht angeboten wird.

Auf europäischer Ebene gilt eine sechsstufige Unterscheidung von Sprachniveaus als allgemein anerkannt (Tabelle 6.1). Diese Stufen stellen für bestimmte Arbeits- und Bildungsniveaus die jeweiligen Voraussetzungen dar. Diese Sprachniveaus können anhand standardisierter Testverfahren nachgewiesen werden.

Tab. 6.1: Die Sprachniveau-Globalskala (Quelle: http://www.europaeischer-referenzrahmen.de/sprachniveau.php [20.8.2019])

A	**Elementare Sprachanwendung**
A1	Kann vertraute, alltägliche Ausdrücke und ganz einfache Sätze verstehen und verwenden, die auf die Befriedigung konkreter Bedürfnisse zielen. Kann sich und andere vorstellen und anderen Leuten Fragen zu ihrer Person stellen – z. B. wo sie wohnen, was für Leute sie kennen oder was für Dinge sie haben – und kann auf Fragen dieser Art Antwort geben. Kann sich auf einfache Art verständigen, wenn die Gesprächspartner langsam und deutlich sprechen und bereit sind zu helfen.
A2	Kann Sätze und häufig gebrauchte Ausdrücke verstehen, die mit Bereichen von ganz unmittelbarer Bedeutung zusammenhängen (z. B. Informationen zur Person und zur Familie, Einkaufen, Arbeit, nähere Umgebung). Kann sich in einfachen, routinemäßigen Situationen verständigen, in denen es um einen einfachen und direkten Austausch von Informationen über vertraute und geläufige Dinge geht. Kann mit einfachen Mitteln die eigene Herkunft und Ausbildung, die direkte Umgebung und Dinge im Zusammenhang mit unmittelbaren Bedürfnissen beschreiben.
B	**Selbstständige Sprachanwendung**
B1	Kann die Hauptpunkte verstehen, wenn klare Standardsprache verwendet wird und wenn es um vertraute Dinge aus Arbeit, Schule, Freizeit usw. geht. Kann die meisten Situationen bewältigen, denen man auf Reisen im Sprachgebiet begegnet. Kann sich einfach und zusammenhängend über vertraute Themen und persönliche Interessengebiete äußern. Kann über Erfahrungen und Ereignisse berichten, Träume, Hoffnungen und Ziele beschreiben und zu Plänen und Ansichten kurze Begründungen oder Erklärungen geben.
B2	Kann die Hauptinhalte komplexer Texte zu konkreten und abstrakten Themen verstehen; versteht im eigenen Spezialgebiet auch Fachdiskussionen. Kann sich so spontan und fließend verständigen, dass ein normales Gespräch mit Muttersprachlern ohne größere Anstrengung auf beiden Seiten gut möglich ist. Kann sich zu einem breiten Themenspektrum klar und detailliert ausdrücken, einen Standpunkt zu einer aktuellen Frage erläutern und die Vor- und Nachteile verschiedener Möglichkeiten angeben.
C	**Kompetente Sprachverwendung**
C1	Kann ein breites Spektrum anspruchsvoller, längerer Texte verstehen und auch implizite Bedeutungen erfassen. Kann sich spontan und fließend ausdrücken, ohne öfter deutlich erkennbar nach Worten suchen zu müssen. Kann die Sprache im gesellschaftlichen und beruflichen Leben oder in Ausbildung und Studium wirksam und flexibel gebrauchen. Kann sich klar, strukturiert und ausführlich zu komplexen Sachverhalten äußern und dabei verschiedene Mittel zur Textverknüpfung angemessen verwenden.
C2	Kann praktisch alles, was er/sie liest oder hört, mühelos verstehen. Kann Informationen aus verschiedenen schriftlichen und mündlichen Quellen zusammenfassen und dabei Begründungen und Erklärungen in einer zusammenhängenden Darstellung wiedergeben. Kann sich spontan, sehr flüssig und genau ausdrücken und auch bei komplexeren Sachverhalten feinere Bedeutungsnuancen deutlich machen.

6.2 Sprachreiseveranstalter

6.2.1 Zielgruppenorientierte Angebotsgestaltung

Für Sprachreisen existieren spezialisierte Reiseveranstalter, die ihre Zielgruppe der Sprachreisenden zum Zwecke einer erfolgreichen Vermarktung differenziert ansprechen müssen. Ansätze für die Marktsegmentierung sind soziodemografische Kriterien, Lebensphasen oder eine Spezialisierung auf bestimmte Sprachen bzw. Reisegebiete. Im Wesentlichen lassen sich zwei sehr unterschiedliche Zielgruppen herausbilden, die nach Alter, Bildung, Lernmotivation und allgemeinem Motivationsgrad unterschieden werden können: Zum einen handelt es sich um **Schüler zwischen 11 und 20 Jahren**, zum anderen um **berufstätige Erwachsene**.

Schüler (und auch deren Eltern als Motivatoren) setzen es sich zum Ziel, Sprachkenntnisse außerhalb der Schulzeit zu verbessern. Entsprechend sind die Angebote saisonal auf Ferienzeiten zugeschnitten. Da an deutschen Schulen vorrangig Englisch und mit Abstand in der Wahl der Schüler Französisch und Spanisch als Fremdsprache gelehrt werden, bilden jene Länder, in denen diese Sprachen gesprochen werden, unter Beachtung der geografischen Nähe einen Schwerpunkt im Angebot der Schülersprachreisen. Zusätzlich wird für die Schülerzielgruppen ein intensives, altersgerechtes Freizeitangebot angeboten, da für Kinder und Jugendliche das Erlebnis in der Gruppe, der Spaß am Spiel oder die neuen Kontakte wesentliche Erlebniselemente darstellen (Kirsch 1996: 105).

Erwachsene hingegen interessieren sich oftmals aus beruflichen Gründen (Karriere, bevorstehende oder erwünschte Auslandsaufenthalte) für eine Sprachreise oder verfolgen rein persönliche Interessen. Im Endeffekt wollen aber auch sie den Umgang mit der fremden Sprache beherrschen lernen. Im Beiprogramm sind sie eher an kulturellen Eindrücken interessiert, die es ihnen ermöglichen, die jeweilige Gegend und deren regionalspezifische Eigenheiten kennenzulernen (Kirsch 1996: 105).

Reisebausteine

Das Angebot bei Sprachreiseveranstaltern setzt sich aus Haupt- und Zusatzleistungen zusammen. Die Hauptleistungen bestehen – wie bei allen Pauschalreisen – in der Wahl des Zielgebiets, der Verkehrsträger und Transferleistungen sowie der Unterkunft und Verpflegung. Die besondere Hauptleistung eines Sprachreiseveranstalters stellen die Sprachkurse dar. Welche ergänzenden Angebote von den Sprachreisenden wahrgenommen werden, hängt von deren individueller Motivation ab. Reine Sprachreisen sind eher selten, die gewählten Zusatzleistungen können in Ausprägung und Umfang jedoch ganz unterschiedlicher Art sein. Man kann sprechen von „Sprache plus ...“

- ... Erholung, so wie es an Sonnenzielen (z. B. Spanien) angeboten wird,
- ... Kultur (allen voran in den Städtedestinationen),
- ... Aktivität (die Palette der Sportarten beinhaltet z. B. Wandern oder Segeln),

– ... Kulinarik (noch ein eher seltenes Angebot, das aber besondere interkulturelle Erlebnisse bieten kann).

Nicht nur von den Sprachinteressen, sondern auch von diesen zusätzlichen Komponenten der Reise hängt die Wahl des Sprachreiseziels ab. Ein Beispiel für Sprache plus Kulinarik bietet das FDSV-Mitglied ESL Sprachreisen, wo es zahlreiche Angebote von Englisch plus Kochen bis Japanisch plus Kochen gibt: hier ein Beispiel:

Sprachreisen weltweit: Sprache PLUS Kochen
„Bist Du ein Feinschmecker und liebst Du es, in der Küche etwas Exquisites zuzubereiten? Dann wirst Du vom innovativen Konzept unserer weltweit angebotenen Programme Sprache PLUS Kochen begeistert sein. Diese Kurse kombinieren Sprachkurse mit kulinarischen Workshops und bieten die Garantie für ein effizientes Lernen durch anschließende praktische Anwendung der irdischen Freuden!
Freu Dich auf die Entdeckung von Gerichten aus aller Welt, auf die Verkostung von schmackhaften regionalen Spezialitäten und auf ein vergnügliches Zusammensein mit anderen Chefs in spe verschiedenster Herkunft. Die Koch Workshops stellen Vergnügen und Austausch in den Vordergrund und geben Dir damit die Möglichkeit, die im Kurs erworbenen Kenntnisse mit der Fachsprache der Chefköche Deines Gastlandes zu vervollständigen und dabei Dein Talent als Lukullus zu beweisen. Ein unfehlbares Rezept zur Festigung Deiner neuen Fachkenntnisse!
Die Kunst des Kochens spiegelt vor Allem eine Lebenskunst wider – eine Kultur, die sich im Kombinieren von Geschmack und Würze regionaler Produkte ausdrückt. Die lokalen Erzeugnisse kochen zu lernen wird Dir ermöglichen, die Traditionen Deines Gastlandes auf eindrückliche Weise zu erforschen. Später kannst Du die Gerichte ganz nach eigenem Belieben anrichten und auch Deiner Herkunft und Deinem eigenen Geschmack Rechnung tragen. Oder teste die praktischen kulinarischen Tipps Deiner internationalen Kochkameraden!"
(https://www.esl.de/de/sprachreisen/sprache-plus-kochen.htm [13.9.2019])

6.2.2 Sprachkurse als spezielle Hauptleistung

Sprachreiseveranstalter bieten viele verschiedene Möglichkeiten an, eine Sprache zu erlernen. Die Fülle an verschiedensten Sprachangeboten ist mitunter derartig groß, dass dem Kunden eine objektive Entscheidung erschwert wird. Die Spannbreite reicht von allgemeinen Reisen ins Ausland über Standard- und Intensivkurse bis zu Manager-, Kompakt- oder sogenannten Crashkursen. Der Konsument sollte bei seriösen Anbietern darauf achten, dass (vorab stattfindende) Einstufungstests oder qualifizierte Beratung zu einer optimalen Auswahl der Reise führen.

Qualitätskriterien

Für den privat sprachinteressierten Reisenden sind Qualitätskriterien oftmals weniger relevant als für diejenigen, die aus schulischen oder beruflichen Gründen eine Sprachreise anstreben. So sind z. B. für Englischangebote, die von Schülern oder Studierenden ausgewählt werden, das Cambridge Certificate oder der TOEFL (Test of English as a Foreign Language) für eine Anerkennung der Leistungen an der heimischen Institution relevant.

Neben Reisezeitpunkt, Reisedauer, Reiseziel oder Teilnehmerzahl bildet der Sprachkurs das wichtigste Abgrenzungskriterium von verschiedenen Sprachreiseveranstaltern. Doch entlang welcher Kriterien soll sich der Konsument orientieren? Der Preis als Qualitätsindikator scheidet objektiv aus, denn er sagt wenig über die Qualität einer Sprachreise aus. Nicht jede hochpreisige Reise ist zugleich eine gute Sprachreise, weil der Reisepreis über verschiedene Reisebausteine gebildet wird. Sprachreisen nach Australien sind folglich hochpreisiger als Sprachreisen nach England. Die Qualität der Sprachreise könnte über die „Marke" des Veranstalters abgeleitet werden. Immerhin ließe sich aus dem Bekanntheitsgrad des Veranstalters und einer damit einhergehenden Vertrautheit auf die Qualität des Angebots schließen. Kunden sollten zudem Referenzen prüfen und beurteilen, ob der angebotene Sprachkurs die Anforderungen erfüllen kann, welche die gewählte Sprachreise aus beruflichen oder schulischen Gründen erfüllen soll.

Sprachreiseveranstalter können sich durch die Mitgliedschaft im Fachverband Deutscher Sprachreise-Veranstalter e. V. (FDSV) bestimmten Qualitätskriterien unterwerfen. Neben allgemeinen Kriterien, die so auch für andere Reiseveranstalter gelten müssen, bietet der FDSV einige spezielle Kriterien für die Sprachkurse an (vgl. http://fdsv.de/der-fdsv/fdsv-richtlinien/, 20.8.2019), die auf der DIN EN 14804 beruhen. Diese gilt nicht nur für Sprachreiseveranstalter, sondern auch europaweit für Sprachschulen und Agenten (Mühlbauer 2005: 10). Die Tabelle 6.2 gibt einen kurzen Überblick über die allgemeinen und speziellen Kriterien.

Tab. 6.2: Kriterien des FDSV auf Basis der DIN EN 14804 (Quelle: Eigene Zusammenstellung nach http://fdsv.de/der-fdsv/fdsv-richtlinien/ [20.8.2019])

Allgemeine Kriterien	Spezielle Kriterien
– Insolvenzversicherung – keine Zahlung ohne Sicherungsschein – komplette Reiseunterlagen mit Fahrkarten oder Flugtickets, Fahr- oder Flugplänen, Kontaktdaten und Notfallnummern der Sprachschule und der Unterkunft, Angaben zur Betreuung bei Kindern und Jugendlichen, Merkblätter mit Informationen über das Gastland und den zu erwartenden Besonderheiten – regelmäßige Überprüfung der angebotenen Unterkünfte – betreutes und inkludiertes Freizeitprogramm für Schüler – optional buchbares Freizeitangebot für Erwachsene	– im In- und Ausland ausgesuchte und geschulte Mitarbeiter – ausgebildete und qualifizierte Sprachlehrer – gut ausgestattete Unterrichtsräume – mindestens 15 Lektionen Unterricht pro Woche à 45 Minuten oder 11,25 Zeitstunden à 60 Minuten – maximal 15 Teilnehmer pro Kurs; Minigruppe maximal 8 Teilnehmer – Einstufungstest für Schüler und Erwachsene – Einteilung in homogene Lerngruppen – Unterricht und Freizeit getrennt nach Erwachsenen und Schülern – Teilnahmebescheinigung oder Abschlusszertifikat bzw. Zeugnis

6.2.3 Sprachreiseziele

Das Reiseziel besitzt bei Sprachreisen eine besondere Bedeutung, die über den touristischen Destinationsgedanken hinausreicht. Die Entscheidung über das Reiseziel richtet sich nach der Entscheidung über die zu entwickelnden Sprachkenntnisse. Will jemand seine Englischkenntnisse verbessern, wird er sich kaum für eine Sprachreise nach Prag oder Paris interessieren. Bei Sprachreisen ist die Destinationsentscheidung also – im Unterschied zu anderen Reisen – eine nachrangige Entscheidung.

Mit der Wahl der Destination wird zudem eine Entscheidung über das soziokulturelle Umfeld getroffen. So ist es ein deutlicher Unterschied, ob die Sprachreise nach Großbritannien, USA oder Malta führt, wenn die Englischkenntnisse verbessert werden sollen. Hier wird deutlich, wie sehr eine Destination mit ihren natürlichen Gegebenheiten, ihren soziokulturellen Verhältnissen, der allgemeine Infrastruktur und den touristischen Einrichtungen (abgeleitetes Angebot) einen weiterreichenden Einfluss auf die Sprachbildung haben kann (vgl. Hartmann 2014: 32). Denn bei einer Sprachreise werden nicht nur Sprachkenntnisse vermittelt, sondern auch das Erleben der Kultur und Geschichte des Sprachreiseziels ermöglicht (vgl. Kapitel 1.2).

Da Englisch die am häufigsten gewählte Sprache bei Sprachreisen ist (vgl. Abb. 6.1), stellen die Staaten, in denen Englisch gesprochen wird, auch die am häufigsten nachgefragten Reiseziele dar. Der FDSV stellt auf seinen Internetseiten einen allgemeinen Ausblick auf die Entwicklung von Sprachreisen vor (vgl. https://fdsv.de/_der-fdsv/statistik/trends/, 20.8.2019). Selbst wenn andere Sprachen

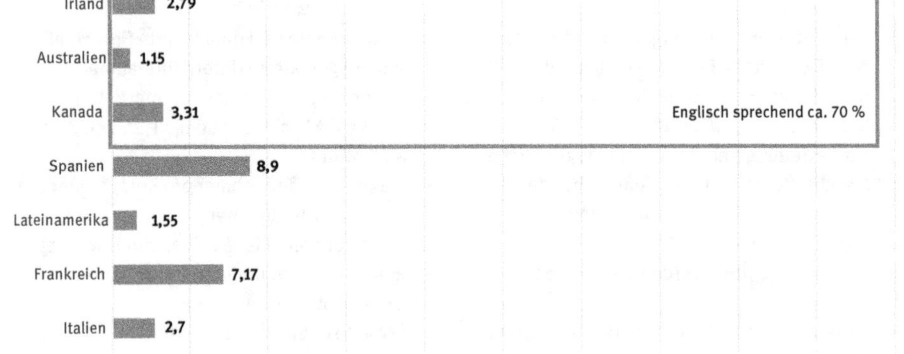

Abb. 6.2: Nachfrageanteile der wichtigsten Sprachreiseziele für Reisen aus Deutschland in % (Quelle: Eigene Darstellung nach https://fdsv.de/_der-fdsv/statistik/key-facts-2/ [20.8.2019])

und Kulturen immer stärker an Bedeutung gewinnen, so rangiert Englisch nach Angaben des FDSV immer noch an der Top-Position bei den nachgefragten Sprachreisen. Großbritannien ist mit einem Anteil von knapp 45 % derzeit das beliebteste Sprachreiseziel der Deutschen. Trotz des geplanten, aber bei Redaktionsschluss noch nicht vollzogenen „Brexit", dem Ausstieg Großbritanniens aus der Europäischen Union, verzeichnete Großbritannien im Jahr 2018 nur einen minimalen Rückgang der Teilnehmerzahl von rund 3 % (vgl. https://fdsv.de/_der-fdsv/statistik/key-facts-2/, 20.8.2019). Ob die Corona-Pandemie, die im Frühjahr 2020 in England einen der nationalen Hotspots besaß, an der Entwicklung Entscheidendes verändert, war ebenfalls noch nicht abzusehen.

Insgesamt werden ca. 70 % der Reiseziele nach der Sprache Englisch ausgewählt (vgl. Abb. 6.2). In einigen Staaten lassen sich sogar mehrere Sprachen erlernen; so gibt es z. B. in Kanada zwei offizielle Amtssprachen: Englisch und Französisch (vgl. https://www.canada.ca/en/immigration-refugees-citizenship/services/new-immigrants/new-life-canada/improve-english-french.html, 7.2.2018).

6.3 Ausblick

Die Welt ist in den Jahren nach der Zeit um 1989/90 zusammengewachsen. Nie zuvor kam das geflügelte Wort „So klein ist die Welt" der Realität so nahe wie in den 2010er-Jahren, auch wenn immer noch – teils erhebliche – Differenzen zwischen Bevölkerungsgruppen und Nationen bestehen. Fast gleichzeitig zur deutschen Wiedervereinigung und dem Zusammenbruch des sogenannten Ostblocks entwickelten sich die Möglichkeiten des digitalen Informationsaustauschs (insbesondere durch das Internet) sowie die rasante Zunahme des Personen- und Güterverkehrs (u. a. Anstieg der Fluggastzahlen und der Containerschifffahrt). Sprache besitzt in einer zunehmend vernetzten Welt als Verständigungsbasis eine außergewöhnlich wichtige Funktion und Sprachkenntnisse werden demnach immer wichtiger. Obwohl als Gegenbewegung zur Globalisierung auch regionale Separatismusbewegungen zu verzeichnen sind und die Egoismen innerhalb von Staatengemeinschaften vermutlich erst recht nach der Corona-Pandemie zunehmen, zeichnet sich ab, dass sich Englisch als globale Verständigungssprache auch weiter durchsetzt. Doch auch die Bedeutung anderer Sprachen wie Spanisch und Chinesisch wird steigen. Im Ergebnis erfordert gerade das Berufsleben immer bessere sprachliche Qualifikationen, und für das berufliche Fortkommen sind gute Sprachkenntnisse in absehbarer Zukunft unerlässlich. Auslandsaufenthalte bieten eine optimale Voraussetzung für das Erlernen einer fremden Sprache in Verbindung mit dem Erkennen neuer interkultureller Anforderungen.

Auch wenn künstliche Intelligenz (z. B. heute schon bei Übersetzungsprogrammen wie www.deepl.com) zunehmend simultane Übersetzungsarbeiten übernehmen wird (Spekulationen über den zeitlichen Rahmen sind nicht sinnvoll), lassen sich kulturelle Erfahrungen und das Erleben der Menschen in ihrem angestammten Lebensumfeld dadurch nicht ersetzen. Sprachreisen besitzen daher nach wie vor eine gute Zukunft, auch wenn sich die Inhalte wohl ein Stück weit zugunsten kultureller Erfahrungen verschieben werden.

Literatur

Fachverband Deutscher Sprachreise-Veranstalter e. V., Key-Facts, https://fdsv.de/_der-fdsv/statistik/key-facts-2/ (20.8.2019).

Fachverband Deutscher Sprachreise-Veranstalter e. V., Richtlinien, http://fdsv.de/der-fdsv/fdsv-richtlinien/ (20.8.2019).

Fachverband Deutscher Sprachreise-Veranstalter e. V., Trends, veröffentlicht im Internet unter: https://fdsv.de/_der-fdsv/statistik/trends/ (20.8.2019).

Gemeinsamer Europäischer Referenzrahmen für Sprachen (GER), http://www.europaeischer-referenzrahmen.de/sprachniveau.php, durch e-traffix; Travelplus Group GmbH (20.8.2019).

Government of Canada, Improving your English and French, https://www.canada.ca/en/immigration-refugees-citizenship/services/new-immigrants/new-life-canada/improve-english-french.html (7.2.2018).

Hartmann, R., Marketing in Tourismus und Freizeit, Konstanz/München 2014.

Hartmann, R. / F. Herle (Hg.), Interkulturelles Management in Freizeit und Tourismus. Kommunikation – Kooperation – Kompetenz, Berlin 2014.

Heinze, T. (Hg.), Kulturtourismus, München 1999.

Herdin, T., Interkulturelle Kompetenz als Schlüsselqualifikation im Tourismus – Herausforderung Asien, in: Hartmann, R. / F. Herle (Hg.) 2014, S. 147–156.

Kirsch, K., Sprachreisen, in: Dreyer, A. (Hg.), Kulturtourismus, München 1996, S. 101–117.

Mühlbauer, H., Sprachreisen – Das ist Norm in Europa, Berlin u. a 2005.

Steinecke, A., Kulturtourismus, München 2007.

Zehrer, A. / M. Peters / B. Pikkemaat / C. Müllauer, Herausforderungen interkulturelle Führung in der Hotellerie, in: Hartmann, R. / F. Herle (Hg.) 2014, S. 165–176.

Internet

www.deepl.com

Bernd Eisenstein, Jule Kampen und Julian Reif

7 Städtereisen

Zusammenfassung: Städtetourismus beschreibt ein wachsendes Segment im Deutschlandtourismus bei dem häufig ein Motivbündel aus mehreren Motiven vorliegt und sich eine Definition auf das Element der Stadt als Reiseziel beschränkt. Kulturelle Aktivitäten wie bspw. der Besuch von kulturellen und historischen Sehenswürdigkeiten spielen bei nahezu jeder Urlaubsreise der Deutschen mit dem Hauptreiseanlass „Städtereise" eine Rolle, was die besondere Bedeutung der Stadt als kulturtouristisches Angebotselement unterstreicht. Die Nachfrage nach Städtereisen steigt seit Jahren stetig an. Neben angebotsseitigen Faktoren, die den Städtetourismus fördern, wie bspw. die touristische Attraktivitätssteigerung einzelner Stadtteile, sorgen die wirtschaftlichen Rahmenbedingungen u. a. dafür, dass vermehrt Übernachtungsgeschäftsreisen in Städte führen. Als ein Resultat des starken Wachstums werden zurzeit die damit zusammenhängenden Fragen nach der touristischen Tragfähigkeit und den Folgen für die Tourismusakzeptanz der Einwohner sowie das touristische Erlebnis der Besucher vermehrt diskutiert.

Schlagwörter: Stadt, Städtereise, Multioptionalität, Geschäftsreisen, Kurzurlaube, kulturelles Angebot

7.1 Begriffsbestimmung von Städtereisen

Aus motivationaler Sicht ist es nicht möglich, eine allgemeingültige Definition des Städtetourismus zu finden. Als konstitutives Element aller Städtereisen kann jedoch definiert werden, dass es sich bei der Destination des Reisenden um eine Stadt handelt. Um Städtetourismus handelt es sich, sofern der Reisende im Rahmen der Reise seine gewohnte Umgebung verlässt, um sich zeitlich befristet im städtischen Reiseziel aufzuhalten, und die Reise – im Sinne einer zirkulären räumlichen Mobilität – abschließend zurück in die gewohnte Umgebung des Reisenden führt. Nicht zum Städtetourismus gehören hingegen regelmäßige Besuche einer Stadt (z. B. das Pendeln zum Arbeitsplatz, weil hierbei die gewohnte Umgebung nicht verlassen wird). Darüber hinaus sind das Motiv und die Aufenthaltsdauer unerheblich: „Städtetourismus umfasst jede erdenkliche Form eines Aufenthalts von nicht-ortsansässigen Menschen, die eine Stadt aus geschäftlichem oder privatem Interesse – sei es mit oder ohne Übernachtung – besuchen" (Freytag/Popp 2009: 7). Naheliegende Kategorisierungen des

Prof. Dr. Bernd Eisenstein, Direktor, Institut für Management und Tourismus, FH Westküste, Heide
Jule Kampen, M.A., Projektmitarbeiterin, Institut für Management und Tourismus, FH Westküste, Heide
Dipl.-Geogr. Julian Reif, Projektleiter, Institut für Management und Tourismus, FH Westküste, Heide

https://doi.org/10.1515/9783486711028-007

Städtetourismus erfolgen demnach häufig nach der Dauer in Übernachtungs- und Tagesreisen und nach dem Anlass in beruflich und privat motivierte Reisen (siehe z. B. bei Meier 1994; Anton/Quack 2005; Steinecke 2007; Kagermeier 2008). Städtetourismus findet im urbanen Raum statt. Hauptsächlicher Aufenthalts- und ggf. Übernachtungsort ist die Stadt, auch wenn sich der Aktionsraum im Rahmen des sekundären Ausflugsverkehrs auf Ziele außerhalb der städtischen Grenzen ausdehnt.

7.2 Vielfalt der Städte – Vielfalt der Besuchsmotive

Der Städtetourismus ist geprägt durch eine Vielzahl von Facetten (Raab 2012: 46): Die vielfältigen Besuchsmotive umfassen z. B. so unterschiedliche Ausprägungen wie Veranstaltungsbesuche, Shoppingreisen und Verwandtenbesuche. Städtereisende möchten Kultur- und Freizeitangebote der Stadt nutzen, kulturtouristische Sehenswürdigkeiten entdecken (Kagermeier 2008: 9 f.) und authentische Erfahrungen sammeln (Raab 2012: 51). Die angestrebte Differenzerfahrung kann durch die Sammlung neuer Eindrücke erreicht werden, wobei die städtische Atmosphäre – „das besondere Flair, das angenehme, schöne Ambiente" (John 2010: 24) – eine herausragende Rolle spielen kann. Forschungsergebnisse zeigen auf, dass diese Differenzerfahrung bei vielen Urlaubern, die für ihre Haupturlaubsreise 2018 die Urlaubsart „Städtereise" angaben, eine große Rolle spielte, da das mit Abstand häufigste Motiv der „Abstand zum Alltag" angegeben wurde (Forschungsgemeinschaft Urlaub und Reisen 2019: o. S.)

Zudem ist der Städtetourismus auch durch geschäftlich bedingten Tourismus geprägt. Städte sind häufig Ziele von Geschäftsreisenden. So decken sich die Zielgebiete der innerdeutschen Tages- und Übernachtungsgeschäftsreisen nahezu vollständig mit den urbanen Räumen in der Republik (Eisenstein u. a. 2019a: 135). Während es sich deutschlandweit bei jeder fünften innerdeutschen Reise im Jahr 2018 um eine Geschäftsreise handelt, liegt der entsprechende Anteil mit dem Städteziel Berlin bei einem Drittel (GfK SE 2019: o. S.). Gut ein Drittel der innerdeutschen Übernachtungsgeschäftsreisen entfallen dabei auf die vier Städte Berlin, München, Hamburg und Frankfurt am Main (Sonntag u. a. 2019: 5).

Zur Vielfalt der möglichen Motive kommt erschwerend hinzu, dass häufig Motivbündel aus mehreren Motiven vorliegen (Anton/Quack 2005: 10; Steinecke 2007: 192 f.; Kagermeier 2008: 15, 17; John 2010: 20; Raab 2012: 48). „Der klassische Städtetourist ist [...] ein stark von hybriden Besuchsmotiven gekennzeichneter Besucher, wobei sich Urlaubs- und Vergnügungsmotive sowie Kultur- und Bildungsmotive, aber auch unterschiedliche geschäftliche und dienstliche Motive überlagern" (Kagermeier 2008: 16). Peters (2011: 175) charakterisiert den Städtetourismus daher als „multimotivisch". Vor diesem Hintergrund werden verschiedene Reisearten kombiniert: So werden viele Städtereisen auch als Erlebnis- und Entdeckungsreise sowie als Erholungs- und Entspannungsreise bezeichnet (Beer u. a. 2019: 57). Auch geschäftliche Reisen werden mit privaten Intentionen angereichert: Die Nutzung von Afterwork-Programmen, die private Verlängerung des geschäftlichen Aufenthalts oder die Mitnahme von Begleitpersonen sind nur einige Ausprägungen dieses „Bleisure-Phänomens" (Business und Leisure; Eisenstein u. a. 2019b: 26). Bei der Städtereise handelt es sich somit offenkundig nicht um eine Tourismusart (die gemäß einem Motiv differenziert werden könnte), sondern vielmehr um eine Tourismusform (Kagermeier 2008: 17), die mit einer Reihe von unterschiedlichen Motiven verknüpft sein kann.

Weitere Möglichkeiten und Herausforderungen zur Kategorisierung des Städtetourismus ergeben sich nicht nur aufgrund der Vielfalt der unterschiedlichen Motive der Reisenden, die dazu führen, die Stadt als Reiseziel auszuwählen, sondern auch aufgrund unterschiedlicher Stadttypen nach Größenordnungen und Ausprägungen der Städte als Wohn-, Arbeits- und Freizeitraum. Wie jede Destination so sind auch Städte durch individuelle Rahmenbedingungen, wie beispielsweise die verkehrstechnische Erreichbarkeit, das ortsansässige Gastgewerbe, die natürlichen (z. B. Klima, Besonderheiten der Natur) und künstlichen (z. B. Sehenswürdigkeiten, Veranstaltungen) Attraktivitätsfaktoren gekennzeichnet (Weber 2000: 53). Ganz unterschiedlich und damit spezifisch für die einzelne Städtedestination kann sich auch das Zusammenspiel der städtetouristischen Akteure darstellen (siehe Abb. 7.1).

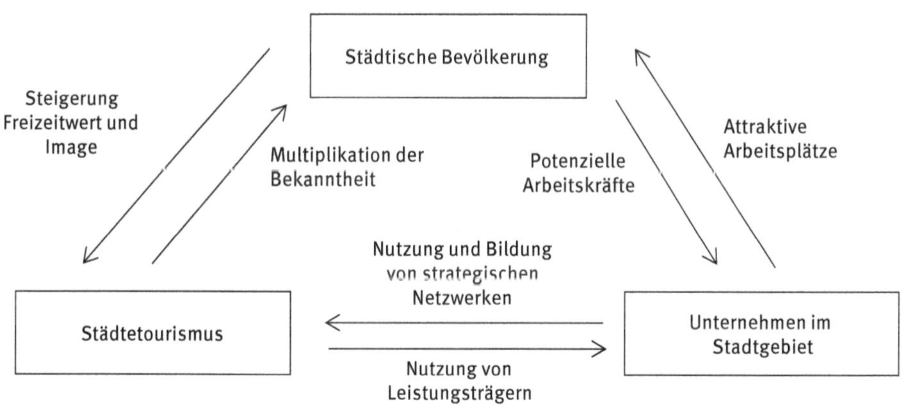

Abb. 7.1: Akteure des Städtetourismus und ihre Wechselwirkungen (nach Peters 2011: 192)

7.3 Nachfrage nach Städtetourismus

Städte gelten „als politische, wirtschaftliche und kulturelle Zentren" (Freytag/Popp 2009: 4) und üben auf Touristen eine große Anziehungskraft aus (Steinecke 2007: 192). So ist es auch nicht überraschend, dass nur ein einstelliger Anteil der deutschen Bevölkerung angibt, gar kein Interesse an einer Städtereise zu haben, während rund ein Drittel großes Interesse und ein weiteres Drittel sogar sehr großes Interesse für eine

Städtereise bescheinigt. Lediglich Reisen mit Aufenthalten in der Natur („sich in der Natur aufhalten") konnten sich eines gleich großen Interesses erfreuen (IMT 2010, 2013; inspektour 2016). Städtereisen haben sich über Jahre hinweg als Urlaubsform der Deutschen etabliert. Dabei stehen vor allem Kurzreisen im Fokus der Nachfrager (Rogerson/Rogerson 2017: 195). Gemessen an allen innerdeutschen Urlaubsreisen (ab einer Übernachtung) im Jahr 2018 handelte sich bei knapp jeder fünften Reise um eine Städtereise (Haupturlaubsart) (GfK SE 2019: o. S.). Im Rahmen der Haupturlaubsreise der Deutschen spielen Städtereisen hingegen nur eine deutlich nachgeordnete Rolle (Forschungsgemeinschaft Urlaub und Reisen 2017, 2018, 2019).

Trotzdem sind Städtereisen in Deutschland ein Wachstumsmotor der touristischen Nachfrage und bilden ein Marktsegment, das insbesondere seit der letzten Jahrhundertwende ein großes Wachstum erfahren hat (Kagermeier 2008: 13; Freytag/Popp 2009: 4; Bauder 2018: 105 ff.). Von den in der amtlichen Statistik für das Jahr 2017 erfassten Ankünften und Übernachtungen konnten die Städte beachtenswerte Anteile auf sich vereinigen: So betrugen die Marktanteile der 79 deutschen Großstädte ab 100.000 Einwohner rund 39 % bei den Ankünften und 30 % bei den Übernachtungen (Statistisches Bundesamt 2018). Aus dem Verhältnis der beiden Werte wird deutlich, dass Reisen in deutsche Großstädte durch eine relativ kurze Aufenthaltsdauer charakterisiert sind, da Kurzurlaube und kurze geschäftliche Aufenthalte dominieren. Zwölf Großstädte konnten amtlich registrierte Ankunftszahlen von über einer Million verbuchen (siehe Abb. 7.2). Die Spitzenposition nimmt dabei Berlin ein, mit großem Abstand gefolgt von München, Hamburg, Frankfurt am Main und Köln.

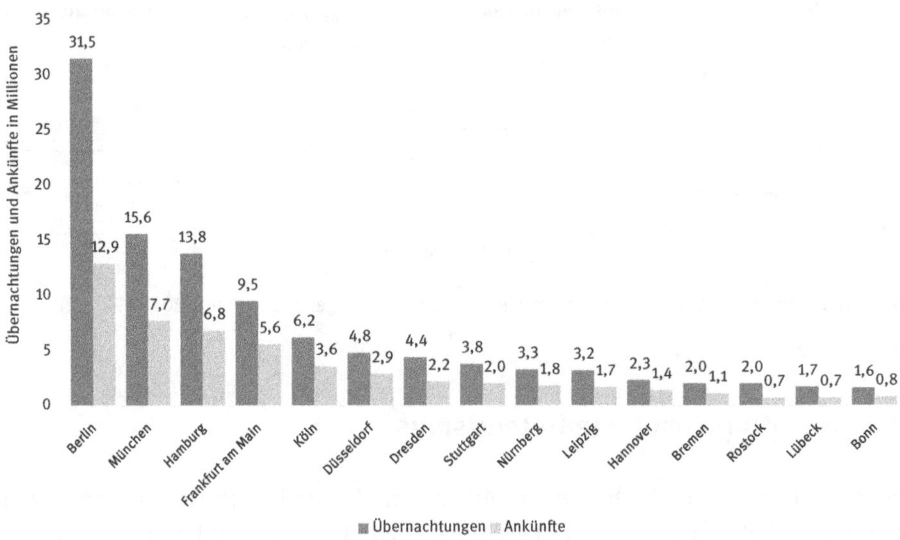

Abb. 7.2: Übernachtungen und Ankünfte in ausgewählten deutschen Großstädten im Jahr 2017 (Statistisches Bundesamt 2018)

Dass nicht nur die Großstädte vom Städtetourismusboom profitieren, sondern auch mittelgroße Städte, die zwischen 20.000 und 100.000 Einwohner haben (BBSR 2019: o. S.), verdeutlicht Tab. 7.1.

Tab. 7.1: Wachstumsraten amtlich erfasster Übernachtungen in ausgewählten Städten (eigene Berechnung auf Basis Statistisches Bundesamt 2013, 2018)

Stadt	Übernachtungen		Prozentualer Zuwachs
	2012	2017	
St. Wendel	352.271	945.591	+168 %
Göttingen	807.323	1.850.690	+129 %
Düren	294.621	582.086	+98 %
Kempten	176.578	317.025	+80 %
Memmingen	107.188	182.853	+71 %
Günzburg	498.997	851.113	+71 %
Landau in der Pfalz	68.905	106.864	+55 %
Osnabrück	315.293	482.609	+53 %
Holzminden	163.015	244.309	+50 %
Flensburg	209.441	311.603	+49 %

7.4 Städtereisen und Kulturtourismus

Der Kulturtourismus ist ein wesentlicher Bestandteil des Städtetourismus (Kagermeier 2008: 17; Peters 2011: 175; Mandel 2012: 68; Munier 2012: 41; Raab 2012: 46). Der Bereich der Kulturangebote umfasst dabei verschiedene Segmente – von der klassischen Hochkultur bis zur stadtprägenden kulturellen Straßenszene. So zählen die Bereiche Musik (z. B. Opern, Musicals, Konzerte), darstellende Kunst (z. B. Ballett, Theater), bildende Kunst (z. B. Museen, Galerien), Literatur (z. B. Literaturfestivals, Buchhandel) und Film (z. B. Kino, Schauspieler) wie auch das Segment der Kulinarik zu den Kulturangeboten einer Stadt (HWWI/Berenberg 2018: 5; Pöllmann 2018: 3). Großstädte erfüllen städtetouristische Anforderungen durch umfangreiche Kultur- und Freizeitangebote (Hayllar u. a. 2013: 6). Kleine und mittelgroße Städte, die historisch und kulturell bedeutsame Sehenswürdigkeiten aufweisen, wie ein kulturhistorisches Stadtbild in Form von Altstadtvierteln oder Befestigungsanlagen, sind aufgrund ihrer Historie ebenfalls attraktiv für Städtereisende (Pez 2002: 100; Kagermeier 2008: 21).

Die vielfältigen Motive und Interessen der Städtetouristen münden in den unterschiedlichsten Praktiken bzw. in einem komplexen Verhalten vor Ort (Raab 2012: 48 f.). Laut Wollesen (2011: 140) zählt der Besuch von Kultureinrichtungen, Veranstaltungen und Erlebniseinrichtungen zu einer der beliebtesten Urlaubsaktivitäten. Die folgenden fünf kulturbezogenen Aktivitäten wurden von den Deutschen während einer innerdeutschen Städteurlaubsreise ab einer Übernachtung am häufigsten ausge-

übt (GfK SE 2019; Aktivitäten bei Urlaubsreisen mit mindestens einer Übernachtung und Haupturlaubsreiseart „Städtereise“ im Jahr 2018; Mehrfachnennungen möglich):
- 91 % Besuch von kulturellen/historischen Sehenswürdigkeiten
- 44 % Typische Speisen/Getränke genießen
- 32 % Besuch von Museen/Ausstellungen
- 25 % Besuch von Events/Veranstaltungen (z. B. Konzerte, Sportevents)
- 12 % Besuch von Erlebniseinrichtungen (z. B. Freizeitparks)

Diese Auflistung verdeutlicht, wie vielfältig die Aktivitäten der Städtereisenden sind. All diese Aktivitäten sollten durch eine umfangreiche Angebotspalette der Städte ermöglicht werden. Zu beachten ist dabei, dass sich die Urlaubsaktivitäten von Städtereisenden, die die Stadt bereits zum wiederholten Male besuchen, von den Aktivitäten der Erstbesucher deutlich unterscheiden können. Erstbesucher schlagen häufig die bekannten Besucherpfade ein und möchten zunächst die bekannten Sehenswürdigkeiten und Orte erkunden, die sie bereits aus den Reiseführern, aus Filmen oder aus anderen Medien kennen. Wiederholungsbesucher einer Stadt versuchen vermehrt, die bereits bekannten und ggf. überlaufenen Orte der Stadt zu meiden, und möchten die Stadt möglichst authentisch erleben. Sie sind verstärkt daran interessiert, Orte zu erkunden, in denen die einheimische Bevölkerung ihren Alltag verlebt (Freytag 2010: 49 ff.).

7.5 Treiber des Städtetourismus

Die Gründe für den städtetouristischen Boom sind vielfältig. Neben den die Tourismusentwicklung im Generellen prägenden Determinanten (hierzu z. B. Freyer 2015: 23 ff.; zu Geschäftsreisen Eisenstein u. a. 2019a: 100 ff.) können einige Faktoren angeführt werden, die im Speziellen dem Wachstum des Städtetourismus zugutekamen. So profitieren Städte besonders von einer Steigerung des Geschäftsreisevolumens. „Die wachsende globale Ausrichtung vieler Unternehmen und die zunehmende Anzahl von Unternehmen und Unternehmenskooperationen mit geografisch verstreuten, z. T. weit auseinanderliegenden Standorten führt zu einem Anstieg der geschäftlichen Mobilität, insbesondere in Form von team- und projektbezogenen Arbeiten von Mitarbeitern unterschiedlicher Niederlassungen oder Unternehmen“ (Eisenstein u. a. 2019a: 102). Es ist leicht nachvollziehbar, dass wirtschaftliche Rahmenbedingungen einen großen Einfluss auf das Volumen der Geschäftsreisen und damit auch auf das Volumen der Städtereisen haben.

Entwicklungen im Transportwesen und der Informations- und Kommunikationstechnologien führten zu einer weiteren Verminderung der Transaktionskosten, wodurch sowohl die Raumüberwindung als auch der für Reiseangebote notwendige Informationsaustausch erleichtert wird (Eisenstein 2014: 115; Postma u. a. 2017: 95).

Viele Städte profitieren von einer verbesserten Erreichbarkeit per Flugzeug oder Hochgeschwindigkeitsbahn (Weber 2012: 16). Die Eintrittsbarrieren – nicht nur für geschäftliche, sondern auch für private Besuche – werden hierdurch deutlich herabgesetzt. Die Abnahme des Reiseaufwands trifft dabei auf den nachfrageseitigen Wunsch nach Kurzurlaubsreisen, was den Boom der Städtereisen weiter unterstützt.

Auch aufseiten des Angebots haben verschiedene Entwicklungen zum Boom des Städtetourismus beigetragen: Zahlreiche städtische Modernisierungsprozesse und Entwicklungen der Dezentralisierung führen zu einer Aufwertung und auch touristischen Attraktivitätssteigerung von Stadtteilen (Novy 2013: 193). Professionelles Marketing ist in der Lage, das städtische Angebot an potenzielle Besucher heranzutragen. Das Angebot an Beherbergungsdienstleistungen ist in vielen Städten nicht nur deutlich erweitert (Munier 2012: 42), sondern mittlerweile auch stark diversifiziert. Als ein Beispiel sei hier die Stadt Hamburg zu nennen, die von 2007 auf das 2017 eine Kapazitätsausweitung im Bereich der amtlich erfassten angebotenen Schlafgelegenheiten von 77 % verzeichnete (Statistisches Bundesamt, 2008, 2018). Die Hotellerie vermag vielerorts mit ganz unterschiedlichen Formen verschiedene und teils neue Zielgruppen für den Städtetourismus zu gewinnen. Auch wenn im Beherbergungsmarkt vieler Städte das Hotellerieangebot überwiegt, so ist doch inzwischen oftmals daneben eine stark angestiegene Privatvermietung getreten. Als ein wesentlicher Grund für den Besuch der deutschen Städte im Rahmen von privaten Reisen kann die Multioptionalität des Angebots angesehen werden (Reif 2017: 40). Diese entspricht einer gesellschaftlichen Entwicklung, bei der Erlebnisse stärker als zuvor im Fokus stehen. Die Möglichkeit, „eine Vielzahl von unterschiedlichen Erlebnissen“ (Peters 2011: 191) zu kombinieren und somit eine hohe Erlebnisdichte zu generieren, macht den Besuch von Städten reizvoll. Zudem sind viele städtische Angebote und damit die offerierten Erlebnisse nicht saisonabhängig, sondern können ganzjährig angeboten werden (John 2010: 22). Insbesondere künstliche Attraktionsfaktoren schaffen hierbei Besuchsanreize (Weber 2000: 54). Diese bestehen beispielsweise aus Events, Märkten, kulturellen Veranstaltungen und Inszenierungen oder Museen, aber auch aus Shoppingmöglichkeiten sowie Denkmälern oder historischer Stadtarchitektur. Die beiden Letztgenannten gelten als Bestandteil der Stadt, da diese Aspekte in einer Stadt historisch bedingt vorhanden oder eben nicht vorhanden sind, während Museen, Konzerthäuser und Musicaltheater zu Unterhaltungszwecken erbaut und kulturelle Veranstaltungen, Events, Musikfestivals und anderweitige Inszenierungen mit dem Zweck geplant wurden, Besucher anzuziehen (Mandel 2012: 69). Des Weiteren hat sich das Spektrum an Stadtführungen (als traditionelles Angebot im Städtetourismus) beträchtlich erweitert. Viele Destinationen bieten inszenierte und szenische Führungen, die schauspielerische oder auch musikalische Elemente beinhalten, aber auch erlebnisorientierte Führungen, die durch außergewöhnliche Orte oder Fortbewegungsmittel geprägt sind, an (Weier 2005: 246; Mandel 2012: 70).

7.6 Fazit und Ausblick

Die städtetouristische Nachfrage war in den letzten Jahren einer der Motoren des touristischen Wachstums in Deutschland. Da zudem das Interesse der deutschen Bevölkerung an einer Städtereise ungebrochen hoch ist und weder eine Umkehr des Trends zu Kurzurlaubsreisen noch eine Abkehr von der Erlebnisorientierung zu erwarten ist, kann insgesamt mit einem weiteren Wachstum des privat motivierten Städtetourismus gerechnet werden. Das Volumen geschäftlich motivierter Reisen hängt stark von den zukünftigen internationalen Rahmenbedingungen der Wirtschaft ab und wird zudem deutlich von technologischen Entwicklungen beeinflusst. So sind laut GfK die geschäftlichen Tagesreisen der Inländer seit mehreren Jahren rückläufig (GfK SE: 2018, 2019). Hintergrund ist die Substitution der Geschäftsreise durch virtuelle Meetings (Eisenstein u. a. 2019a: 109).

Der moderne Städtetourismus manifestiert sich in einer ganzen Bandbreite unterschiedlicher Motive und Praktiken. Kulturelle Perspektiven und Aspekte spielen dabei eine außerordentlich wichtige Rolle. Viele Städte sind mittlerweile schnell und sicher erreichbar, bieten eine gute touristische Infrastruktur und weisen eine hohe Dichte an emotionalen Stimuli auf, die den Werten der Erlebnisgesellschaft entgegenkommen. Allerdings stellt die hohe Anzahl der urbanen Besucher manch städtische Infrastruktur, touristische Anbieter und Einwohner der Stadt vor Herausforderungen. So wird der große Besucherandrang in den Städten, die damit zusammenhängenden Fragen nach der touristischen Tragfähigkeit und den Folgen für die Tourismusakzeptanz der Einwohner (z. B. Postma/Schmücker 2017; Grube/Novy 2018; Koens u. a. 2018; Peeters u. a. 2018; Kagermeier/Erdmenger 2019) und das touristische Erlebnis der Besucher (Reif 2019) gegenwärtig umfassend diskutiert. In Bezug auf die Problembewältigung ist nicht davon auszugehen, dass ein für alle Städte allgemeingültiges Vorgehen oder Modell besteht, sondern dass spezifische Rahmenbedingungen zu unterschiedlichen, jeweils vor Ort zu präferierenden Maßnahmen der Partizipation, Steuerung und Entwicklung führen.

Literatur

Anton, C. / H.-D. Quack, Städtetourismus: Überblick, in: Landgrebe, S. / P. Schnell (Hg.), Städtetourismus, München 2005, S. 9–18.

Bauder, M., Dynamiken des Städtetourismus in Deutschland. Wachstumspfade der übernachtungsstärksten Großstädte, in: Standort 42:105–110, 2018.

Beer, H. / B. Grimm / A. Koch / P. Wagner, Reiseanalyse 2019 – Ergebnisbericht. Struktur und Entwicklung der Urlaubsreisenachfrage im Quellmarkt Deutschland, Kiel 2019.

Bundesinstitut für Bau-, Stadt- und Raumforschung (BBSR), Gemeinden und Gemeindeverbände, Stadt- und Gemeindetypen, Bonn 2019.

Eisenstein, B., Grundlagen des Destinationsmanagements, München 2014, 2. Aufl.

Eisenstein, B. / J. Reif / D. Schmücker / M. Krüger / R. Weis, Geschäftsreisen. Merkmale, Anlässe, Effekte, Konstanz 2019a.
Eisenstein, B. / J. Reif / D. Schmücker, Zwischen Effizienz, Erfolg und Work-Life-Balance: Reiseverhalten und Bedürfnisse deutscher Geschäftstouristen, Vortrag 23. Jahrestagung der Deutschen Gesellschaft für Tourismuswissenschaft (DGT) in Deggendorf (unveröffentlicht), 2019b.
Forschungsgemeinschaft Urlaub und Reisen e. V., Reiseanalyse 2017, Kiel 2017.
Forschungsgemeinschaft Urlaub und Reisen e. V., Reiseanalyse 2018, Kiel 2018.
Forschungsgemeinschaft Urlaub und Reisen e. V., Reiseanalyse 2019, Kiel 2019.
Freyer, W., Tourismus. Einführung in die Fremdenverkehrsökonomie, München 2015, 11., überarb. und aktual. Aufl.
Freytag, T., Déjà-vu: tourist practices of repeat visitors in the city of Paris, in: Social Geography 5(1):49–58, 2010.
Freytag, T. / M. Popp, Der Erfolg des europäischen Städtetourismus. Grundlagen, Entwicklungen, Wirkungen, in: Geographische Rundschau 2:4–11, 2009.
GfK SE, DestinationMonitor Deutschland 2017, Nürnberg 2018.
GfK SE, DestinationMonitor Deutschland 2018, Nürnberg 2019.
Grube, N. / J. Novy, Streitgrund Stadttourismus. Über die Ursachen und Folgen der Debatte über Overtourism und Tourismusphobie, in: PLANERIN 6:5–8, 2018.
Hamburgisches WeltWirtschaftsInstitut GmbH (HWWI) and Berenberg, Kultur-Städteranking 2018. Die 30 größten Städte Deutschlands im Vergleich, Hamburg 2018.
Hayllar, B. / T. Griffin / D. Edwards, Urban Tourism Precincts: Engaging with the Field, in: Hayllar, B. / T. Griffin / D. Edwards (Hg.), City spaces – tourist places. Urban tourism precincts, London 2013, S. 3–18.
inspektour GmbH, Destination Brand 16. Studie zur Themenkompetenz deutscher Urlaubsziele, Hamburg 2016.
Institut für Management und Tourismus (IMT) der FH Westküste, Destination Brand 10. Studie zur Themenkompetenz deutscher Urlaubsziele, Heide/Holstein 2010.
Institut für Management und Tourismus (IMT) der FH Westküste, Destination-Brand 13. Studie zur Themenkompetenz deutscher Urlaubsziele, Heide/Holstein 2013.
John, H., Museen und Tourismus – Partner einer (fast) idealen Allianz, in: John, H. et al. (Hg.), Museen und Tourismus. Wie man Tourismusmarketing wirkungsvoll in die Museumsarbeit integriert; ein Handbuch, Bielefeld 2010, S. 9–50.
Kagermeier, A., Städtetourismus zwischen Kultur und Kommerz: Grundlagen zu einem sich dynamisch entwickelnden touristischen Angebotssegment, in: Freytag, T. / A. Kagermeier (Hg.), Städtetourismus zwischen Kultur und Kommerz, München/Wien 2008, S. 13–24.
Kagermeier, A. / E. Erdmenger, Das Phänomen Overtourism. Erkundungen am Eisberg unterhalb der Wasseroberfläche, in: Reif, J. / B. Eisenstein (Hg.), Tourismus und Gesellschaft. Kontakte – Konflikte – Konzepte, Berlin 2019 (= Schriften zu Tourismus und Freizeit), S. 97–110.
Koens, K. / A. Postma / B. Papp, Is Overtourism Overused? Understanding the Impact of Tourism in a City Context, in: Sustainability 10(12):1–15, 2018.
Mandel, B., Tourismus und kulturelle Bildung. Potentiale, Voraussetzungen, Praxisbeispiele und empirische Erkenntnisse, München 2012 (= Kulturelle Bildung, 28).
Meier, I., Städtetourismus, Trier 1994 (= Trier Tourismus Bibliographien, 6).
Munier, G., Städtetourismus. Eine echte Wachstumsbranche, in: Alternative Kommunal Politik (AKP) 33(1):41–42, 2012.
Novy, J., Städtetourismus, Stadtteiltourismus und der Mythos Städtischer Steuerung. Das Beispiel Berlin, in: Saretzki, A. / K. Wöhler (Hg.), Governance von Destinationen. Neue Ansätze für die erfolgreiche Steuerung touristischer Zielgebiete, Berlin 2013.

Peeters, P. / S. Gössling / J. Klijs / C. Milano / M. Novelli / C. Dijkmans / … / A. Postma, Research for TRAN Committee – Overtourism: impact and possible policy responses, Brüssel 2018.
Peters, J. E., Produktentwicklungsmanagement im Städtetourismus, Mannheim 2011 (= Studien zur Freizeit- und Tourismusforschung, 5).
Pez, P., Städtetourismus – Touristenstädte, in: Institut für Länderkunde (Hg.), Nationalatlas Bundesrepublik Deutschland. Dörfer und Städte, Heidelberg 2002 (= Nationalatlas Bundesrepublik Deutschland, 5), S. 100–101.
Pöllmann, L., Kulturmarketing, Wiesbaden 2018.
Postma, A. / D.-M. Buda / K. Gugerell, The future of city tourism, in: JTF 3(2):95–101, 2017.
Postma, A. / D. Schmuecker, Understanding and overcoming negative impacts of tourism in city destinations. Conceptual model and strategic framework, in: JTF 3(2):144–156, 2017.
Raab, F., Das Social Web im Städtetourismus. Eine Untersuchung der Auswirkungen auf Informationsverhalten und räumliche Verhaltensmuster unter besonderer Berücksichtigung von Nischenangeboten, Trier 2012.
Reif, J., Tourismus in Städten. Wachstum, Wachstum und an die Einwohner denken, in: Eisenstein, B. / R. Schmudde / J. Reif / C. Eilzer (Hg.), Tourismusatlas Deutschland, Konstanz 2017, S. 40–41.
Reif, J., Touristische Aktionsräume und die Wahrnehmung von Crowding: Das Beispiel Tagestourismus in Hamburg, in: Zeitschrift für Tourismuswissenschaft 11(2):257–287, 2019.
Rogerson, C. M. / J. M. Rogerson, City Tourism in South Africa: Diversity and Change, in: Tourism Review International 21(2):193–211, 2017.
Sonntag, U. / J. Reif / D. Schmücker / B. Eisenstein, RA Business. Erste Ergebnisse zu den Übernachtungsgeschäftsreisen der Deutschen, Kiel/Heide 2019.
Statistisches Bundesamt (Hg.), Tourismus in Zahlen 2007, Wiesbaden 2008.
Statistisches Bundesamt (Hg.), Tourismus in Zahlen 2012, Wiesbaden 2013.
Statistisches Bundesamt (Hg.), Tourismus in Zahlen 2017, Wiesbaden 2018.
Steinecke, A., Kulturtourismus. Marktstrukturen, Fallstudien, Perspektiven, München 2007.
Weber, C.-H., Städtereisen, in: Dreyer, A. / C. Becker (Hg.), Kulturtourismus, München 2000, 2. Aufl., S. 51–69.
Weber, H.-J. L., Die Paradoxie des Städtetourismus: zwischen Massentourismus und Individualität. Eine Studie zu touristischen Praktiken und Mobilität unter Verwendung von GPS- und Fragebogendaten sowie Reiseführerliteratur am Beispiel der Stadt Berlin, Freiburg im Breisgau 2012.
Weier, M., Innovative Stadtführungen, in: Landgrebe, S. / P. Schnell (Hg.), Städtetourismus, München 2005, S. 241–253.
Wollesen, A., Slow Tourismus – Eine Chance für den Kulturtourismus?, in: Antz, C. et al. (Hg.), Slow Tourism. Reisen zwischen Langsamkeit und Sinnlichkeit, München 2011, S. 137–162.

Rebekka Weis, Julian Reif und Bernd Eisenstein

8 Thementourismus

Zusammenfassung: Kulturtourismus manifestiert sich in unterschiedlichen Themen und Aktivitäten während des Urlaubs. Es wird kaum eine touristische Reise geben, bei denen kulturelle Aspekte überhaupt keine Rolle spielen. Die deutsche Bevölkerung hat darüber hinaus ein ausgeprägtes Interesse an kulturtouristischen Themen. Die Bandbreite reicht von Städtereisen, gastronomischem Tourismus und dem Besuch von Burgen und Schlössern mit hohen Interessentenpotenzialen bis hin zu Nischenthemen mit Special-Interest-Zielgruppen wie „Bierreisen", „Bergbau erleben" und „Besuch von Drehorten". Für das Erleben von Kultur im Urlaub zeigen sich (deutsche) Städte besonders geeignet und erreichen themenübergreifend die höchsten Kompetenzzuschreibungen für die Durchführung von kulturbezogenen Aktivitäten.

Schlagwörter: Thementourismus, Kulturelle Aktivitäten

8.1 Themen im Kulturtourismus

8.1.1 Perspektiven des Kulturtourismus

Der Begriff Kulturtourismus umfasst eine Vielzahl an touristischen Aktivitäten, die nachfrageseitig betrachtet aus dem Wunsch heraus entstehen, im Urlaub in irgendeiner Art etwas „mit Kultur" (Lohmann 1999: 77) zu unternehmen. Dabei kann der Begriff Kultur ganz allgemein alles einschließen, „was aus der Entwicklung, Pflege und Veredlung menschlicher Fähigkeiten entstanden ist und was für eine menschliche Gemeinschaft in einer bestimmten Region typisch ist" (Dreyer 1996: 42). In einer engeren Definition sind mit Kultur vor allem die (kunst-)geschichtlich bedeutenden Bauwerke oder Museen gemeint, während in einer weiter gefassten Definition auch die Sitten und Gebräuche, die lokale Gastronomie, Sprache, (Kunst-)Handwerk sowie andere moderne und technische Denkmäler unter den Kulturbegriff fallen (Lohmann 1999: 63). Das kulturelle Angebot einer Region besteht somit insbesondere aus den über die Jahrhunderte entstandenen Bauten, Relikten und Brauchtumsveranstaltungen, kann jedoch um eigens für den Tourismus geschaffene Angebote wie Besucherzentren oder Veranstaltungen ergänzt werden (Hausmann 2011: 37). Auch die kulturellen Leistungen der Gegenwart wie Musikveranstaltungen, Konzerte, Theater, Lesungen, Ausstellungen etc. gehören zum kulturtouristischen Angebot einer Region (Heinze 1999a: 8). Werden jedoch auch alltägliche Objekte und Verhaltensweisen zur

Rebekka Weis, M. A., Projektleiterin, Institut für Management und Tourismus, FH Westküste, Heide
Dipl.-Geogr. Julian Reif, Projektleiter, Institut für Management und Tourismus, FH Westküste, Heide
Prof. Dr. Bernd Eisenstein, Direktor, Institut für Management und Tourismus, FH Westküste, Heide

https://doi.org/10.1515/9783486711028-008

Kultur gezählt, können die Grenzen zwischen Kultur- und Unterhaltungsangebot verschwimmen (Steinecke 2007: 4). Themenparks oder Popkonzerte sollten nach Steinecke folglich nicht unter den Kulturbegriff fallen. Daher zeichnet sich nach Steinecke (2007: 5) der tatsächliche Kulturtourismus durch das Interesse der Touristen an Kultur, die Besichtigung kultureller Einrichtungen, die Teilnahme an Kulturveranstaltungen und eine fachlich fundierte Informationsvermittlung aus, wobei sowohl die Hoch- als auch die Alltagskultur einbezogen werden kann.

Die Vielfalt, die den Begriff Kultur ausmacht, findet sich entsprechend auch im Kulturtourismus wieder. Eine Einteilung der Reisemotive für den Kulturtourismus unterscheidet zwischen der Besichtigung von einzelnen Kulturobjekten (Kirchen, Schlösser etc.), Kulturobjekthäufungen (Kulturlandschaften, „Straßen" kultureller Objekte), Kulturensembles (Dorf- oder städtische Ensembles) sowie zwischen Ereignis-Kulturtourismus (Festspiele, aber auch Kurse in Kunst, Musik etc.), gastronomischem Kulturtourismus (Teilnahme an Weinlesen, Weinproben etc.) und Fern-Kulturtourismus (u. a. ethnologischer Kulturtourismus) (Jätzold 1993: 138). Bezogen auf spezielle Tourismusformen können zudem Sprach-, Studien- und Städtereisen sowie Eventtourismus als Formen des Kulturtourismus identifiziert werden (Freyer 2000: 479 ff.). Steinecke fasst diese Gliederungsvorschläge zu einem Modell zusammen, in dem neben kulturellen Relikten, Einrichtungen und Schauplätzen verschiedene Räume als kulturtouristische Attraktionen das kulturelle Angebot darstellen. Ergänzend beinhaltet das Modell Organisations- und Vermittlungsformen wie Studienreisen und Reiseführer, die ebenfalls zum Angebot des Kulturtourismus gehören. Kulturveranstaltungen werden dabei jeweils dem Raum zugeordnet, in dem sie stattfinden (Steinecke 2007: 9).

Aus der großen Fülle an Angeboten, die per Definition zum Kulturtourismus gehören, kann bereits abgeleitet werden, dass kaum eine Kulturreise wie die andere aussieht und kein Tourist in einer einzigen Kulturreise alle Aspekte des Kulturtourismus wird abdecken können. Außerdem werden bei einem großen Anteil (wenn nicht bei nahezu allen) touristischer Reisen kulturelle Aspekte eine Rolle spielen – oder umgekehrt ausgedrückt: Es wird kaum eine touristische Reise geben, bei denen kulturelle Aspekte überhaupt keine Rolle spielen. Entscheidend ist daher, dass kulturelle Aktivitäten das Hauptmotiv einer Reise sein oder auch nur ein Motiv neben anderen Motiven wie beispielsweise Erholung darstellen können (Freyer 2000: 483). Zudem ist das Interesse an den einzelnen Bestandteilen und Erscheinungsformen des Kulturtourismus personenabhängig, sodass es sinnvoll erscheint, spezielle Aktivitäten oder Teilbereiche des Kulturtourismus separat zu betrachten. Damit wird die notwendige gezielte Untersuchung der einzelnen Teilbereiche des Kulturtourismus möglich, in der Zielgruppen, deren Reiseverhalten, Anforderungen und Zufriedenheit mit dem Angebot analysiert werden können. Die einzelnen Teilbereiche werden dabei als eigenständige touristische Themen betrachtet, die jedoch unter dem Begriff „Kulturtourismus" subsumiert werden können (vgl. Kapitel 2 in diesem Buch).

8.1.2 Themen im Tourismus

Der Begriff des „Themas“ im Kontext des Tourismus wurde dabei bisher aus unterschiedlichen Perspektiven definiert. So geht der Begriff des Thementourismus auf den von Walt Disney 1955 eröffneten Themenpark Disneyland zurück, der sich durch eine thematische Geschlossenheit auszeichnet (Dreyer 1996: 33). Allgemeiner definiert umfassen Themen im Tourismus „Personen sowie Inhalte, Stoffe, Gegenstände mit Eigencharakter, die in Bezug zu traditionellen touristischen Formen gebracht werden. Der Tourismus bedient sich gewissermaßen dieses Stoffes und setzt ihn in das Setting typischer Angebotsformen ein. Themen im Tourismus werden in Deutschland bisher überwiegend aus kulturellen und gesellschaftlichen Teilgebieten entnommen, wie z. B. aus Architektur, Kunst, Literatur, Musik oder Philosophie/Theologie“ (Schwark 1996: 117).

Die dort getroffene Einschränkung auf kulturelle bzw. gesellschaftliche Teilgebiete ist jedoch nicht haltbar, da auch naturbezogene Aktivitäten wie Wandern, Radfahren oder andere als Grundlage für thematisch aufgeladene Angebote im Tourismus dienen können. So zeichnen sich Themenreisen vor allem durch ihre thematische Geschlossenheit aus, wobei die Themen und der kulturelle Anspruch unterschiedlichster Herkunft bzw. Ausprägung sein können (Dreyer 1996: 34) und der kulturelle Bezug darüber hinaus auch ganz wegfallen kann.

Daneben können mithilfe einer Thematisierungsstrategie (kultur-)touristische Angebote profiliert und unter einem thematischen Schwerpunkt gebündelt werden (Steinecke 1999: 27). Für thematische Marketingstrategien im Bereich des Kulturtourismus wird dazu ein thematisch authentisches Umfeld neben der Existenz entsprechender touristischer Dienstleister gefordert (Schwark 1996: 119). Im Folgenden sollen einige kulturtouristische Aktivitäten und Themen näher betrachtet werden.

8.2 Interesse für kulturtouristische Themen

Im Rahmen der Themenstudie *Destination Brand* wird im dreijährigen Rhythmus repräsentativ erhoben, wie hoch das Interesse der 14- bis 74-jährigen Deutschen für verschiedene Urlaubsarten und -aktivitäten ist. Das Interesse an den Urlaubsthemen wird dabei unabhängig von einem bestimmten Reiseziel abgefragt. In der Erhebung *Destination Brand 16* wurde bei der Gruppe der Befragten das Interesse an 61 touristischen Themen und Urlaubsaktivitäten erhoben, unter denen sich 23 kulturspezifische Themen wiederfinden (vgl. hier und im Folgenden inspektour GmbH 2016).

66 % der 17.000 Befragten geben an, dass sie ein „sehr großes“ oder „großes“ Interesse an einer **„Städtereise“** in Deutschland haben (siehe Abb. 8.1). Im Vergleich aller abgefragten Themen erreichte die Urlaubsart „Städtereise“ damit den zweiten Rang, nach dem Interesse „sich in der Natur aufzuhalten“ (67 %). Unter den Top 15 finden sich mit den Urlaubsaktivitäten

- „Kulinarische/gastronomische Spezialitäten genießen“ (60 %),
- „Burgen, Schlösser, Dome besuchen“ (50 %),
- „Gärten/Parks besuchen“ (46 %),
- „Schlösser, Herrenhäuser, Parks und Gärten besuchen“ (46 %) und
- „Weihnachtsmärkte besuchen“ (44 %)

fünf weitere kulturtouristische Themen. Ein verhältnismäßig geringeres Interesse besteht für sehr spezielle Urlaubsaktivitäten wie „Bierreise (Besuch von Brauhäusern und Brauereien)“ (18 %) oder „Bergbau erleben“, „Martin Luthers Spuren entdecken“ und „Filmtourismus (z. B. Drehorte besuchen)“ (jeweils 17 %). In Abb. 8.1 wird das Interesse an allen abgefragten kulturtouristischen Aktivitäten und Themen der Deutschen für einen Urlaub in Deutschland dargestellt.

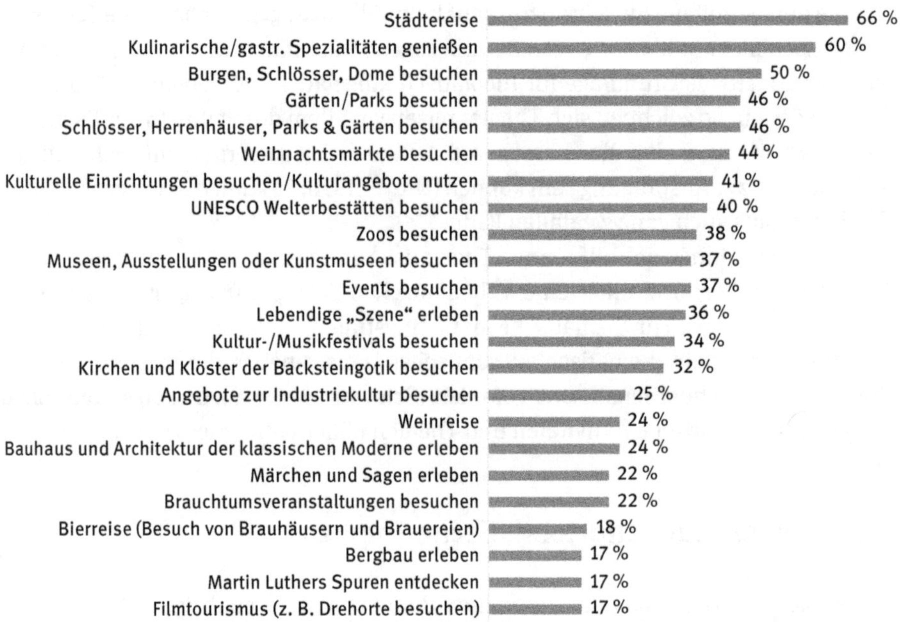

Abb. 8.1: Ranking des Interesses für kulturtouristische Urlaubsarten und -aktivitäten (Quelle: inspektour GmbH 2016)

Da die Methodik der Erhebung über den Zeitverlauf konstant gehalten werden konnte, sind Zeitvergleiche über sechs Jahre hinweg möglich. Für viele Themen ist das Interesse dabei über die Jahre – mit einigen leichten Schwankungen – stabil geblieben. Nur zwei der insgesamt 23 betrachteten kulturtouristischen Themen haben sich im Vergleich kontinuierlich – und vor allem statistisch signifikant – in eine Richtung entwickelt: die Themen „Kulturelle Einrichtungen besuchen/Kulturangebote nutzen“ sowie „Filmtourismus (z. B. Drehorte besuchen)“. Dabei verzeichnet die Urlaubsaktivität „Kulturelle Einrichtungen besuchen/Kulturangebote nutzen“ einen Abwärtstrend

(50 % im Jahr 2010 auf 41 % in 2016). Das Thema „Filmtourismus (z. B. Drehorte besuchen)“ hingegen erfreut sich einem höheren Interesse im Zeitverlauf (14 % im Jahr 2010 auf 17 % im Jahr 2016) (vgl. IMT 2010, 2013; inspektour GmbH 2016).

Vor dem Hintergrund einer möglichen Thematisierungsstrategie können die Daten zum Interessentenpotenzial nach soziodemografischen Kriterien ausgewertet werden, um genauer zu erfahren, welche Personen(gruppen) ein besonders hohes Interesse an kulturtouristischen Themen haben. Für die Urlaubsaktivität „Kulturelle Einrichtungen besuchen/Kulturangebote nutzen“ zeigt sich so, dass gegenüber dem Durchschnittswert von 41 % für 2016 ein höheres Interesse

- bei Frauen (45 %),
- Menschen mit (Fach-)Hochschulabschluss (50 %),
- Personen aus größeren Städten mit mindestens 100.000 Einwohnern (44 %) oder 500.000 Einwohner (46 %)
- sowie vor allem aus Berlin (45 %) oder Hamburg (48 %) besteht (vgl. inspektour GmbH 2016).

8.3 Deutsche Reiseziele für kulturtouristische Themen

So vielfältig die Themen im Kulturtourismus sind, so unterschiedlich sind auch die Reiseziele, in denen kulturtouristischen Aktivitäten nachgegangen wird. Städte sind aufgrund ihres multioptionalen Angebots – sowohl im Bereich der Hoch- als auch der Subkultur – ein beliebtes Reiseziel für Kulturtouristen (vgl. Kapitel 7 in diesem Buch). Der Besuch von kulturellen und historischen Sehenswürdigkeiten, der bei 58 % der innerdeutschen Urlaubsreisen (ab 50 km und ab einer Übernachtung) im Jahr 2016 die wichtigste Urlaubsaktivität darstellt, wird überdurchschnittlich oft beim Urlaub in Berlin (77 %) und Hamburg (75 %) als Aktivität angegeben (GfK SE 2017; für eine regionalisierte Betrachtung der Urlaubsaktivität „Besuch von kulturellen/historischen Sehenswürdigkeiten“ Wollesen/Schmudde/Eisenstein 2017: 77). Der Wettbewerb um die (Kultur-)Urlauber führt dazu, dass Destinationen sich mit ihren Themen von der Konkurrenz absetzen, um von der Nachfrage wahrgenommen zu werden. Das Wissen, ob diese Themen bei der deutschen Nachfrage mit dem jeweiligen Reiseziel in Verbindung gebracht werden, ist für die Praxis von hoher Relevanz. Eine Möglichkeit der Überprüfung ist die offene Abfrage von möglichen Reisezielen für ein bestimmtes kulturtouristisches Thema, von denen die am häufigsten genannten Reiseziele in einer „Top of Mind“-Gruppe zusammengefasst werden können. Im Folgenden werden beispielhaft für die beiden oben im Zeitverlauf als auffällig identifizierten kulturtouristischen Themen „Kulturelle Einrichtungen besuchen/Kulturangebote nutzen“ sowie „Filmtourismus (z. B. Drehorte besuchen)“ die jeweiligen Top-of-Mind-Reiseziele einer näheren Betrachtung unterzogen (vgl. im Folgenden inspektour GmbH 2016).

Für das Thema **„Kulturelle Einrichtungen besuchen/Kulturangebote nutzen“** – hier vereinfacht Kultururlaub genannt – wird die Hauptstadt Berlin von der deutschen Bevölkerung mit 39 % am häufigsten genannt. Mit deutlichem Abstand folgen Hamburg (26 % der Befragten) und Dresden (23 %) noch vor München (21 %). Auf Platz 5 taucht mit Bayern (14 %) das erste Flächenbundesland auf, gefolgt von den Regionen Ost- und Nordsee mit jeweils 9 % zugesprochener Themeneignung für einen Kultururlaub. Köln (8 %), Weimar (5 %), der Schwarzwald (4 %) und die Stadt Trier (4 %) komplettieren die Top 10 der deutschen Top-of-Mind-Reiseziele für einen Kultururlaub.

Wie oben dargestellt, handelt es sich beim Besuch von Drehorten um ein Nischenthema mit einer geringen Klientel. Dennoch zeigt sich, dass kulturelle Produkte wie TV- und Kinoproduktionen Reiseanlass-stiftend sein können (vgl. Kapitel 19 in diesem Band). Neben aufwendigen Hollywoodproduktionen mit weitreichenden Auswirkungen auf den (internationalen) Tourismus (bspw. die Trilogie *Herr der Ringe*) profitieren auch deutsche Destinationen – wenn auch in deutlich geringerem Maße – vom Location Placement im Film und Fernsehen (vgl. Steinecke 2016: 89 f.). Bei Abfrage der für einen Besuch von Drehorten besonders geeignet erscheinenden Reiseziele in Deutschland stehen die drei Großstädte an erster Stelle. Die Hauptstadt Berlin wird dabei ebenfalls von knapp 39 % der befragten Deutschen als besonders geeignet für den Besuch von Drehorten beurteilt. Dies ist vor dem Hintergrund der mannigfaltigen TV- und Kinoproduktionen in der Stadt nicht verwunderlich und zeigt sich u. a. im starken Einfluss der Medien auf die Raumvorstellungen Berlins (vgl. Fröhlich 2007). Mit deutlichem Abstand folgt München (28 %). Hamburg mit seinem Hafen halten 15 % der befragten Deutschen für den Besuch von Drehorten geeignet. Auf den weiteren Rängen folgen die Filmstudios in Babelsberg (12 %), Köln mit Bezug auf die Lindenstraße (10 %), die Ostsee bzw. der Ostseestrand (8 %), Nordsee (8 %), Bayern (6 %), der Schwarzwald (6 %) und die Alpen/Alpenregion (5 %). Auffallend ist, dass offenbar die klassischen Ferienregionen in Deutschland (Küstengebiete, Bayern, Schwarzwald) zumindest unter den Top 10 genannten Reisezielen für kulturtouristische Themen auftauchen, unabhängig vom befragten Thema, was auch die nachfolgende Auswertung zeigt.

Auf Basis der Top-of-Mind-Daten lassen sich außerdem themenübergreifende Auswertungen erstellen, die zeigen, mit welchen Themen einzelne Reiseziele am stärksten in Verbindung gebracht werden. Im Gegensatz zur vorherigen Auswertung, bei der für jedes Thema eine Rangliste der genannten Reiseziele erstellt wurde, stehen hier die einzelnen Reiseziele im Mittelpunkt der Auswertung (vgl. hier und im Folgenden IMT 2013). Auf Basis der Daten aus dem Jahr 2013 wurden dabei zunächst alle Angaben für Reiseziele mit mindestens fünf Nennungen zu den einzelnen Themen zusammengeführt. Anschließend wurden die Reiseziele nach verschiedenen Charakteristiken gruppiert, um vergleichende Aussagen für ähnliche Reiseziele treffen zu können. So wurden die Bundesländer vergleichend gegenübergestellt, ebenso Städte bzw. Gemeinden sowie Regionen, die für mindestens zwei Themen Nennungen erhalten hatten (Reiseziele mit Nennungen nur für ein Thema wurden gesondert betrachtet).

Im Bundeslandvergleich ragen die beiden Stadtstaaten Berlin und Hamburg deutlich hervor: Berlin erhält 2.185 Nennungen für alle betrachteten Kulturthemen, Hamburg folgt bereits deutlich dahinter mit 1.462 Nennungen. An dritter Stelle schließt sich Bayern mit 798 Nennungen an, gefolgt von 156 Nennungen für Sachsen und 127 Nennungen für Thüringen. Hier deutet sich bereits an, dass Regionen im Vergleich zu Städten deutlich weniger Nennungen erhalten. Diese Vermutung wird durch die weiteren Auswertungen bestätigt: Im Regionenvergleich (Nennungen für mindestens zwei Themen je Region) erreicht das Ruhrgebiet über alle betrachteten Themen hinweg Rang 1, gefolgt von der Ostsee und der Nordsee. Es folgen der Schwarzwald auf Rang 4 und der Rhein auf Rang 5 (siehe Abb. 8.2). Werden dagegen nur Städte oder Gemeinden gegenübergestellt, dominiert auch hier Berlin mit seinen 2.185 Nennungen vor Hamburg und München, gefolgt von Köln und Dresden (siehe Abb. 8.2).

Abb. 8.2: Anzahl Nennungen für kulturtouristische Themen der Top 5 genannten Städte und Regionen (Quelle: IMT 2013, mindestens 288 Befragte)

Interessant ist abschließend, für welche Themen die Städte und Regionen ihre Nennungen erhalten haben, für welches Thema dem Reiseziel also die höchste Eignung zugeschrieben wird. So wird den Top-3-Städten jeweils die höchste Eignung, d. h. die größte Anzahl Nennungen, für eine Städtereise zugeschrieben. Während Berlin danach die meisten Nennungen für die Themen „Museen, Ausstellungen oder Kunstmuseen besuchen“, „Lebendige ‚Szene‘ erleben“, „Events erleben“ und „Kulturelle Einrichtungen besuchen/kulturelle Angebote nutzen“ erhält, werden Hamburg für „Zoos besuchen“ respektive München und Köln für „Brauchtumsveranstaltungen besuchen“ für sehr geeignet gehalten (siehe Abb. 8.2). Die Analyse zeigt, dass Städte im Vergleich zu Regionen durch das kulturtouristische Angebot an Museen, Events und der „kulturellen Szene" ihre kulturellen Kompetenzzuschreibungen bei der deutschen Nachfrage erlangen. Regionen hingegen können mit dem gastronomischen Kulturtourismus punkten (vgl. Kapitel 9 und 10). Das Ruhrgebiet hat aufgrund seiner industriekulturellen Vergangenheit eine Sonderstellung inne (vgl. Kapitel 18 in diesem Buch).

Literatur

Dreyer, A., Der Markt für Kulturtourismus, in: Dreyer, A. (Hg.), Kulturtourismus, München/Wien 1996, S. 25–48.

Freyer, W., Ganzheitlicher Tourismus. Beiträge aus 20 Jahren Tourismusforschung, Dresden 2000.

Fröhlich, H., Das neue Bild der Stadt. Filmische Stadtbilder und alltägliche Raumvorstellungen im Dialog, Stuttgart 2007 (= Erdkundliches Wissen, 142).

Hausmann, A., Erfolgsfaktor Mitarbeiter im Kulturtourismus. Personalpolitische Handlungsoptionen für Kulturbetriebe, in: Kagermeier, A. / A. Steinecke (Hg.), Kultur als touristischer Standortfaktor. Potenziale, Nutzung, Management, Paderborn 2011, S. 35–46.

Heinze, T., Konzeptionelle und marketingstrategische Überlegungen zum (regionalen) Kulturtourismus, in: Heinze, T. (Hg.) 1999.

Heinze, T. (Hg.), Kulturtourismus. Grundlagen, Trends und Fallstudien, München/Wien 1999.

inspektour GmbH (Hg.), Themenstudie Destination Brand 16, Hamburg 2016.

Institut für Management und Tourismus (IMT), Themenstudie Destination Brand 13, Heide 2013.

Institut für Management und Tourismus (IMT) (Hg.), Themenstudie Destination Brand 10, Heide 2010.

Jätzold, R., Differenzierungs- und Förderungsmöglichkeiten des Kulturtourismus und die Erfassung seiner Potentiale am Beispiel des Ardennen-Eifel-Saar-Moselraumes, in: Becker, C. / A. Steinecke (Hg.), Kulturtourismus in Europa. Wachstum ohne Grenzen?, Trier 1993, S. 135–144.

Lohmann, M., Kulturtouristen oder die touristische Nachfrage nach Kulturangeboten, in: Heinze, T. (Hg.) 1999, S. 52–82.

Schwark, J., Thementourismus am Beispiel des Lutherjahres, in: Dreyer, A. (Hg.), Kulturtourismus, München/Wien 1996, S. 117–136.

Steinecke, A., Perspektiven des Kulturtourismus: Wettbewerbsdruck – Profilierung – Inszenierung, in: Heinze, T. (Hg.) 1999, S. 17–51.

Steinecke, A., Kulturtourismus. Marktstrukturen, Fallstudien, Perspektiven, München 2007.

Steinecke, A., Filmtourismus, Konstanz/München 2016.

Wollesen, A. / R. Schmudde / B. Eisenstein, Kulturtourismus. Weiteres Wachstumspotenzial!, in: Eisenstein, B. et al. (Hg.), Tourismusatlas Deutschland, Konstanz/München 2017, S. 76–77.

Julia E. Peters

9 Kulinarischer Tourismus

Zusammenfassung: Der vorliegende Beitrag stellt den sogenannten kulinarischen Tourismus als Segment des Kulturtourismus vor. Die Ausführungen fußen auf der zentralen Annahme, dass Kulinarik als Kulturelement zu verstehen ist. Nach einer allgemeinen Beschäftigung mit dem Begriffsverständnis wird anhand von drei zentralen Perspektiven die kulturelle Bedeutung von Kulinarik hergeleitet. Hierauf basierend wird ein Versuch unternommen, die Tragweite des kulinarischen Tourismus zu verdeutlichen. Es soll gezeigt werden, dass das Special-Interest-Segment eine ausgesprochen hohe Wirkmächtigkeit besitzt und über verschiedene Wertdimensionen positiv auf kulturtouristische Zwecke einwirken kann. Final wird ein Plädoyer dafür formuliert, kulinarischen Tourismus intensiviert in der Gestaltung des Kulturtourismus umzusetzen.

Schlagwörter: Kulinarik, kulinarischer Tourismus, Sozialisation, Zivilisierung, Ethik

9.1 Begriffsbestimmung und grundsätzliche Positionen

Mit dem Begriff „kulinarisch“ werden jene Dinge beschrieben, die durch die Kochkunst (lat. „culinarius“) entstanden sind, sich auf dieselbe beziehen bzw. dem Genuss dienen (vgl. Wermke u. a. 2007: 578). Kulinarik beinhaltet demnach Essen, im Sinne von nahrungsverbundenen Handlungen und Situationen, die in die „umfassenden alltäglichen und festtäglichen Sinnsysteme [...] eingebunden sind“ (Wierlacher 2008: 69), ebenso wie Ernährung. Sie mit dem reinen Konsum, dem Verbrauch von Gütern (Lebensmitteln) gleichzusetzen, würde viel zu kurz greifen. Weit gefasst versteht man „Kulinarik“ vielmehr als einen Sammelbegriff für Elemente, die auf die Küche, speziell im feinen, d. h. gehobenen Sinne bezogen sind. Perspektiven der Kulinarik umfassen u. a.

- den Konsum von Speisen und Getränken (z. B. im Restaurant, an der Bar),
- die Bewertung von Nahrungsmitteln (z. B. im Rahmen einer Verkostung),
- den Anbau und die Herstellung von Lebensmitteln und deren Grundstoffen (z. B. Trauben, Käse),
- deren Verarbeitung (z. B. kochen oder Cocktails mixen) und
- Einkauf (z. B. auf Wochen- oder in Super-/Großmärkten) sowie Konsummuster und ggf. Traditionen, die in Verbindung mit Speisen und Getränken zu beobachten sind (z. B. typische Festessen und Bräuche zu Festtagen) (vgl. Feineis/Peters 2015: 190).

Prof. Dr. Julia E. Peters, Professorin für Nachhaltigkeit und Internationales Management, Fakultät Tourismus-Management, Hochschule Kempten

https://doi.org/10.1515/9783486711028-009

Wenig verwundert es bei dieser Bedeutungsvielfalt, dass der Kulinarik in der theoretischen Betrachtung in stark unterschiedlicher Form kulturelle Relevanz zugesprochen wird. Als banales Alltagsphänomen verstanden, wird die existenziell-leibliche Komponente betont, aus der sich eine Universalität der Kulinarik ergibt: Da jeder täglich essen und trinken muss, hat auch jeder einen Zugang zur Thematik (vgl. Wolf 2006: iii; vgl. Held 2008: 34). Die hierauf fußende Erkenntnis jedoch, dass Menschen Nahrung nicht nur aufnehmen, sondern Lebensmittel alltäglich zu diesem Zweck gezielt verändern, was eine Adaption der Formen des Essens und Trinkens nach sich zieht (z. B. erfordert die Zubereitung eines Nahrungsmittels zu einer Suppe ein anderes Vorgehen als das Braten), ergibt eine alternative Perspektive: „Kochen ist die Transformation von Rohem zu Gekochtem. Kochen definiert [...] den Übergang von Natur zu Kultur" (Vilgis 2013: 110).

Spätestens die Gestaltung (v. a. im Sinne einer Verfeinerung) und Einhaltung von kulinarischen Ritualen dient folglich als Element der individuellen Distinktion im Verständnis eines kulturellen Ziels: Je komplizierter die Nahrungsaufnahme gestaltet ist, desto ausgeprägter die wahrgenommene Überlegenheit gegenüber der Natur, der Zivilisationsgrad des einzelnen Menschen. Der Kulinarik wird in Folge auch eine Rolle im sozialen Miteinander, speziell als Mittel der Kommunikation, zugesprochen: Wer was wie isst, sendet gerade aufgrund der Höchstpersönlichkeit von Essen und Trinken eindeutige Signale an andere (z. B. zu identifizieren beim geräuschvollen „Schlürfen" einer Suppe – im westlichen Kulturkreis ein Zeichen mangelnder Tischsitte, im asiatischen Raum dagegen des Genusses). Dass kulinarische Diskursbereiche, z. B. die Auswahl und Bewertung von Nahrungsmitteln, deren Zubereitung und/oder die Organisation des Verzehrs, nicht auf die Küche als Ort der Zubereitung bzw. auf das Esszimmer als Ort der Verzehrs reduziert werden, sondern vielmehr variantenreiche Manifestationen in verschiedenartigen physischen wie geistigen Räumen finden (vgl. in diesem Kontext z. B. die Medienpräsenz der Thematik), verdeutlicht die Relevanz als Kulturphänomen (vgl. Eckert/Heidel 2013: 29 f.; Vilgis 2013: 111, 121).

9.2 Kulturelle Relevanz der Kulinarik

Die zentrale Annahme, dass Kulinarik als Kulturelement zu verstehen ist (vgl. Wolf 2006: 5; Zennaz u. a. 2012: 72), soll im Folgenden aus drei Perspektiven hergeleitet werden. Sie wird aus dem Prozess der Entstehung der Kulinarik sowie deren Wirkung und Bedeutung im kulturellen Sinne positiv belegt. Die Basis dieser Herleitung stellt dabei die Akzeptanz eines weiten und offenen Kulturbegriffs dar. Ein solcher zeichnet sich durch seine Unabhängigkeit von einem Unterscheidungsversuch zwischen den Kategorien Hoch- und Populärkultur aus, sodass Kultur als umfassendes Phänomen mit durchlässigen Rändern erfasst wird, dessen Bestandteile u. a. Güter, Rechte/Pflichten, Ideen, Fertigkeiten, Glauben, Bräuche/Traditionen, Symbole und Kontrollmechanismen sind (vgl. Csáky/Lack 2014: 15 ff.).

9.2.1 Zur Entstehung der Kulinarik: Sozialisationsprozess

Als menschliche Grundbedürfnisse sind Essen und Trinken nicht delegierbar. Was läge da näher, als den „guten Geschmack", der im Kontext der Kulinarik zelebriert wird, als Ausdruck persönlicher Individualität zu betrachten? Es zeigt sich jedoch, dass der Gusto vielmehr auf sozialen Faktoren wie Geschlecht und Alter sowie speziell der Herkunft basiert und als ein Produkt des kommunikationsgetriebenen Sozialisationsprozesses zu erfassen ist. Wir bekommen mithin durch das Hineinwachsen in unsere Gemeinschaften, d. h. vor allem von unseren Eltern und weiteren Verwandten, beigebracht, was „lecker" ist respektive werden in dieser Einschätzung von den lokalen/regionalen/nationalen Bedingungen, in denen wir aufwachsen, geprägt (Eckert/Heidel 2013: 30). Kulinarik entsteht demzufolge im kulturellen Kontext.

Dies gilt speziell, wenn man die Sozialisation als über die gesamte Lebensspanne wirksame Entwicklung versteht, bei der das menschliche Individuum kontinuierlich in soziale Gemeinschaften hineinwächst und sich deren Zusammenhänge durch Interaktion aneignet: Um teilzuhaben und Teil zu sein, werden Tag für Tag auch Nahrungsmittel als Elemente jenes Miteinanders und Austausches genutzt (vgl. Reitmeier 2013: 123). So probiert z. B. der Heranwachsende irgendwann doch die als Kind stets als zu bitter wahrgenommene dunkle Schokolade, da sie als „erwachsener" wahrgenommen wird als die Milchvariante – und mag sie plötzlich. Die Bedeutung des Essens und Trinkens entwickelt sich dabei auch über die individuelle Lebensspanne hinweg, wie aus generationenübergreifenden „Trendthemen" der Ernährung deutlich wird. Reitmeier identifiziert in diesem Kontext z. B. die Primate der **Gesundheit**, gültig seit der Industrialisierung, der **Nachhaltigkeit**, gültig seit Mitte des 20. Jahrhunderts, und des **Genusses**, gültig seit dem Jahrtausendwechsel: Je nachdem, welche gesellschaftliche Entwicklungsstufe erreicht ist, werden Ansprüche an das Essen und Trinken gestellt. Während im 19. Jahrhundert der funktionale Nutzen (also die Gewährleistung körperlicher Einsatzbereitschaft) prägend war und seit den 1970er-Jahren eine Moralisierung der Ernährung wirkt, gewinnt der Genuss als postmaterieller Wert seit den 1990er-Jahren an Bedeutung (vgl. Reitmeier 2013: 124 ff.). „Man" aß bzw. isst demnach gesellschaftlich betrachtet nur gut, wenn man „gesund", „verantwortungsvoll" oder „hochwertig" speist, was mit sich verändernden Bewertungen von Lebensmitteln einhergeht. So verschwanden im Lauf der Zeit z. B. die hinsichtlich ihrer Nährwerte hochwertigen Innereien von den Speisekarten deutscher Restaurants, da sie in der Entwicklung hin zur Wohlstandsgesellschaft als minderwertige oder sogar abstoßende Fleischsorten gesehen werden – und mithin keine Nachfrage mehr finden.

Prozesse wie die beschriebenen stellen formale Normen über die Bedürfnisse des Einzelnen und begründen dadurch die kulturelle Verankerung des Essens und Trinkens, wie bereits früh auch Simmel (2013: 91) feststellte: „[D]ie Sozialisierung der Mahlzeit hebt sie in eine ästhetische Stilisierung, die nun wieder auf jene zurückwirkt; denn wo man dem Essen außer dem Sättigungszweck auch noch eine ästhetische Befriedigung abverlangt, ist ein Aufwand erforderlich, den eine Gemeinschaft mehrerer nicht nur eher leisten kann als der einzelne, sondern die auch innerlich eher jene als diesen zum rechtmäßigen Träger hat.“ Die Gültigkeit dieses Schlusses wird speziell bei der Betrachtung vieler Objekte der Tischkultur deutlich. Denn kulinarischen Instrumenten wie der Hummerzange oder dem Burgunderkelch mangelt es an der sogenannten Anzeichenfunktion. Hierunter ist ein Konzept der Designtheorie zu verstehen, nach dem die Form oder Beschaffenheit eines Objekts dem Nutzer ohne weitere Anleitung dessen Gebrauch anzeigt. Vielmehr bedarf es im kulinarischen Kontext Erklärungen und ggf. Training zum rechten Einsatz – beide üblicherweise zur Verfügung gestellt im Rahmen der kulturell geprägten Sozialisation, sodass ein Europäer den Umgang mit der Gabel, ein Asiate dagegen das Handling von Essstäbchen erlernt. „Der Gebrauch einer Damastserviette, eine[s] Fischmessers oder eines simplen Suppenlöffels zeigt, wer wir sind und woher wir kommen“ (Hablesreiter/Stummerer 2013: 77). Der Sozialisationsprozess erlaubt mithin die Entwicklung eines detaillierten kulturellen Programms, das u. a. akzeptierte Orte der Nahrungsaufnahme kennt (Esstischensemble – ja, Couch – ausnahmsweise, Toilette – nie) und Wissen um die adäquate Nutzung der darin befindlichen Einrichtungsgegenstände (jeder sitzt am Tisch auf einem eigenen Stuhl und lässt dem Tischnachbarn genug Raum zum Essen) bzw. des Verhaltens in den kulinarischen Räumen bereithält (vgl. ebd.: 79 f.). Im Biergarten mit Wildfremden auf der Bank zu sitzen und zur zünftigen Musik zu schunkeln wird daher z. B. akzeptiert, im Sternerestaurant gilt es dagegen, selbst beim Lieblingslied nicht aufzuspringen oder mitzusingen.

9.2.2 Zur Wirkung der Kulinarik: zivilisatorisches Potenzial

Die Notwendigkeit, essen und trinken zu müssen, ist allen Menschen gemeinsam und daher eine existenzielle Erscheinung. Der Tisch ist analog als räumliches Arrangement Element der heiligen Dinge der menschlichen Lebenswelt, an dem die Naturhaftigkeit der Existenz zum Ausdruck kommt (vgl. Allert 2013: 10). Die Aufnahme von Speisen und Getränken entspricht einerseits einem höchst egoistischen Bedarf, der sich unbedingt unmittelbar auf das Individuum beschränkt. Gierig und vulgär – so man ihn lässt – befriedigt der Mensch im Essen und Trinken ein individuelles Grundbedürfnis. Denn selbst beim „Teilen“ eines Gerichts isst man im Lokal nur die der eigenen Person zugedachte Hälfte einer Portion – man kann sagen, dass man zwar das Gleiche gegessen hat, nicht aber dasselbe (vgl. Held 2008: 34 f.; Simmel 2013: 89). Andererseits jedoch existiert neben dieser körperlich-individuellen Dimension der Nahrungsaufnahmen auch eine geistig-allgemeine Dimension, vergleichbar mit dem Lesen eines Buches. Bei dieser kulturellen Handlung wird faktisch dasselbe konsumiert. Es gilt: Wenn essen und trinken in eine Atmosphäre der Allgemeinheit eingebettet wird, so teilt man das Erlebnis der Nahrungsaufnahme mit den Tischgenossen. Eine solche „Entindividualisierung" wird dabei u. a. durch die Nutzung der bereits thematisierten spezialisierten „Werkzeuge" zu Tisch, aber auch durch die optische Gestaltung der Speisen (z. B. Portionierung bzw. Anrichten) und zeitliche Regeln bzw. Hierarchien erreicht. So ist es beispielsweise in der Menüfolge üblich, dass die Vorspeise, erst recht die Suppe, vor dem Hauptgang gereicht wird und das Dessert (zudem regelmäßig als einzige süße Speise) erst danach folgt (vgl. Held 2008: 36 f.).

Eine der „niedrigsten Erscheinungen"/„dieses primitiv Physiologische" (Simmel 2013: 94, 90) des menschlichen Lebens birgt somit einen Durchgangspunkt für die Entwicklung von höheren, geteilten Werten, wie auch darin deutlich wird, dass es dem Menschen spezifisch eigen ist, dass er seine Nahrungsmittel vor dem Verzehr verändert. Das Kochen als Transformationsprozess vom natürlichen (i. e. rohen) zum kulturellen (i. e. garen) Zustand und die generelle Anpassung des „zivilisierten" Menschen an die damit zusammenhängenden Rituale der Nahrungsaufnahme wirken als weiterer Marker der kulturellen Relevanz der Kulinarik (vgl. Vilgis 2013: 109 ff.). Das Element der stilisierten, ästhetischen und vor allem überindividuellen Regulierung (vgl. Simmel 2013: 91 f.) macht mithin aus der individualistischen Bedürfnisbefriedigung der Nahrungsaufnahme eine soziale Angelegenheit, bei der die gemeinsamen Esser nach den Regeln der kulturellen Bühne „Tisch" agieren, auch wenn es ihnen – z. B. weil sie der Hunger besonders plagt und sie am liebsten einfach so, ohne das lästige, aber an eben diesem Tisch vorgesehene Tischgebet, „reinhauen" würden – schwerfällt. Denn „Tischgemeinschaften erwarten, dass die Teilnehmer sich in ihrer Besonderheit, in ihren Wertpräferenzen, Vorlieben und Urteilen zu erkennen geben" (Allert 2013: 12).

Das im Sozialisationsprozess erworbene Programm der Kulinarik findet mithin Ausdruck in der Moderation der Tischgemeinschaften und formt das gemeinsame Essen zu einem komplexen kommunikativen Ritual. Tischsitten (z. B. Frühstück isst man bis 10:00 Uhr, danach spricht man von Brunch – einer Wortkreation aus Breakfast und Lunch) und Sitzordnungen (z. B. die wichtigste Person am Tisch sitzt am Kopfende) sind demnach ebenso wie Rezepte (z. B. Nudeln kocht man heute „al dente") und Traditionen (z. B. Weihnachten isst man Gans/Würstchen mit Kartoffelsalat oder Fondue) Kulturindizien der Kulinarik, die das Essen und Trinken an sich gestalten, gleichzeitig aber auch allgemein akzeptierten, d. h. in seiner Grundsätzlichkeit wenig hinterfragten Gesprächsstoff am Tisch liefern (vgl. Eckert/Heidel 2013: 28 f.). Tische und die an ihnen gültigen Formalismen wirken dadurch als gewollte „Verzögerungskollektive" (Allert 2013: 11), als Gegenpol zum Ad-hoc-Zugriff auf Nahrung zum sofortigen Sättigungszweck. Der Kulinarik als Summe der Aktivitäten zur Gestaltung, regelmäßigen Anwendung sowie Pflege respektive Weiterentwicklung dieser Regeln und Normierungen kann somit ein hohes zivilisatorisches Potenzial zugesprochen werden. „Das Essen [ist] in seiner komplexen kulinaristischen ‚sophistication' [...] die Grundlage für den sozialen Raum" (Eckert/Heidel 2013: 27).

9.2.3 Zur Bedeutung der Kulinarik: Ethische Position

Das Wertumfeld des (post-)modernen Menschen ist vom Thema Befreiung durchdrungen: Das Individuum kann u. a. in den Sphären der Religion, Politik und Ökonomie frei wählen und eigene Entscheidungen treffen. Fraglich ist die Bewertung dieser Entwicklung, denn die Freiheit führt zu einem Zwang sich zu entscheiden sowie – damit korrespondierend – zu einer Auflösung von Zusammenhängen und mithin auch von Sinn, „denn Sinn, das ist Zusammenhang" (Schmid 2008: 19). Auch in Bezug auf die Nahrungsaufnahme ist dieser Wandel nachvollziehbar. Wenn die Regeln der Tradition, Religion oder Konvention, wann man was wie zu essen hat, wegfallen, so steht der Einzelne unter Zugzwang, selbst zu entscheiden, wie er sich ernährt (vgl. Schmid 2008: 18 ff.; vgl. Eckert/Heidel 2013: 30). Diese Entscheidung kann wiederum eine Gruppenzugehörigkeit und damit eine ethische Position begründen: Haltungen zu kulinarischen Diskursbereichen wie der Auswahl und Bewertung von Nahrungsmitteln, der Zubereitung von Speisen und der Organisation von deren Verzehr verdeutlichen, wie man die Welt sieht und welche Rolle man in dieser annehmen will. „Essen und Trinken hält Leib und Seele zusammen" bedeutet als Sprichwort demnach nicht nur, dass Nahrungsaufnahme den Tod verhindert (bei dem sich deutend die Seele vom Leib löst), sondern vor allem, dass ein kultureller Zugang geschaffen wird: Der Mensch öffnet sich einer Interpretation von Speis und Trank und verbindet sich dadurch mit Gleichgesinnten (vgl. Held 2008: 32, 38).

Deutlich wird dies in einer detaillierteren Betrachtung der bereits angesprochenen generationenübergreifenden „Trendthemen" der Ernährung (vgl. Reitmeier 2013: 124 ff.):

- Gesundheitsorientierte Esser stellen den körperförderlichen Zweck spezifischer Speisen und Getränke über Elemente wie deren Verfügbarkeit und eigene Erfahrungen. Da die teils zertifizierten, teils selbst ernannten Experten, die festlegen, welche Nahrungsmittel zu bevorzugen sind, wie Gurus mit absolutistischer Deutungshoheit verehrt werden, kann gesundes Essen zu einer Ersatzreligion werden, bei der dem Einzelnen allerdings ein hohes Maß an Eigenverantwortung aufgebürdet wird – eine Beichte z. B. vermeintlich ungesunder Völlerei mit Eis/Kuchen existiert nämlich nicht (bzw. nur im Bereich Social Media).
- Moralisierende Esser erweitern die Verantwortungsdimension noch stärker und sehen sich nicht nur gegenüber sich selbst, sondern gegenüber der gesamten Welt in der Pflicht. Das individuelle Konsumverhalten im Nutritionskontext wird hinsichtlich der Faktoren Gesundheit, Wohlbefinden, Umweltverträglichkeit, Artenschutz und Fairness permanent auf den Prüfstand gestellt. Individuen streben nach dem Ideal eines durchweg mündigen Verbrauchertums, bei dem die individuellen Einkaufs- und Speiseentscheidungen Druck auf die globale Industrie ausüben und somit eine nachhaltige Welt fördern.
- Genussorientierte Esser dagegen geben dem Druck der Sehnsucht nach Entlastung von Verantwortung nach, indem sie sich auf die individuelle, zeitpunktorien-

tierte Erlebnis- bzw. Glücksgenese fokussieren. Auch ihnen sind dabei die qualitativen Elemente des Essens und Trinkens wichtiger als die quantitativen Aspekte. Allerdings ist die Nahrungsaufnahme für sie häufig vor allem ein Mittel der Stilbildung, des in ihrer selbst gewählten Gemeinschaft gültigen „guten Geschmacks".

Es wirkt also eine Ethik der Kulinarik, idealerweise verstanden als kluge – da Rücksicht, Umsicht, Vorsicht und gleichsam Voraussicht walten lassende – Berücksichtigung der verschiedensten Aspekte der Ernährung für Selbst und Welt mit dem Ziel, nicht ignorant, hysterisch und/oder allzu wählerisch mit der gegebenen Entscheidungsfreiheit umzugehen, sondern eine positive, reflektierte Freiheit zu schaffen. Diät zu halten ist dann eindeutig (vgl. dazu auch den etymologischen Hintergrund des Begriffs) keine Kur zur Gewichtsreduktion, sondern Ausdruck einer Lebenskunst, die äußere wie innere ökologische Zusammenhänge anerkennt und wertschätzt (vgl. Schmid 2008: 20 ff.).

9.3 Wertdimensionen der Kulinarik für den Tourismus

Kulinarischer Tourismus kann als Überschrift für all jene touristischen Erscheinungsformen verstanden werden, bei denen Kulinarik als Reisemotiv wirkt (vgl. Peters/Sennlaub 2017: 74). Produktbeispiele sind ob der Bedeutungsreichweite des Kernbegriffs extrem vielfältig und rangieren von der kulinarischen Stadtführung (z. B. www.eat-the-world.com) über mehrtägige Angebote an Kochschulen von Starköchen (z. B. http://www.jamieolivercookeryschool.com), touristischen Destinations- bzw. Themenrouten (z. B. www.champagne.fr) und Gastgebernetzwerken (z. B. www.eifel.info) bis hin zu spezialisierter Reiseliteratur (z. B. „Must Eat"-Reiseführerreihe). Genaue Grenzen des Segments zu ziehen fällt in diesem Zusammenhang schwer, denn kulinarische Aspekte sind zentrales Moment fast jeder Reise und nicht notwendigerweise auch immer ein Erlebnis (vgl. Wolf 2006: 33). Sobald man jedoch den heimischen Herd verlässt und – kulinarisch betrachtet – etwas Außergewöhnliches erlebt, wird man potenzieller Konsument. Denn selbst wenn man sich z. B. bei einem Campingausflug vollständig mit Mitgebrachtem verpflegt, wird die am Urlaubsort zubereitete Mahlzeit doch immer irgendwie „anders" schmecken als daheim. Diesem Gedanken folgend illustriert die Abb. 9.1 eine Kategorisierung des Segments. Aus ihr wird ersichtlich, dass ein nischentouristischer Kern des kulinarischen Tourismus (mit einer geringen Anzahl von Touristen und einer hohen Wirksamkeit von Essen und Trinken als Reisemotiv) neben einer Vielzahl von Tourismusformen existiert, bei denen Kulinarik eines von mehreren Motiven darstellt (vgl. Hall/Sharples 2003: 9 ff.; vgl. Wolf 2006: 1, ix).

Hinter der Teilhabe an all den Formen des kulinarischen Tourismus, bei denen ein intentionales Interesse an den sogenannten „foodways" (Long 2003: 20), d. h. am umfassenden Bedeutungskomplex von Kulinarik als physisches, sozial-kommu-

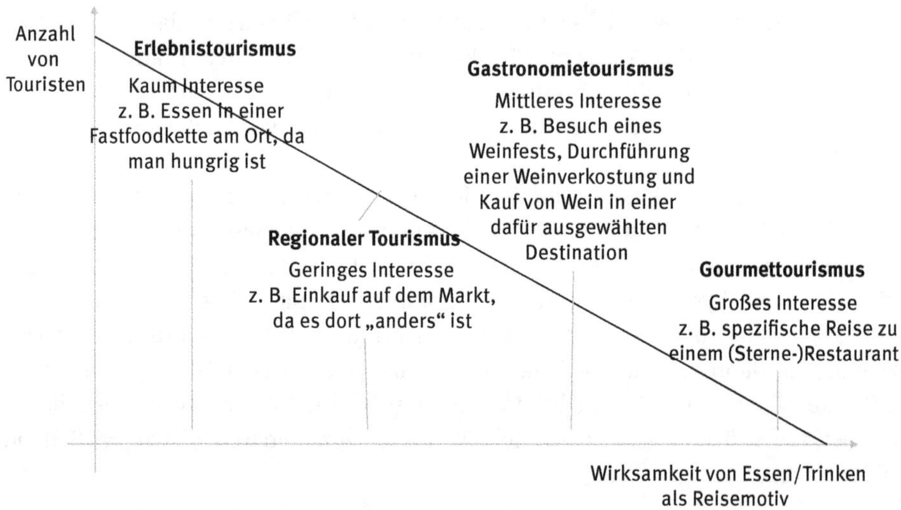

Abb. 9.1: Kategorisierungsansatz des kulinarischen Tourismus (Quelle: eigene Darstellung in Anlehnung an Hall/Sharples 2003: 11)

nikatives, kulturelles, spirituelles und/oder ästhetisches Phänomen, vorliegt, steckt die Wahrnehmung einer touristischen Wertstiftung von Essen und Trinken. Die Nahrungsaufnahme und das kulinarische „Drumherum" werden mithin nicht als zu banal gesehen, um ein Special-Interest-Segment zu begründen (vgl. ebd.: 21 ff.). Zwei dieser Wertdimensionen sollen nachstehend verdeutlicht werden, um die Wirkmächtigkeit des kulinarischen Tourismus speziell in Bezug auf kulturtouristische Ziele (affektive, materiale, formale und pragmatische Dimension kulturtouristischer Leistungen, vgl. Steinecke 2007: 33) zu verdeutlichen: Es soll gezeigt werden, dass der kulinarische Tourismus einen interkulturellen Austausch begünstigt und durch seinen Raumbezug großes Potenzial zur Etablierung von touristischen Alleinstellungsmerkmalen bereithält.

9.3.1 Interkultureller Austausch durch kulinarischen Tourismus

Betrachtet man Nahrungsmittel als den Ausgangspunkt des kulinarischen Tourismus, so liegt die Bedeutung der Kulinarik für den im Kulturtourismus idealerweise stattfindenden Austausch zwischen Personen/Objekten im grundsätzlichen Verhältnis der involvierten Speisen und Getränke zum menschlichen Körper begründet: Nahrungsmittel stellen in diesem Verständnis immer ein Element der Fremde dar, das der Mensch durch das Essen und Trinken in sich aufnimmt (bzw. aufnehmen muss, um in seiner Körperlichkeit zu überleben) und damit zu einem Teil seiner selbst macht, es also im höchstmöglichen Maße integriert. Das Verhältnis von Fremdheit und Eigenheit tritt demzufolge durch den körperlichen Prozess der Nahrungsaufnahme und Verdauung zutage (vgl. Haarmann 2008: 85).

Im touristischen Kontext werden fünf Dimensionen der kulinarischen Fremdheit beschrieben, die in vielfältigen nicht- und/oder kommerziellen Produkten alltäglichen oder festlichen Charakters im öffentlichen wie privaten Leben gespielt werden. Zum Tragen kommen hier **ethnisch-kulturelle** (z. B. China Towns in Städtedestinationen), **regionale** (z. B. spezifisch sizilianisches statt italienisches Restaurant), **zeitbezogene** (z. B. Foodangebote auf Mittelalterfestivals), **ethisch-religiöse** (z. B. koschere oder vegane Speisen) und **sozio-ökonomische** (z. B. „Gulaschkanone" als Verpflegung des armen Arbeiters in der Industrialisierung) Themen der Kulinarik (vgl. Long 2003: 24 ff.).

Der touristische Konsum jener Fremdheit ist äquivalent zu einer aktiven kulinarischen Partizipation, welche aufgrund der multisensorischen Eindrücklichkeit der Kulinarik sowohl z. B. in der Wahrnehmung des Dufts eines frisch gebackenen Baguettes oder im Anblick eines in voller Rebe stehenden Weinbergs als auch dem Geschmack eines nach besonderer Rezeptur hergestellten Käses bestehen kann. Es wird hierin nicht nur das Bedürfnis „Hunger" oder „Durst" befriedigt, sondern das Verzehrte im besten Fall bewusst als Element des touristischen Erlebnisses wahrgenommen, als solches tatsächlich verinnerlicht und in Konsequenz der Kompatibilität des Erlebnisses mit dem Körper eine fremdenfreundliche Grund- bzw. Geisteshaltung entwickelt (vgl. Long 2003: 21 ff.; Haarmann 2008: 94 ff.).

Im Sinne der bereits beschriebenen Ethik der Kulinarik kann dann vom Vorliegen einer positiven Freiheit gesprochen werden, bei der das Individuum selbst gewählte Verbindungen und Beziehungen aufbaut, die in der Interkulturalität der kulinarischen Begegnung begründet sind. Auch Widersprüche, z. B. ein bewusstes, aber umsichtig formuliertes „Nein, das schmeckt mir nicht" zu einer fremden Speise, stehen dazu nicht im Konflikt, denn grundsätzlich hat man sich vor einer solchen Aussage auf den bzw. das Andere eingelassen und durch den Kontakt nicht nur etwas über das Fremde, sondern auch über sich selbst gelernt (vgl. Long 2003: 32; Schmid 2008: 20, 28 f.).

Sitzen Besucher und Besuchter sogar am selben Tisch, so wird die Potenz der interkulturellen Wirkung kulinarischer Erlebnisse noch weiter gesteigert. Dies ist auf den Fakt zurückzuführen, dass das Teilen von Essen und Trinken kulturübergreifend als Urform der Gastfreundschaft verstanden wird, was sich auf das Rollenverständnis der Beteiligten auswirkt: Während sich der am Tisch bediente Fremde bereits zum Gast wandelt, dem man durch das Angebot von Speisen und Getränken Wertschätzung entgegenbringt (vgl. Wolf 2006: 1; Allert 2013: 10), macht das gemeinsame Essen den Fremden sogar zum Freund (vgl. Simmel 2013: 90). Und all dies wirkt sogar dann, wenn keine andere geteilte Sprache gefunden werden kann, da Essen und Trinken als universelle Aktivitäten existieren: „The act of eating has always been an international language that we all speak, regardless of where we were born" (Wolf 2006: 1).

9.3.2 Kulturelle Raumidentität durch kulinarischen Tourismus

Die im Kulturtourismus angestrebte Inter(!)kulturalität setzt eine Kulturalität menschlicher Existenz logisch voraus. Herausfordernd wirkt in diesem Kontext die Globalisierung, im Rahmen derer die Herkunft touristisch erlebbarer Kulturelemente immer stärker anonymisiert und enthistorisiert wird. Mit der rasant gestiegenen Verfügbarkeit von Gütern ist eine Abgrenzung zeitgleich immer wichtiger geworden – auch im Tourismus wird kontinuierlich nach Alleinstellungsmerkmalen gesucht. Emotionale Faktoren werden dabei als immer wichtiger bewertet. Speisen und Getränke können in diesem Sinn, speziell wenn sie mit den Traditionen, Landschaften, klimatischen Bedingungen etc. eines Raums verbunden sind, als Symbole der dortigen menschlichen Lebensart erfasst werden. Sie sind eng mit der sozialen Interaktion verknüpft (also auf dem Markt, im Restaurant, selbst beim Burger-Brater treffe ich auf andere) und daher emotional potent. Kulinarische Aspekte „mit Herkunftsangabe" bilden folglich das Fundament mehrdimensionaler Kommunikation, zum einen innerhalb der Region, woraus Chancen zur Selbstdistanzierung, damit zur kontinuierlichen Selbsterneuerung und -begründung und schließlich zur authentischen Identität erwachsen, zum anderen zum Austausch zwischen Besuchten und Besuchern (vgl. Tschofen 2008: 74 f.; Wierlacher 2008: 71 f., 77 f.).

Die Wertigkeit des Faktums Herkunft kann sodann im kulinarischen Kontext sogar so hoch sein, dass ein quasitouristisches Erlebnis ohne eine Reise stattfindet: Werden „foodways" z. B. in einem Restaurant derart authentisch gepflegt, dass der Besucher sich fühlt „wie in Italien/Spanien/Griechenland", so mag dies als Identitätsstifter und damit auch als Auslöser für folgende Reiseaktivitäten dienen: „[...] foodways can help to ground tourism in everyday. By turning normally routine activities, such as shopping, cleaning up, and storing foods, into tourist sites, we can more easily contrast and negotiate the sense of difference with the familiar" (Long 2003: 23).

Die Zugänglichkeit der Kulinarik kommt vor diesem Hintergrund auch durch ihre Materialität zum Ausdruck, was sie für den dienstleistungsgeprägten Tourismus, dessen Vermarktung den Herausforderungen der Immaterialität und der Integration des externen Faktors Kunde unterliegt, zum höchst interessanten Arbeitsmaterial macht: Die Neugier am komplexen Gebilde einer fremden Kultur kann in diesem Sinne ohne großes Risiko, dafür aber mit einem hohen Erlebnispotenzial erschlossen werden, das sich an das erlernte Programm der persönlichen Sozialisation inklusive eigener Erfahrungen und des persönlichen Geschmacks erstaunlich gut anzupassen vermag (vgl. Long 2003: 21 f., 34 f., 45 f.).

Möglichkeiten zur Vermittlung kulinarischer Eigenarten bieten sich in diesem Zusammenhang im Dreieck der Botschaftenpaare exotisch/bekannt (über den Grad der Ähnlichkeit zum eigenen kulinarischen Programm), verzehrbar/nicht verzehrbar (über das Maß des Risikos das mit dem Verzehr einhergeht) und genießbar/ungenießbar (über die ästhetische Perspektive). Die Vermarktung kulinarischer Identität mag dann jedoch – angepasst an das Selbstverständnis der Region ebenso wie an den Interpretationsfreiraum des Touristen – einer Einbettung in bekannte Kontexte (z. B. „thailändisches Essen schmeckt so ähnlich wie chinesisches“, obwohl riesige Unterschiede bestehen), einer akzeptablen Beschreibung (z. B. „Kimchi ist eingelegtes Gemüse, ähnlich sauren Gurken“, obwohl es sich um ein fermentiertes, nicht ein mit Essig behandeltes Produkt handelt), einer neuen Benennung (z. B. „Acht Kostbarkeiten“, obwohl der chinesische Name des Gerichts völlig anders übersetzt werden müsste), einer Vorabauswahl aus dem kulinarischen Gesamtportfolio (z. B. Angebot einer nur milden Ingwersorte im Sushi-Lokal) oder sogar einer Rezeptadaption (z. B. Verwendung von Rind- statt Schweinefleisch, um religiösen Ansprüchen zu genügen) bedürfen (vgl. Long 2003: 33 ff.).

9.4 Fazit: Zur Bedeutung des kulinarischen Tourismus

Mit dem vorliegenden Beitrag konnte verdeutlicht werden, dass Kulinarik als Kulturelement existiert, eine hohe Wirkmächtigkeit auf kulturtouristische Ziele besitzen kann und demnach der kulinarische Tourismus ein hochrelevantes Segment des Kulturtourismus darstellt.

Wenig verwundert es vor diesem Hintergrund, dass der kulinarische Tourismus schon lange Interesse erfährt. Gemäß Wolf reisten bereits die frühen Ägypter, Juden, Griechen und Römer zu nahen ebenso wie zu fernen Orten, u. a. um exotische oder schlicht andersartige Speisen und Getränke verkosten bzw. in heimischen Gefilden anbieten zu können (vgl. Wolf 2006: 1). Irritierend wirkt umso mehr, dass bis heute nur eine Handvoll Destinationen (vgl. Peru/ World's Leading Culinary Destination, Salzburger Land/Via Culinaria bzw. diverse Weindestinationen (vgl. Kapitel 11 in diesem Buch) kulinarische Themen ins Zentrum ihrer touristischen Strategie setzt bzw. die meisten touristischen Regionen Kulinarik nur als Nebenthema verfolgen (vgl. Wolf 2006: 38) – und das obwohl dem Segment sowohl direkte als auch indirekte ökonomische Kapazität bei Individual- wie Gruppenreisen in urbane wie ländliche Gebiete und eine positive Entwicklungsperspektive mit Potenzialen zur Differenzierung (z. B. Angebote für berufliche Experten und/oder Bildungsreisen) für die Zukunft beschieden wird (vgl. ebd.: iiif, ix, 3, 20 ff., 37).

Hintergrund dessen mag sein, dass eine thematische Fokussierung auf die Kulinarik eine integrierte Strategie verlangt (vgl. Peters/Sennlaub 2017: 80 f.): Um von den Wertdimensionen der Kulinarik für den Tourismus zu profitieren, genügt es nicht, nur kulinarische Ressourcen (z. B. kreative Köche der Region, Kellereien/Weingüter, landwirtschaftliche Betriebe mit einzigartigen Produkten) vorzuweisen bzw. anzusiedeln. Vielmehr müssen Netzwerke geschlossen und gemeinsame Positionen in Bezug auf den Faktor „kulinarisches Erbe“ („culinary heritage“; vgl. Hall/Sharples 2003: 33 ff.) entwickelt werden. Geteilte Auffassungen zu Qualitäten der Kulinarik als Kulturelement, manifestiert auch in definierten Tragfähigkeitsgrenzen, Bildungsmaßnahmen und eindeutiger Regulierung, bilden die Basis für einen authentischen Austausch zwischen den lokalen Akteuren und den Touristen und lassen eine unverwechselbare kulinarische Identität des Raums entstehen (vgl. Wolf 2006: 37, 41 ff.).

Da diese Forderungen eine hohe Deckung mit Prinzipien nachhaltiger Tourismusentwicklung aufweisen, die zukünftig stets im Fokus hochwertigen Managements stehen sollten, schließt dieser Beitrag mit dem Plädoyer, das professionelle Handling kulinarischer Elemente im Tourismus zu forcieren.

Literatur

Allert, T., Tischgeschichten, in: Journal culinaire 16:10–15, 2013.

Csáky, M. / G.-C. Lack, Kulinarik und Kultur – Speisen als kulturelle Codes in Zentraleuropa, Wien 2014.

Eckert, H. / I. Heidel, Zu Tisch bitte, in: Journal culinaire 16:27–35, 2013.

Feineis, V. / J. E. Peters, Qualitätskriterien kulinarischer Stadtführungen, in: Freericks, R. / D. Brinkmann (Hg.), Die Stadt als Kultur- und Erlebnisraum, Bremen 2015, S. 189–216.

Haarmann, A., Assimilation des Anderen: Verdauung im interkulturellen Vergleich, in: Lemke, H. / T. Ogawa (Hg.), Essen Wissen – Erkundungen zur Esskultur, München 2008, S. 85–104.

Hablesreiter, M. / S. Stummerer, Eat Design, in: Journal culinaire 16:75–81, 2013.

Hall, C. M., Wine, Food, and Tourism Marketing, New York/London 2003.

Hall, C. M. / L. Sharples, The consumption of experiences or the xperience of consumption? An introduction to the tourism of taste, in: Hall, C. M. / L. Sharples (Hg.), Food Tourism around the World, Oxford 2004, S. 1–24.

Held, K., Essen und Trinken hält Leib und Seele zusammen, in: Lemke, H. / T. Ogawa (Hg.) 2008, S. 31–46.

Lemke, H. / T. Ogawa (Hg.), Essen Wissen – Erkundungen zur Esskultur, München 2008.

Long, L. M., Culinary Tourism: A Folkloristic Perspective on Eating and Otherness, in: Long, L. M. (Hg.), Culinary Tourism, Lexington 2003, S. 20–50.

Peters, J. E. / A. Sennlaub, Entwicklungspotentiale des kulinarischen Tourismus: Angebote für die Generation Y, in: Wagner, D. et al. (Hg.), Kulinarischer Tourismus und Weintourismus, Wiesbaden 2017, S. 73–82.

Reitmeier, S., Sozialisation der Ernährung, in: Journal culinaire 16:123–128, 2013.

Schmid, W., Ethik der Ernährung – als Elemente der Lebenskunst in einer anderen Moderne, in: Lemke, H. / T. Ogawa (Hg.) 2008, S. 15–30.

Simmel, G., Soziologie der Mahlzeit, in: Journal culinaire 16:88–96, 2013, (Wiederabdruck).

Steinecke, A., Kulturtourismus: Marktstrukturen, Fallstudien, Perspektiven, München 2007.

Tschofen, B., Kulinaristik und Regionalkultur, in: Wierlacher, A. (Hg.), Kulinaristik: Forschung – Lehre – Praxis, Münster 2008, S. 63–78.

Vilgis, T., Komplexität auf dem Teller, in: Journal culinaire 16:109–122, 2013.

Wierlacher, A., Die Interkulturalität der Kulinaristik – Zur Aktualität kulinarischer und interkultureller Bildung, in: Lemke, H. / T. Ogawa (Hg.) 2008, S. 69–84.

Wierlacher, A., Gastlichkeit, Münster 2011.

Wolf, E., Culinary Tourism: The Hidden Harvest, Portland 2006.

Zennaz, H. / J. Lema / J. Agrusa, Enhancing the cultural tourism experience through gastronomy in the Maledives, in: Journal of Tourism Challenges and Trends 5(2):71–84, 2012.

Matilde S. Groß

10 Gastronomiekultur

Die Kultur der Gastronomie in Deutschland

Zusammenfassung: Der Beitrag geht der Frage nach, ob Gastronomiekultur mehr ist als die Zusammensetzung der Wörter Gastronomie und Kultur. Dabei wird die ökonomisch-deskriptive Vorgehensweise gewählt, die die Gastronomie als wirtschaftende Institution versteht. Diese erbringt eine Produktions-, Handels- und Dienstleistung, welche sich in Speisen- und Getränkeangebot, Service und Ambiente differenzieren lässt. Damit wird Gastronomiekultur als die Beschaffenheit der Branche verstanden und durchläuft einen permanenten Prüfprozess, welche Bestandteile der Traditionspflege unterliegen und welche weiterentwickelbar (performativ) sind.

Schlagwörter: Gastronomischer Betrieb, Gastgewerbe, Speisekultur, Getränkekultur, Gourmet, gastronomischer Kulturtourismus

10.1 Einführung

Erfreulicherweise erfährt das Wort „Kultur" in den letzten Jahren eine Hochkonjunktur, aber die unterschiedlichen Definitionen dieses Begriffs in verschiedenen Disziplinen haben sicherlich auch dazu geführt, dass seine Verwendung zunehmend unübersichtlich geworden ist. Im Alltag bezeichnet Kultur im weitesten Sinne alles, was der Mensch selbst gestaltend hervorbringt und selbst an sozialem Handeln zeigt. Damit sind Kulturleistungen alle formenden Umgestaltungen eines gegebenen Materials bzw. von Ressourcen, wie dies in der Landwirtschaft, Technik oder vor allem in der bildenden Kunst geschieht, aber auch geistige Gebilde wie Musik, Sprachen, Religion, Moral, Recht, Wirtschaft und Wissenschaften sind betroffen. Demnach können eben auch die Essgewohnheiten als kulturelle Eigenheiten bezeichnet werden.

Die Doppeldeutigkeit von Kultur als einer Tätigkeit wie eines Resultats, als Hinwendung zu individuellen Entwicklungsprozessen wie als Abhängigkeit von einer kollektiven Gegebenheit ist in der Wortgeschichte des Begriffs von Anfang an angelegt (vgl. Lüddemann 2019: 1). Damit werden Mitglieder von Gesellschaften als Akteure dazu ermutigt, Sinngebungen in ihren jeweiligen Praktiken zu vollziehen und Kultur damit immer wieder performativ erscheinen zu lassen. Eine so verstandene Kultur stiftet Identität – nicht als Abschottung, sondern als Prozess und Prozedur von integrativer Kraft (vgl. ebd.: VIII).

Prof. Dr. Matilde S. Groß, Professorin für BWL/Tourismusmanagement, Institut für Tourismusforschung, Hochschule Harz, Wernigerode

https://doi.org/10.1515/9783486711028-010

Dieser Beitrag beschäftigt sich folgend mit der Frage, ob Gastronomiekultur mehr als die Zusammensetzung der Wörter Gastronomie und Kultur ist. Die zugrunde liegende Tätigkeit Essen und Trinken (im und außer Haus) kann als eine Kerndisziplin der Zivilisation identifiziert werden: So ist Essen und Trinken eine lebensweltliche und damit kulturelle Praxis – in der eigenen wie auch in den anderen, fremden Kulturen. In diesem Beitrag geht es deshalb um die Eigenheiten und Strukturen, die entstehen, wenn dieser gewissermaßen sehr persönliche Vorgang des Essens und Trinkens mit dem Besuch von Gaststätten in die Öffentlichkeit verlagert wird.

Die Bandbreite der Bedeutungsinhalte von Kultur ist jedenfalls beinahe grenzenlos groß und reicht von einer rein beschreibenden (deskriptiven) Verwendung („die Kultur jener Zeit") bis zu einer vorschreibenden (normativen) Vermittlung, wenn bei Letzterem mit dem Begriff der Kultur zu erfüllende Ansprüche verbunden werden. Im Beitrag wird deshalb beides zum Tragen kommen, da die gegenwärtige Situation der Gastronomie in Deutschland beschrieben und sodann Herausforderungen einer notwendigen, zukunftsfähigen Entwicklung proklamiert werden, um die kulturelle Praxis des Essens und Trinkens außer Haus in den Zusammenhang mit der Dynamik in Freizeit und Tourismus stellen zu können.

Die Autorin wählt für diesen Beitrag die ökonomisch-deskriptive Vorgehensweise, bei der am Anfang aller Gliederungsüberlegungen die Abgrenzung der zu betrachtenden Branche und der dort gehandelten Produkte und Dienstleistungen steht. Nach dem Motto „Wer vermarktet was?" wird nach räumlichen, zeitlichen und produktbezogenen (sachlichen), finanziellen sowie personellen Aspekten strukturiert (vgl. Freyer 2011: 180). In den beiden nachfolgenden Kapiteln wird deshalb zuerst die Gastronomie als Institution (Personalsituation, Marktstruktur, Betriebstypen/-konzepte, Öffnungszeiten) betrachtet, um dann folgend die Kernkomponenten des gastronomischen Angebots getrennt nach Produkt- bzw. Sortimentorientierung sowie Service- und Ambientekultur als Dienstleistung zu thematisieren.

10.2 Gastronomie als Institution

Die Gastronomie (von griechisch γαστήρ / gastēr = Bauch, Magen und griechisch νόμος / nomos = Gesetz, Vorschrift; synonym genutzt auch: Gaststättengewerbe) ist in der deutschen Sprache der Teilbereich des Gastgewerbes, der sich mit der Verköstigung von und dem Ausschank an zahlende Gäste in Gaststätten befasst und der dafür eine Aufenthaltsmöglichkeit bietet, weil der Betrieb jedermann oder bestimmten Personenkreisen zugänglich ist (vgl. Gaststättengesetz o. J., § 1). Zur Gastronomie gehören ferner Kantinen und Cateringunternehmen. Nicht zur Gastronomie zählen Trink- und Imbisshallen, die auch Zeitungen, Süßwaren, Tabakwaren, Andenken und dergleichen verkaufen, denn sie werden dem Einzelhandel zugeordnet (vgl. Statistisches Bundesamt 2018b: 630). Für den Aufenthalt der Gäste verfügt der Gastronomiebetrieb in der Regel über eine oder mehrere Gaststuben (auch Wirt[s]stube) sowie teils auch über eine Hausbar und/oder einen Gastgarten (auch Bier- oder Weingarten) respektive andere bewirtschaftete Außenflächen, deren Nutzung jedoch meist wetterabhängig ist. Oft und vor allem im ländlichen Raum können außerdem andere Gastbetriebsarten angeschlossen sein, etwa Räume für Festlichkeiten (Festsaal), Tanzlokale oder eine sportliche Infrastruktur wie Kegelbahnen und Kinderspielplätze.

Bezüglich der **Personalsituation** in der Gastronomie muss mit der führenden Verantwortungsperson begonnen werden. Der Betreiber einer Gaststätte wird (Gast-) Wirt oder Gastronom genannt und ist z. B. im Deutschen Hotel- und Gaststättenverband e. V. (DEHOGA) organisiert. Die gegebenenfalls notwendigen Arbeitnehmer können sich in der Gewerkschaft Nahrung – Genuss – Gaststätten organisieren (https: //www.ngg.net/im-betrieb/branchen/gastgewerbe/, 10.1.2019). Wer ein Gaststättengewerbe betreiben will, bedarf der Erlaubnis bzw. Konzession. Die Erlaubnis kann auch nichtrechtsfähigen Vereinen erteilt werden. Der Erlaubnis bedarf nicht, wer (vgl. Gaststättengesetz o. J., § 2) alkoholfreie Getränke, unentgeltliche Kostproben, zubereitete Speisen oder in Verbindung mit einem Beherbergungsbetrieb Getränke und zubereitete Speisen an Hausgäste ausgibt.

Mit fast 2,3 Mio. Erwerbstätigen im gesamten Gastgewerbe (davon arbeiteten jeweils über die Hälfte weibliche Personen (54 %) bzw. in Teilzeitbeschäftigung (56 %)) bzw. mehr als 1,6 Mio. sozialversicherungspflichtigen Beschäftigten allein in der Gastronomie gehört die Branche mit zu den beschäftigungsintensivsten in Deutschland (vgl. Statistisches Bundesamt 2018b: 621/624; http://www.dehoga-bundesverband.de/zahlen-fakten/beschaeftigung/). Während die Zuwachsraten unter den Beschäftigten seit Jahren konstant bleiben, nimmt die Zahl der Ausbildungsverhältnisse im Gastgewerbe rasant ab. Mehr als 10.000 Ausbildungsplätze waren im Jahr 2015 unbesetzt: Jeder dritte Platz für Restaurantfachkräfte und fast jeder fünfte für Köche. Gleichzeitig brach fast die Hälfte der jungen Leute die Ausbildung zum Koch ab.

Die deutsche Gastronomie ist durch mehrheitlich familiengeführte Klein- und Mittelbetriebe gekennzeichnet. Der Führungsstil in gastronomischen Familienunternehmen ist grundsätzlich durch den Inhaber geprägt. Über die letzten Jahrzehnte bedeutend war, wie der Gastwirt mit seiner individuellen Handschrift die kulturelle Identität des Gastbetriebs – und vielerorts auch darüber hinaus beinahe die gesamte Gemeinde mit ihren Vereinen als „Kommunikationszentrum“ (im ländlichen Raum) – gekennzeichnet hat. Ein in vollem Gange befindlicher großer Generationswechsel sowie die veränderte Ausgeh- und Kommunikationskultur in der digitalen Gesellschaft machen es der Branche schwer, ein gutes Stück Tradition zu erhalten.

Die Bedeutung des Gastgewerbes in der deutschen Volkswirtschaft zeigt sich anhand folgender Zahlen: Das Gastgewerbe ist laut Statistischen Bundesamt (2018b: 334) mit 1,6 % am Bruttoinlandsprodukt beteiligt. Aufgrund der Personalintensität haben 3,4 % aller Erwerbstätigen in Deutschland einen Arbeitsplatz in der Gastronomie (vgl. ebd.: 528).

2015 wurde im Gastgewerbe ein Umsatz von mehr als 88,9 Mrd. Euro erzielt, wovon zwei Drittel in der Gastronomie und ein Drittel in der Beherbergung (ebd.: 624)

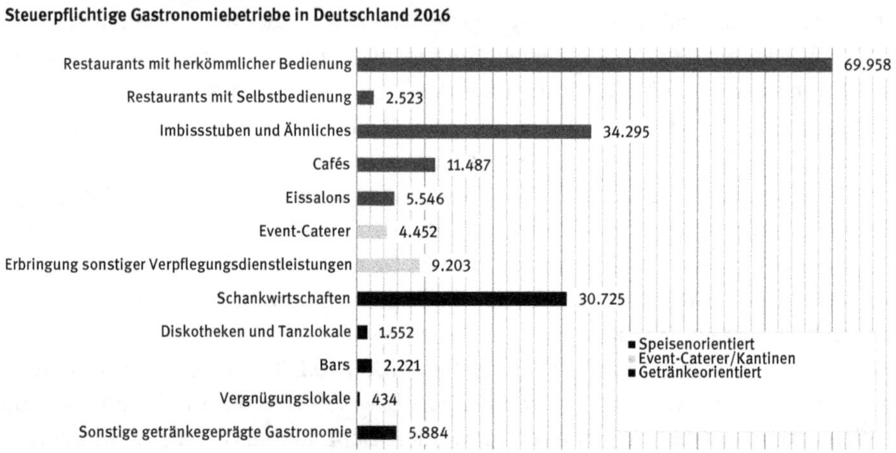

Abb. 10.1: Steuerpflichtige Gastronomiebetriebe in Deutschland 2016 (Betriebstypen) (Quelle: Statistisches Bundesamt 2018a: 23[1])

erwirtschaftet wurden. Dieser wertmäßige Umsatz wurde von 178.280 umsatzsteuerpflichtigen gastronomischen Betrieben in Deutschland im Jahr 2016 erreicht (ebd.: 23 und Abb. 10.1), darunter befinden sich zum überwiegenden Teil 123.809 speisenorientierte Gastronomiebetriebe (vgl. erste fünf Balken in Abb. 10.1).

Damit ist das Erscheinungsbild der deutschen Gastronomie zu circa der Hälfte durch klein- und mittelständische Restaurants mit herkömmlicher Bedienung (Bedienungskultur) und mit je einem Drittel von Imbissstuben und Schankwirtschaften (Kneipenkultur) geprägt. Eine lebendige Café-Kultur gibt es dagegen in Deutschland nicht flächendeckend (nur circa jeder zehnte Betrieb ist ein Café).

Insgesamt gesehen weist die angebotsseitige Marktstruktur eine starke Fragmentierung auf. So dominieren Kleinstbetriebe mit weniger als zehn Beschäftigten im Bereich der Restaurants mit herkömmlicher Bedienung (vgl. ebd.: 624). Dies zeugt gleichzeitig von der hohen Dominanz von Familienbetrieben in diesem Wirtschaftszweig (vgl. Deutscher Hotel- und Gaststättenverband 2017: 50), die damit einen gewichtigen Anteil zur wirtschaftlichen Bedeutung und dem Erscheinungsbild des Gaststättengewerbes beitragen.

Die sich ändernden Konsumgewohnheiten der Deutschen befördern allerdings gleichzeitig das Wachstum der Systemgastronomie (spezielles Managementkonzept im Gegensatz zur Individualgastronomie, vgl. Tabelle 10.1) und stellen die traditionelle Gastronomie vor Herausforderungen. Obwohl 10–15 % der Gastronomiebetriebe zur Systemgastronomie gehören, ist ihr Anteil an den Branchenumsätzen mit mehr als 30 % deutlich höher. Dabei weist die Systemgastronomie eine extreme Konzentra-

1 Zur genaueren Definition der einzelnen Betriebsarten siehe http://www.dehoga-bundesverband.de/zahlen-fakten/betriebsarten/.

tion hinsichtlich der Umsatzzahlen auf. So erwirtschaften die beiden Branchengrößen McDonald's und Burger King knapp 25 % des gesamten systemgastronomischen Umsatzes, gefolgt von der Verkehrsgastronomie (z. B. LSG, Tank&Rast, Autogrill, Yorma's) mit ebenfalls knapp 25 %. Weitere Segmente wie der Fullservice- (z. B. Block House, L'Osteria, Hans im Glück), Freizeit- (Enchilada, Europa Park, Mitchells & Butlers), Handels- (z. B. IKEA, Le Buffet, Metro Group) und Event-Cateringbereich (z. B. Kofler & Kompanie, Do & Co, Käfer) teilen sich die verbliebenen Prozentpunkte auf (vgl. DEHOGA, nach Gruner/von Freyberg/Euchner 2016: 12 f.).

Neben der Sortierung nach Betriebstypen in Abb. 10.1 lässt sich der heterogene Markt des Gastgewerbes nach weiteren verschiedenen Gesichtspunkten ordnen, wie z. B. die folgende Tabelle 10.1 nach **Betriebskonzept** zeigt. Dabei sind sowohl bei den Restaurants mit herkömmlicher Bedienung (Servicegastronomie) als auch mit Selbstbedienung die Mischformen und Entwicklungen des sich stets weiter differenzierenden Markts zu berücksichtigen, wie es sich bei der Gastronomie als zusätzliches Leistungsangebot einer Vielzahl von multifunktionalen Freizeiteinrichtungen (z. B. Museumsgastronomie[2] oder Gastronomie in anderen Kulturbetrieben) und im MICE-Markt[3] zeigt.

Tab. 10.1: Hauptsächliche Betriebs- bzw. Managementkonzepte der Gastronomie (Quelle: nach Gruner/von Freyberg/Euchner 2016: 15; Meyer 2011: 3; Göbel u. a. 2017: 4)

Servicegastronomie	Selbstbedienungsgastronomie	Gemeinschaftsverpflegung
– Individualgastronomie (Konzept, Betreiber und Standort spielen eine wichtige Rolle) – Hotel-, Messe- und Freizeitgastronomie (Gastronomie als zusätzliches Leistungsangebot und Umsatzbringer) – Transport mit Verpflegung (Flugzeug, Bahn, Fähre/Schiff) – Getränkeorientierte Betriebe	– Fast Food = Systemgastronomie (Snack/Imbiss, Schnellrestaurant, Lieferdienst, Verkehrsgastronomie) – Event-Gastronomie (Catering, Menü-/ Partyservice) – Handels-, Messe- und Freizeitgastronomie (z. B. in Warenhäusern, Shopping-Centern und Freizeiteinrichtungen, um ein Abwandern zu vermeiden) – Lebensmittelhandwerk (verzehrfertig am Ort, z. B. Bäckerei, Metzgerei, Feinkost) – Tankstelle, Kiosk, Automat	– (Groß-)Betriebsverpflegung – Krankenhaus-/Heim- und JVA-Verpflegung, Essen auf Rädern – Verpflegung in Bildung (Kindertagesstätte, Schule, Akademie, Hochschule, Universität)

2 In den vergangenen Jahren haben sich immer mehr Cafés, Bistros und Restaurants in den Museen angesiedelt und etabliert. Die gastronomischen Objekte profitieren dabei nicht selten vom hohen Bekanntheitsgrad und dem positiven Image des Museums. Oft versuchen sie, eine inhaltliche Verbindung zwischen Museumsbesuch und gastronomischen Angebot herzustellen.

3 Hier können auch Genuss-Events dazugezählt werden, die in Form einer Gastronomie-Messe stattfinden.

Ein weiteres Differenzierungskriterium beim Betriebskonzept kann die Betriebsdauer bzw. Zeit des Angebots sein, wenn es sich entweder um einmalige Eventgastronomie (anlassbezogene Betriebsbetreibung), Traditionsgastronomie (ständige Betreibung) oder Saisongastronomie (saisonale Betreibung) handelt (vgl. Meyer 2011: 3). Letztere soll hier kurz um die besondere Tradition der hauptsächlich im deutschsprachigen Raum vertretenen Strauß- oder Besenwirtschaften ergänzt werden (vgl. Kapitel 12). Folglich sind die **Öffnungszeiten** in der Gastronomie ein durchaus kultur- und diskussionsprägendes Thema (vgl. https://www.dehoga-bundesverband.de/fileadmin/Startseite/05_Themen/Arbeitszeitgesetz/DEHOGA-Bundesverband-Flyer.pdf und https://www.ngg.net/artikel/2018/11/arbeitszeitgesetz-keine-aenderung/, 22.9.2019).

Restaurants, Kneipen, Cafés und dergleichen sind nicht an das Ladenschlussgesetz gebunden, die Öffnungszeiten können aber durch Rechtsverordnung der Landesregierungen und Landkreise im Sinne einer Sperr- bzw. Feiertagsschließzeit (§ 18 im Gaststättengesetz o. J.) geregelt werden und variieren dementsprechend. Allgemein gilt, dass bei einer ganzjährigen Öffnungszeit (360 Tage) eines Restaurants von durchschnittlich 12 Stunden (z. B. 11–23 Uhr) die jährliche Öffnungszeit 4.320 Stunden beträgt (vgl. Meyer 2011: 155). Dabei besteht traditionell an Feiertagen und in den Ferienzeiten oft besonders hohe (touristische) Nachfrage an Ausgehmöglichkeit in der Gastronomie.

Bezüglich der im Tourismus durchaus bewussten Saisonalität von Events muss auch der Trend Streetfood, Food Truck Events und Food Festivals einbezogen werden. Internationale wie einheimische Köstlichkeiten werden Gästen gleich welcher Herkunft ortsunabhängig präsentiert. In besonders authentischen Ambiente erleben Gäste aus aller Welt deutsche Ess- und Trinkkultur in Verbindung mit regionalen Wochenmärkten und traditionellen Festen im gesamten Verlauf des Jahres und in vielen Regionen Deutschlands (vgl. Kulinarik im Fokus 2017).

Ein ebenso differenziertes Bild zeigt die **geografische Verteilung** des Gastronomieangebots nach Bundesländern (vgl. Statistisches Bundesamt 2018a: 54): Die meisten Gaststätten kann Nordrhein-Westfalen vorweisen (38.255 steuerpflichtige Gastronomiebetriebe), gefolgt von Bayern (Platz 2 mit 29.086 Betrieben) und Baden-Württemberg (Platz 3 mit 24.326 Betrieben). Das hintere Ende der Liste bilden Mecklenburg-Vorpommern (3.281 Betriebe), Saarland und Bremen (1.539 Betriebe) (vgl. Abb. 10.2, links). Das beste Umsatzverhältnis weist das Bundesland Hessen auf (ca. 5,41 Mrd. Euro bei 14.009 steuerpflichtigen Gastronomiebetrieben). Bei Hinzunahme der Einwohnerzahlen je Bundesland (vgl. Statistisches Bundesamt 2018b, S. 26) zeigt sich dagegen, dass das Saarland und Rheinland-Pfalz die höchste Anzahl an Gaststätten pro Einwohner bietet. So kann das Saarland einen Quotienten von 2,9 und Rheinland-Pfalz von 2,7 Gastronomiebetrieben pro 1.000 Einwohner aufweisen. Nordrhein-Westfalen, Bayern und Baden-Württemberg erreichen den bundesweiten Durchschnittswert von 2,2. Sicherlich der schwierigen Gastronomiesituation in der ehemaligen DDR geschuldet (vgl. Jenn 1993: 210 ff.), können die östlichen Bundeslän-

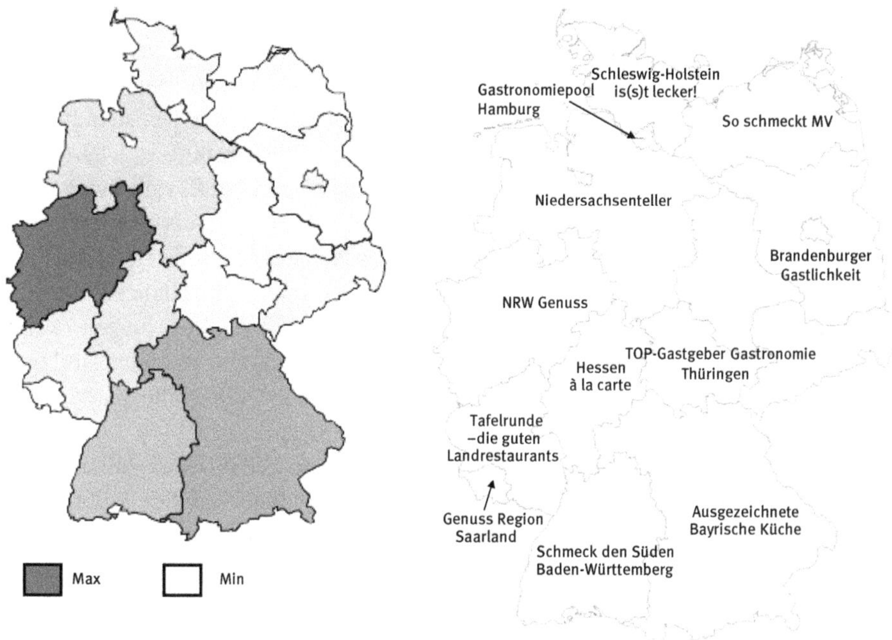

Abb. 10.2: Steuerpflichtige Betriebe und landesweite Gastronomieaktionen in deutschen Bundesländern (Quelle: Striapunina/Staffa 2017: 24 und eigene Internetrecherche)

der den kleinsten Wert von 1,7 Gastronomiebetrieben pro 1.000 Einwohner zuwege bringen. Allein das touristisch geprägte Küstenland Mecklenburg-Vorpommern kann einen Quotienten von 2,0 vorweisen.

Um die regionalen Kochstile und kulinarischen Spezialitäten sowohl als Binnen- als auch als Tourismusmarketinginstrument einsetzen zu können, existieren zahlreiche bundeslandbezogene Gastronomie-Marketingaktionen (vgl. Abb. 10.2, rechts). Dieser Marketingzielsetzung schließen sich die deutschen Ferienstraßen an. Ferienstraßen sind auf Dauer angelegte, genau definierte Reiserouten auf Bundes- und Landesstraßen, die dem Reisenden thematisch abgegrenzte spezielle Attraktionen bieten. Sie verfolgen u. a. den Zweck, das Gebiet der Streckenführung touristisch besser zu vermarkten. Aufgeführt werden hier diejenigen Routen, die einen namentlichen Bezug zu Speisen und/oder Getränken aufweisen und daher vermutlich von der ortsansässigen Gastronomie verstärkt bedient werden sowie nach den Qualitätskriterien des Deutschen Tourismusverbandes geprüft sind: Badische Weinstraße, Deutsche Weinstraße, Niedersächsische Spargelstraße, Sächsische Weinstraße und Weinstraße Taubertal (vgl. Deutscher Tourismusverband o. J.).

Eine weitere Facette, um die räumliche Verteilung des Gastronomie- und Speisenangebotes in Deutschland zu veranschaulichen, stellt die Slow-Food-Bewegung dar. Die internationale Non-Profit-Organisation Slow Food setzt sich für die Aufwertung regionaler Produkte, für die Erhaltung der biologischen und kulturellen Vielfalt sowie für ökologisch und sozial verträgliche Produktionsweisen ein (vgl. Groß 2011: 222). Unterstützer von Slow Food können Agenturen und Verlage, Händler, Produzenten, Verbände/Vereine, Winzer wie auch Gastronomen und Hoteliers sein. Im Jahr 2018 sind 452 Mitglieder im Bereich Gastronomie und Hotels online gelistet (https://www.slowfood.de/unterstuetzer/gastronomen_hotels/, 10.1.2019), wobei sich mehr als die Hälfte in den deutschen Postleitzahlbereichen 7–9 befindet. Aus der Slow-Food-Bewegung heraus entstand auch das internationale Projekt „Arche des Geschmacks", in dem regional wertvolle Lebensmittel, Nutztierarten und Kulturpflanzen vor dem Vergessen und Verschwinden bewahrt werden. In Deutschland gibt es derzeit 74 „Arche-Passagiere", wobei diese ebenfalls primär in Süddeutschland zu finden sind (vgl. https://www.slowfood.de/was-wir-tun/biokulturelle_vielfalt/die_arche_passagiere, 25.6.2019; Köchling/Müller 2017: 86).

Eine ebenso erwähnenswerte Initiative ist das von der UNESCO-Generalkonferenz 2003 verabschiedete Übereinkommen zur Erhaltung des Immateriellen Kulturerbes. Ein bundesweites Verzeichnis des Immateriellen Kulturerbes zeigt exemplarisch, welche lebendigen kulturellen Traditionen und Ausdrucksformen in Deutschland praktiziert und weitergegeben werden: https://www.unesco.de/kultur-und-natur/immaterielles-kulturerbe/immaterielles-kulturerbe-deutschland/bundesweites, 10.1.2019). Im Rahmen der Gastronomiekultur kann hier die bundesländerübergreifende Deutsche Brotkultur und die Ostfriesische Teekultur in Niedersachsen genannt werden (vgl. Deutsche UNESCO-Kommission 2017: 30 ff.). Zusätzlich sollen hier die auf europäischer Ebene geschützte Ursprungsbezeichnung sowie geografische Herkunftsangabe Erwähnung finden. Die EU-Gütezeichen „g. U." (geschützte Ursprungsbezeichnung), „g. g. A." (geschützte geografische Angabe) und „g. t. S." (garantiert traditionelle Spezialität) wurden von der EU 1992 als System zum Schutz und zur Förderung traditioneller und regionaler Lebensmittelerzeugnisse (eingesetzte Rohstoffe, Verarbeitungsort, Rezepturen) eingeführt (vgl. https://www.bmel.de/DE/Landwirtschaft/Agrarpolitik/1_EU-Marktregelungen/_Texte/GeschuetzteBezeichnungen.html, 2.9.2019).

Insgesamt gesehen zeigt sich aber, dass eine gastronomische Vielfalt Deutschlands über alle Bundesländer und Regionen hinweg in verschiedensten Betriebsarten vorhanden ist. So fokussierte die Deutsche Zentrale für Tourismus (DZT) zum ersten Mal 2018 ihre weltweiten Marketing- und Vertriebsaktivitäten auf die Themenkampagne „Culinary Germany" (vgl. Deutsche Zentrale für Tourismus o. J.). Petra Hedorfer, Vorsitzende des Vorstandes der DZT, erklärt dazu: „Die deutsche Küche umfasst eine Vielzahl verschiedener regionaler Kochstile und Spezialitäten. Das vielfältige gastronomische Angebot – vom einfachen Gasthof bis zum Gourmetrestaurant – gehört zu den besonderen Stärken des Reiselandes Deutschland, die wir mit unserer Kampagne beleuchten. Mit dem Fokus auf regionale und saisonale Angebote unterstützen wir die Positionierung Deutschlands als nachhaltiges Reiseziel und fördern den Tourismus im ländlichen Raum" (http://www.destinet.de/meldungen/themen-leistungstraeger/kulinarik-gastronomie/5061-enjoygermanfood-kulinarik-im-fokus-der-dzt-markenkommunikation-2018, 10.1.2019).

10.3 Gastronomie als Dienstleistung

Bei genauerem Blick zeigt sich, dass sich die (Kern-) Leistung der Gastronomie aus verschiedenen Leistungskomponenten zusammensetzt: Die gastronomische Leistung ist eine Produktions-, Handels- und Dienstleistung. Handelt es sich z. B. beim Verkauf von Finger-Food und Getränken bei einer Imbissstube eher um eine Handelsleistung, so sind Service und Ambiente im Restaurant als Dienstleistung und die handwerkliche Zubereitung von Speisen und Getränken als Produktionsleistung zu sehen. Das „kategoriale Grundkonzept der Gastronomie" liegt nach Kaub (1990: 68) in der integrierten Kombination von Versorgungs- und Erlebnisfunktion.

Zusammengenommen lässt sich deshalb die gaststättengewerbliche Leistung in folgende **Komponenten des gastronomischen Angebots** aufteilen: Speisenangebot, Getränkeangebot, Service und Ambiente (vgl. Abb. 10.3). Denn wenn Gäste im gastronomischen Bereich konsumieren, beschränkt sich der Konsum nicht auf den Verzehr von Speisen und Getränken als Basis- oder Kernleistung. Gäste fragen gleichzeitig einen gewissen Service und ein gewisses Ambiente (d. h. Gastlichkeit) sowie die Möglichkeit nach sozialer Kommunikation als Zusatzleistung nach. Insofern ist die gastronomische Tätigkeit „mehrschichtig" (Fuchs 2008: 134; vgl. Meyer 2011: 4).

Das konkrete Speisenangebot in der deutschen Gastronomie kann allgemein nach Produktart und Qualität der angebotenen Speisen sowie nach Sortimentsbrei-

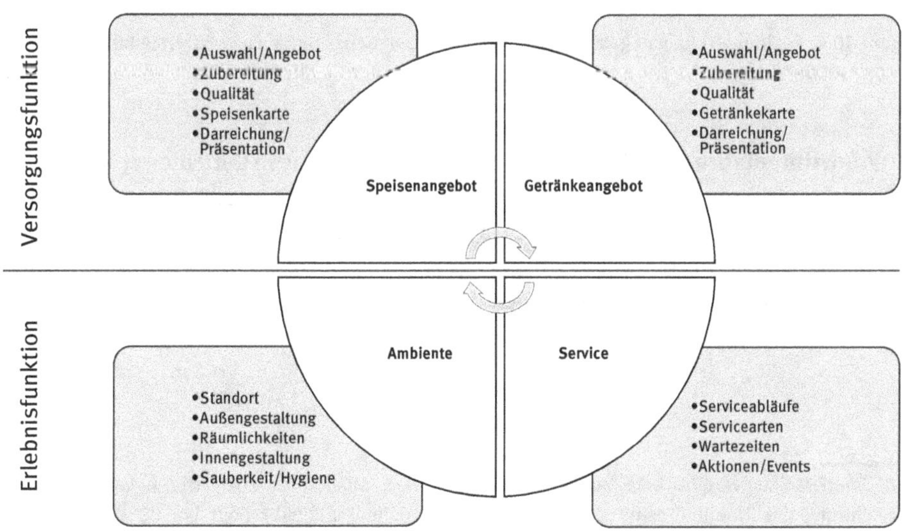

Abb. 10.3: Kernkomponenten des gastronomischen Angebots (Quelle: Eigene Darstellung)

te und Sortimentstiefe unterschieden werden. Während die **Produktart** der Speisen (Fleisch, Fisch, Gemüse usw.) leicht ermittelt werden kann (vgl. Abb. 10.4), ist es schwieriger, die Qualität der angebotenen Speisen zu bestimmen. Der Restaurantführer Gault&Millau[4] legt als Kriterien für die qualitative Bewertung der Küchenleistung die Qualität und Frische der verwendeten Produkte, die Kreativität und Professionalität bei der Zubereitung, die Harmonie der Gerichte und der Menüfolge, exakte Garzeiten und die Präsentation der Gerichte zugrunde (vgl. Gault&Millau, zit. nach Fuchs 2008: 135).

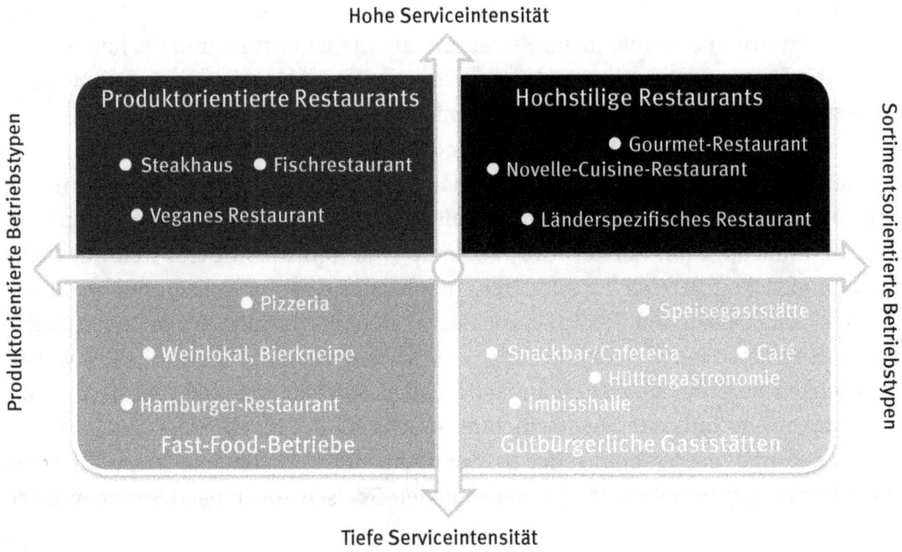

Abb. 10.4: Positionierung von gastronomischen Betriebstypen (Quelle: Eigene Darstellung nach Kaub 1990: 87 f.)

Die **Sortimentsbreite** (vgl. Abb. 10.4) zielt auf das Angebot an Gerichten aus mehreren Bereichen (z. B. Suppen, Fleischgerichte, Fischgerichte, Meeresfrüchte, vegetarische Gerichte oder Nudelgerichte). Die Sortimentstiefe zielt auf die Variationen innerhalb eines bestimmten Produktbereichs. Beispielsweise bietet ein auf Fisch spezialisiertes Restaurant eine große Sortimentstiefe meist nur in diesem Bereich an (vgl. Fuchs 2008: 135).

4 Gault&Millau vergibt Kochmützen, die neben den Michelin-Sternen die begehrteste Auszeichnung der Haute Cuisine sind. Die höchstmögliche Punktzahl liegt bei 20 Punkten oder vier Mützen (vgl. https://www.worldsoffood.de/gastro-und-gourmet/item/78-michelin-oder-gault-millau-bedeutung-der-sterne-punkte-oder-muetzen.html, 29.1.2019).

Während im Küchenbereich in der Regel eine Produktionsleistung stattfindet, d. h. Rohstoffe zu Speisen verarbeitet werden, handelt es sich im Getränkebereich mehrheitlich um eine Handelsleistung, d. h. das Produkt ist bereits hergestellt und wird ohne Weiterverarbeitung an den Gast verkauft. Ausnahmen bilden Aufgussgetränke, Cocktails und frisch gepresste Fruchtsäfte, die von den Servicemitarbeitern zubereitet werden müssen (vgl. ebd.: 137). Auf weitere Getränkespezifika wird nicht eingegangen, auch wenn die deutsche Bierkultur[5] und die deutschen Weine der 13 Weinbauregionen im (Kultur-)Tourismus eine wichtige Stellung einnehmen (vgl. Kapitel 11).

Während unter den produktorientierten Speiselokalen die Steakhäuser, Fischgaststätten oder neuerdings vermehrt auch vegane/vegetarische Restaurants[6] verstanden werden, sind unter den eher produktorientierten Getränkebetrieben die Weinlokale und Straußwirtschaften, Bierkneipen oder Cocktailbars zu ergänzen. Cafés oder internationale Spezialitätenrestaurants sind dagegen den sortimentsbezogenen Betriebstypen zuzuordnen (vgl. Meyer/Hoffmann 2002: 38).

Darüber hinaus ist der kulinarische Alltag in der deutschen Gastronomie auch international geprägt, denn abgesehen von traditioneller deutscher Küche formen z. B. mediterrane, orientalische und asiatische Einflüsse das gastronomische Angebot vom gemütlichen Restaurant bis zum preiswerten, schnellen Imbiss zwischendurch. Allein in der Hauptstadt Berlin findet man über diverse Internetportale fast 190 italienische Restaurants, hinzu kommen 64 französische, 36 indische, 30 spanische, 29 chinesische, 26 griechische, 23 thailändische, zehn mexikanische und acht russische Restaurants. Unzählige Imbisse, Cafés und Kneipen mit in- und ausländischer Küche kommen noch hinzu. Außerdem gibt es in Berlin 14 mit einem und sieben mit zwei Michelin-Sternen ausgezeichnete Restaurants.[7]

Aufgrund der Globalisierung und der in den westlichen Gesellschaften ständigen Verfügbarkeit von Nahrungsmitteln wird hier auf ein besonderes Spezifikum bezüglich der in der Gastronomie verwendeten ökologisch und sozial fair hergestell-

5 In Deutschland werden etwa bis zu 6.000 Biersorten hergestellt, die meisten in der Pilsener Brauart. Insgesamt ist der Bierkonsum jedoch rückläufig, sodass auch aufgrund weiterer gesellschaftlicher Veränderungen von einem Kneipensterben gesprochen werden kann (https://www.tatsachen-ueber-deutschland.de/de/rubriken/lebensart/entspanntes-geniessen und https://www.faz.net/aktuell/wirtschaft/gastronomie-in-deutschland-der-schleichende-tod-der-wirtshaeuser-15204254.html, 29.1.2019).

6 Der grundlegende Paradigmenwechsel weg vom Massenkonsum und der Massenfertigung, wovon jahrzehntelang vor allem die großen, globalen Marken profitiert haben, hin zu immer individuellerem Konsum und differenzierteren Angeboten (mit Fokus auf Nachhaltigkeit und Ressourcenschonung einerseits und Orientierung am spezifischen physiologischen Bedarf andererseits) hat zur Folge, dass Nischenmärkte immer größere Bedeutung gewinnen (vgl. Food-Trends des Zukunftsinstituts 2020).

7 http://www.make-it-in-germany.com/de/fuer-fachkraefte/deutschland-kennenlernen/deutschland-im-portraet/essen-und-trinken (10.7.2017) und URL: https://www.berlin.de/restaurants/michelin-sterne/ (29.1.2019).

ter Produkte eingegangen. Im Jahr 2009 startete in Deutschland die Fair-Trade-Town-Initiative. Aktuell sind in 657 deutsche Kommunen mit diesem Siegel ausgezeichnet, mehrheitlich in West- und Süddeutschland. Eins von fünf zu erfüllenden Kriterien betrifft die lokalen Einzelhandelsgeschäfte und Floristen sowie Cafés und Restaurants, die mindestens zwei Produkte aus fairem Handel anbieten müssen. Richtwert ist hier die Einwohnerzahl. Immer mehr Gastronomiebetriebe erkennen den Wert fair gehandelter Produkte (vgl. Verein zur Förderung des Fairen Handels 2019).

Eine weitere kulturelle Eigenheit ist der unterschiedliche Servicegrad, der bei Fast-Food-Restaurants mit vorwiegender Selbstbedienung gering ist, bei stilvollen Restaurants dagegen ein hohes Maß an Intensität erreicht. Ein anderes ökonomisch abgrenzendes Merkmal lässt sich unmittelbar mit der Intensität des bereitgestellten Service verknüpfen: Eine Einrichtung mit einem geringen Servicegrad zeichnet sich durch seine Preisattraktivität aus, während sich die serviceorientierten Betriebe nach Höhe des Preisniveaus in untere, mittlere und hohe Preisintensität unterscheiden lassen (vgl. Kaub 1990: 64 ff.; Meyer/Hoffmann 2002: 38).

Zusätzlich empfiehlt der Guide Michelin „Bib Gourmand Deutschland 2019“ in seiner vierten Auflage insgesamt 424 Topadressen. Das Prädikat verweist auf sorgfältig zubereitete Speisen zu einem besonders guten Preis-Leistungs-Verhältnis. Die ausgezeichneten Restaurants versprechen „ein Maximum an Schlemmerei bis 37 Euro: gute Produkte, die schön zur Geltung gebracht werden“ sowie „eine moderate Rechnung“. Zusätzlich zur Preisgestaltung, die das Budget der Gäste im Auge behält, lautet die Grundbedingung für den „Bib Gourmand“, dass das Essen die Kriterien der Michelin-Inspektoren erfüllt: Die Qualität der Produkte muss stimmen, ebenso die Sorgfalt bei der Zubereitung. Hinzu kommen präzise Garzeiten und Techniken, gekonntes Abschmecken und eine harmonische Verbindung der Aromen (vgl. Wagner 2017; https://www.gourmetglobe.de).

Da in Deutschland die Gastronomielandschaft bunt gemischt ist (Abb. 10.1) und als dynamisch und vielseitig gilt, existieren neben der Vielzahl an Restaurants mit herkömmlicher Bedienung auch zahlreiche internationale Restaurant- und Fastfood-Ketten. Parallel zu den Ketten haben sich zudem viele individuelle Lokale entwickelt, die ganz neue oder exotischere Gastronomiekonzepte verfolgen. Neben der Top-Gastronomie, dem Crossover-Stil und einer zunehmend vegetarisch und vegan ausgerichteten Küche erleben auch Lokale eine Renaissance, die z. B. mit alten Gemüsesorten wie Pastinaken, Butterrüben und Topinambur kochen (s. o.: „Arche des Geschmacks“). Sie sind Säulen des aktuellen Booms des Gesunden, Saisonalen, Regionalen und setzen auf den Geschmack von Heimat. Dabei werden die Klassiker von einer jungen Kochszene interpretiert und mit globalen Einflüssen aufgewertet (vgl. Auswärtiges Amt 2019). Auch sie unterliegen den Aspekten, die zum Erfolg oder Misserfolg beitragen können: Qualität von Speisen und Getränken, Sauberkeit und Atmosphäre des Gastraums, Ausbildung der Servicekräfte und zu guter Letzt natürlich der Service selbst. Damit steht die Frage im Raum, ob es eine typisch deutsche Servicekultur in der Gastronomie überhaupt gibt.

So ist es naheliegend, dass **Service und Ambiente** gemeinsam für eine Atmosphäre sorgen, die eine Erlebnisfunktion erfüllt (Abb. 10.3) und damit auch die Möglichkeit zur sozialen Kommunikation bietet. Zusammengefasst kann dabei von Gastlichkeit gesprochen werden. Das Wort Gastlichkeit geht auf das lateinische Wort „hostes" zurück und bedeutet die freundliche Aufnahme eines Gastes. Das Grundprinzip der Gastlichkeit (vgl. Wierlacher 2011, v. a. Kapitel IV: Kulturspezifika der Gastlichkeit) beruht auf Gegenseitigkeit und kann im Zusammenhang mit der Gastronomie nur so verstanden werden, dass Besucher ein professionelles Angebot vorfinden, das die Komponenten der Gastlichkeit – Bewirtung und Unterhaltung, ggf. auch Beherbergung – vereint (vgl. Meyer 2011: 2). Die Gegenseitigkeit drückt sich dadurch aus, dass die Gäste ebenfalls eine freundliche bzw. kultivierte Art und Weise des Auftretens an den Tag legen.

Service und Ambiente können von Gastronomiebetrieb zu Gastronomiebetrieb, aber auch von Nation zu Nation andere Schwerpunkte haben. Je nachdem unterscheiden sich Aspekte wie beispielsweise der Umgang mit dem Gast (stellt sich die Servicekraft z. B. zu Beginn des Aufenthalts ihrer Gäste namentlich vor und macht auf besondere Angebote aufmerksam), die Art der Speisenaufdeckung (z. B. werden Speisen bereits in der Küche auf dem Teller arrangiert und fertig zum Gast gebracht) oder auch der mengenmäßigen Verwendung von Warenaufwand (Tellerportion oder Buffet), Geschirr und Tischwäsche. In diesem Zusammenhang wird auch der Begriff der Tisch- und Tafelkultur[8] verwendet.

Eine wichtige Rolle spielen nicht nur Essen und Trinken, sondern auch Aspekte wie der Blick in die Küche, der zwischenmenschliche Umgang mit dem Personal, die Produkte für den Tisch und der Eindruck beim Waschraumbesuch. Um mehr darüber zu erfahren, was ein gelungenes Erlebnis ausmacht, hat ein europäischer Hersteller von Papier- und Hygieneprodukten im Jahr 2015 europaweit 3.000 Restaurantgäste befragt. Demnach ist das wichtigste Kriterium für 81 % der Befragten der Geschmack des Essens, gefolgt von Sauberkeit und Ordnung im Essbereich (60 %) und den Waschräumen (52 %).[9]

Neben der genannten materiellen Qualität setzt sich auch der gesellschaftliche Wandel in Richtung Erlebnisgesellschaft weiter fort. Es geht nicht mehr nur darum,

---

8 Die Deutsche Akademie für Kulinaristik (DAfK) ist eine Gemeinschaft und ein Netzwerk aus Köchen, Gastronomen, Erzeugern und Wissenschaftlern. Miteinander und gleichberechtigt beschäftigen sich die Mitglieder mit Ess- und Trinkkultur sowie mit Gastlichkeit: http://www.kulinaristik.eu/. Ferner wirken unter dem Namen Gastrosophie (von altgriechisch γαστήρ gaster, deutsch „Bauch" und σοφία sophia „Weisheit") verschiedene natur- und geisteswissenschaftliche Fächer zusammen, die die kulturwissenschaftliche Erforschung von Ernährung und Gesellschaft in den Vordergrund stellen. Untersucht werden alle Aspekte der Lebensmittelerzeugung, der Verarbeitung, der Vermarktung bis zum Konsum, wobei nicht nur materielle technische Bereiche, sondern auch die Bedeutung der Esskulturen verschiedener Epochen oder ethische und soziologische Aspekte betrachtet werden.

9 https://www.ahgz.de/unternehmen/worauf-gaeste-im-restaurant-achten,200012222788.html (28.1.2019).

(Tourismus-)Güter zu produzieren und Dienstleistungen gewissenhaft auszuführen, sondern auch darum, besondere Erlebnisse zu bieten. So ist Bestehendes noch besser in Szene zu setzen, um in der Welt der Multioptionalität einzigartiger und damit konkurrenzfähiger zu sein (vgl. Groß 2004a: 128). Dazu kann die Gastronomie eine nicht quantifizierbare Anzahl an verschiedenen Gestaltungsmöglichkeiten beim Ambiente, bei der Atmosphäre und eventuellen Animation entlang der Servicekette einsetzen (vgl. Abb. 10.5).

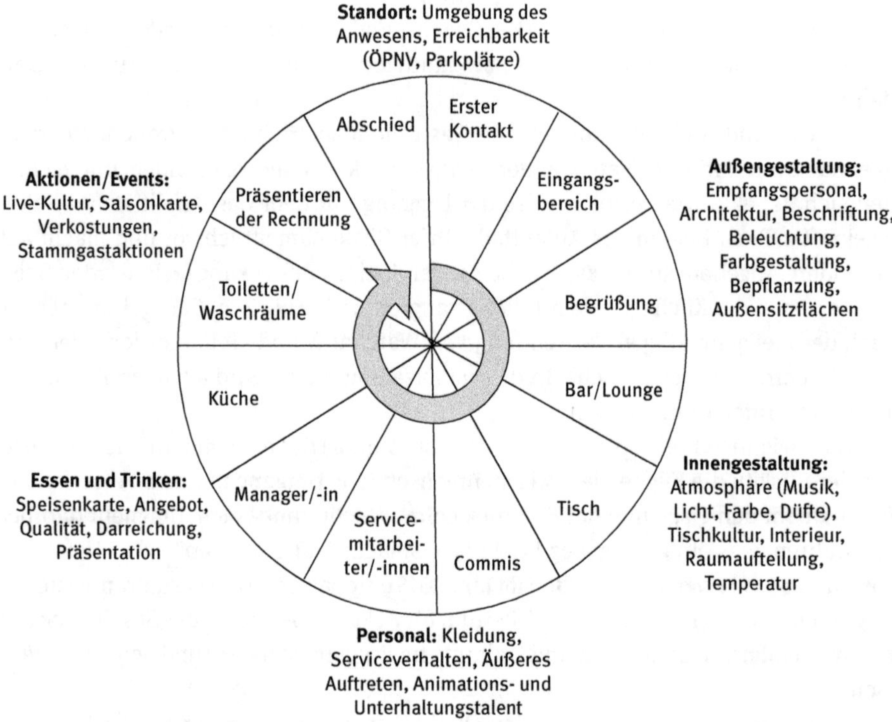

Abb. 10.5: Erlebnisorientierung in der Servicekette (Quelle: Eigene Darstellung)

Vom Restaurant wird erwartet, dass sämtliche Details vom Ambiente bis Hygiene und Service (fortwährend) auf ihre Notwendigkeit und vor allem qualitative Beschaffenheit geprüft werden. Indem man eine attraktive Mischung aus diesen verschiedenen Leistungen schafft, können in der Regel die Erwartungen der Gäste erfüllt, wenn nicht gar übertroffen werden (vgl. Gruner/von Freyberg/Euchner 2016: 56). Doch Dienstleistungen zeichnen sich bei der Erstellung durch bestimmte Schwankungen aus. Dies liegt v. a. daran, dass Mitarbeiter in den gastronomischen Betrieben ihre Arbeitsleistungen über die Arbeitszeit hinweg nicht absolut konstant halten können. Die betriebliche Seite versucht deshalb, über die Einführung von Qualitätsstandards in den einzelnen Komponenten die Schwankungsbreite der jeweiligen Leistung zu minimieren. Dem Gast soll dadurch eine gewisse Sicherheit im Konsum gegeben werden.

Auch die Kritik der „Restaurant- bzw. Gastronomieführer" hat über die Informationsfunktion eine Reduktion des Kaufrisikos sowie eine Orientierungshilfe auf dem gastronomischen Markt zum Ziel. Unter Gastronomiekritik wird die Beurteilung von gastronomischen Leistungen (Speisen- und Getränkeangebot sowie Service und Ambiente) verstanden. Neben der Informationsfunktion hat die Gastronomiekritik auch eine Erziehungsfunktion (Förderung der Esskultur in einer Gesellschaft) und eine Unterhaltungsfunktion (Konsum von unterhaltsamen Informationen) (vgl. Fuchs 2008: 144).

Die Anzahl der Restaurantführer ist inzwischen – insbesondere durch solche Ratgeber, die ausschließlich im Internet vertreten sind – nahezu unüberschaubar geworden. In der fachlichen Diskussion reduziert sich die Anzahl der wertenden Führer[10] auf eine übersichtliche Menge. Zu dieser gehören schon seit Längerem: „Der Schlemmer Atlas", „Der Feinschmecker", „Der große Restaurant & Hotel Guide", „Gault&Millau", „Guide Michelin" und „Varta". Unter diesen wiederum genießen die drei Letztgenannten eine herausgehobene Position (Fuchs 2008: 144).

2019 erreichten die deutschen Restaurants so viele Michelin-Sterne wie noch nie. Insgesamt 309 ausgezeichnete Häuser listet der „Guide Michelin 2019" auf, neun mehr als im Vorjahr. Die Auszeichnungen verteilen sich dabei wie folgt: 261 Ein-Sterne-Restaurants, 38 Zwei-Sterne-Restaurants und zehn Drei-Sterne-Restaurants (vgl. Wagner 2019). In der deutschen Ausgabe des Restaurantführers wird die Bedeutung der Sterne so beschrieben. Ein Stern: „Eine Küche voller Finesse – einen Stopp wert!", zwei Sterne: „Eine Spitzenküche – einen Umweg wert!" und drei Sterne: „Eine einzigartige Küche – eine Reise wert!".

Statistische Auswertungen von Restauranthitlisten unterstreichen die führende Stellung Süddeutschlands bei der Spitzengastronomie. Legt man den Indikator der Versorgungsdichte (Spitzenrestaurant/eine Mio. Einwohner) zugrunde, ergibt sich 2004 für Süddeutschland der Wert 56, für Westdeutschland 42, für Norddeutschland 40 und für Ostdeutschland 26 (vgl. Fuchs 2008: 146).

„Guide Michelin 2019": Neu mit einem Stern ausgezeichnet wurden 37 Restaurants, fünf erhielten einen zweiten Stern. Hochburgen für Gourmets sind Millionenstädte wie Berlin, Hamburg und München. Aber auch kleine Orte wie Baiersbronn im Schwarzwald mit zwei Drei-Sterne-Restaurants und zwei Häusern mit einem Stern oder Andernach in Rheinland-Pfalz mit zweimal einem und einmal zwei Sternen sind Anziehungspunkte für Feinschmecker. Die mit Abstand meisten Sterne-Restaurants gibt es in Baden-Württemberg (77), gefolgt von Bayern (52), Nordrhein-Westfa-

---

10 Neben wertenden Restaurant-/Gastronomieführern existieren auch allein faktische Informationen liefernde Führer, die etwa Adresse, Art der Küche, Anzahl der Sitzplätze, Öffnungszeiten/Ruhetag, Anreisemöglichkeiten usw. anführen.

len (47) und Rheinland-Pfalz (27). Bei den Häusern mit drei Sternen liegen Baden-Württemberg, Bayern und das Saarland mit je zwei vorne (https://www.spiegel.de/reise/deutschland/guide-michelin-deutschland-2019-309-restaurants-mit-michelin-sternen-a-1255266.html). Außerdem ist Deutschland nach Frankreich das zweite Land mit den meisten Drei-Sterne-Restaurants in Europa (vgl. Auswärtiges Amt 2019).

Nachdem die gegenwärtige Beschaffenheit der Gastronomie in Deutschland beschrieben wurde, kann abschließend auf Herausforderungen einer notwendigen, zukunftsfähigen Entwicklung eingegangen werden, um die kulturelle Praxis des Essens und Trinkens außer Haus in den touristischen Zusammenhang zu stellen.

10.4 Fazit: Ausgewählte kulturtouristische Entwicklungen

Grundsätzlich bietet das Verreisen Zeit und Raum, sich ästhetisch, zweckfrei und selbstbestimmt mit kulturellen Phänomenen auseinanderzusetzen und ermöglicht somit kulturelle Differenzerfahrungen (vgl. Groß 2015: 165). Für Reisende ist es gerade als besonderen Unterschied zum Alltag interessant, z. B. die kulinarischen Eigenarten einer (Kultur-)Destination mit Muße und Vergnügen zu erleben. Die touristischen Produktvarianten in Zusammenarbeit mit der örtlichen bzw. regionalen Gastronomie sind dabei zahlreich und nicht immer eindeutig zuzuordnen (Abb. 10.6).

Abb. 10.6: Produktvarianten des gastronomischen Kulturtourismus (Quelle: Eigene Darstellung)

Bei allen Angebotsvarianten (vgl. Groß 2004a: 127 ff.) gilt es jedoch stets zu berücksichtigen, dass diese Ereignisse erst dann zu einem besonderen Erlebnis werden, wenn durch die Möglichkeit der (gestützten) Reflexion des Erlebten bestimmte Erkenntnisse beim Reisenden ausgelöst werden, die dann zur persönlichen und gegebenenfalls tief prägenden Erfahrung werden.

Die Beschaffenheit bzw. Art und Weise der Gastronomiekultur unterliegt, wie gezeigt wurde, einem kulturellen Veränderungsprozess. Der fortwährende gesellschaftliche Wandel wird auch zukünftig die gegenwärtig mehrheitlich familiengeführten Kleinst- und Mittelbetriebe zum Gegensteuern bewegen. Dass die Gastronomie als Berufsfeld etwa bei jungen Leuten als wenig attraktiv gilt, zeigt sich nicht zuletzt an der Zahl der Auszubildenden, die sich in den letzten zehn Jahren in etwa halbiert hat (Roman 2018: 1). Eine Verbesserung kann z. B. gelingen, wenn politisch Verantwortliche auf allen Ebenen das duale Ausbildungssystem stärken und eine an die heutige Zeit angepasste Ausbildung gegenüber dem Studium wieder an Wettbewerbsfähigkeit gewinnt.

Im Rahmen der Analyse der Gastronomie als Dienstleistung ergab sich eine Multioptionalität im Angebot und der Auswahl an Speisen und Getränken sowie die Ergänzung um spezielle Events in der deutschen Gastronomie, die durch die Globalisierung gestützt wird. Essen-Gehen wird immer mehr zum Ausdruck des Lifestyle und zum Statussymbol. Die Restaurants müssen sich deshalb positionieren, um als Erholungsplatz für Körper und Geist bzw. Seele, als Ort des Abenteuers oder als Ort des geselligen Zusammenseins und als sozialer Lebensmittelpunkt angenommen zu werden. Das Restaurant als reine Quelle der Nahrungsaufnahme kann allenfalls für die schnelle Mittagspause Bestand haben; und selbst dies ist durch fortlaufende Veränderungen im Lebens- und Arbeitsstil gefährdet (z. B. Pausen werden unregelmäßiger, die gemeinsame Mittagsverabredung lässt nach; immer mehr Essen im Stehen und Gehen).

So ist es offensichtlich, dass die Mehrheit von Restaurants mit herkömmlicher Bedienung – und damit insgesamt Tourismus, Hotellerie und Gastronomie – von der Offenheit der Gesellschaft und von der Freundlichkeit, mit der Gäste umsorgt werden, lebt. Wer hier arbeiten will, braucht Service- und Kundenorientierung und kommunikative Kompetenz. Zusätzlich sollten die Speisenkarten zumindest in einer englischen Fassung vorliegen; noch besser ist es, wenn die Speisen von der Servicekraft auch in sicherem Englisch erklärt werden können.

Nicht zuletzt entsteht zukünftig durch Migration eine noch größere Nachfrage nach kulturspezifischen Angeboten. Die Welt wird globaler, Deutschland wird bunter – und damit steigt auch die Nachfrage nach „Ethnic-Food“: sowohl durch eine immer welt-offenere Gesellschaft als auch durch die neuen Mitbürger, die gleichzeitig immer häufiger als Gastronomen und kulinarische Botschafter ihrer Herkunftsländer auftreten. Neue Angebote bieten gleichzeitig die Chance für die etablierte Gastronomie, mit interkulturellem Marketing neue Zielgruppen zu erschließen.

Den zunehmend exklusiven Geschmack der mobilen Globetrotter in puncto Interior Design, die Erwartungen an eine State-of-the-art-Getränkeauswahl, immer teurere Rohprodukte oder auch vermehrt Hightech in Hotels und Restaurants schrauben die Kosten für das Personal und die Ausstattung hoch. Auch revolutioniert die fortschreitende Digitalisierung den Gastronomiemarkt. Auf der einen Seite begeistern sich die Menschen für moderne Technik (Küchen-, Bestell- und Kommunikationstechnik), auf der anderen Seite streben sie nach traditioneller Bio-Romantik. Für die Gastronomie ist es eine große Herausforderung, beides in Einklang zu bringen – Technik da einzusetzen, wo sie nötig und sinnvoll ist, und gleichzeitig Transparenz und Nachhaltigkeit damit in Einklang zu bringen. Mit dem Beginn des 21. Jahrhunderts sind die Gäste sensibler geworden, was ihre Nahrungsaufnahme betrifft. Sie überprüfen vor dem Restaurantbesuch, ob die angebotenen Speisen und Getränke auch gesundheitsfördernd oder zumindest nicht bedenklich sind. Eine gewisse Nachhaltigkeit bei der Produktwahl des Gastronomen wird vom Gast immer stärker vorausgesetzt: Woher kommt das Fleisch, werden Zusatzstoffe verwendet, und wenn ja welche? Sind die Produkte genmanipuliert oder stammen sie aus kontrolliertem Anbau? Transparenz ist erwünscht, und genau darin liegt eine Chance für die herkömmliche Gastronomie, sich mit frischen Produkten aus regionaler Herkunft und mit transparenten Strukturen gegenüber Take-aways und Fast-Food-Anbietern zu positionieren (vgl. Groß 2019). Ein aus heutiger Sicht „gutes" bzw. ganzheitlich integrativ arbeitendes (Gastronomie-)Unternehmen kann zusätzlich zum ökonomischen Wachstum „echte" Werte schaffen, wie z. B.

- für Mitarbeiter (qualitativ hochwertige und gut bezahlte Arbeitsplätze, Identität, Sinnstiftung),
- für Kunden (hochwertige Produkte und Dienstleistungen, positive Emotionen),
- für Partner (eine verlässliche, faire und für alle Seiten nutzenstiftende Zusammenarbeit),
- für die Gesellschaft (positive Impulse für die Gemeinschaft, Rücksichtnahme auf die natürliche Umwelt) und/oder
- für die Eigentümer (nachhaltiger wirtschaftlicher Ertrag, Sinnfindung, Lebensqualität) (vgl. Sternad/Mödritscher 2018: 4).

Gerade der Tourismus und damit die etliche Emissionen produzierenden Hauptleistungsträger wie Hotels, Gaststätten und Transportanbieter sind gleichzeitig auf eine intakte Umwelt angewiesen. Der Erhalt der ökologischen Vielfalt, der verantwortungsvolle Umgang mit den vorhandenen Ressourcen und der Gedanke an die nächsten Generationen sind für diese Branche überlebensnotwendig.

Literatur

Antz, C. u. a. (Hg.), Slow Tourism – Reisen zwischen Langsamkeit und Sinnlichkeit, München 2011.

Auswärtiges Amt (Hg.), Tatsachen über Deutschland 2019, https://www.tatsachen-ueber-deutschland.de/de/rubriken/lebensart/entspanntes-geniessen (22.9.2019).

Bastian H. u. a. (Hg.), Tourismus 3.0 – Fakten und Perspektiven, Hamburg 2009.

BerlinOnline Stadtportal GmbH & Co. KG (Hg.), Späti – Treffpunkt, Supermarkt und Seelentröster, https://www.berlin.de/special/immobilien-und-wohnen/neu-in-berlin/4971123-744080-spaeti-treffpunkt-markt-seelentroester.html (10.7.2019).

Bernd Eisenstein u. a. (Hg.), Tourismusatlas Deutschland, Konstanz/München 2017.

Brittner-Widmann, A. u. a. (Hg.), Von Erholungsräumen zu Tourismusdestinationen: Facetten der Fremdenverkehrsgeographie, Trier 2004 (= Trierer Geographische Studien, 27).

Bundesministerium für Ernährung und Landwirtschaft, Karte der Lebensmittel mit geschützter geografischer Herkunftsangabe in Deutschland, https://www.bmel.de/DE/Landwirtschaft/Agrarpolitik/1_EU-Marktregelungen/_Texte/GeschuetzteBezeichnungen.html (2.9.2019).

Deutsche UNESCO-Kommission e. V. (Hg.), Bundesweites Verzeichnis Immaterielles Kulturerbe, 2. Aufl., Berlin 2017.

Deutsche Zentrale für Tourismus, Deutschlands kulinarische Vielfalt entdecken, http://www.germany.travel/de/microsite/culinary-germany/culinary-germany.html (22.9.2019).

Deutscher Tourismusverband e. V., Deutsche Ferienstraßen, https://www.deutschertourismusverband.de/qualitaet/deutsche-ferienstrassen.html (22.9.2019).

Fikentscher, R. (Hg.), Reisekulturen in Europa, Halle 2015.

Filho, W. L. (Hg.), Innovation in der Nachhaltigkeitsforschung – Ein Beitrag zur Umsetzung der UNO-Nachhaltigkeitsziele, Berlin 2017.

Freyer, W., Tourismus-Marketing: marktorientiertes Management im Mikro- und Makrobereich der Tourismuswirtschaft, München 2011.

Fritz, K.-P. / D. Wagner (Hg.), Forschungsfeld Gastronomie. Grundlagen – Einstellungen – Konsumenten, Wiesbaden 2015.

Fuchs, W., Der Gastronomiebereich, in: Hännsler, K. H. (Hg.), Management in Hotellerie und Gastronomie – Betriebswirtschaftliche Grundlagen, München 2008, S. 129–156.

Gaststättengesetz, http://www.gesetze-im-internet.de/gastg/index.html (10.1.2019).

Gewerkschaft Nahrung-Genuss-Gaststätten (NGG), Gastgewerbe, https://www.ngg.net/ (22.9.2019), Hamburg 2019.

Groß, M. S., Tourismus und Gastronomie – ein sinnliches Erlebnis, in: Dies. / A. Dreyer (Hg.), Tourismus 2015 – Tatsachen und Trends im Tourismusmanagement, Hamburg 2004, S. 113–134.

Groß, M. S., Zur Erlebnisorientierung im Kulturtourismus, in: Brittner-Widmann, A. u. a. (Hg.) 2004, S. 143–162.

Groß, M. S., Tourismus und Gastronomie im Wellness-Trend, in: Bastian, H. et al. (Hg.), Tourismus 3.0 – Fakten und Perspektiven, Hamburg 2009, S. 245–262.

Groß, M. S., Genuss im Tourismus: Slow Food und andere kulinarische Genussformen mit touristischer Bedeutung, in: Antz, C. u. a. (Hg.) 2011, S. 217–239.

Groß, M. S., Bildet reisen heutzutage immer noch?, in: Fikentscher, R. (Hg.), Reisekulturen in Europa, Halle 2015, S. 164–182.

Groß, M. S., Nachhaltigkeit in der deutschen Gastronomie, Frankfurt am Main 2019 (= Schriftenreihe des Instituts für Management und Tourismus, hg. von Bernd Eisenstein u. a., im Druck).

Groß, M. S. / A. Dreyer (Hg.), Tourismus 2015 – Tatsachen und Trends im Tourismusmanagement, Hamburg 2004.

Gruner, A. / B. von Freyberg / M. Euchner, Gastronomie managen – Umsatzchancen nutzen, Kostenfallen meiden, Stuttgart 2016.

Göbel, C. et al., Entwicklung eines Leitbilds zur „Nachhaltigkeit in der Außer-Haus-Gastronomie“, in: Filho, W. L. (Hg.), Innovation in der Nachhaltigkeitsforschung – Ein Beitrag zur Umsetzung der UNO-Nachhaltigkeitsziele, Berlin 2017, S. 1–21.

Jenn, A., Die deutsche Gastronomie – eine historische und betriebswirtschaftliche Betrachtung, Frankfurt am Main 1993.

Kaub, E., Erfolg in der Gastronomie, Frankfurt am Main 1990.

Köchling, A. / S. Müller, Kulinarischer Tourismus – Reisen auf den Spuren kulinarischer Genüsse, in: Bernd Eisenstein u. a. (Hg.) 2017, S. 86–87.

Kulinarik im Fokus der DZT-Markenkommunikation 2018, https://www.destinet.de/meldungen/themen-leistungstraeger/kulinarik-gastronomie/5061-enjoygermanfood-kulinarik-im-fokus-der-dzt-markenkommunikation-2018 (22.9.2019), 2017.

Lüddemann, S., Kultur – Eine Einführung, 2., erg. Aufl., Wiesbaden 2019.

Meyer, H., Management in der Gastronomie – Gründung, Steuerung und Finanzierung von Familienbetrieben, München 2011.
Meyer, J.-A. / Frank Hoffmann, Erfolgsfaktoren in der Gastronomie, 2. Aufl., Berlin 2002.
Roman, M., Azubi-Zahl im Gastgewerbe im freien Fall, in: Food Service – Portal für den Außer-Haus-Markt, 2018, https://www.food-service.de/maerkte/news/dehoga-niedrigste-azubi-zahl-im-gastgewerbe-seit-1991-41304 (22.9.2019).
Slow Food Deutschland e. V., 2019, https://www.slowfood.de/unterstuetzer/gastronomen_hotels/; https://www.slowfood.de/was-wir-tun/biokulturelle_vielfalt/die_arche_passagiere (22.9.2019).
Statistisches Bundesamt (Hg.), Statistisches Jahrbuch Deutschland und Internationales 2018, https://www.destatis.de/DE/Publikationen/StatistischesJahrbuch/StatistischesJahrbuch.html (22.9.2019), Wiesbaden 2018.
Statistisches Bundesamt (Hg.), Finanzen und Steuern – Umsatzsteuerstatistik 2016 (Voranmeldungen), Wiesbaden 2018a (= Fachserie 14, Reihe 8.1).
Sternad, D. / G. Mödritscher, Qualitatives Wachstum – Der Weg zu nachhaltigem Unternehmenserfolg, Wiesbaden 2018.
Striapunina, X. / V. Staffa, Gastronomie – Statista Branchenreport Deutschland 2017, Hamburg 2017.
Verein zur Förderung des Fairen Handels in der Einen Welt e. V., Städteverzeichnis, http://www.fairtrade-towns.de/fairtrade-towns/staedteverzeichnis/ (22.9.2019), Köln 2019.
Wagner, D., Gastronomie als Forschungsfeld, in: Fritz, K.-P. / Dies. (Hg.), Forschungsfeld Gastronomie. Grundlagen – Einstellungen – Konsumenten, Wiesbaden 2015, S. 1–17.
Wagner, O., Guide Michelin 2019 Deutschland, https://www.kochfreunde.com/michelin-2019-deutschland/ (15.11.2019), 2019.
Wierlacher, A. (Hg.), Gastlichkeit – Rahmenthema der Kulinaristik, Berlin 2011.
Zukunftsinstitut (Hg.), Hanni Rützlers Food Report 2020, Frankfurt am Main 2019.

Axel Dreyer

11 Weintourismus

Wein plus Aktiv- und Kulturreise

Zusammenfassung: Wein ist nicht nur ein jahrtausendealtes Kulturgut, sondern bietet in der Kombination mit kulturellen Angeboten in den Weinregionen vielfältige Anknüpfungen an den kulturbezogenen Tourismus. In diesem Beitrag werden daher touristische Kombinationsangebote mit Wein thematisiert; dabei liegt der Fokus auf Deutschland. Typisch ist das Dienstleistungsangebot der Weinerlebnisführer, die Touristen bei Wanderungen und Besichtigungen begleiten und ihnen die Besonderheiten der Weinregionen näherbringen. Über sie wird ebenso berichtet wie über den Direktvertrieb der Winzer, der vielerorts mit dem Bau neuer Verkostungsräume eine neue Qualität erhalten hat und mit den temporär betriebenen Gastwirtschaften eine weltweite Besonderheit darstellt.

Schlagwörter: Weinkultur, Weinerlebnisführer, Vinothek, Straußwirtschaft, Besenwirtschaft, Radfahren, Wandern, Architektur

11.1 Einführung

Der Weinbau findet weltweit zwischen dem 30. und 50. Breitengrad auf der nördlichen Halbkugel sowie dem 30. und 40. Breitengrad in der südlichen Hemisphäre statt. Veränderungen sind im Zuge des Klimawandels in den nächsten Jahrzehnten zu erwarten (Hartmann 2017). Während im Norden in Kanada (mit dem Okanagan Valley in British Columbia) jetzt schon namhafte Mengen an Wein produziert werden, ist auf der anderen Seite der Erde Neuseeland, konkret die Region Central Otago, das südlichste weinproduzierende Land mit einer Anbaufläche von immerhin rund 40.000 ha. Den Titel der nördlichsten Weinbauregion versuchen sich verschiedene Gebiete streitig zu machen, deren Weinproduktion allerdings kaum der Rede wert ist. Zum nördlichsten Rebengürtel zählen z. B. auch Alaska, Norwegen, Schweden, Finnland und Lettland.

Überall wo Wein erzeugt wird, kann prinzipiell nach den landläufigen Definitionen Weintourismus entstehen. Der Weintourismus besitzt dabei sehr unterschiedliche Ausprägungen. Nicht nur die einzelnen Weinbauländer, sondern auch ihre jeweiligen Weinregionen unterscheiden sich voneinander durch die Landschaft, die Struktur des Weinbaus, das Interesse am Weintourismus und durch den Entwicklungsstand wein-

Prof. Dr. Axel Dreyer, Professor für Tourismusmanagement/Marketing, Hochschule Harz, Sprecher der Kommission Weintourismus/Kulinarik der Deutschen Gesellschaft für Tourismuswissenschaft (DGT e. V.)

https://doi.org/10.1515/9783486711028-011

touristischer Angebote. Auch die Eigenschaften der Nachfrager unterscheiden sich zum Teil erheblich. Man kann mit Fug und Recht von kulturellen Unterschieden sprechen.

Nicht nur aufgrund des demografischen Wandels sind Weintouristen in Deutschland beispielsweise erheblich älter als in Australien, wo mit dem Wein ein anderer, jüngerer Lebensstil verbunden wird. In Frankreich wiederum ist der Wein als Kulturgut im Alltagsleben viel stärker verankert, ähnlich wie in Italien. Dies bleibt nicht ohne Einfluss auf die Nachfrage und das touristische Angebot. Die Beispiele lassen sich quer durch die ganze Welt fortsetzen.

Dieser Beitrag beschäftigt sich schwerpunktmäßig mit dem Weintourismus in Deutschland. Derzeit wandelt sich hier mit veränderter Weinproduktion, modernem Weinmarketing und einer neuen Winzergeneration die Wahrnehmung des Weins und damit auch des Weintourismus. Viele Facetten tragen zu einem neuen Image des Weins bei. Die Weinqualität kann sich schon seit Längerem sehen lassen und wird immer besser. Mittlerweile hat außerdem moderne Architektur Einzug im Weinbau gehalten; zahlreiche Winzer investieren in attraktive Verkaufsräume und Vinotheken. Darüber hinaus orientieren sich immer häufiger die Werbeauftritte der Weingüter am Lebensstil ihrer Kunden, und es wird vom Flaschenetikett bis zum Auftritt im Internet vieles in der Kommunikationspolitik zur Verbesserung des Images getan.

Das neue Marketing wird künftig nicht ohne Auswirkungen auf die weintouristische Nachfrage in Deutschland bleiben, wo bisher ca. 10 % der Bevölkerung Interesse am Thema Wein als Schwerpunkt (Hauptmotiv) von Reiseangeboten haben. Dagegen liegt die Zahl der zu „echten Weinreisen" aufbrechenden Erwachsenen innerhalb der Gesamtbevölkerung Deutschlands bei unter einem Prozent. Allerdings ist die Abgrenzung schwierig zwischen „echten" Weintouristen, Reisenden mit Wein als einem Interessenschwerpunkt sowie Touristen, die zwar eine Weinregion als Ziel haben, diese aber mit einem anderen Hauptmotiv (Radeln, Wandern, Besichtigung von Sehenswürdigkeiten, Kultur etc.) bereisen (zur Abgrenzung Dreyer/Ratz/Berauer 2015: 12). So verortete Getz (2000: 19) den europäischen Weintourismus als Teil eines individuellen Kulturtourismus.

11.2 Struktur des deutschen Weinbaus

Das Deutsche Weininstitut ist die Vermarktungsorganisation für den deutschen Wein und betreibt auch Marktanalysen des Weinbaus in Deutschland (im Folgenden Deutsches Weininstitut 2018). Mit 102.592 Hektar Rebfläche nimmt Deutschland im Ländervergleich weltweit den 14. Rang ein; seit 1990 wurde sie um 7,4 % erweitert. Die Weinproduktion liegt in den letzten Jahren zwischen 7,5 (2017) und 9 Mio. Hektoliter – in Abhängigkeit von der klimatischen Situation und dem Verhalten der Weinbauern, die zunehmend eine Ertragsreduktion betreiben, um die Qualität der Weine zu verbessern.

In Deutschland existieren 13 offiziell anerkannte Weinbauregionen (Details zu den Besonderheiten und touristischen Ausprägungen der Regionen in Tabelle 11.1). Es dominiert der Anbau von weißen Rebsorten. Sie machen 66,2 % der Rebfläche aus; dementsprechend nehmen die Rotweinsorten 33,8 % der Fläche ein. Der Riesling ist mit knapp einem Viertel der Rebfläche (23,2 %) Deutschlands wichtigste Rebsorte, wobei insbesondere die Regionen Mosel und Rheingau bekannt für ihre außergewöhnlichen Rieslingweine sind. Im Ausland werden Deutschlands Weine besonders stark mit dem Riesling identifiziert.

Insgesamt sind in Deutschland 15.931 Betriebe im Besitz von bestockter Rebfläche mit einer Größe von mehr als 0,5 ha zur Weinherstellung. Die Betriebsgröße, gemessen an der Rebfläche (in Hektar), beginnt schon bei unter 0,1 ha; der größte private Einzelbetrieb ist das Juliusspital in Würzburg, das 185 ha Rebfläche besitzt, was im weltweiten Vergleich als klein anzusehen ist. Während die Zahl der kleinen Weinbaubetriebe mit weniger als 10 ha Rebfläche seit Jahren abnimmt, steigt die Zahl der größeren Weinbaubetriebe an. Die 3.071 Betriebe mit einer Rebfläche über 10 ha machten 2016 weniger als 20 % aller Betriebe mit mehr als 0,5 ha aus (die Zahl der Kleinstweinbauern ist darüber hinaus nicht unerheblich) und vereinten damit über 58 % der gesamten deutschen Rebfläche auf sich. Da sich die Zahl der Weinbaubetriebe insgesamt verringert, kann man von einem Konzentrationsprozess sprechen, der die Wirtschaftlichkeit der größeren Betriebe und auch deren Möglichkeit, weintouristische Angebote zu machen, verbessert. Die kleineren Weinbauern sind im Nebenerwerb tätig und liefern ihre Reben an Genossenschaften, die Weinproduktion und Vermarktung übernehmen.

Je größer die Weingüter sind bzw. je zahlreicher Weingüter in einer Region vertreten sind, umso mehr wächst die Möglichkeit, in den entsprechenden Weinregionen Tourismus entstehen zu lassen. Dennoch ist die Produktion großer Weinmengen nicht unbedingt gleichzusetzen mit einem hohen Aufkommen an Touristen. Beispielsweise gelten Weinregionen wie Southern Oregon (USA) oder Franken (Deutschland) trotz – oder wegen? – zahlreicher kleiner Weingüter als sehr tourismusorientiert (Dreyer/Marlowe 2017; Sawatzky 2018).

11.3 Der Charakter der deutschen Weinregionen

Die deutschen Weinbaugebiete sind nicht nur von ihrer Größe her sehr unterschiedlich, sondern auch im Hinblick auf die angebauten Rebsorten und die weintouristischen Besonderheiten. Um den Überblick zu erleichtern, werden die Charakteristika der deutschen Weinregionen in der Tabelle 11.1 dargestellt.

Tab. 11.1: Bestockte Rebfläche 2017 und Besonderheiten in Deutschlands Weinregionen (Quelle: Eigene Darstellung basierend auf Daten des Statistischen Bundesamts 2017, in: DWI Weinstatistik 2018/19; Dreyer/Ratz/Berauer 2015; Deutsches Weininstitut 2011)

Weinbau-Region	Größe (ha)	Ausgewählte Besonderheiten der Weinregionen
Rheinhessen	26.617	– Deutschlands größte Weinbauregion – Riesling und Müller-Thurgau wichtigste Rebsorten – bekannteste Weinbaugemeinden: Worms, Bingen am Rhein und Oppenheim mit dem außergewöhnlichen Kellerlabyrinth
Pfalz	23.652	– Riesling-Anbau auf einem Viertel der Rebfläche – durch die Pfalz verlaufende Deutsche Weinstraße ist älteste Weinstraße der Welt – Deidesheim, eine der bekanntesten Weinbaugemeinden, gehört zur Kooperation „cittaslow" – in Deidesheim empfing Bundeskanzler Helmut Kohl zahlreiche Staatsgäste aus aller Welt, u. a. Gorbatschow 1990 unmittelbar nach der Wiedervereinigung Deutschlands
Baden	15.834	– klimatisch wärmste Weinregion Deutschlands (EU-Weinbauzone B) – besonders stark bei Burgunderrebsorten, insbesondere Spätburgunder – zahlreiche Weinreiseziele, u. a. am Bodensee und am Kaiserstuhl (alte Vulkanfelsenlandschaft)
Württemberg	11.360	– 69,4 % Anteil von Rotweinrebsorten und damit bezogen auf die Fläche Deutschlands größtes Rotweingebiet – beheimatet in der Region Stuttgart wichtige Unternehmen der deutschen Automobilindustrie (u. a. Mercedes-Benz mit Museum, Porsche mit Museum)
Mosel	8.770	– weltweit bekannt für Riesling in Steillagen – besitzt mit dem Bremmer Calmont Europas steilste Weinlage – mit dem Wanderweg „Moselsteig" perfekt für das Angebot „Wandern/Natur plus Wein"
Franken	6.139	– mehr als die Hälfte der Rebfläche nehmen Müller-Thurgau und Silvaner ein – hat als erste Region in Deutschland moderne Weinarchitektur forciert, vor allem in den letzten Jahren entstanden viele neue Verkostungsräume – bildete 1997 Deutschlands erste Weinerlebnisführer aus („Gästeführer Weinerlebnis Franken") – Würzburg ist perfekt für „Kultur plus Wein; in der Großstadt sind einige sehr große Privatweingüter (Juliusspital, Bürgerspital) und der Staatliche Hofkeller beheimatet

Tab. 11.1: (Fortsetzung)

Weinbau-Region	Größe (ha)	Ausgewählte Besonderheiten der Weinregionen
Nahe	4.225	– Riesling ist die dominierende Rebsorte – idyllische Hügellandschaft – beheimatet mehrere „Bad"-Orte
Rheingau	3.191	– wohl zusammen mit der Mosel Deutschlands bekanntestes Riesling-Anbaugebiet – Riesling nimmt 78,5 Prozent der Rebfläche ein – Sitz des Staatsweinguts Kloster Eberbach, das neben hervorragenden Weinen auch als Filmlocation bekannt ist – Sitz von Deutschlands wohl bekanntester Wein-Universität in Geisenheim
Saale-Unstrut	772	– nördlichstes Qualitätsweinbaugebiet Europas – Heimat von Deutschlands größtem Sektkonzern „Rotkäppchen-Mumm" – außergewöhnliche Kombination von Kultur und Wein durch zahlreiche bekannte Objekte des Baustils der Romanik (Naumburger Dom seit 2018 UNESCO-Welterbe)
Ahr	561	– mit 83,6 % Rotweinanbau Deutschlands bekanntestes Rotweingebiet – Gründung der weltweit ersten Genossenschaft in Mayschoß – durch die Region verläuft ein bekannter Rotwein-Wanderweg
Sachsen	497	– mit Dresden perfekt für „Kultur plus Wein" – Heimat von Deutschlands erstem „Erlebnisweingut", dem Staatsweingut Schloss Wackerbarth" in Radebeul, einer Stadt vor den Toren von Dresden – Meißen ist neben dem Weinbau Sitz einer weltbekannten Porzellanmanufaktur
Mittelrhein	469	– liegt im gleichnamigen UNESCO-Welterbegebiet – im Rheintal befindet sich der weltbekannte Loreley-Felsen – für „Wandern plus Wein" ist der Rheinsteig sehr geeignet
Hessische Bergstraße	462	– beheimatet das UNESCO-Welterbe Kloster Lorsch mit einer umfangreichen Sammlung zum Weinbau
Gesamt	**102.592**	
Weißweinrebsorten	67.922	rund 66 % Anteil
Rotweinrebsorten	34.670	rund 34 % Anteil

11.4 Nachfrage und Zielgruppen im Weintourismus

Eine deutschlandweite Analyse der Nachfrage im Weintourismus, die auf einzelne deutsche Weinregionen abzielt, findet sich bei Szolnoki/Tafel (2019). Das Deutsche Weininstitut hat strategisch wichtige Zielgruppen für deutsche Weine aus einer Befragung „Deutsche Weine aus Sicht der Konsumenten. Ergebnisse einer repräsentativen Image-und Zielgruppenanalyse" (sociodimensions 2013) ermittelt (Deutsches Weininstitut o. J., 22 ff.) und förderte folgende Typen zutage:
- klassische Weinkenner (Anteil von 3 % an der deutschen Bevölkerung ab 18 Jahren)
- Weinliebhaber (15 %)
- Ambitionierte (14 %)
- Experimentierer (18 %)
- Anspruchslose (22 %)

Den größten Anteil am Weinumsatz haben die Weinliebhaber (36 %) und die Ambitionierten (33 %). Über deren weinbezogenes Reiseverhalten gibt es allerdings kaum Informationen. Unter den Weinliebhabern sind die 45- bis 75-Jährigen besonders stark vertreten. Sie verfügen über mittlere bis höhere Bildungsabschlüsse und sind finanziell gut abgesichert. Ihnen sind Zeit für die Familie, für persönliche Interessen und Freundschaften sowie für Urlaub und Reisen aller Art besonders wichtig. Von der landschaftlichen Schönheit der Weinregionen lassen sie sich verzaubern, wobei deutsche und ausländische Regionen gleichermaßen interessant für sie sind. Die Ambitionierten stellen dagegen ein jüngeres Marktsegment mit einem Altersschwerpunkt zwischen 30 und 45 Jahren dar. Sie sind besonders häufig in den modernen Milieus der „Performer" sowie bei den „jüngeren etablierten" Lebensstilgruppen zu finden. Besonders stark sind sie in Dienstleistungsberufen vertreten, wie z. B. im Finanz- und Mediensektor sowie in der IT-Branche. Ihr Weinkonsum orientiert sich an Marken und Empfehlungen von Weinkritikern; die Herkunft der Weine spielt für sie eine untergeordnete Rolle (Deutsches Weininstitut o. J.: 28, 32).

11.5 Aktivitäten plus Wein

Deutschlands Weinregionen haben neben dem Wein noch eine Reihe anderer Attraktionen und Sehenswürdigkeiten zu bieten, wie schon aus Tabelle 11.1 erkennbar ist. Daher konzentrieren sich die meisten Weinbaugebiete bei ihrer touristischen Vermarktung nicht allein auf die Weinkultur, sondern sehen den Wein als Querschnittsthema an (Dreyer/Müller 2011: 111 ff.; Deutsches Weininstitut 2011: 63; Dreyer 2019: 407 ff.).

Sportliche Aktivitäten, Kultur und Kulinarik sind die wesentlichen Bausteine des Tourismus in den Weinregionen. Die Möglichkeiten für Betätigungen an der frischen

Luft sind mannigfaltig. Neben der Fortbewegung zu Fuß und mit dem Rad bieten sich häufig natürliche Gelegenheiten für Formen des Wassertourismus, z. B. Wasserwanderungen mit dem Kajak oder Ruderboot. Ergänzt werden sportliche Aktivitäten durch Wellnessangebote. Dem Megatrend Gesundheit folgend werden vonseiten der Beherbergungsbetriebe die Wellnessangebote immer weiter ausgebaut und verbessert. Das führt in den Weinregionen zu einem immer häufiger vorkommenden Angebot von Wellness und Wein. Die durchaus diskussionswürdige Frage der gesundheitlichen Auswirkungen des Weinkonsums (siehe www.wineinmoderation.eu) wird dabei vonseiten der Beherbergungsbetriebe in der Regel nicht thematisiert. Sie wollen Gäste vor allem durch Angebote gewinnen, die zur Entspannung und Entschleunigung sowie zum körperlichen Wohlgefühl beitragen. Typisch sind Sauna, Schwimmbad und Angebote wie Hautbehandlungen, Massagen etc. Nachfolgend werden die auf dem Weintourismusmarkt wichtigsten Kombinationen von Wein mit Aktiv- und Kulturangeboten ausführlicher dargestellt.

11.5.1 Wandern und Wein

Meistens bestehen die Weinregionen aus schönen Landschaften, die zum Teil, aber nicht ausschließlich durch den Weinbau kulturell geprägt werden. Daher zählen Natur und Erholung auch noch vor dem Wein und dem Genuss zu den wichtigsten Reisemotivationen (Szolnoki/Tafel 2019: 19). Das Wandern gehört zu den häufig genutzten Möglichkeiten, eine Region kennenzulernen und dabei die Schönheiten der Landschaft zu genießen. Von besonderer Attraktivität sind die Kulturlandschaften des Weinbaus in

Abb. 11.1: Weinberghäuschen in der Steillage des Freyburger Schweigenbergs (Foto: Axel Dreyer)

den Steillagen an den Ufern der Flusstäler, wie man sie beispielsweise an der Mosel vorfindet. Außergewöhnlich sind auch die sanierten Trockenmauern und zum Teil für Beherbergungsmöglichkeiten genutzten Weinberghäuschen, wie sie an der Unstrut (Schweigenberg in Freyburg; siehe Abb. 11.1) zu finden sind (Antz/Dreyer/Linne 2006; Antz u. a. 2011: 124).

In Deutschland sind zahlreiche neue, qualitativ hochwertige Wanderwege entstanden, einige davon speziell in Weinregionen. Den Touristen wird die Möglichkeit geboten, in den Weinbergen oder oberhalb zu wandern und damit die Kulturlandschaft des Weines unmittelbar zu erleben (Dreyer/Menzel 2016: 187, 190 f.). Bekannte Wege sind beispielsweise der Moselsteig, der meist oberhalb der Weinberge an den Steilterrassen zahlreiche Ausblicke in das Moseltal bietet, der Rheinsteig und der Rotwein-Wanderweg an der Ahr.

Für die Erkundung der Weinregionen und ihre spezielle Weinkultur ist die professionelle Unterstützung von **Gästeführern** hilfreich. So wurden 1997 die ersten Gästeführer in Franken speziell dafür ausgebildet, interessierten Menschen den Wein näherzubringen (www.gaestefuehrer-weinerlebnis.de). Inzwischen kann man sich in fast allen deutschen Weinbaugebieten von geschulten Weingästeführer informieren lassen, die in den meisten Fällen selbstständig oder nebenberuflich tätig sind. Das Ausbildungskonzept der sogenannten Kultur- und Weinbotschafter an der Mosel besteht z. B. aus einem Curriculum mit den Elementen Naturraum, Kulturraum, Grundlagen des Weinbaus, Weinbeurteilung, Grundlagen des Tourismus, Fauna und Flora sowie Aufbau einer Gästeführung (Harms/Follmann/Deppe 2013: 57 f.).

11.5.2 Rad und Wein

Zahlreiche Weinregionen Deutschlands werden von Flüssen durchzogen; mehrfach sind Flussläufe sogar Namensgeber für die Weinregionen (Mosel, Nahe, Saale-Unstrut, Ahr und Mittelrhein). Da der Radtourismus an Deutschlands Flüssen besonders beliebt ist, besitzt er auch für die Weinregionen besondere Bedeutung, wie z. B. der Radweg Deutsche Weinstraße (Deutsche Weinstraße e. V. 2017). Nach Szolnoki/Tafel (2019: 19) nennen 18 % der Befragten Wandern respektive Radfahren als Grund für die Entscheidung, in eine Weinregion zu reisen.

Der Fahrradtourismus hat in den letzten Jahren immer mehr an Beliebtheit gewonnen und ist in manchen Regionen und auf manchen Radwegen bereits ein Massenphänomen. In Deutschland wird Radfahren immer mehr zum Ausdruck eines spezifischen Lebensstils, während Fahrräder zunehmend zu einem individuellen und kostspieligen (Luxus-)Produkt werden. Die deutschen Weinregionen profitieren von dieser Entwicklung, die zusätzlich von der steigenden Nachfrage nach Elektrofahrrädern (Pedelecs) angetrieben wird. Dabei kommt den Radlern in den nicht selten hügeligen Weinregionen die Fortbewegung mit Elektrofahrrädern entgegen. Radtouristen sind überdies selten allein, sondern oftmals in Gruppen unterwegs, weshalb sich in Weinregionen das Bedürfnis nach sozialen Reiseerlebnissen gut befriedigen lässt.

11.5.3 Kultur und Wein

Wein und Kultur passen auch aufgrund hoher Zielgruppenaffinität gut zusammen. Bei der Betrachtung von Alter, Einkommen und Schulbildung sind Überschneidungen bezüglich der Zielgruppen zu erkennen, was auf positive Synergieeffekte bei der Zusammenlegung bzw. Bündelung von Marketingmaßnahmen hindeutet. Tatsächlich ist die Kombination des Besuchs von Sehenswürdigkeiten mit dem Genuss von Wein sehr gefragt (Antz u. a. 2011: 21; Dreyer 2019: 409). Im Tourismus wird in jüngerer Literatur von einem erweiterten Terroir-Begriff gesprochen, unter dem die kulturellen Eigenheiten einer Region hinsichtlich Tradition, Lebenskultur, regionaler Identität und Sprache (Dialekt) subsumiert werden (Croce/Perri 2010: 19 ff.; Murphy 2017: 88).

Weindestinationen unterscheiden sich also sowohl hinsichtlich Landschaft und naturbezogenen Aktivitäten als auch hinsichtlich Sehenswürdigkeiten und regionaler Kultur, die in einer speziellen Weinkultur gipfelt. In Deutschland ist ein deutlicher Trend zur Vermarktung mithilfe regionaler Produkte zu erkennen. Der Wein ist wohl die Speerspitze aller regionalen Produkte, weil er sich von Ort zu Ort durch Klima, Bodenbeschaffenheit und Rebsorten unterscheidet (enger Terroir-Begriff).

Was die **Weinkultur** selbst angeht, so manifestiert sie sich in den Weinregionen durch den Anbau unterschiedlicher, teilweise autochthoner Rebsorten, die Art und Weise der Gestaltung von Weingütern, den Umgang mit Gästen und die Organisation des Verkaufs ab Hof (siehe auch Tabelle 11.1). Das Angebot von Verkostungen gehört dabei zu den Kernleistungen der Winzer, um den Verkauf ihrer Weine zu fördern. Berücksichtigt man alle Faktoren, die eine Verkostungssituation ausmachen, dann findet man in Deutschland, aber auch weltweit sehr unterschiedliche Konzepte vor (Kolesch 2015; Thornley 2016). Besonders häufig haben in den letzten Jahren Winzer aus der Weinbauregion Franken in neue Verkostungsräume investiert, um den Verkauf ab Hof zu intensivieren. Nun profitieren sie ganz besonders vom zunehmenden Weintourismus. Diese neuen Verkostungsräume sind nicht selten zu architektonischen Highlights geworden. Sie werden in Franken ebenso wie in ganz Deutschland meistens als „Vinothek“ bezeichnet.

Vinotheken und die dort gestalteten Verkostungssituationen sind sehr unterschiedlich. Im Ergebnis werden nach Auffassung deutschsprachiger Experten Vinotheken als weinkulturelle Treffpunkte verstanden, die von den Hauptbestandteilen Verkostung, Verkauf und Beratung geprägt sind. Vinotheken können einerseits zum Kennenlernen der Weine und der Anbauregionen ohne Kaufzwang dienen und erfüllen andererseits auch die Rolle des Weinhandels respektive Weinverkaufs. Neben der

Weinverkostung und dem Weinausschank ist auch der Verzehr von kleinen Speisen möglich. Eine Besonderheit in Deutschland ist, dass Vinotheken in Anbaugebieten existieren, die zusätzlich zum Wein auch touristische Informationen und Leistungen anbieten. Dies dokumentiert die enge Verbundenheit zwischen Weinbau und Tourismus (Dreyer/Ratz/Schirrmeister 2017: 8 f.).

Besonders deutlich werden die Eigenheiten der (touristischen) Weinkultur, wenn man sich die Weinregionen weltweit anschaut. Hier kann nur eine kleine, beispielhafte Aufzählung von Besonderheiten erfolgen:

- Georgien gilt als die Wiege des Weinbaus, dort gedeihen 525 einheimische Rebsorten, was einen Weltrekord darstellt (Grant Smith Bianchi/Gaubert-Turpin 2018: 15).
- Beispiele für autochthone Rebsorten sind der Lagrein in Südtirol (Italien) oder der Grk auf Korčula (Kroatien).
- Im Rioja (Spanien) findet man eine Reihe großer Weingüter mit außergewöhnlicher Architektur.
- In Langenlois (Österreich) steht mit dem Loisium die wohl erste Weinerlebniswelt (2002), und in Bordeaux (Frankreich) ist seit 2016 das wohl spektakulärste Weinmuseum (Cité du Vin) beheimatet.
- In der Steiermark liegen die meisten Weingüter oben auf den Weinbergen.
- In Australien sind zahlreiche Weingroßbetriebe beheimatet.
- In Neuseeland trifft man häufig auf gute Restaurants in den Weingütern.
- In Deutschland beliefern zahlreiche kleine Weinbaubetriebe Genossenschaften, die die Weinproduktion und -vermarktung übernehmen.
- In Deutschland und Österreich gibt es temporäre Gastwirtschaften der Weingüter, die u. a. als Straußwirtschaft, Heckenwirtschaft, Besenwirtschaft, Heuriger bezeichnet werden.

11.5.4 Kulinarik und Wein

Wählt man einen sehr weiten Kulturbegriff, nach dem zur Kultur einer Region zählt, was für die dort lebenden Menschen und deren Lebensweise typisch ist, dann ist jegliche Form der Kulinarik auch ein Teil der Hoch- und Alltagskultur. Im Hinblick auf den Weintourismus ist anzunehmen, dass weinaffine Urlauber künftig noch mehr das Authentische suchen und sich an regionalen Eigenheiten erfreuen wollen, zu denen neben dem Wein auch eine regionaltypische Küche und andere Besonderheiten zählen, die eine Region von anderen Gebieten unterscheidet. Der Kombination von kulinarischen Erlebnissen in Verbindung mit Weinerlebnissen wird deshalb in Deutschland immer größere Beachtung geschenkt. Dabei beschränken sich die Weinerlebnisse nicht auf den Weingenuss, sondern es existieren unterschiedlichste Angebote, wie z. B. Verkostungen in Kombination mit Nahrungs- und Genussmitteln (Käse, Schokolade etc.), Hoffeste, Musikveranstaltungen, Picknick im Weinberg und Kochkurse, deren Angebot nicht nur in den Weinregionen, sondern gerade auch in den Großstädten stark zugenommen hat (Dreyer 2019: 409 f.).

Eine Spezialität ist das Angebot der Winzer von zeitlich über das Jahr gesehen nur für einen begrenzten Zeitraum geöffneten Gastronomiebetrieben. Diese werden in Deutschland als Straußwirtschaft, Besenwirtschaft oder Heckenwirtschaft bezeichnet (Antz/Dreyer/Linne 2006: 47 f.). In diesen Betrieben ist das Speisenprogramm rustikal und begrenzt, und es dürfen nur die Weine aus eigenem Anbau ausgeschenkt werden. Weitere Regelungen findet man in den Gesetzen der einzelnen Bundesländer. Hintergrund für die Erlaubnis zum Betrieb temporärer Gastwirtschaften ist, dass den Winzern die Möglichkeit gegeben werden soll, Zusatzeinnahmen zu generieren und eine weitere Vertriebsmöglichkeit für ihren Wein hinzuzugewinnen. In Franken beispielsweise betreiben 29 % der Betriebe zeitweise eine Gastwirtschaft (Dreyer/Marlowe 2017).

Besonders ausgeprägt ist die Kombination von Kultur, Kulinarik und Wein in vielen deutschen Großstädten. Neben Berlin mit seiner weltweit bekannten und als Trendsetter anerkannten Gastronomie- und Barszene sind im Hinblick auf den Weintourismus auch einige Großstädte in deutschen Weinregionen zu erwähnen (Würzburg, Freiburg, Dresden etc.), die überdies von einem allgemeinen Boom des Städtetourismus in Deutschland in den letzten Jahren profitieren (F.U.R. 2017: 6).

Wein ist mittlerweile ein nicht unbedeutender Teil der deutschen Genusskultur, die lange Zeit bei Getränken nur für das nach dem Reinheitsgebot gebraute Bier stand. Das hat sich heute gewandelt. Nicht nur in der gehobenen Gastronomie der größeren Städte nimmt der Wein einen festen Platz im kulinarischen Erlebnis einer zunehmend breiter werdenden Konsumentenschicht ein, sondern auch in den Anbauregionen sind immer häufiger Winzer anzutreffen, die einen eigenen gehobenen Restaurantbetrieb führen oder mit einem solchen aus der Nachbarschaft eine enge Kooperation eingegangen sind. Das zum Weingut Franz Keller gehörende Restaurant Schwarzer Adler in Vogtsburg-Oberbergen am Kaiserstuhl sei als Beispiel genannt.

Mithilfe des Aufbaus touristischer Routen werden Kooperationen von Erzeugern und touristischen Leistungsträgern in die Destinationsvermarktung überführt. In Deutschland gibt es rund 190 solcher touristischer Routen, von denen nicht wenige die Kulinarik zum Thema haben. Zu den bekanntesten zählt die Deutsche Weinstraße mit Deidesheim als einem der zentralen und bekanntesten Orte; darüber hinaus finden sich in den Weinregionen weitere Routen, wie z. B. die Sächsische oder die Badische Weinstraße. Zahlreichen weiteren Nahrungs- und Genussmitteln sind touristische Routen gewidmet, um die jeweiligen Regionen aus der Masse herauszuheben und touristisch zu vermarkten (Fränkische Bierstraße, Baden-Württembergische Milch- & Käsestraße, Niedersächsische Spargelstraße u. v. m.).

Zusammenfassend gesagt weist die Weinkultur in Deutschland einige Besonderheiten auf, die neben den heute angebauten Rebsorten charakteristisch für die Weinregionen sind:

- Kulturlandschaften des Weinbaus mit der Bewirtschaftung von Steillagen,

- Existenz von Weinberghäuschen in einigen wenigen Regionen,
- zahlreiche sehr kleine Weinbaubetriebe, häufig im Nebenerwerb,
- ein ausgeprägtes Genossenschaftswesen,
- temporäre Gastronomie zur Unterstützung der Vermarktung ab Hof,
- Wein- und Weinlandschaftsgenuss in Verbindung mit Aktivitäten wie Wandern und Radfahren,
- gut ausgebildete Weinerlebnisführer, die den Gästen die Besonderheiten einer Weinregionen vermitteln können,
- eine enge touristische Verbindung zwischen Weinkultur, Aktiv- und Kulturangeboten (Hoch-, Alltags- und Stadtkultur).

Diese Besonderheiten machen den Weintourismus in Deutschland ein Stück weit einzigartig und tragen größtenteils dazu bei, dass die Weinregionen in touristischer Hinsicht positiv in die Zukunft blicken können.

Literatur

Antz, C. / A. Dreyer / M. Linne, Wein und Tourismus in der Weinregion Saale-Unstrut, 2006, hg. von Ministerium für Wirtschaft und Arbeit des Landes Sachsen-Anhalt, Magdeburg/Wernigerode (= Tourismus-Studien Sachsen-Anhalt, hg. von Hochschule Harz, 25).

Antz, C. / A. Dreyer / M. Linne, Tourismus und Wein – Handlungsempfehlungen und Perspektiven am Beispiel der Weinregion Saale-Unstrut, in: Dreyer, A. (Hg.), Wein und Tourismus, Berlin 2011, S. 121–133.

Bianchi, A. Grant Smith / J. Gaubert-Turpin, Weinatlas der Welt, Kerkdriel 2018.

Croce, E. / G. Perri, Food and Wine Tourism. Integrating Food, Travel and Terroir, Wollingford (Oxfordshire)/Boston 2010.

Deutsche Weinstraße e. V., www.deutsche-weinstrasse.de/radweg-deutsche-weinstra\T1\sse/ (6.9.2017), 2017.

Deutsches Weininstitut GmbH (Hg.), Öchsle – Magazin des Deutschen Weininstituts, Mainz 2011.

Deutsches Weininstitut GmbH (Hg.), 2018/2019 Deutscher Wein Statistik„ http://www.deutscheweine.de/ (11.2.2019), 2019.

Deutsches Weininstitut GmbH (Hg.), Deutsche Weine aus Sicht der Konsumenten. Ergebnisse einer repräsentativen Image-und Zielgruppenanalyse 2013, Mainz o. J.

Dreyer, A., Bedeutung von Weintourismus im ländlichen Raum, in: Rein, H. / A. Schuler (Hg.), Tourismus im ländlichen Raum, Wiesbaden 2012, S. 239–255.

Dreyer, A., A Pedelec Tour to the Vineyards – Development of Wine-Cycle Routes for Electric Bicycles in Franconia/Germany, Präsentation auf der Konferenz der American Association of Wine Economists (AAWE), 23.6.2016, University of Bordeaux, 2016.

Dreyer, A., Wine Plus Tourism Offers: It Is Not All About Wine – Wine Tourism in Germany, in: Sigala, M. / R. N. S. Robinson (Hg.), Wine Tourism Destination Management and Marketing – Theory and Cases, Cham (CH) 2019, S. 399–421.

Dreyer, A. / E. Brammer, Wine Tourism Trends – Analysis from the Perspective of the Winegrowing Countries Germany, Austria South Tyrol, in: Book of Abstracts, Econometrics XXIII, Colmar 2016, S. 24–25.

Dreyer, A. / B. Marlowe, Wine tastings in the context of cellar door sales – Characteristic tasting offers and policies in Franconia, Germany as compared to Walla Walla, Washington, Presentation at the international scientific conference of the American Association of Wine Economists (AAWE), University of Padua, 2017.,

Dreyer, A. / A. Menzel, Hiking Tourism in Germany's Low and High Mountain Regions, in: Richins, H. / H. John (Hg.), Mountain Tourism – Experiences, Communities, Environments and Sustainable Futures, Wallingford (Oxfordshire)/Boston 2016, S. 184–193.

Dreyer, A. / J. Ratz / J. Berauer, Weintourismus – Marketing für Weinregionen und Winzer, 2. Aufl., Hamburg 2015.

Dreyer, A. / J. Ratz / K. Schirrmeister, Begriffsbestimmung und Erscheinungsformen von Vinotheken – ein typologischer Ansatz zur Bildung real existierender Typen, in: Wagner, D. u. a. (Hg.) 2017, S. 3–16.

Forschungsgemeinschaft Urlaub und Reisen e. V. (F.U.R.), ReiseAnalyse 2017. Erste ausgewählte Ergebnisse der 47. Reiseanalyse zur ITB 2017, Kiel 2017.

www.gaesteführer-weinerlebnis.de.

Getz, D., Explore Wine Tourism: Management, Development & Destinations, New York u. a. 2000.

Harms, T. / D. Follmann / B. Deppe, Die Kultur- und Weinbotschafter der Mosel – Ein erlebnistouristisches Produkt mit Zukunft?, in: Lun, L. M. et al. (Hg.), Wine and Tourism. A value-added partnership for promoting regional economic cycles. Proceedings of the 3rd Symposium of the Workgroup Wine and Tourism of the German Society of Tourism Research (DGT), Bozen 2013 (= EURAC research), S. , S. 55–70.

Hartmann, C., Weinbau und Klimawandel, https://www.wetterdienst.de/Deutschlandwetter/Thema_des_Tages/2678/weinbau-und-klimawandel(20.8.2019), 2017.

Kolesch, H., Die Vinothek – Innovative Dienstleistung am Kunden, pdf, www.lwg.bayern.de (2.1.2015), 2015.

Murphy, B., Communicating New Definitions of to a Millennial Audience through the Medium of Fourth Space/Der Begriff Terroir – Kommunikation an die Generation Y mittels Fourth Space-Konzept, in: Wagner, D. u. a. (Hg.) 2017, S. 85–93.

Olsen, J. / J. Hermsmeyer, Direct Wine Sales and Wine 2.0, in: Thach, L. / T. Matz (Hg.), Wine – A Global Business, New York 2008, S. 219–234.

Orth, U. R. / F. Heinrich / K. Malkewitz, Servicescape interior design and consumers' personality impressions, in: Journal of Services Marketing 26(3):194–203, 2012.

Plangger, K. / K. Robson / L. Pitt / C. Campbell, Wine Tasting a la Vending Machine: The case of Max Bordeaux, in: Conference proceedings – 8th International Conference Academy of Wine Business Research, 28.6.–30.6.2014, Geisenheim 2014, S. 994–1003.

Sawatzky, J., Wine Tasting Offers in the Context of Cellar Door Sales, BA-Thesis an der HS Harz, 2019, Erstgutachter Prof. Dr. Axel Dreyer, Wernigerode, unveröff. Manuskript, Informationen beim Erstgutachter: adreyer@hs-harz.de.

Szolnoki, G. / M. Tafel, Wirtschaftliche Bedeutung und Charakterisierung von Touristen in Deutschen Weinregionen – Zusammenfassung der Forschungsergebnisse, hg. von Deutsches Weininstitut (DWI), Bodenheim 2019.

Thornton, D., Designing for Sales: Winery Design and the Visitor Experience, in: Lee, K. (Hg.), Strategic Winery Tourism and Management, Oakville (ON) 2016, S. 157–166.

Wagner, D. u. a. (Hg.), Kulinarischer Tourismus und Weintourismus – Culinary and Wine Tourism Conference 2015, Wiesbaden 2017.

www.wineinmoderation.eu.

Heike Bojunga und Thomas Feil

12 Kulturtourismus in ländlichen Regionen

Die Destination als Bühne: Wie macht Kulturtourismus ländliche Regionen erfolgreich? Eine Fallstudie

Zusammenfassung: Kann Kulturtourismus ländliche Regionen stärken – und wenn ja, wie? Diese Frage untersuchte das Projekt „Die Destination als Bühne" im Auftrag des Bundesministeriums für Wirtschaft und Energie bundesweit in sechs Modellregionen. Dabei stand die Förderung der Umsetzungskompetenz der Akteure vor Ort im Fokus. Ein zentraler methodischer Ansatz war deshalb, von den Fragestellungen und Problemlagen in den Regionen auszugehen und jeweils auf die konkreten Bedürfnisse zugeschnittene Coachings und Workshops anzubieten. Im Ergebnis wurden strukturelle und organisatorische Mindestanforderungen definiert, damit Kulturtourismus zum Treiber und Erfolgsfaktor für ländliche Regionen werden kann. Praxisorientierte Handlungsempfehlungen zu den Themenbereichen Finanzierung, Kooperation und Vernetzung, Produktentwicklung sowie Digitalisierung und Marketing unterstützten die Akteure vor Ort und sorgten für eine nachhaltige Umsetzung der Ergebnisse.

Das Projekt lief von 2015 bis 2019 und wurde von einer Arbeitsgemeinschaft aus Deutschem Tourismusverband (DTV), dem Tourismusberatungs- und -forschungsunternehmen DWIF GmbH, Kulturexperten Dr. Scheytt und der Kulturmarketing-Agentur Sandstein Kommunikation GmbH betreut.

Schlagwörter: Ländlicher Raum, Modellregion, Marketing, touristische Vermarktung

12.1 Einführung: Der Blick in die Praxis

Das empirisch angelegte Projekt zeigte Wege auf, wie kulturtouristische Angebote auf dem Land besser vernetzt und mit nachhaltigen Effekten vermarktet werden können und wie Kulturtourismus damit zum Erfolgsfaktor und Treiber für die gesamte Entwicklung einer ländlichen Region werden kann. Mit der Oberlausitz, Ostfriesland, der Zugspitz Region, der WelterbeRegion Anhalt-Dessau-Wittenberg, der Mecklenburgischen Seenplatte und Oberschwaben-Allgäu wurden sechs Modellregionen ausgewählt, um beispielhaft Lösungswege zu erarbeiten, die bundesweit auch auf andere Regionen übertragbar sind.

Um einen möglichst hohen Praxisbezug zu gewährleisten und die unterschiedlichen Formen von Kulturtourismus einzubeziehen, lag dem Projekt ein erweiterter

Heike Bojunga, Historikerin M.A. und Kommunikationsberaterin, Mitglied der Geschäftsleitung bei Sandstein Kommunikation GmbH, Dresden
Thomas Feil, Diplom-Geograf, Prokurist und Mitgesellschafter, dwif-Consulting GmbH, Berlin

https://doi.org/10.1515/9783486711028-012

Kulturbegriff zugrunde. Untersucht wurden Erscheinungsformen von Kulturtourismus aus drei Bereichen, wobei sich die kulturtouristische Vermarktung auch auf Mischformen aus all diesen Bereichen bezog:

- Regionale Identität und Alltagskultur: Regionen, in deren touristischer Vermarktung die regionale Identität und Authentizität (Kulinarik, Tradition, Brauchtum, altes Handwerk) eine besondere Rolle spielen.
- Touristische Vermarktung von Hochkultur im Sinne von Geisteskultur: Dies umfasst die bildenden und darstellenden Künste sowie Design und Architektur. Hochkultur wurde hier insbesondere in Abgrenzung zur Alltagskultur verstanden, z. B. Kultureinrichtungen (Museumsnetzwerk, Theater, Bauwerke o. Ä.), Kulturveranstaltungen (Festivals, andere zeitlich begrenzte Angebote) oder andere besondere bzw. herausragende Attraktionen.
- Kulturlandschaft: Regionen, in denen die Kulturlandschaft (Weinbau, Bergbau-Folgelandschaft, Seenlandschaften) bzw. die Inszenierung von Landschaft und Kultur für die touristische und kulturelle Vermarktung eine besondere Rolle spielen oder besonders prägend sind.

  Die **Förderung der Umsetzungskompetenz** vor Ort war ein wesentliches Ziel der Arbeit. Ein zentraler **methodischer Ansatz** war deshalb, von den Fragestellungen und Problemlagen in den Modellregionen auszugehen und jeweils individuell auf ihre konkreten Bedürfnisse zugeschnittene Coachings und Workshops zu entwickeln. Dass Lösungen praxiserprobt und gut umsetzbar sind, war ein entscheidender Faktor für den Projekterfolg.

Um dies gemeinsam mit den Akteuren vor Ort zu erarbeiten, wurden zunächst Auftaktgespräche mit den Destinationsmanagern in den Modellregionen durchgeführt. **Leitfadengestützte Expertengespräche und umfangreiche Sekundäranalysen ergänzten die Gespräche vor Ort. Ziel war, ein klares Bild von der Ausgangslage und den Rahmenbedingungen vor Ort zu gewinnen, um möglichst präzise die Problemlagen und Fragestellungen herauszufiltern.** Im Anschluss an die Gespräche und Befragungen wurden zur Vorbereitung von Workshops ein oder mehrere Handlungsfelder und Fragestellungen entwickelt und konkrete Ziele für die jeweilige Modellregion definiert. **Je nach Aufgabenfeld wurden die Regionen z. B. bei der** Optimierung ihrer Social-Media-Kompetenz, der Inszenierung touristischer Produkte oder der Entwicklung und Implementierung fördermittelunabhängiger Finanzierungskonzepte bis hin zur Umsetzungsreife unterstützt. Um nachhaltige Effekte zu erzielen, sollten darüber hinaus Prozesse und Strukturen professionalisiert und die Akteure qualifiziert werden. Deshalb gehörte eine engmaschige praktische Umsetzungsbegleitung vor Ort (Coachings, Workshops, Gespräche etc.) zu den zentralen Maßnahmen des Projekts.

Zur **Auswahl der Modellregionen** wurde in Abstimmung mit dem Auftraggeber und einem eigens für dieses Projekt eingerichteten Fachbeirat – dem Vertreter aus den Landestourismusorganisationen, Ministerien des Bundes und der Länder, Verbänden

und Branchenvertretern angehörten – ein mehrstufiges Verfahren mit transparenten und nachvollziehbaren Kriterien entwickelt. Ziel war es, dass sich ländliche Regionen (Reisegebiete) aus allen Flächenländern bewerben. Für die Auswahl von geeigneten Modellregionen wurden vier Hauptkriterien zugrunde gelegt:
- Reisegebiet im ländlichen Raum,
- Kulturtouristische Substanz,
- Entwicklungsstand und Vernetzung der Destinationsmanagementorganisation (DMO),
- Engagement und Aufgeschlossenheit für das Projekt.

In den meisten Regionen waren Mischformen aus verschiedenen kulturtouristischen Angebotsformen vorhanden. Auf der Basis des oben beschriebenen erweiterten Kulturbegriffs wurden deshalb zunächst fünf verschiedene Angebotsformen von Kulturtourismus in ländlichen Regionen definiert und dafür jeweils spezifische Schnittstellenpartner, Aufgabenfelder und Ziele formuliert (vgl. Tabelle 12.1).

Tab. 12.1: Kulturtouristische Angebotsformen (Quelle: DWIF/Sandstein 2016)

Kulturbereich	**Vernetzung von Kultureinrichtungen**	**Künstler als Kulturpioniere**	**Kulturelle Inszenierung**	**Temporäre Ereignisse**	**Regionale Identität**
Schnittstellen Kultur	Kulturmanager Museen	Freischaffende Künstler, die Räume besetzen	Regionale Künstler Architekten	Veranstaltungsagenturen/-Manager	Kulturvereine Handwerker
Aufgabe	Inszenierung der Einzelangebote	Rahmenbedingungen für die Entwicklung kultureller Angebote	Profilierungsthemen für kulturtouristische Vermarktung	(Wieder-) Belebung von (Industrie-) Landschaften	Erhalt von Kulturgütern und Traditionen
Ziel	Entwicklung einer Kulturregion	Akzeptanz bei Einheimischen, Entwicklung verstetigen	Profilierung und Bekanntheit der Region verbessern	Profilierung und Bekanntheit („aus dem Nichts etwas machen“)	Profilierung und emotionales Aufladen touristischer Marken
Prozessphase	Reifephase	Initialphase	Zwischenphase	Initial- oder Zwischenphase	Reifephase

Um die Arbeitsergebnisse einem breiten Adressatenkreis zur Verfügung zu stellen, wurde die Dialogplattform www.culturcamp.de aufgebaut. Sie hat das Ziel, Aufmerksamkeit zu wecken, die Umsetzungsergebnisse weiterzuentwickeln und zu diskutieren sowie schließlich Anreize dafür zu schaffen, weitere Projekte in anderen Regionen erfolgreich umzusetzen.

12.2 Case-Studies zu den Modellregionen

Die folgenden Case-Studies fassen jeweils kurz die Ausgangslage, die zentrale Fragestellung und den Umsetzungsprozess in der jeweiligen Region zusammen. Der Fokus liegt dabei auf der Praxisrelevanz der Arbeiten vor Ort.

12.2.1 Oberlausitz-Niederschlesien: Mindestanforderungen für die kulturtouristische Vermarktung

In der Oberlausitz existieren sehr viele, vielseitige und hochwertige Kulturangebote. Doch selbst in der Region sind sie oft nicht ausreichend bekannt und wurden bisher kaum vermarktet. Insgesamt sind sie am Markt (noch) viel zu wenig sichtbar. Das Coaching in der Oberlausitz zielte darauf ab, ein inhaltliches Konzept zur Vernetzung kulturtouristischer Anbieter zu schaffen und in einer entsprechenden Organisationsstruktur langfristig zu verankern.

Produktinszenierung und Vernetzung unter dem Dach „Kulturregion Sechs-Städte-Land“

Vor dem Hintergrund der kulturellen Vielfalt der Region war es entscheidend, zunächst ein Dachthema bzw. Kernthemen und Leuchttürme zu definieren, unter dem (kulturtouristische) Angebote vernetzt und passende Produktkombinationen und Vermarktungsstrategien entwickelt werden können (vgl. Tabelle 12.2).

Tab. 12.2: Arbeitsschwerpunkte in der Oberlausitz/Niederschlesien (Quelle: DWIF/Sandstein 2016)

Dachthema „Kulturregion Sechs-Städte-Land“	Vernetzung und Aufbau einer Kooperationsstruktur	Checkliste „Mindestanforderungen“
Auswahl kulturtouristischer Leuchttürme		Stellenbeschreibung für den „Dirigenten“

In der Oberlausitz ist seit jeher „Europa in Bewegung“, im Sinne eines grenzüberschreitenden Austauschs von Gedanken, Ideen und Kultur zwischen Sachsen, Böhmen und Schlesien. Persönliche Begegnungen, Dialog, Austausch und Gespräche sollten deshalb ein besonderes Kennzeichen der kulturtouristischen Angebote in dieser Region sein. Diese „Begegnungen in der Mitte" waren ein erster Ansatz, eine Alleinstellung der Oberlausitz zu entwickeln. Einen inhaltlichen, geografischen und strukturellen Rahmen sollte der existierende lose Verbund aus Görlitz/Zittau/Kamenz/Bautzen/Lauban/Löbau bilden, um die Oberlausitz als „Kulturregion Sechs-Städte-Land" kulturtouristisch zu vermarkten. In der Umsetzung war es wichtig, dass bekannte Kulturangebote mit Strahlkraft auf das Dach einzahlen.

Strukturen hemmen die Umsetzung

Im Zuge des Projekts stellte sich jedoch heraus, dass die Strukturhemmnisse in der Region so gravierend waren, dass zunächst dieser Aspekt bearbeitet werden musste. Hemmend wirkte sich zum einen die touristische Organisationsstruktur aus – acht Gebietsgemeinschaften, zwei konkurrierende Landkreise, nicht abgestimmte Alleingänge der Kommunen sowie fehlende Sanktionsmöglichkeiten der DMO –, was dazu führte, dass die Tourismusorganisation faktisch kaum handlungsfähig war. Erschwerend kam eine u. a. aufgrund der komplexen Organisationsstruktur völlig unzureichende personelle und finanzielle Ausstattung der DMO hinzu. Überdies fehlten in der Oberlausitz im Unterschied zu anderen Modellregionen und trotz des vergleichsweise großen Angebots impulsgebende Kultureinrichtungen bzw. Institutionen, die dem Projekt inhaltliche Substanz verliehen und es nach vorne brachten.

Die Modellregion war deshalb trotz des Engagements einzelner Beteiligter kaum in der Lage, die im Zuge des Projekts entwickelten konzeptionellen Ansätze aus eigener Kraft langfristig umzusetzen. Auf der anderen Seite war an der Basis der Wille zur Zusammenarbeit und zur professionellen Vermarktung von kulturtouristischen Angeboten klar erkennbar. Ein Schwerpunkt lag also in der letzten Projektphase darauf, Grundlagen für eine Weiterentwicklung der bisherigen Ansätze zu schaffen.

Finale Fragestellung: Welche Erfolgsfaktoren und Organisationsstrukturen schaffen möglichst günstige Bedingungen für die Vernetzung und Vermarktung kulturtouristischer Angebote, und wie kann man dies konsequent entwickeln und Hemmnisse minimieren?

Was man von der Oberlausitz lernen kann

Kultur ist kein Erfolgsgarant an sich. Um sich erfolgreich als Kulturtourismusregion zu profilieren, müssen Grundlagen vorhanden sein oder erst geschaffen werden. Dafür müssen als Fazit aus dem Modellprojekt formulierte **Mindestanforderungen an die kulturtouristische Vermarktung** existieren. Grundlage waren die in der Region gesammelten und diskutierten Kriterien und Anforderungen. Dazu gehören:

– **Eine handlungsfähige DMO** mit einer bezogen auf die Gebietsgröße angemessenen personellen und finanziellen Ausstattung. Dies ist die wichtigste Grundvoraussetzung überhaupt, denn ohne die DMO ist eine professionelle kulturtouristische Vermarktung nicht möglich. Dazu gehört mindestens eine Vollzeitstelle, die Ansprechpartner für DMO, touristische Leistungsträger und Kulturanbietende ist und das kulturtouristische Außenmarketing sowie das Innenmarketing koordiniert.

- **Aktive Impulsgeber:** Für die langfristige Umsetzung braucht man **Treiber oder eine Treibergruppe**, die Kooperation, Vernetzung und Beteiligung von Bürgern und Gremien vorantreiben. Eine wichtige Aufgabe dieser Gruppe ist es, Initiativen, Ideen und Ansätze mit ähnlicher Zielsetzung zu nutzen und mit deren Akteuren zu kooperieren, damit in der Region eine Dynamik entsteht.
- **Eine möglichst anschauliche Vision:** Diese stellt eine regionale Identität als Gemeinschaft (auch) über Kultur her. In der Oberlausitz könnte das die Bewerbung Zittaus und des Sechs-Städte-Bunds als Europäische Kulturhauptstadt 2025 sein. Der „Sechs-Städte-Bund" soll dabei das Dach der Bewerbung bilden und Verbindungen in die Region und in die europäischen Partnerstädte schaffen. Die Stadt nutzt also das Potenzial, sich zusammen mit dem Umland als ländliche Kulturregion zu vermarkten.

12.2.2 Ostfriesland: Finanzierung ohne Fördermittel?

Seit 2007 gab es in Ostfriesland kulturtouristische Themenjahre. Zum Zeitpunkt des Projektbeginns 2015 drohte sich jedoch das vorhandene Netzwerk aufzulösen und die Finanzierung der Themenjahre schien nicht mehr gesichert. Was sich herauskristallisierte: Der Weg führte weg von der temporären Inszenierung (Themenjahre alle drei Jahre) hin zu einer übergreifenden Kulturmarke, von der sich Kulturschaffende und Touristiker inspirieren lassen können und die dauerhaft vermarktet wird.

Daraus abgeleitet wurde die **Fragestellung:** Wie muss eine regionale Kulturmarke entwickelt und implementiert werden, damit sie die Region profiliert und zu einem Imagefaktor wird, der sowohl neue Gäste anzieht als auch einen Anreiz für Wirtschaftspartner schafft, in Kultur zu investieren und Kultur finanziell zu unterstützen? Dabei sollte Kultur nicht nur ein (temporärer) Reiseanlass sein, sondern als langfristiger Imagefaktor etabliert werden (vgl. Tabelle 12.3).

Tab. 12.3: Arbeitsschwerpunkte in Ostfriesland (Quelle: DWIF/Sandstein 2016)

Zielgruppen & Ankerprodukte definieren	Entwicklung einer regionalen Kulturmarke	Finanzierungskonzept für Kulturtourismus
Etablieren einer festen Arbeitsgruppe		Produktentwicklung und -inszenierung

Die Kulturmarke „Land der Entdeckungen“

Ziel der gemeinsamen Arbeit war in der ersten Projektphase, eine Markenstrategie für eine Themenmarke Kultur zu entwickeln (vgl. Abb. 12.1). Sie bildete mit einem klar definierten USP (Unique Selling Proposition; Alleinstellungsmerkmal) die Basis für alle Finanzierungskonzepte. Nur so lassen sich gemeinsame Zielgruppen definieren, ein auch für Sponsoren interessantes Image aufbauen und konkrete Leistungspakete argumentativ darstellen. Dabei konnte man auf das Themenjahr „Land der Entdeckungen 2013“ aufbauen.

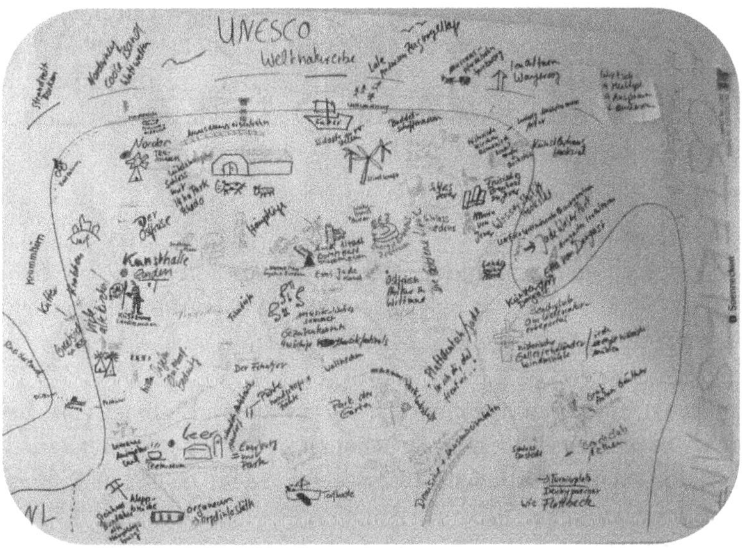

Abb. 12.1: Sammlung kulturtouristischer Angebote im Workshop Markenentwicklung

Das Kulturmarketing wird in Ostfriesland zukünftig als Standbein der touristischen Vermarktung an der neu erarbeiteten Kulturmarke ausgerichtet. Dafür werden Höhepunkte und Zugpferde (weiter-)entwickelt, die sowohl Kultur- als auch Aktivtouristen ansprechen sollen (z. B. kinetische Windskulpturen, Ostfriesen-Games in Anlehnung an das Konzept der schottischen Highland Games). Der Relaunch des Webauftritts www.ostfriesland.de wird entsprechend entwickelt. Dieser Prozess beinhaltet die Erarbeitung einer Kommunikationsstrategie inklusive Maßnahmenplanung, die auch andere Kommunikationskanäle (Print, Event, Social Media, Messe etc.) auf die Marke bezieht. Die weiterentwickelten respektive neuen Angebote sollen in Co-Creation-Prozessen überprüft und zielgruppenorientiert angepasst und in einer Pilotversion von Gästen getestet werden. Diese geben anschließend Feedback an die Ostfriesland Tourismus GmbH (OTG) und die Gastgeber, die das Angebot auf dieser Basis gemeinsam weiterentwickeln können.

Um die Weiterentwicklung kulturtouristischer Angebote zu finanzieren, wurde gemeinsam ein Konzept zur Ansprache von Sponsoren entwickelt. Im Zuge des Projekts zeigte sich jedoch, dass vor allem die langfristige Finanzierung eines Umsetzungsmanagers das Hauptproblem darstellte. In der Modellregion Ostfriesland wurde deshalb ein Finanzierungskonzept entwickelt, das neben Sponsoring auf Umschichtungen im Marketingbudget der DMO und einen Fonds zur Finanzierung eines Koordinators („Dirigenten“) setzt. Um die Umsetzung für alle nachvollziehbar darzustellen, entschied sich die Arbeitsgruppe vor Ort für eine Abwandlung des Business Model Canvas. Dieses Modell wird üblicherweise für die Entwicklung neuer Geschäftsmodelle verwendet und hat den Vorteil, dass auf einer Seite (Canvas = Leinwand) alle wesentlichen Schlüsselfaktoren eines neuen Angebots oder Produkts (Angebot, notwendige Tätigkeiten und Kompetenzen, anzusprechende Gästegruppen, Kommunikationskanäle und Vertrieb, Einnahmequellen und Kosten) in Abhängigkeit voneinander dargestellt werden können.

Was man von Ostfriesland lernen kann:

- Für die Ansprache von Sponsoren sind zunächst bestimmte Basisfaktoren vonnöten: Zu diesen zählen ein langfristig angelegtes imagebildendes Profil, klar definierte (Marken-)Werte und eine professionelle Ansprache möglichst ausdifferenzierter Zielgruppen.
- Die Entwicklung einer kulturtouristischen Marke, möglichst im Rahmen eines Beteiligungsprozesses mit den wichtigsten Stakeholdern, ist dabei ein klarer Vorteil. Sie gibt der Region Profil und ermöglicht gerade durch das Thema Kultur einen positiven Imagetransfer. Denn Kultur bietet den Unternehmen etwas, was ihnen oftmals fehlt: Emotionalität, Lebendigkeit und weiche Standortfaktoren.
- Der wichtigste Mehrwert für Sponsoren ist die Erhöhung von Reichweite bei ihren Zielgruppen, vor allem in den digitalen Medien. Deshalb ist es neben einem alleinstellenden Profil, gemeinsamen Zielgruppen und passenden Werten für einen Imagetransfer vor allem entscheidend, Kommunikationsmaßnahmen auf digitalen Kanälen zu entwickeln und anzubieten.
- Innenmarketing und interne Akzeptanz sind ebenfalls wichtige Bausteine innerhalb des Gesamtprozesses. Die wesentlichen Informationen zur Marke wurden in einer Kurzpräsentation zusammengefasst, die es der OTG ermöglicht, bei verschiedenen Stakeholdern und in Gremien die Marke kurz und bildhaft zu präsentieren. Dies setzte wichtige Impulse (Übernahme der Markenstrategie auch für den Aktivbereich, Überarbeitung des Marketings der OTG etc.).
- Sponsoring funktioniert nur dort, wo eine entsprechende Wirtschaftskraft vorhanden ist, und das auch nur dann, wenn die Tourismusregion gut entwickelt und entsprechend inhaltlich und personell aufgestellt ist. Es braucht einen aktiven Treiber, der die Marke führt und Kontakte in der Region hat bzw. auf- und ausbaut.

– Die Installation einer Treibergruppe, die neben der DMO und der Kunsthalle Emden auch aus engagierten Leistungsträgern, Wirtschaftsförderern und der IHK bestand, hat sich für die anschließende Umsetzung der konzeptionellen Arbeiten als erfolgreich erwiesen.

12.2.3 Zugspitz Region: Vernetzung über ein Transmediarätsel

Die Zugspitz Region ist touristisch gut aufgestellt, allerdings erwies sich die Vernetzung von Kulturangeboten als ausbaufähig. Die Bayerische Landesausstellung 2018 sollte deshalb genutzt werden, um weiterführende kulturtouristische Angebote in der Region zu vernetzen und zu vermarkten und so nachhaltige Effekte für die Region auch nach Abschluss der Landesausstellung erzielen. **Die Fragestellung** hier lautete: Wie kann die Landesausstellung 2018 *Mythos Bayern – Wald, Gebirg und Königstraum* langfristig zur Vernetzung und Vermarktung kulturtouristischer Angebote genutzt werden?

Tab. 12.4: Arbeitsschwerpunkte in der Zugspitz Region (Quelle: DWIF/Sandstein 2016)

<table>
<tr><td>Auswahl kulturtouristischer Leuchttürme</td><td rowspan="2">Transmediarätsel (Narration und technische Umsetzung)</td><td>Marketingkonzept und Maßnahmen</td></tr>
<tr><td>Recherche regionaler „Storys“</td><td>Storytellingkonzept zum Erweitern</td></tr>
</table>

Aus diesem Anlass wurde eine neue Form des Storytelling entwickelt. Ein transmediales Rätsel vernetzte kulturtouristische Angebote über eine (fiktive) Handlung, die sich jedoch auf reale Geschichten aus der Region bezog. Ausgehend von einer Basiserzählung konnten sich nach und nach immer mehr Einzeleinrichtungen an die „Story“ anschließen (vgl. Tabelle 12.4). Damit wurden zusätzliche Anlässe geschaffen, Sehenswürdigkeiten zu besuchen und Gäste vor, während und nach der Reise anzusprechen.

Für die Umsetzung wurden gängige Kommunikationskanäle wie Anrufe, SMS, E-Mails, Postsendungen, Social Media und Websites der Destinationen genutzt, um mit den Gästen in Interaktion zu treten. Das hatte den Vorteil, dass keine zusätzliche Infrastruktur wie z. B. Beschilderung geschaffen werden oder Instrumente wie Apps oder Spiele technisch umgesetzt werden mussten.

Die Rezipienten sollen in eine Geschichte eintauchen dürfen, werden selbst zu Akteuren und erleben eine Symbiose aus Wirklichkeit und Fiktion in der Region, in der sie ihren Urlaub verbringen. Im Rahmen eines gemeinsamen Start- und Endpunkts entscheiden sie selbst, was sie erleben möchten und wie intensiv sie in der Geschichte tatsächlich mitwirken. Durch die individuelle Ansprache und ein hohes Maß an Flexibilität und Automatisierung konnten überraschende Effekte erzielt werden, die Neugierde weckten und zum Handeln animierten.

Kommunikation und Marketing

Das Rätsel sollte die Besucher über einen Mehrwert zum Angebot locken und Anlass für begleitende Kommunikation in digitalen (Website, soziale Medien) und analogen (Flyer, Presse etc.) Medien bieten. Das hatte insofern Effekte auf das Marketing, als Besucher vor, während und nach der Reise angesprochen werden konnten. Durch die Interaktion kann das Marketing außerdem zeitnah und aktuell Informationen über das Besucherverhalten generieren und perspektivisch als Instrument in der Marktforschung eingesetzt werden.

Was man von der Zugspitz Region lernen kann:

- Um ein Veranstaltungs- oder Ausstellungsthema langfristig zu nutzen, muss man eine gute Geschichte erzählen, die möglichst aus dem Ausstellungsthema abgeleitet ist. Erlebnisse und Angebote werden inszeniert und entlang einer Dramaturgie so verknüpft, dass Gäste emotional gebunden werden (Neugier, Herausforderung, Lösung eines Rätsels, Belohnung; mehr Hintergrundinformationen zu transmedialem Erzählen: www.leipziger-buchmesse.de/Buecherleben/Ploetzlich-mittendrin.html, 10.8.2019).
- Digitale Formate sind ein starker Anreiz zur Vernetzung der Partner in der Region. Dies liegt vor allem daran, dass diese Formate aufgrund mangelnder personeller und finanzieller Ressourcen der Leistungsträger und Kultureinrichtungen meist nicht allein von einem Anbieter entwickelt und betreut werden können.
- Digitale Formate bringen eine Veränderung in der Kommunikationshaltung und der Produktentwicklung mit sich: Der Gast wird Teil einer Geschichte. Das verändert das Reiseerlebnis, aber auch Marketing, Erlösmodelle und Marktforschung. Es bietet die Möglichkeit, (fast) in Echtzeit Erkenntnisse zum Besucherverhalten zu gewinnen, und stärkt das digitale Empfehlungsmarketing.

12.2.4 Anhalt–Dessau–Wittenberg: Kultur für junge Gäste

In der WelterbeRegion Anhalt–Dessau–Wittenberg sollten Maßnahmen entwickelt werden, um zum einen neue und jüngere Gäste anzusprechen und zum anderen kulturinteressierte Besucher generell länger in der Region zu halten. Vor allem die Vermarktung der kulturtouristischen Angebote rund um den Museums- und Veranstaltungsort „Ferropolis“ stand dabei im Mittelpunkt. **Die Fragestellung** hier war: Wie kann es gelingen, die Kultur- und Freizeitangebote der Region auch jenseits der zentralen Leuchttürme bekannter und attraktiver zu machen? Und wie lassen sich auch jüngere Zielgruppen ansprechen und die WelterbeCard sowie die Festivals auf dem Ferropolis-Gelände (besser) nutzen (vgl. Tabelle 12.5)?

Tab. 12.5: Arbeitsschwerpunkte in der WelterbeRegion Anhalt–Dessau–Wittenberg (Quelle: DWIF/Sandstein 2016)

WelterbeRegion Anhalt–Dessau–Wittenberg			Ferropolis
WelterbeCard	Online-Marketing	Bloggerreise	Satellitenkonzerte

Mit der „WelterbeCard" verfügt die Region über eine Gästekarte, die viele, auch bedeutende Kultur- und Freizeitanbieter umfasst (insgesamt 80). Bei der Analyse des Kartenmodells stellte sich jedoch heraus, dass vielen potenziellen Kartennutzern Funktionalität und Nutzen der „WelterbeCard" noch nicht ausreichend bekannt waren.

Ein besonderes Anliegen der DMO war es, vor allem junge Gäste stärker für die Region zu interessieren und ihre Aufenthaltsdauer zu verlängern. Junge Besucher kommen in die WelterbeRegion meist nur kurz, und dann vor allem für Festivals wie „Melt!". Wie kann es also gelingen, sie auch für andere Kulturangebote zu interessieren und sie zu einem längeren Besuch zu motivieren? Dafür wurde in Zusammenarbeit mit der MELT! Festival GmbH & Co. KG, der Ferropolis GmbH und des Tourismusverbands WelterbeRegion Anhalt–Dessau–Wittenberg e. V. ein Konzept für Magic-Mystery-Events entwickelt: Ziel war, junge, neue Zielgruppen an außergewöhnliche Orte der Region (Kulturdenkmale) zu führen, die Orte für Konzerte zu öffnen und damit erlebbar zu machen. Zum Projekt gehörte auch die Erarbeitung eines Online-Marketingkonzeptes, das die verschiedenen digitalen Kanäle bündelte, sowie die Schulung der Partner vor Ort, um Kultur-, Freizeit- und Veranstaltungsangebote verstärkt digital zu präsentieren und zu vermarkten

Die Ergebnisse des Modellprojekts wurden in der Region erfolgreich weitergeführt. Eine erste Aktion war eine Bloggerreise in Zusammenarbeit mit dem Reiseblog Justtravelous. Rund um das Reformationsjubiläum im Herbst 2017 und der dadurch erwarteten öffentlichen Aufmerksamkeit wurde die Reise bewusst so angelegt, dass in Anlehnung an Luthers 95 Thesen 9,5 Gründe für einen Besuch in der WelterbeRegion Anhalt–Dessau–Wittenberg zusammengestellt und verbreitet wurden. Darüber hinaus übernahm die Bloggerin in diesem Zeitraum auch die Redaktion der sozialen Netzwerke des Tourismusverbands, um hier über ihre Erfahrungen zu berichten und Bilder zu veröffentlichen. Abgesehen vom bestehenden Facebook-Auftritt nutzte die Region diesen Anlass und die dadurch entstehenden Bilder zudem als Auftakt für ihre Präsenz auf Instagram (vgl. Enke/Borchers 2018).

Was man von der WelterbeRegion Anhalt–Dessau–Wittenberg lernen kann

- Engagierte, kreative und für die Region „brennende“ Akteure sind bei der Konzeption und Umsetzung der Unterstützungsangebote nicht nur hilfreich, sondern wichtige Triebfedern, um Projekte überhaupt entwickeln und auf den Weg bringen zu können.
- Es ist nicht einfach, die Leuchttürme in diese Aktivitäten zu integrieren.
- Die Unterstützungsangebote des Projekts treffen auf interessierte und offene Akteure, denen jedoch teilweise neben dem Tagesgeschäft die Zeit für eine intensive Beschäftigung damit fehlt.

Für ein erfolgreiches Online-Marketing sind Kontinuität und strategisch geplante, wiederholte Maßnahmen erforderlich, um auf Dauer eine größere Sichtbarkeit zu erreichen (Blogger-Camps oder InstaWalks). Einschränkend wirken sich hierbei jedoch die begrenzten Finanzmittel aus. Hierfür wurden folgende Vorschläge entwickelt:

- Nicht in erster Linie auf die bezahlte Zusammenarbeit mit den Top-Influencern setzen, die besonders hohe Reichweiten erzielen, sondern gründlich prüfen, welche Influencer zur Region und den spezifischen Themen dort passen. Mögliche geeignete Influencer und ihre Plattformen sollten umfassend analysiert werden, um ihnen gezielt attraktive Vorschläge zu unterbreiten, die zu ihren Themen und Inhalten passen. Im Idealfall fallen dann keine Honorarzahlungen an, da die Aktion den Influencern selbst einen deutlichen Mehrwert bietet.
- Mit anderen Akteuren kooperieren, um gemeinsam entsprechende Aktionen mit einer höheren Sichtbarkeit zu konzipieren und umzusetzen.
- Für die Finanzierung der Aktivitäten im Online-Marketing gilt es zu klären, welche der bisher genutzten Marketinginstrumente heute noch zielführend und welche ggf. verzichtbar sind. Abgesehen von verschiedenen Printprodukten könnten beispielsweise auch die Messeauftritte einer kritischen Prüfung unterzogen werden. Auf diese Weise können Ressourcen frei werden, die sich für die Nutzung „neuer“ Instrumente einsetzen lassen.

12.2.5 Mecklenburgische Seenplatte: „Online-Concierge“ macht Kulturangebote sichtbar

Trotz der enormen Bandbreite an Veranstaltungen in der Region Mecklenburgische Seenplatte fand zu Projektbeginn eine gebündelte, überregional wirksame Präsentation des reichen Veranstaltungsportfolios kaum statt. Veranstaltungen wurden größtenteils über zahlreiche individuelle gedruckte Werbeträger und – seltener – über die Online-Kanäle der Veranstalter und Tourismusorganisationen beworben. Weder den Veranstaltern noch den Tourismusorganisationen war es möglich, mit den vorhandenen Personalkapazitäten das Einpflegen und Aktualisieren von Veranstaltungsdaten zu gewährleisten und überdies eine einstimmige Vermarktungsstrategie für das Veranstaltungsportfolio zu formulieren und zu verfolgen. **Die Fragestellung** lautete daher: Wie können Produktentwicklung, Vernetzung, Bündelung und Sichtbarkeit der regionalen Kulturangebote erhöht werden, um die Beratungsqualität für die Gäste zu verbessern (vgl. Tabelle 12.6)?

Tab. 12.6: Arbeitsschwerpunkte in der Region Mecklenburgische Seenplatte (Quelle: DWIF/Sandstein 2016)

Mystery Tests	Entwicklung Online Concierge	Komplettierung der Kultur-POI-Datenbank
Verkaufs- und Beratungsschulung		Findung und Finanzierung Kulturredakteur

Im Zuge des Projekts wurden für die Konzeption und Umsetzung eines digitalen „Online-Concierges" wesentliche Grundlagen gelegt. Er sollte für Anbieter, Multiplikatoren und Gäste sämtliche bzw. unter Umständen auch bewusst ausgewählte aktuelle Veranstaltungen nutzerfreundlich und zielgruppengerecht präsentieren und buchbar machen. Dazu zählten die Bündelung aller Anbieter unter einem Dach bzw. in einem Interessenverband zur gemeinsamen Vermarktung des reichen Portfolios an Veranstaltungen und weiteren Kulturangeboten sowie die langfristige Installation eines Content Managers bzw. eines Online-Redakteurs zur Pflege der POI-Datenbank.

Die technische Grundlage für die stärkere Bündelung und Sichtbarkeit der zahlreichen kleinen Kulturangebote in der Region sowie als Instrument für eine zielgerichtete Recherche durch Multiplikatoren und Anbieter bildete eine POI-Datenbank. Im Rahmen des Projekts gelang es, die Erfassung voranzutreiben: Es wurden 70 kulturelle Angebote erfasst und in der POI-Datenbank hinterlegt, sodass die Inhalte zukünftig im landesweiten Informationsnetzwerk zur Verfügung stehen und von den verschiedenen Ausspielungskanälen (z. B. mecklenburgische-seenplatte.de, auf-nach-mv.de) genutzt werden können.

Zukünftig sollen Themenjahre (Jubiläen o. Ä.) kreiert werden, die dem jährlichen Kanon an Veranstaltungen neue polythematische Reize und Perspektiven verschaffen. Die Erstellung von gedruckten Werbeträgern soll auf ein möglichst einheitliches, wiedererkennbares und in quantitativer Hinsicht moderates Niveau schrumpfen, wohingegen die Vermarktung via Online-Medien verstärkt werden soll.

Was man von der Mecklenburgischen Seenplatte lernen kann:

- Den kleinteiligen Kulturanbietern fehlen häufig Zeit, Fachwissen und teilweise auch der Wille, ihr Angebot so zu präsentieren, dass es für Touristen attraktiv, auffindbar und verlässlich ist. Hierfür braucht es einen engagierten Akteur, wobei

der regionale Tourismusverband diese Aufgabe aufgrund beschränkter Ressourcen nicht neben dem Tagesgeschäft übernehmen kann.
- Für die Erfassung und Aufbereitung der Kulturangebote in der Region ist ein nicht zu vernachlässigender Aufwand erforderlich, da teilweise Texte und Bilder als Grundlagen fehlen und erst aufwendig erarbeitet oder recherchiert werden müssen.
- Multiplikatoren wissen häufig nur unzureichend über die Kulturangebote Bescheid, und vielfach fehlt auch das Wissen darüber, wo diese Informationen erhältlich sind.

In einem abschließenden Gespräch mit den Akteuren in der Region Mecklenburgische Seenplatte wurden die abgeschlossenen Aktivitäten evaluiert bzw. Ableitungen und Empfehlungen für andere Regionen entwickelt.

12.2.6 Oberschwaben–Allgäu: Entwicklung von Angebotskombinationen entlang einer Ferienstraße

Aus Sicht der Beteiligten vor Ort ist Oberschwaben–Allgäu eine ländlich geprägte Region mit wenig überregional wirksamen Leuchttürmen. Das macht die Aufgabe nicht einfach, mehr Menschen für die Region zu interessieren und zu einem Besuch zu motivieren. Die **Fragestellung** lautete deshalb: Wie nutzt man die Potenziale der Barockstraße, um auf Grundlage der Erfahrungen aus den anderen Modellregionen Einzelangebote besser zu vernetzen und daraus zielgruppenorientiert kulturtouristische Erlebnisse zu machen? Wie wird das im Anschluss intern kommuniziert und wie werden die beteiligten Partner dabei koordiniert (vgl. Tabelle 12.7)?

Tab. 12.7: Arbeitsschwerpunkte in Oberschwaben–Allgäu (Quelle: DWIF/ Sandstein 2016)

Themensammlung	Produktentwicklung	Installation einer Treibergruppe
Klärung Vertriebsfragen		Buchbare Angebote

Im Rahmen von Workshops mit Partnern aus Kultur und Tourismus wurden zunächst vier Themenbereiche entwickelt, die zukünftig einen Rahmen für die Bündelung und Inszenierung kulturtouristischer Angebote schaffen sollen:
- Frömmigkeit & Aberglaube
- Tod & Teufel

- Krieg & Krankheit: Alltagsleben
- Hexen, Räuber & Vagabunden

In der Umsetzung stellte sich heraus, dass es den vielen Partnern vor Ort im Alltagsgeschäft schwerfällt, die eigenen Angebote entsprechend auszuwählen, zu bündeln und auf die Themenbereiche zu beziehen. Die meisten stellten sich die Frage, wie genau es gelingen kann, z. B. eine Sehenswürdigkeit durch Geschichten, Hintergründe und historische (Be-)Deutungen emotional aufzuladen.

Vom Thema zum Produkt: Das Beispiel „Klosteralltag" als Dach

Im Workshop diente die Imagination des historischen Klosteralltags als Inspiration für die Produktentwicklung, z. B. mit Themen wie Kochen und Essen, beschwerlicher Winter, Herstellung von Lebensmitteln, Gebete, Gesänge, Rückzug in die Klausur etc. Von hier aus erarbeiteten die beteiligten Partner Angebotskombinationen und infolge dessen Ideen für die Vermarktung, die sich auch ergänzen konnten:

- Mit Geschichten inspirieren: Rund um das Kloster werden konzeptionell in den touristischen Werbemitteln (vor allem Webauftritt, Imagebroschüre und „Schatzkarte") die passenden Geschichten aufbereitet und erzählt. Das kann und soll z. B. Individualreisende inspirieren und in die Region führen.
- Buchbare Einzelangebote: Rund um das Kloster werden konzeptionell thematische Führungen, ein Konzert, bestimmte Speisen angeboten (z. B. für Gruppen)
- Produktkombinationen: Gemeinsam mit Partnern werden kombinierte Erlebnisse geschaffen, z. B. Führung kombiniert mit Konzert und Verkostung von Klosterköstlichkeiten und thematisch passender Übernachtung. Dazu werden eine Dramaturgie (wann erlebt der Gast was?), Absprachen mit den beteiligten Partnern zur konkreten Angebots- und Preisgestaltung sowie eine gemeinsame Vermarktung über die beteiligten Partner und den Tourismusverband benötigt.

Was man von Oberschwaben–Allgäu lernen kann:

- Auch in dieser Region war der Start mit einer kleinen Gruppe von Treibern sinnvoll. Sie bestand aus Partnern und Unternehmen, die deutliches Interesse an einer qualitativen Weiterentwicklung der Angebote erkennen lassen und/oder bereits selbst für Gäste attraktive Angebote haben und erfolgreich vermarkten. Ergänzt wurden sie durch engagierte Kultureinrichtungen und Experten wie Gästeführer oder Heimatforscher. So kann ein gutes Team entstehen, das gerne zusammenarbeitet und etwas bewegen kann.
- Bevor neue Produkte oder eine neue Produktstrategie den Partnern intern kommuniziert wird, ist es sinnvoll, ein gutes – also von den Gästen gern genutztes – Angebot im Kleinen zu entwickeln und testen. Dabei gilt es zunächst ein konkretes überzeugendes Produkt für eine der Hauptzielgruppen (Familie, Gruppenreisen-

de 50+) zu entwickeln. Die erarbeiteten Themen schaffen ein gedankliches Dach und sorgen für Struktur. Nur dann hat man die Chance, das Produkt wirklich an den Gästebedürfnissen (und nicht an internen Erwartungen, regionalem Proporz etc.) auszurichten.

– Es gibt in Deutschland viele Ferienstraßen, die sich in der Vermarktung ihrer Angebote sehr schwer tun. Das liegt in der Regel an der mangelnden Vernetzung der einzelnen Akteure. Die Ergebnisse aus den anderen Modellregionen lassen sich deshalb gut auf diese Region übertragen. Es wird unterschätzt, dass Ferienstraßen für die internationale Vermarktung eine wirklich große Bedeutung haben (z. B. hohe Klickzahlen auf den Websites der Deutschen Zentrale für Tourismus (DZT)).

12.3 Zusammenfassung und Ausblick

In allen Modellregionen zeigte sich: Kulturtourismus ist kein Erfolgsgarant an sich. Um sich erfolgreich als Kulturtourismusregion zu profilieren, müssen Grundlagen vorhanden sein oder erst geschaffen werden. Dabei ist es wichtig, die Leistungsfähigkeit der Region und die vorhandenen Ressourcen realistisch einzuschätzen. Im Zuge des Projekts wurden deshalb Mindestanforderungen und Erfolgsfaktoren für die erfolgreiche kulturtouristische Vermarktung definiert:

Handlungsfähige DMO und aktive Treibergruppe: Zu den Mindestanforderungen für die kulturtouristische Vermarktung zählt unbedingt eine handlungsfähige DMO mit ausreichenden Ressourcen und einer personellen und finanziellen Ausstattung, die bezogen auf die Gebietsgröße angemessen ist.

Kultureller Leuchtturm oder kritische Masse qualitativ hochwertiger kultureller Angebote: Ohne Kultur geht es nicht – ein kultureller Leuchtturm mit überregionaler Strahlkraft und Entscheidern, die Interesse an und Kenntnisse in der kulturtouristischen Vermarktung haben, ist ideal und setzt in der Region wichtige Impulse. Fehlt ein solcher Leuchtturm, muss mindestens eine kritische Masse an Kulturangeboten vorhanden sein, die für die kulturtouristische Vermarktung geeignet sind.

Klarheit über den Kulturbegriff: Was bedeutet Kultur für uns – aus Sicht der Region und aus Sicht der Gäste? Kultur auf dem Land ist nicht nur klassische Hochkultur, wie sie die meisten Gäste sowieso eher in den Städten vermuten, sondern viel weiter gefasst. Genau das ist die Chance, vor allem dann, wenn Kulturerlebnisse mit Natur, Landschaft, persönlichen Begegnungen und Genuss verbunden werden.

Sind die genannten Mindestanforderungen vorhanden oder geschaffen worden, fördern folgende Erfolgsfaktoren die erfolgreiche kulturtouristische Vermarktung:

Vernetzungs- und Organisationsstruktur mit klarer Aufgabenteilung: Um Kulturangebote langfristig erfolgreich zu vermarkten, ist es notwendig, eine klare Aufgabenteilung zwischen Kultur und Tourismus zu definieren und Partner zu benennen. Dabei ist es sinnvoll, wenn die Vernetzung bei den Kulturanbietenden und den bestehenden Kulturnetzwerken beginnt, denn sie kennen das Produkt. Die DMO wiederum kennt den Markt, die Reisewünsche und Zielgruppenbedürfnisse und ist daher für die Vermarktung zuständig.

Verändertes Bewusstsein: Sowohl bei den Kulturanbietern als auch bei den Touristikern muss ein verändertes gegenseitiges Bewusstsein geschaffen werden. Für die Kulturanbietenden steht eher das kulturelle Thema im Vordergrund (das nicht „verwässert" werden soll), weshalb sie mitunter die Vorteile nicht sehen, die Vermarktungskooperationen mit Touristikern bieten. Touristiker hingegen erkennen oft die Chance nicht, die Kulturangebote für die Profilierung der Region darstellen können (z. B. in Ergänzung von Natur- und Aktivangeboten).

Leitidee für die Vermarktung: Die Entwicklung einer Leitidee bzw. eines konzeptionellen Daches ist wichtig. Es sind dabei realistisch die Leistungsfähigkeit, das Image und die Gästegruppen einzubeziehen, und möglichst viele Partner in der Region sollen daran anknüpfen können. Die Entwicklung einer kulturtouristischen Marke – möglichst in einem Beteiligungsprozess mit den wichtigsten Stakeholdern – ist dabei ein klarer Vorteil. Bekannte Kulturangebote mit Strahlkraft („Leuchttürme") müssen auf dieses Dach einzahlen und möglichst auch Initiator und Impulsgeber sein.

Inszenierung von Produktkombinationen als emotionale Erlebnisse für die Gäste: Kulturtouristische Angebote können imagefördernd wirken und Reiseanlässe bieten, wenn sie gut inszeniert und vermarktet werden. Dafür müssen emotionale Erlebnisse in den Mittelpunkt gestellt, Geschichten erzählt und ein zielgruppenorientiertes Themenmarketing entwickelt werden, statt alle Angebote nur (paritätisch) aufzuzählen.

Gäste besser kennen(lernen) und stärker differenzieren: Eine wichtige Erkenntnis ergab sich bereits in den ersten Projektphasen: Die meisten Regionen und viele Kultureinrichtungen wissen viel zu wenig über ihre Zielgruppen. Das behindert die Entwicklung besucherorientierter, marktfähiger Angebote. Der erste Schritt zu einer besucherorientierten Produktinszenierung und Vermarktung besteht in der Gewinnung belastbarer Daten über Kulturtouristen (z. B. durch Marktforschung, aber auch durch interaktive Angebote im eigenen Marketing), um die Gästegruppen feiner differenzieren zu können (Reisewünsche, Kulturinteressen, Besuchsverhalten).

Verstärkt auf Online-Marketing und digitale Angebote setzen: Digitale Formate sind ein starker Anreiz zur Vernetzung der Partner in der Region, um eine gemeinsame „Geschichte" zu kreieren. Dies vor allem deshalb wichtig, weil diese Formate aufgrund mangelnder personeller und finanzieller Ressourcen der Leistungsträger und Kultureinrichtungen meist nicht von einem Anbieter allein entwickelt und betreut werden können.

Digitale Formate bringen aber meist auch eine **Veränderung in der Kommunikationshaltung und Produktentwicklung** mit sich: Der Gast wird Teil einer Geschichte. Dadurch verändert sich das Reiseerlebnis, aber auch Marketing, Erlösmodelle und Marktforschung müssen daran ausgerichtet werden. Es bietet die Möglichkeit, (fast) in Echtzeit Erkenntnisse zum Besucherverhalten zu gewinnen und stärkt das digitale Empfehlungsmarketing. Für ein erfolgreiches Online-Marketing sind Kontinuität und strategisch geplante, sich wiederholende Maßnahmen erforderlich, um auf Dauer eine größere Sichtbarkeit zu erreichen. Im Zuge des Projekts wurden auch Vorschläge entwickelt, wie dies mit knappen Ressourcen zu realisieren ist.

Finanzierungsmodelle ohne Fördermittel entwickeln und in der Region verankern: Fördermittel haben auch Nachteile, denn es müssen Eigenanteile aufgebracht werden, sie fließen nur temporär bzw. müssen immer wieder neu beantragt werden. Das frisst Ressourcen und ist an bestimmte Strukturen und Bedingungen gebunden. Ein Standbein ist dabei das Sponsoring: Kultur als Imagefaktor sowie der zielgruppenorientierte Einsatz digitaler Medien schaffen Anreize und Mehrwerte im Marketing, die zur Ansprache von Sponsoren genutzt werden sollten. Allerdings sollte ein langfristig angelegtes Finanzierungskonzept nicht ausschließlich auf Sponsoring setzen. Es ist zu empfehlen, darüber hinaus weitere Möglichkeiten auszuschöpfen, die insbesondere im Aufbau eines gemeinsamen Fonds und der Umschichtung des DMO-Budgets liegen.

Mit internen Interessenkonflikten umgehen: Für die Tourismusentwicklung, insbesondere für die Entwicklung von kulturtouristischen Angeboten in ländlichen Räumen, stehen für viele DMOs oft nicht die Marktanforderungen und Zielgruppenbedürfnisse im Vordergrund, sondern die Erwartungen interner Stakeholder und lokale tourismuspolitische Anforderungen. Dies führt zu Interessenkonflikten sowie dazu, dass tendenziell Partikularinteressen bedient werden und Konzepte eher auf ihre „Gremienfähigkeit" statt auf inhaltliche und fachliche Relevanz für die Vermarktung von Produkten hin geprüft werden. Die Entwicklung wettbewerbsfähiger Strukturen, marktgerechter Organisationsanpassungen oder die Fokussierung auf marktkonforme Produkte und Themen werden deshalb mitunter aufgrund interner Bedenken abgelehnt.

In den Modellregionen hat sich herausgestellt, dass die gewissermaßen interdisziplinäre Zusammenarbeit zwischen Kultureinrichtungen und Touristikern durchaus Impulse setzen und zu positiven Veränderungen führen kann. Das Projekt „Die Destination als Bühne" zeigt, wie es gelingen kann, diese Impulse aufzugreifen und erfolgreich weiterzuentwickeln.

Literatur

Bertelsmann Stiftung (Hg.), Arbeits- und Lebensperspektiven in Deutschland – Pfade der Veränderung Ergebnisse der Arbeit der Expertenkommission Arbeits- und Lebensperspektiven in Deutschland, Gütersloh 2015.

Drda-Kühn, K., Kultur und Wirtschaft geschickt verknüpfen, in: Deutsche Vernetzungsstelle Ländliche Räume (Hg.), Land in Form. Magazin für Ländliche Räume, 3/2010, Ostbevern/Westfalen 2010, S. 16–17.

Drews, K., Kulturtourismus im ländlichen Raum an „dritten Orten“ der Begegnung als Chance zur Integration von Kultur- und Tourismusentwicklung, Hildesheim 2017.

Enke, N. / N. S. Borchers, Von den Zielen zur Umsetzung: Planung, Organisation und Evaluation von Influencer-Kommunikation, in: Influencer Relations, Wiesbaden 2018, S. 177–200.

Erbeldinger, J. / T. Ramge, Durch die Decke denken: Design Thinking in der Praxis, München 2013.

Günter, B. / A. Hausmann, Kulturmarketing, 2. überarb. und erw. Aufl., Wiesbaden 2012.

Klein, A., Kultur-Marketing, München 2011, 3. Aufl.

Klein, A. / Y. Pröbstle / T. Schmidt-Ott, Kulturtourismus für alle? Neue Strategien für einen Wachstumsmarkt, Bielefeld 2017.

Kultur und Management im Dialog. Das Monatsmagazin von Kulturmanagement Network, Themenheft „Veränderung“, Nr. 114, 2016, https://www.kulturmanagement.net/dlf/1f1f0952a5723226d2cbbc7a4c77ab55,1.pdf (12.8.2019).

Mandel, B., Teilhabeorientierte Kulturvermittlung: Diskurse und Konzepte für eine Neuausrichtung des öffentlich geförderten Kulturlebens, Bielefeld 2016.

Meffert, H. / C. Burmann / M. Kirchgeorg, Marketing. Grundlagen marktorientierter Unternehmensführung 2012, 11. Aufl.

Ministerium für Ländlichen Raum und Verbraucherschutz Baden-Württemberg (MLR) (Hg.), Kultur in den Ländlichen Räumen Baden-Württembergs – Situation, Trends, Potenziale und Handlungsfelder, Stuttgart 2013.

Schneider, W. u. a. (Hg.), Vital Village: Development of Rural Areas as a Challenge for Cultural Policy/Entwicklung ländlicher Räume als kulturpolitische Herausforderung, Bielefeld 2017.

Steinecke, A., Management und Marketing im Kulturtourismus: Basiswissen – Praxisbeispiele – Checklisten, Wiesbaden 2012.

Wiegand, D., Was macht kulturwirtschaftliche Netzwerke erfolgreich?, in: Deutsche Vernetzungsstelle Ländliche Räume (Hg.), Land in Form. Magazin für Ländliche Räume, 3/2010, Ostbevern/Westfalen 2010, S. 18 ff.

Anja Brittner-Widmann

13 Geschichtstourismus (Heritage Tourism)

Zusammenfassung: Geschichtstourismus lässt sich nicht nur mit dem reinen Besuch kulturhistorisch bedeutsamer Stätten oder Orte beschreiben; vielmehr besitzt er den Anspruch auf Bildung, die Vermittlung von Wissen und die Bewahrung von Erinnerungen. Der vorliegende Beitrag soll allgemeine und spezielle Kategorien des Geschichtstourismus aufzeigen und dabei auch einen kurzen Einblick in die Motivation der Besucher geben.

Schlagwörter: Heritage Tourism, Heritage-Tourismus, Erinnerungstourismus, Gedenktourismus, Dark Tourism, Thanatourismus, Industriekulturtourismus, Roots-Tourismus

13.1 Begriffsbestimmung des Geschichtstourismus

Der erste Blick auf den Begriff „Geschichtstourismus“ lässt annehmen, es handele sich um ein Tourismussegment, das sich vorrangig damit befasst, dass Menschen Regionen, Orte oder Stätten in ihrer Freizeit oder in ihrem Urlaub aufsuchten und aufsuchen, welche Überreste aus der Vergangenheit aufzeigen oder an denen sich bestimmte Ereignisse abgespielt haben. Diese Annahme würde bedeuten, dass sich Geschichtstourismus als Form des Aufsuchens von historisch bedeutsamen Stätten der Vergangenheit – um an ihnen ein besonderes Erlebnis zu haben – bereits zu früheren Zeiten und in der Gegenwart finden lässt. Diese Betrachtungsweise macht eine Abgrenzung umso schwieriger. Wahrscheinlich liegt darin auch der Grund, dass der Begriff „Geschichtstourismus“ in der tourismuswissenschaftlichen Forschung nicht näher definiert ist; vielmehr handelt es sich um einen populären Begriff, der häufig mit „Heritage-Tourismus“ gleichgesetzt wird. Im anglophonen Sprachraum wird der Begriff „heritage“ im Zusammenhang mit dem Kulturerbe verwendet. Wörtlich übersetzt bedeutet er „Erbe oder Erbschaft“ – im übertragenen Sinne sowohl bezogen auf das natürliche als auch auf das kulturelle Erbe (vgl. Maier 1996: 20). Neben dinglichen Objekten wie z. B. Bauten gehören noch Archivalien, immaterielle (nicht ortsgebundene) Güter sowie mündliche Überlieferungen zum Kulturerbe. Aufgrund dieser Vielfalt an Möglichkeiten konzentriert sich der folgende Beitrag auf das bauliche Kulturerbe, da es räumlich verortbar ist und somit als touristisches Produkt einfacher platziert werden kann. Was jedoch letztlich von einer Kultur im Sinne einer menschlichen Gemeinschaft als kulturelles Erbe betrachtet wird – und vor allem wie es betrachtet und empfunden wird –, hängt stark von der kulturellen Identität dieser Gemeinschaft ab.

Prof. Dr. Anja Brittner-Widmann, Studiengangsleiterin Destinations- und Kurortemanagement, Duale Hochschule Baden-Württemberg, Ravensburg

https://doi.org/10.1515/9783486711028-013

Der Begriff „Geschichtstourismus“ birgt viele Begrifflichkeiten, Synonyme und Verzweigungen, die im vorliegenden Beitrag aufgezeigt werden. Fasching (2012: 23) spricht vom Erinnerungstourismus und setzt die „Strahlkraft von Erinnerungsorten“ voraus, denn an eben solchen Stätten wurden seit prähistorischer Zeit künstliche Hügel, Tempel/Kirchen, Denkmäler oder Gedenktafeln errichtet – mit dem Ziel, die kollektive Erinnerung an Taten, Ereignisse oder Personen zu bewahren. Erinnern heißt, ein Geschehen im Gedächtnis zu behalten; dabei werden kulturelle Bereiche, Disziplinen und Nationen überschritten. „Möglich wird durch Konzepte kultureller Erinnerung auch eine Beschäftigung mit Konstellationen und Artefakten, die historisch und kulturell so weit auseinander liegen wie die ägyptischen Pyramiden und die Aids-Epidemie in den USA“ (Erll 2017: 2).

Erinnerungsorte sind oftmals mit einer Strahlkraft verbunden, die aus schrecklichen, katastrophalen Ereignissen gespeist wird und damit in das kollektive Gedächtnis Einzug hält und eine entsprechende Nachfrage generiert. So stellen Autoren wie Lennon/Foley (2000: 3) sogar Bezüge zu den Pilgerfahrten her, die oftmals mit dem Tod einzelner oder mehrerer Personen in Verbindung standen. Wolf/Matzner (2012: 89) verweisen auf Stätten wie das antike Rom, als Schaulustige in großen Scharen zu den Gladiatorenkämpfen in das römische Kolosseum reisten; oder auf die Reisenden, die sich zu öffentlichen Hinrichtungen in Großbritannien auf den Weg machten.

13.2 Kategorien des Geschichtstourismus

Als Synonym zum Geschichtstourismus wird häufig der Begriff Heritage-Tourismus genutzt, mit dem verschiedene Entwicklungen und Erscheinungen in Verbindung gebracht werden können: Sie reichen von Gedenkstätten, Welterbestätten, Museen, Pilger- und Wallfahrtsorten über kulturhistorische Themenstraßen bis hin zu historischen Ensembles. Brückner (2010: 109 ff.) hat die wissenschaftliche Themenbreite der Publikationen zum Heritage-Tourismus seit den 1990er-Jahren untersucht und herausgestellt, dass neben der grundsätzlichen Bedeutung und Identifikation auch die touristische Inwertsetzung zur Erhaltung der Stätten beiträgt. So sind z. B. UNESCO-Welterbestätten in ihrer territorialen Ausdehnung klar definiert und mit einer Vielzahl von Funktionen verbunden. Dabei „stehen sich nicht selten das Interesse an der Erhaltung, verbunden mit einer nachhaltigen Nutzung und das touristische Interesse konträr gegenüber“ (ebd.: 123). Zu den Welterbestätten in Deutschland zählen u. a.:

- Kirchen und Klöster (z. B. Kölner Dom, Kloster Lorsch, Klosterinsel Reichenau),
- Altstadt-Ensembles (z. B. Hansestadt Lübeck, Altstadt von Regensburg),
- Schlösser und Burgen (z. B. Würzburger Residenz und Hofanlagen, Schlösser und Parks von Potsdam und Berlin),
- Industriekultur (z. B. Völklinger Hütte, Industriekomplex Zeche Zollverein),

- Gärten und Landschaften (z. B. Gartenreich Dessau-Wörlitz, Oberes Mittelrheintal),
- Kultur- und Zeitgeschichte (z. B. antik-römische Baudenkmäler, Dom und Liebfrauenkirche von Trier, Luther-Gedenkstätten in Eisleben und Wittenberg, Museumsinsel Berlin) (vgl. https://www.unesco.de/kultur-und-natur/welterbe/welterbe-weltweit/welterbeliste#D, 30.9.2019).

Quack/Wachowiak (2013: 289 ff.) haben verschiedene Gästebefragungen in UNESCO-Welterbestätten miteinander verglichen. Trotz der relativ hohen Bekanntheit und der gesteigerten Erwartungen durch den Welterbestatus ist der Einfluss auf die Reiseentscheidung gering; vielmehr schmücken sich die Besucher mit dem Besuch dieser Stätten im Nachhinein und stellen gleichzeitig höhere Erwartungen an Informationen und an die Qualität der touristischen Infrastruktur bzw. des touristischen Angebots vor Ort. Durch die räumliche Verortung lassen sich Welterbestätten für den Tourismus leichter in Wert setzen als die Formen des Immateriellen Kulturerbes. Diese Ausdrucksformen wie z. B. Tanz, Theater, Musik und mündliche Überlieferungen wie auch Bräuche, Feste und Handwerkskünste werden entscheidend von menschlichem Wissen und Können getragen und von Generation zu Generation weitergegeben und verändert (vgl. http://www.unesco.de/kultur/immaterielles-kulturerbe.html, 30.9.2019).

Das Spektrum des Geschichtstourismus ist somit nicht nur in seiner Vielfalt, sondern auch in seinem historischen Kontext breit aufgestellt, weshalb eine Untergliederung in drei wesentliche Bereiche sinnvoll erscheint. Diese drei Unterkategorien des Geschichtstourismus sind einerseits thematisch voneinander abgrenzbar, zeigen andererseits jedoch auch Überschneidungen zu den benachbarten Kategorien: Dark Tourism, Roots-Tourismus und Industriekulturtourismus. So kann z. B. eine Stätte sowohl Welterbe sein (Heritage Tourism) als auch Stätte der Industriekultur sowie dem Dark Tourism zugeordnet werden (Abb. 13.1).

13.2.1 Dark Tourism

Orte der Erinnerung sind häufig Orte des Schreckens gewesen. Mit dem Begriff „dark tourism“, den Lennon/Foley (1996: 198) geprägt haben, richtet sich der Fokus auf Orte mit einer dunklen Vergangenheit. Der Begriff umschloss damit vor allem die Themen „Holocaust“, „Schlachtfelder“, „Gefängnisse“ und „Sklaverei“ (vgl. Scheibe 2012: 49). Stone (2006: 164) spricht vom „act of travel to sites associated with death, disaster, and the seemingly macabre“. Wolf/Matzner (2012: 88) zeigen weitere begriffliche Termini chronologisch auf: „Fatal Attractions and Black Spots“ (Rojek 1993), die Alliteration „Milking the macabre“ (Dann 1994), „Dissonant Heritage Tourism“ (Turnbridge/Ashworth 1996), „Morbid Tourism“ (Blom 2000), „Fright Tourism“ (Bristow/Newman

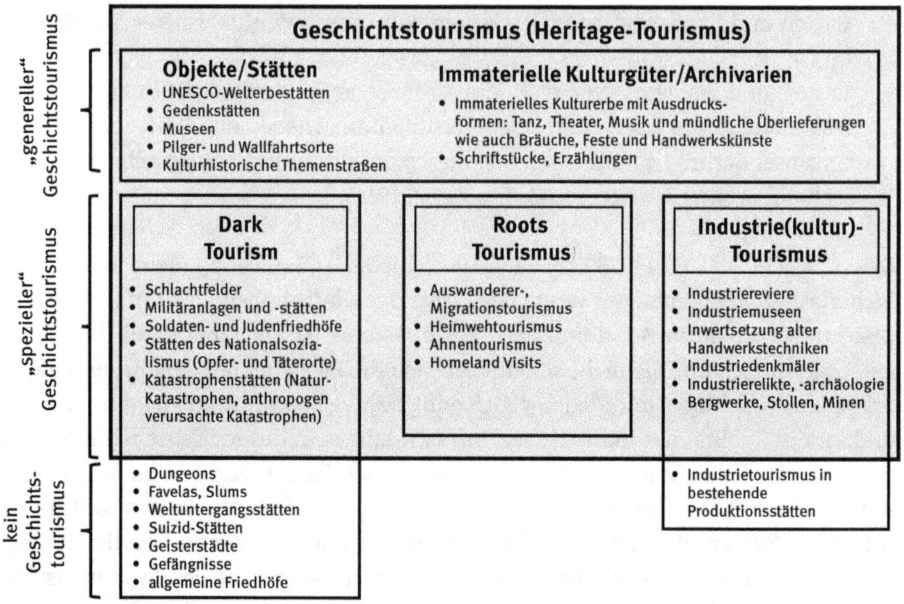

Abb. 13.1: Kategorien des Geschichtstourismus (Quelle: A. Brittner-Widmann)

2004), „Atrocity Tourism“ (Ashworth/Hartmann 2005) oder „Grief Tourism“ (Trotta 2006). In der deutschsprachigen Literatur hat sich der Begriff Dark Tourism weitestgehend durchgesetzt; Fasching (2012: 23) spricht vom „Erinnerungstourismus“, Petermann (2012: 70) von „Gedenktourismus“, Scheibe (2012: 49) bringt den Begriff „Thanatotourismus“ bzw. „Thanatourismus“ ins Spiel, der vor allem durch die Auseinandersetzung mit dem Phänomen Tod geprägt ist.

Hierbei wird eine Tourismusart geschaffen, die grundsätzlich nach den zugrunde liegenden Motiven differenziert wird. Bei der Benennung wird oft ein Oxymoron entworfen, um durch die Zusammensetzung zweier gegensätzlicher, sich widersprechender oder teils sich gegenseitig ausschließender Begriffe eine hohe Aufmerksamkeit zu generieren. Damit lassen sich bisweilen dramatische Steigerungseffekte zum Ausdruck bringen, denn der positiv besetzte Ausdruck „Tourismus“ wird mit einem Wort kombiniert, das etwas Negatives, Gefährliches, Katastrophales oder Angst auslösendes beinhaltet.

Tourismus zu Schlachtfeldern, Militäranlagen und -stätten, Soldaten- und Judenfriedhöfen, Stätten des Nationalsozialismus (Opfer- und Täterorte)

Der Umgang mit dem historischen Erbe aus Kriegen und insbesondere aus der NS-Zeit stellt eine anspruchsvolle Herausforderung dar (Petermann 2012: 63), da Touristen diese Orte mit verschiedenen Motiven, Erwartungen und Emotionen aufsuchen. Oftmals handelt es sich um sogenannte Opferorte bzw. „Orte des Schreckens“ mit an den

Ort gebundenen Erinnerungen an das Leiden und an den Tod von Menschen wie Orte von Massakern, Haftstätten oder Konzentrationslager.

Unter Täterorten versteht man im Zusammenhang mit dem Nationalsozialismus „Orte der Schreibtischtäter“ (Dahm 2008: 63), an denen Verbrechen des Nationalsozialismus geplant, organisiert, vorbereitet oder verwaltet wurden; wie z. B. Haus der Wannsee-Konferenz, Reichsparteitagsgelände in Nürnberg, Ordensburg Vogelsang). Gerade diese Stätten, die als Orte der historischen-politischen Bildung das Ziel verfolgen, historische Ereignisse zu dokumentieren, zu interpretieren, ästhetisch zu präsentieren, und dabei einen moralischen Appell aussenden, werden ungern als touristische Attraktionspunkte betrachtet (vgl. Petermann 2012: 66). Als Beispiele seien genannt:

- Schlachtfelder: Varusschlacht im Osnabrücker Land, Gedenkstätte Seelower Höhen, Battle of the Boyne (Republik Irland), Schlachtfeld Waterloo (Belgien), Schlachtfeld Verdun (Frankreich),
- Militäranlagen und -stätten: Westwallmuseen in Deutschland, Museen der Maginot-Linie (Frankreich), The Battle Box (Singapur), Friedensgedächtnispark Hiroshima (Japan),
- Soldaten- und Judenfriedhöfe: Ehren- und Soldatenfriedhöfe für Soldaten verschiedener Nationen wie z. B. Sowjetischer Friedhof in Hagenow (Mecklenburg-Vorpommern) oder Soldatenfriedhof Sandweiler (Luxemburg); Alter Jüdischer Friedhof Prag (Tschechische Republik),
- Stätten des Nationalsozialismus: KZ Dachau (Bayern), KZ Auschwitz-Birkenau (Polen), Goldbacher Stollen in Überlingen am Bodensee (Baden-Württemberg), Anne-Frank-Haus Amsterdam (Niederlande), Terror Háza/House of Terror Budapest (Ungarn), siehe auch Kapitel 14 in diesem Buch.

Katastrophentourismus/Desaster-Tourismus

Bei dieser Form handelt es sich um Reisen, die in Katastrophengebiete unternommen werden. Im Regelfall handelt es sich um Gebiete, in denen Naturkatastrophen wie Erdbeben, Vulkanausbrüche, Hurrikans oder Tsunamis große Teile der Landschaft und Infrastruktur verwüstet haben. Als Beispiel sei die im Jahr 79 n. Chr. durch einen Vulkanausbruch des Vesuv zerstörte Stadt Pompeji genannt, wo sich die Ausmaße der Katastrophe in den Überresten der Gebäude und den versteinerten Leichen heute noch nachvollziehen lassen. Oder die Tsunami-Erinnerungsstätten in Thailand, Indonesien und Sri Lanka, die an die verheerenden Folgen des Tsunamis am 26. Dezember 2004 mit mehr als 200.000 Toten erinnern (z. B. Aceh Tsunami Museum in Banda Aceh, Indonesien; Tsunami Memorial, Baan Nam Khem, Thailand; Tsunami Memorial, Colombo, Ski Lanka). Doch auch Schauplätze anthropogen, d. h. menschlich verursachter Katastrophen sind Ziele des Katastrophentourismus. Erwähnt sei hier das radioaktiv belastete Gebiet der Reaktorkatastrophe vom 26. April 1986 im ukrainischen Tschernobyl: Aufgrund der hohen radioaktiven Belastung musste die

Stadt Prypjat evakuiert werden, die heute im Rahmen organisierter Ausflüge besichtigt werden kann.

Kommerzielle „dunkle“ Besucherattraktionen wie sogenannte Dungeons (engl., „Kerker“), Touren durch Elendsviertel, Geisterstädte oder auch Gefängnisse gehören im engeren Sinne zwar nicht zum Geschichtstourismus, werden aber durch ihre touristische Inszenierung dem Dark Tourism zugerechnet (siehe auch Kapitel 14).

13.2.2 Roots-Tourismus

Seit den 1990er-Jahren spielt der Roots-Tourismus eine wichtige Rolle im Hinblick auf die Suche nach dem kulturellen Ursprung verschiedener Nationen. Reisen auf den Spuren ausgewanderter Vorfahren bedienen die Suche nach der eigenen kulturellen Identität. Zugleich ist das Thema Massenauswanderung bzw. Emigration aufgrund politischer, religiöser oder sonstiger Verfolgung kein historisches Phänomen, sondern aktueller denn je. Der offizielle Beginn der deutschen Amerikaauswanderung beispielsweise wird auf den 6. Oktober 1683 datiert, als sich 13 Quäker- und Mennonitenfamilien aus Krefeld in Philadelphia niederließen und noch im selben Jahr Germantown gründeten (vgl. Galema/Grams/Holtmann 1993: 12). Maier (1996: 19 ff.) sieht folgende Begriffe in engem Zusammenhang mit dem Roots-Tourismus: Kulturerbe, Kultur, kulturelle Identität, Heimat und Ethnizität, Genealogie sowie Ahnen- und Familienforschung. Synonyme wie „Heimwehtourismus“ (Becker 1994; Becker 1998: 201), „Ahnentourismus“ (Maier 1996: 27) oder „Homeland Visits“ (Hoelscher/Ostergren 1993: 90 ff.) zeugen von der intensiven Beschäftigung mit dem Roots-Tourismus Ende des 20. Jahrhunderts. Touristische Attraktionspunkte sind hier vor allem sog. Emigration Center oder Auswanderermuseen respektive -häuser wie z. B. das Deutsche Auswandererhaus in Bremerhaven (vgl. https://dah-bremerhaven.de/, 30.9.2019).

13.2.3 Industrie(kultur)-Tourismus

Die Industriekultur umfasst im engeren Sinne die Technik- und Sozialgeschichte der Arbeit, der Architekturgeschichte von Fabriken, Industrieanlagen und die Entwicklung geografischer Räume, die auch als Industriereviere bezeichnet werden (Klemm/Thilo 2010: 143, nach Wilhelm 2004: 44). Das industriehistorische Erbe steht als kulturelles Erbe hierbei im Vordergrund. Der Industrietourismus (Soyez 1993: 41) umfasst sowohl das industriehistorische Erbe wie z. B. stillgelegte Produktionsstätten mit ihren ehemaligen Produktionstechniken (Gläserne Schuhfabrik, Hauenstein), Darstellungen des damaligen Sozial- und Alltagslebens bzw. typischer Lebensweisen, Industriemuseen, Industriedenkmale (Völklinger Hütte) oder auch Einrichtungen, die die Möglichkeit zur Wiederbelebung früher praktizierter handwerklicher Fähigkeiten bieten. Aber er umfasst auch moderne Produktionsstätten sowie ihre Arbeitstechniken und Verfahrensweisen, die wiederum nicht zum Heritage-Tourismus zählen. Dabei ist das Phänomen nicht neu: Bereits zu Anfang des 20. Jahrhunderts existierte das Interesse an den Zeugen der Schwerindustrie wie z. B. alte Mühlen, Hütten- und Hammerwerke, Besucherbergwerke oder auch Technikmuseen (Schröder 2003: 213). Die touristische Erschließung dient häufig der Erhaltung der historischen Industrieanlagen und -reviere, mit dem Ziel, Arbeitsplätze zu erhalten bzw. zu schaffen und die negativen Folgen des Strukturwandels abzufedern (Klemm/Thilo 2019: 144). Lauterbach (2012: 107) warnt allerdings davor, dass Fabriken und Industrieanlagen die Besucher zwar in städtebaulicher, architektonischer, technischer und organisatorischer Hinsicht beeindrucken, während sie doch gleichzeitig Handlungsorte von „befremdenden Arbeitsbedingungen und extremer Ausbeutung, Elend und Not, Gefahr, Umweltverschmutzung sowie weiteren Bedrohungen darstellen, die für den heutigen Tourismus durchaus mit der ‚Faszination des Schreckens‘ in enger Verbindung stehen“. Gleichwohl verweist er darauf, dass das freizeitkulturelle Aufsuchen von heutigen oder ehemaligen Fabriken industriellen Zuschnitts nicht zwangsläufig zur Konfrontation mit der gesamten Bandbreite dessen führt, was an diesen Orten von Gewalt, Unrecht, Tod oder Verfolgung jemals geschehen ist (vgl. Steinecke 2007: 146).

13.3 Motive

Die Bandbreite der Motive scheint unüberschaubar. Sie differenziert sich – je nach eigener Betroffenheit – von allgemeinem Interesse und Neugier bis hin zu Gefühlen wie Angst, Schock, Trauer und Mitleid (vgl. Petermann 2010: 70 ff.). Isenberg (2012: 81) nennt neben dem Bildungsaspekt im Zusammenhang mit dem Dark Tourism Begriffe wie „Abenteuerlust, Überdruss an der strukturierten, genormten Freizeitwelt, Neugier, temporäre Ausbruchsversuche, Bildungsinteresse oder politische Gesinnung“ als Antriebsimpulse. Wolf/Matzner (2012: 95) ergänzen diese Reisemotive noch um Schaulust und Voyeurismus.

Dabei darf auch nicht vergessen werden, dass der Besuch von Stätten des kulturellen Erbes auch ohne emotionalen Bezug erfolgen kann, indem z. B. mit einem bildungspolitischen Auftrag Schulklassen zur Besichtigung „gezwungen“ werden; oder aber Besuchern die Bedeutung von Stätten und Mahnmalen nicht bewusst ist, was zu einem unangemessenen, pietätlosen Verhalten führt (Abb. 13.2; Fotos Mahnmal Berlin, s. u.), wodurch sich wiederum andere Besucher mit einem hohen emotionalen Bezug zu der Stätte gestört fühlen. Küblböck (2012: 115 f.) greift auf den Erklärungsansatz von Sharpley (2009: 17 f.) zurück und differenziert die Motive nach

- „Erfahrung sammeln“, um das eigene Sein zu reflektieren,
- „Spiel“, indem eher unbeabsichtigt eine Heritage-Stätte aufgesucht wird,
- „Integration“, um sich in die Geschichte hineinzuversetzen,

- „Abgrenzung“, um sich durch den Besuch gegenüber anderen abzuheben (Prestigegewinn).

So zeigen die Besucher des Holocaust-Mahnmals in Berlin (Denkmal der ermordeten Juden Europas) auf Abb. 13.2 unterschiedliche Verhaltensweisen:

Abb. 13.2: Besucherverhalten am Holocaust-Mahnmal in Berlin (Fotos: Anja Brittner-Widmann)

Es geht offensichtlich im Heritage-Tourismus nicht nur um den reinen Besuch kulturhistorisch bedeutsamer Stätten oder Orte. Vielmehr erhebt der Geschichtstourismus nach Meinung vieler Autoren den Anspruch auf Bildung und zielt damit auf die Vermittlung von Wissen und die Bewahrung von Erinnerungen (Timothy 2011: 4, 443 ff.).

Dabei weist Erll (2017: 135 ff.) darauf hin, dass ein kollektives Gedächtnis ohne Medien nicht denkbar ist: „Die Konstitution und Zirkulation von Wissen und Versionen einer gemeinsamen Vergangenheit in sozialen und kulturellen Kontexten (Kultur als Gedächtnisphänomen/*collective memory*) werden überhaupt erst durch Medien ermöglicht: durch Mündlichkeit und Schriftlichkeit als uralte Basismedien zur Speicherung fundierender Mythen für nachfolgende Generationen; durch Buchdruck, Radio, Fernsehen und Internet zur Verbreitung von Versionen gemeinschaftlicher Vergangenheit in weiten Kreisen der Gesellschaft; und schließlich durch symbolträchtige Medien wie Denkmäler als Anlässe des kollektiven, oft ritualisierten Erinnerns.“

Literatur

Becker, C., Reisebiographien, in: Haedrich, G. et al. (Hg.), Tourismus-Management. Tourismus-Marketing und Fremdenverkehrsplanung, Berlin/New York 1998, 3., erw. Auflage, S. 195–204.

Brand, S. / N. Platter, Dark Tourism. The Commoditisation of Suffering and Death, in: Papathanassis, A. (Hg.), The Long Trail of Tourism. Holiday Niches and their Impact on Mainstream Tourism, Wiesbaden 2011, S. 7–15.

Brückner, D., Ganzheitlicher Erklärungsansatz im Heritage-Tourismus, in: Kagermeier, A. / F. Raab (Hg.), Wettbewerbsvorteil Kulturtourismus. Innovative Strategien und Produkte, Berlin 2010 (= Schriften zu Tourismus und Freizeit, 9), S. 109–124.

Dahm, V., Der Obersalzberg als historischer Ort und als Stätte historisch-politischer Bildung, in: ders. u. a. (Hg.), Die tödliche Utopie. Bilder, Texte, Dokumente, Daten zum Dritten Reich, München 2008, 5. Aufl., S. 17–27.

Erll, A., Kollektives Gedächtnis und Erinnerungskulturen, Berlin 2017, 3. Aufl.

Fasching, G. L., Erinnerungstourismus in Österreich. Die gegenwärtigen Ansätze zur Erweiterung des Tourismusangebotes, zur Bewahrung des kulturellen Erbes und zur Stärkung des ländlichen Raums, in: Steinecke, A. / H.-D. Quack (Hg.) 2012, S. 23–44.

Fonseca, A. P. / C. Seabra / C. Silvea, Dark Tourism. Concepts, Typologies and Sites, in: Journal of Tourism Research & Hospitality S2-002:1–6, 2016.

Galema, A. / W. Grams / A. Holtman, Van de ene an de andere kant – Niederländische und Nordwestdeutsche Auswanderung nach Amerika im 19. Jahrhundert, Groningen/Oldenburg 1993.

Hartmann, R., Dark Tourism. Thanatourism and Dissonance in Heritage Tourism Management. New Directions in Contemporary Tourism Research, in: Steinecke, A. / H.-D. Quack (Hg.) 2012, S. 9–22.

Hoelscher, S. D. / R. C. Ostergren, Old European Homelands in de American Middle West, in: Journal of Cultural Geography 13(2):87–106, 1993.

Isenberg, W., Peinliche Attraktionen? Über den schwierigen touristischen Umgang mit Themen und Schauplätzen des Dark Tourism, in: Steinecke, A. / H.-D. Quack (Hg.) 2012, S. 81–88.

Jansen-Verbeke, M. / W. George, Reflections on the Great War Centenary, in: Butler, R. / W. Suntikul (Hg.), Tourism and War, London/New York 2013 (= Contemporary Geographies of Leisure, Tourism and Mobility), S. 273–287.

Klemm, C. / I. Thilo, Industriekultur und Landschaftswandel als touristische Ressource – Destinationsentwicklung durch Landschaftswandel am Beispiel der Lausitz, in: Kagermeier, A. / F. Raab (Hg.), Wettbewerbsvorteil Kulturtourismus. Innovative Strategien und Produkte, Berlin 2010 (= Schriften zu Tourismus und Freizeit, 9), S. 143–160.

Küblböck, S., Sich selbst an dunklen Orten begegnen. Existenzielle Authentizität als Potenzial des Dark Tourism, in: Steinecke, A. / H.-D. Quack (Hg.) 2012, S. 113–124.

Lauterbach, B., Blut, Schweiß, Tränen – die dunklen Seiten des Industrietourismus, in: Steinecke, A. / H.-D. Quack (Hg.) 2012, S. 101–112.

Lennon, J. / M. Foley, JFK and Dark Tourism: A Fascination with assassination, in: International Journal of Heritage Studies 2(4):198–211, 1996.

Lennon, J. / M. Foley, Dark Tourism. The attractions of death and disaster, Hempshire 2010.

Maier, P., Rootstourismus: Reisen auf den Spuren der ausgewanderten Vorfahren unter besonderer Berücksichtigung des Hunsrück-Nahe-Raums, Trier 1996 (= Materialien zur Fremdenverkehrsgeographie, Heft 36).

Petermann, S., „You get out of it what you put into“ – nationalsozialistische Opfer- und Täterorte in Deutschland als Touristenorte?, in: Steinecke, A. / H.-D. Quack (Hg.) 2012, S. 63–80.

Scheibe, R., Militärhistorische Relikte in den Neuen Bundesländern und Berlin – ein Beitrag zum deutschen Dark Tourism?, in: Steinecke, A. / H.-D. Quack (Hg.) 2012, S. 47–60.

Schröder, A., Industrietourismus, in: Becker, C. et al. (Hg.), Geographie der Freizeit und des Tourismus. Bilanz und Ausblick, München/Wien 2003, S. 213–224.

Sharpley, R., Shedding light on dark Tourism, in: Sharpley / Stone (Hg.), The Darker Side of Travel. The Theory and Practice of Dark Tourism, Bristol u. a. 2009, S. 3–22.

Soyez, D., Kulturtourismus in Industrielandschaften, in: Becker, C. / A. Steinecke (Hg.), Kulturtourismus in Europa. Wachstum ohne Grenzen?, Trier 1993 (= ETI-Studien, 2), S. 40–63.

Steinecke, A., Kulturtourismus. Marktstrukturen, Fallstudien, Perspektiven, München/Wien 2007.

Steinecke, A. / H.-D. Quack (Hg.), Dark Tourism. Faszination des Schreckens, Paderborn 2012 (= Paderborner Geographische Studien zu Tourismusforschung und Destinationsmanagement, 25).
Stone, P. R., A Dark Tourism Spectrum: Towards a Typology of Death and Macabre related Tourist Sites, Attractions and Exhibitions, in: Tourism 54(2):145–160, 2006.
Timothy, D. J., Cultural Heritage and Tourism. An Introduction, Bristol 2011.
Wilhelm, L., Perspektiven von Industriekultur und Tourismus in Europa, in: Schwark, J. (Hg.), Tourismus und Industriekultur, Berlin 2004 (= Schriften zu Tourismus und Freizeit, 2), S. 43–64.
Wolf, A. / C. Matzner, Arten und Motive des Dark Tourism, in: Steinecke, A. / H.-D. Quack (Hg.) 2012, S. 89–100.

Tobias Reeh und Katharina Najork

14 Dark Tourism

Zusammenfassung: Im Dark Tourism liegt der Fokus auf Tourismusstätten, -attraktionen sowie -erfahrungen, die mit Tod, Desaster oder Leiden assoziiert werden. Historische Anklänge sind mit der „thanatoptic tradition" sicherlich gegeben, gleichwohl entwickelte sich das Phänomen erst in der Postmoderne zu einem relevanten touristischen Markt. Mittlerweile liegen erste Typologien vor, die sich insbesondere auf den Charakter der Besuchsorte sowie -motive stützen. Nicht zuletzt die tourismuskritischen Betrachtungen des Dark Tourism verdeutlichen den erheblichen Forschungsbedarf sowohl aufseiten des Angebotes als auch der Nachfrage.

Schlagwörter: Dark Tourism, Holocaust Tourism, Disaster Tourism, Battlefield Tourism, Cemetery Tourism, Prison Tourism, Poverty Tourism, Doomsday Tourism, Kommodifizierungsprozesse

14.1 Begriffsbestimmung „Dark Tourism"

Allgemeinhin wird der sogenannte Dark Tourism (Lennon/Foley 1996: 198) als Marktsegment des Geschichtstourismus (Heritage-Tourismus) angesehen (Brittner-Widmann: Kapitel 13 in diesem Band). Betrachtungsgegenstand sind hierbei Orte und Erlebnisse, die mit Tod, Desaster oder Leiden verknüpft sind (Ashworth/Hartmann 2005; Steinecke 2007: 146; Sharpley 2009: 10; Frew/White 2013). Entsprechend führen Foley und Lennon (1996: 198) die folgende Definition an: „A phenomenon which encompasses the presentation and consumption [...] of real and commodified death and disaster sites." Die „Strahlkraft" der entsprechenden Orte resultiert folglich aus schrecklichen und/oder katastrophalen Ereignissen, die in das kollektive Gedächtnis Einzug gehalten haben (vgl. Kapitel 13 in diesem Buch). Allerdings muss das Ereignis, das mit der Tourismusstätte in Verbindung steht, nicht zwangsläufig am selben Ort stattgefunden haben. Es ist ebenso möglich, dass an einem bestimmten Ort eine Bildungs- oder Gedenkstätte errichtet wird, die den Besucher z. B. an eine anderswo verübte Schreckenstat erinnert (Foley/Lennon 1996: 195). Das United States Holocaust Memorial Museum in Washington, D.C. beispielsweise hat keine unmittelbare geografische Verbindung zur Verfolgung der Juden in Mittel- und Osteuropa, konnte jedoch als Bildungs- und Gedenkstätte allein im Jahr 2015 1,7 Millionen Besucher verbuchen (Lennon/Foley 2000: 10; Hartmann 2003: 298; www.jewishvirtuallibrary.org/united-states-holocaust-memorial-museum 2017).

Dr. Tobias Reeh, Wissenschaftlicher Mitarbeiter, Geographisches Institut, Georg-August-Universität Göttingen

Katharina Najork (M. Ed.), Wissenschaftliche Mitarbeiterin, Geographisches Institut, Georg-August-Universität Göttingen

https://doi.org/10.1515/9783486711028-014

Während Sharpley (2009: 17) Schadenfreude, Voyeurismus und morbide Neugier als mögliche „principal drivers" (siehe Küblböck 2012: 115 f.) nennt, betonen Foley/Lennon (1996: 195), dass die Gründe für den Besuch einer solchen „Touristenattraktion" durchaus differenzierter gelagert sein können. Als Motive erweisen sich etwa neben dem Neugier- und Unterhaltungsaspekt (bspw. Besuch eines Gruselkabinetts wie dem Hamburger Dungeon; siehe Abb. 14.1) auch Bildung (bspw. Besuch eines Museums, welches über den Zweiten Weltkrieg informiert) oder das reine Erinnern an verstorbene oder zu Schaden gekommene Personen (bspw. Reise zu Ground Zero, um Angehörigen zu gedenken) (Foley/Lennon 1996: 195; Petermann 2012: 70 ff.).

Abb. 14.1: Hamburger Dungeon (Foto: Katharina Najork, 2018)

Hinsichtlich der historischen Einordnung des Dark Tourism kristallisieren sich im tourismuswissenschaftlichen Diskurs unterschiedliche Positionen heraus. So schreiben etwa Lennon/Foley (2000: 11) das Phänomen der Postmoderne zu. Es könne durch die folgenden Merkmale gekennzeichnet werden:

- Globale Kommunikationstechnologien wecken das Ausgangsinteresse;
- Objekte des Dark Tourism regen zum kritischen Hinterfragen technischer Errungenschaften und Modernität an (z. B. Untergang der RMS Titanic, Reaktorkatastrophe von Tschernobyl);
- Kommerzialisierung und Kommodifizierung als Ausdruck der touristischen Inwertsetzung begleiten den „Bildungsaspekt".

Demzufolge seien lediglich diejenigen Orte und Attraktionen, welche ein Ereignis thematisieren, das innerhalb des letzten Jahrhunderts stattgefunden hat, dem Dark Tourism zuzuordnen, beginnend mit dem Untergang der RMS Titanic 1912 (Lennon/ Foley 2000: 12).

Andere Forscher sehen den Dark Tourism hingegen in der „thanatoptic tradition" („contemplation of death": Sharpley 2009: 15; „Memento mori": Seaton 1996: 235), die im westlichen Europa durch zahlreiche kulturelle und religiöse Bewegungen (z. B. Romantik, Christentum, Altertumsforschung) gespeist wird (Seaton 1996: 235 ff.; Stone/ Sharpley 2008; Seaton 2009: 527 ff.). Demnach sei Dark Tourism also die sich auf das Reisen beziehende Version der *thanatopsis* (Seaton 1996). Insofern weisen der „Thanatourism" und somit folglich auch Teilbereiche des Dark Tourism eine lange Geschichte auf. Dass die Tradition des Phänomens bis weit in die Vergangenheit zurückreicht, bedeutet jedoch nicht, dass die ursprünglichen Formen mit den heutigen Ausprägungen des Dark Tourism in jedem Fall unreflektiert gleichzusetzen sind.

14.2 Typologien im Dark Tourism

Durchgängig werden mannigfaltige Arten des Dark Tourism herausgestellt (Sharpley 2005; Wolf/Matzner 2012; Brittner-Widmann: Kapitel 13 in diesem Band), wobei im Kontext des Kulturtourismus vor allem die nachstehenden Formen anzuführen sind. Der *Disaster Tourism* beschreibt eine Ausprägung, bei der Menschen in Katastrophengebiete reisen (Wolf/Matzner 2012: 90). Hierzu zählen vor allem Naturkatastrophen wie Erdbeben, Vulkanausbrüche oder Hurrikans, aber auch solche Katastrophen, die von Menschen verursacht oder durch menschliches Versagen entstanden sind („man-made hazards") wie Reaktorunglücke (z. B. besuchten 36.781 Touristen im Jahr 2016 Tschernobyl, vgl. State Agency of Ukraine 2017), Terroranschläge oder Unfälle (Wolf/ Matzner 2012: 90; Stone 2013: 79 ff.; Yan u. a. 2016: 108 ff.). Der Disaster Tourism gliedert sich wiederum in zwei Subkategorien: Einerseits besuchen Menschen betroffene Gebiete, in denen die unmittelbare Katastrophe bereits ausgestanden ist (Wolf/Matzner 2012: 90); andererseits finden auch solche Reisen statt, bei denen Menschen direkt in akut betroffene Gebiete fahren. Sie sind gewissermaßen „live" am Ort des Geschehens dabei. Dies wird häufig sowohl aus ethischen als auch aus praktischen Gründen kritisiert, weil Rettungs- respektive Hilfsmaßnahmen sowie Aufbauarbeiten immer wieder durch Touristen behindert werden (Wolf/Matzner 2012: 90).

Unter *Holocaust Tourism* wird der Besuch ehemaliger Konzentrationslager oder anderer mit dem Nationalsozialismus assoziierter Orte oder Ausstellungen gefasst (Ashworth 2002; Miles 2002). Gedenkstätten wie Sachsenhausen, Buchenwald oder Dachau verzeichnen hohe Besucherzahlen und kommen so nicht zuletzt ihrem Bildungsauftrag hinsichtlich nationalsozialistischer Verbrechen nach (Wolf/Matzner

2012: 90). Gedenkstätten und Museen, die den Holocaust thematisieren, sind vor allem – aber nicht ausschließlich – in Mittel- und Osteuropa zu finden (Hartmann 2003: 298). Als zwei herausragende Institutionen außerhalb Europas seien an dieser Stelle Yad Vashem (Jerusalem) sowie das bereits angeführte United States Holocaust Memorial Museum (Washington, D.C.) genannt (Hartmann 2003: 298; siehe auch Lennon/Foley 1999; Krakover 2005; Cohen 2010).

Handelt es sich bei den besuchten Orten um Schlachtfelder oder andere mit militärischen Aktionen assoziierte Schauplätze, so sind diese dem *Battlefield Tourism* zuzuordnen (Baldwin/Sharpley 2009; Miles 2014). Hierbei sind vor allem diejenigen Orte von touristischem Interesse, welche „Alleinstellungsmerkmale" aufweisen (Steinecke 2007: 147). So zählen die Areale besonders verlustreicher Schlachten oder solcher, die die Geschichte entscheidend beeinflusst haben, zu nachgefragten Zielorten (Steinecke 2007: 147). Auch das Auftreten namhafter Heerführer oder das Vorhandensein außergewöhnlicher Militäranlagen können die „Attraktivität" eines Kriegsschauplatzes befördern (ebd.). Beispiele stellen die Cu-Chi-Tunnelsysteme in der Nähe von Ho-Chi-Minh-Stadt (Saigon), die Schlachtfelder von Verdun oder auch die Strände der Normandie dar (Wolf/Matzner 2012: 90).

Der *Cemetery Tourism* beinhaltet touristische Aktivitäten, die mit Friedhöfen oder Gräbern (mitunter ließe sich diese Kategorie auf „Sterbeorte" insgesamt ausdehnen) verbunden sind (Wolf/Matzner 2012: 91). Häufig spielt hierbei das Aufsuchen von Grabanlagen berühmter Personen eine bedeutende Rolle. Auf dem Pariser Friedhof Père-Lachaise befinden sich die Ruhestätten verschiedener bekannter Persönlichkeiten, weshalb er zu den am häufigsten durch Touristen frequentierten Friedhöfen weltweit zählt (Touissant/Decrop 2013). Nicht bloß in der Öffentlichkeit, sondern auch in der Tourismusforschung wirft diese Art des Dark Tourism jedoch ein bedeutendes Akzeptanzproblem auf (Steinecke 2007: 166). Die Tatsache, dass eventuell Angehörige, die sich aus Gründen der Trauer auf einen Friedhof begeben, mit Touristen, deren Besuch eher in Unterhaltungszwecken begründet liegt, konfrontiert werden, verstärkt diese Zwiespältigkeit.

Das Aufsuchen ehemaliger Gefängnisse wird zur Kategorie des *Prison Tourism* gezählt. Auch Gerichtsgebäude, in denen prominente Verfahren stattfanden, sind hierzu zu zählen (Wolf/Matzner 2012: 91). Entscheidend für die Entwicklung touristischer Aktivität ist, dass diese Orte „ihre zentrale Funktion – die Sicherheitsverwahrung von Gefangenen – verloren haben" (Steinecke 2007: 167). Da sie üblicherweise unzugänglich sind, geht von ihnen ein besonderer Reiz aus (Wolf/Matzner 2012: 91). Die Gefängnisinsel Alcatraz in der Bucht von San Francisco (Strange/Kempa 2003) oder auch die ehemalige DDR-Haftanstalt in Berlin-Hohenschönhausen ziehen daher eine Vielzahl von Besuchern an.

Eine ebenfalls aus ethischen Gründen in der Kritik stehende Art des Dark Tourism stellt der *Poverty Tourism* dar, dessen charakteristisches Merkmal es ist, Besuchstouren in Armutsvierteln zu unternehmen (Steinbrink/Pott 2010). Der Poverty Tourism ist vor allem in Schwellen- und Entwicklungsländern zu verorten. Als Subkategorien sind der *Township Tourism* (Kapstadt), der *Slum Tourism* (Mumbai) und der *Favela Tourism* (Rio de Janeiro) zu nennen (Rolfes u. a. 2009; Frisch 2012; Burgold/Rolfes 2013; Freire-Medeiros u. a. 2013). Mitunter wird diese Form des Tourismus aber auch von Bewohnern angeboten, was für diese nicht nur eine Einnahmequelle darstellt, sondern darüber hinaus die Authentizität steigert, den Kontakt mit Einheimischen ermöglicht und über das Entwicklungspotenzial der besuchten Gebiete aufklärt (Wolf/Matzner 2012: 91; siehe auch Backhaus 2012; Dyson 2012; Frenzel/Koens 2012; Frenzel 2013).

Der *Doomsday Tourism* („Tag des jüngsten Gerichts") schließlich bezeichnet das Reisen an solche Orte, die durch globale Umweltveränderungen betroffen sind. Zumeist handelt es sich um Landschaften, die durch die Auswirkungen der Erderwärmung in ihrer Existenz bedroht werden (Eijgelaar u. a. 2010). Hierzu zählen beispielsweise Gletscherregionen oder Korallenriffe und Inseln (Wolf/Matzner 2012: 93) – aber auch Venedig wird in diesem Kontext genannt. Inwiefern soziokulturelle Transformationsprozesse und der Tourismus selbst als „Treiber" des Doomsday Tourism fungieren, ist Gegenstand aktueller Diskurse (siehe z. B. Kuba). Reisende ergreifen somit die Gelegenheit, natur- und kulturräumlichen Besonderheiten noch einmal zu sehen, bevor diese entweder gänzlich verschwinden oder aber ihr Erscheinungsbild gravierende Veränderungen erfahren wird („Last Chance Tourism") (Lemelin u. a. 2010).

Stone (2006) legt mit dem „Spektrum der Dunkelheit" eine weitere Möglichkeit vor, sich den zahlreichen Facetten des Phänomens Dark Tourism zu nähern. Er verhilft den mannigfaltigen Unterarten damit zu einer Nuancierung in unterschiedlich stark ausgeprägte „Grautöne" zwischen den Extremen „hell" und „dunkel" (ebd.; siehe auch Bowman/Pezzullo 2010; Raine 2013). Letztendlich stellt dies den Versuch dar, den tendenziell „neutralen" Zugang über die Angebotsorte bzw. Attraktionen um eine eher „bewertende" Perspektive zu ergänzen, wodurch der Aspekt unterschiedlicher Zuschreibungsprozesse und symbolischer Aufladungen der Orte angesprochen ist. Neben einer geringer ausgeprägten touristischen Infrastruktur und einer höheren politischen Einflussnahme weisen die „dunkleren" Orte hierbei verstärkt Merkmale wie Bildungsorientierung, Ortsauthentizität, eine geringere zeitliche Distanz zu dem assoziierten Ereignis, eine authentische Produktinterpretation sowie einen eher historischen Fokus auf (Stone 2006: 151). Die „helleren" Orte hingegen sind durch eine stärker ausgeprägte touristische Infrastruktur, eine geringere politische Einflussnahme, Unterhaltungsorientierung, weniger Ortsauthentizität, eine größere zeitliche Distanz zum assoziierten Ereignis, eine weniger authentische Produktinterpretation sowie einen eher kulturellen Fokus zu charakterisieren (ebd.). Diesem Spektrum weist Stone alsdann unterschiedliche Angebotsformen zu (z. B. „Dark Camps of Genocide" als „dunklen" Ort und „Dark Fun Factories" als „hellen" Ort) (Abb. 14.2; Stone 2006: 152 ff.), wobei unberücksichtigt bleibt, inwieweit die so konstruierte „Darkness" Wahrnehmungsprozessen auf der Anbieter- und Nachfragerseite tatsächlich entspricht.

14.3 Forschungsbedarf

Angebote im Bereich des Dark Tourism verzeichnen – unabhängig von ihrer „Färbung“ – eine zunehmende Nachfrage (Hartmann 2014: 166 ff.). Die Dissonanz zwischen den positiven Assoziationen, die mit dem Begriff „Tourism“ einhergehen, und den negativ konnotierten Begrifflichkeiten wie beispielsweise „Cemetery“, „Prison“ oder „Doomsday“ bildet dabei den Ausgangspunkt einerseits für tourismuswissenschaftliche Diskussionen um eine erhöhte Aufmerksamkeit im Marktumfeld (Brittner-Widmann: Kapitel 13 in diesem Band) sowie andererseits für tourismuskritische Betrachtungen der Angebots- und Nachfrageseite (Steinecke 2007: 166; Hartmann 2014: 166 ff.). Angesichts des Ausmaßes ihrer „Touristifizierung“ sehen sich vor allem die „helleren“ Destinationen häufig kritischen Stimmen ausgesetzt. Insbesondere bei den „düsteren“ Orten erfolgt hingegen oftmals eine stärkere Betonung der Bildungsarbeit.

Insgesamt liefert das Phänomen Dark Tourism den anschaulichen Beweis dafür, wie selbst mit Tod, Leid und Elend aufgeladene „etablierte“, aber auch „neue“ sym-

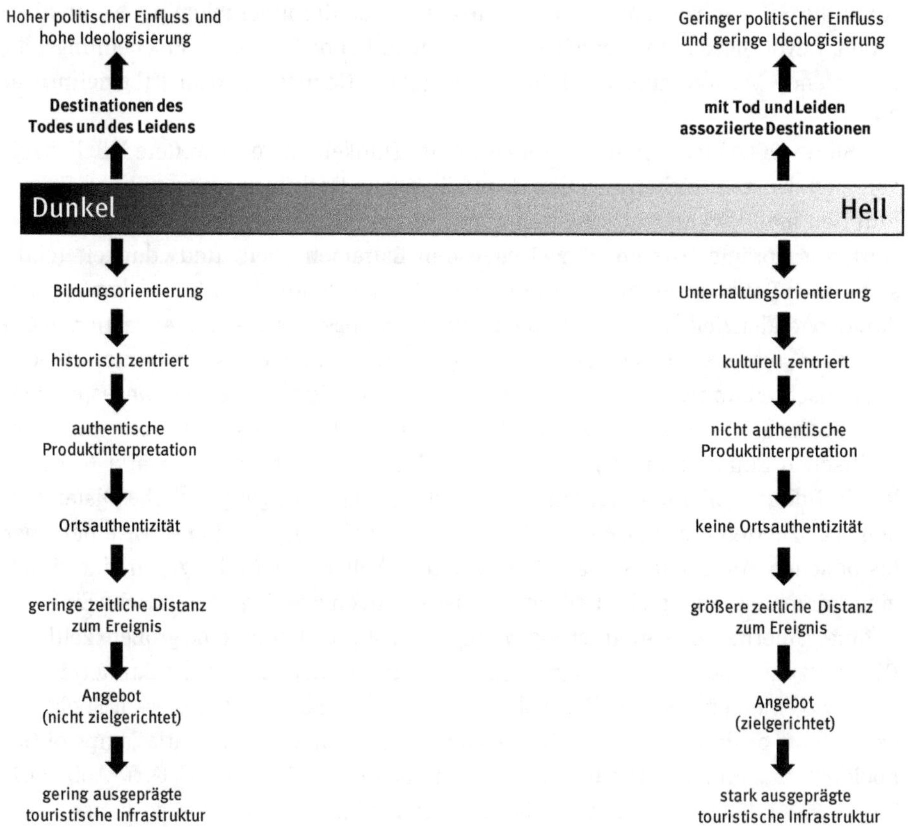

Abb. 14.2: Dark-Tourism-Spektrum (verändert nach Stone 2006: 151)

bolische Räume und Erinnerungsorte mit einem tourismusökonomisch produktiven Marktwert versehen werden können. Deutlich ist, dass man der Komplexität dieses expansiven Forschungsfeldes durch den methodischen Zugang von Einzeldisziplinen allein nicht gerecht werden kann. Die vielgestaltigen Interaktionsformen und Strategien der involvierten Akteure – die Spannweite reicht von Fragen der Musealisierung über Historic Re-Enactments bis hin zur Enttabuisierungen von Handlungsweisen – werden erst in der fachübergreifenden Reflexion transparent und heuristisch produktiv. Dem Wissenstransfer durch die diversen fachwissenschaftlichen Ansätze ist folglich größte Bedeutung beizumessen (Jamal/Lelo 2011; Stone 2011). Die zentrale Herausforderung für die Tourismuswissenschaft stellt dabei sicherlich die kritische Begleitung der Aushandlungs- und Modifikationsprozesse zwischen Anbieter- und unterschiedlichen Nutzergruppen dar, die letztendlich nicht ohne Rückwirkung auf kulturelle Praktiken auch außerhalb des touristischen Kontexts bleiben können.

Literatur

Ashworth, G. J., Holocaust tourism: The experience of Krakow-Kazimierz, in: International Research in Geographical and Environmental Education 11(4):363–367, 2002.

Ashworth, G. J. / R. Hartmann, Horror and Human Tragedy Revisited: The Management of Sites of Atrocities for Tourism, New York 2005.

Backhaus, N., Die Slum-Tour als touristische Aneignungspraxis: Kulturvermittlung durch eine Exkursion, in: tw – Zeitschrift für Tourismuswissenschaft 4(2):181–195, 2012.

Baldwin, F. / R. Sharpley, Battlefield Tourism: Bringing Organised Violence Back to Life, in: Sharpley, R. / P. R. Stone (Hg.), The Darker Side of Travel. The Theory and Practice of Dark Tourism, Bristol 2009, S. 186–206.

Bowman, M. S. / P. C. Pezzullo, What's so „dark" about „Dark Tourism"?: death, tours, and preference, in: Tourist Studies 9(3):187–202, 2010.

Burgold, J. / M. Rolfes, Of voyeuristic safari tours and responsible tourism with educational value: Observing moral communication in slum and township tourism in Cape Town and Mumbai, in: DIE ERDE 144(2):161–174, 2013.

Cohen, E., Educational Dark Tourism at an In Populo Site – The Holocaust Museum in Jerusalem, in: Annals of Tourism Research 38(1):193–209, 2010.

Dyson, P., Slum Tourism: Representing and Interpreting „Reality" in Dharavi, Mumbai, in: Tourism Geographies 14(2):254–274, 2012.

Eijgelaar, E. / C. Thaper / P. Peeters, Antarctic cruise tourism: the paradoxes of ambassadorship, „last chance tourism" and greenhouse gas emissions, in: Journal of Sustainable Tourism 18(3):337–354, 2010, doi:10.1080/09669581003653534.

Foley, M. / J. Lennon, Editorial: Heart of Darkness, in: International Journal of Heritage Studies 2(4):195–197, 1996.

Freire-Medeiros, B. / M. G. Vilarouca / P. Menezes, International tourists in a „pacified" favela: profiles and attitudes. The case of Santa Marta, Rio de Janeiro, in: DIE ERDE 144(2):147–159, 2013.

Frenzel, F., Slum tourism in the context of the tourism and poverty (relief) debate, in: DIE ERDE 144(2):117–128, 2013.

Frenzel, F. / K. Koens, Slum Tourism: Developments in a Young Field of Interdisciplinary Tourism Research, in: Tourism Geographies 14(2):195–212, 2012.

Frew, E. / L. White, Exploring dark tourism and place identity, in: Dies. (Hg.), Dark Tourism and Place Identity. Managing and interpreting dark places, Abingdon 2013, S. 1–10.

Frisch, T., Glimpses of Another World: The Favela as a Tourist Attraction, in: Tourism Geographies 14(2):320–338, 2012.

Hartmann, R., Zielorte des Holocaust-Tourismus im Wandel – die KZ-Gedenkstätte in Dachau, die Gedenkstätte in Weimar-Buchenwald und das Anne-Frank-Haus in Amsterdam, in: Becker, C. et al. (Hg.), Geographie der Freizeit und des Tourismus: Bilanz und Ausblick, München 2003, S. 297–308.

Hartmann, R., Dark Tourism, Thanatourism and Dissonance in Heritage Tourism Management: New Directions in Contemporary Research, in: Quack, H. / A. Steinecke (Hg.) 2012, S. 9–22.

Hartmann, R., Dark tourism, thanatourism, and dissonance in heritage tourism management: new directions in contemporary tourism research, in: Journal of Heritage Tourism 9(2):166–182, 2014, doi:10.1080/1743873X.2013.807266; http://www.jewishvirtuallibrary.org/united-states-holocaust-memorial-museum (16.2.2018).

Jamal, T. / L. Lelo, Exploring the conceptual and analytical framing of dark tourism: from darkness to intentionality, in: Sharpley, R. / P. R. Stone (Hg.), Tourist Experience. Contemporary perspectives, Abingdon 2011, S. 29–42.

Krakover, S., Attitudes of Israeli Visitors Towards the Holocaust Remembrance Site of Yad Vashem, in: Ashworth, G. / R. Hartmann (Hg.), Horror and Human Tragedy Revisited – The Management of Sites of Atrocities for Tourism, New York 2005, S. 108–117.

Küblböck, S., Sich selbst an dunklen Orten begegnen: Existenzielle Authentizität als Potenzial des Dark Tourism, in: Quack, H. / A. Steinecke (Hg.) 2012, S. 113–125.

Lemelin, H. / J. Dawson / E. J. Stewart / P. Maher / M. Lueck, Last-chance tourism: the boom, doom, and gloom of visiting vanishing destinations, in: Current Issues in Tourism 13(5):477–493, 2010, doi:10.1080/13683500903406367.

Lennon, J. / M. Foley, Interpretation of the Unimaginable: The U.S. Holocaust Memorial Museum, Washington, D.C. and „Dark Tourism“, in: Journal of Travel Research 38(1):46–50, 1999.

Lennon, J. / M. Foley, Dark Tourism. The Attractions of Death and Disaster, London/New York 2000.

Miles, S., Battlefield sites as dark tourism attractions: an analysis of experience, in: Journal of Heritage Tourism 9(2):134–147, 2014, doi:10.1080/1743873X.2013.871017.

Miles, W., Auschwitz: Museum Interpretation and Darker Tourism, in: Annals of Tourism Research 29(4):1175–1178, 2002.

Petermann, S., „You get out of it what you put into“ – nationalsozialistische Opfer- und Täterorte in Deutschland als Touristenorte?, in: Quack, H. / A. Steinecke (Hg.) 2012, S. 63–80.

Quack, H. / A. Steinecke (Hg.), Dark Tourism. Faszination des Schreckens, Paderborn 2012 (= Paderborner Geographische Studien zu Tourismusforschung und Destinationsmanagement, 25).

Raine, R., A dark tourist spectrum, in: International Journal of Culture, Tourism and Hospitality Research 7(3):242–256, 2013.

Rolfes, R. / M. Steinbrink / C. Uhl, Townships as attraction: an empirical study of township tourism in Cape Town, Potsdam 2009 (= Praxis Kultur- und Sozialgeographie/Universität Potsdam, 46).

Seaton, A. V., Guided by the dark: from thanatopsis to thanatourism, in: International Journal of Heritage Studies 2(4):234–244, 1996.

Seaton, A. V., Thanatourism and its discontents: an appraisal of a decade's work with some future issues and directions, in: Jamal, T. / M. Robinson (Hg.), The SAGE handbook of tourism studies, London 2009, S. 521–542.

Sharpley, R., Travels to the edge of darkness: Towards a typology of dark tourism, in: Ryan, C. et al. (Hg.), Taking tourism to the limits: Issues, concepts and managerial perspectives, Amsterdam 2005, S. 187–198.

Sharpley, R., Shedding Light on Dark Tourism: An Introduction, in: Ders. / P. R. Stone (Hg.), The Dark Side of Travel. The Theory and Practice of Dark Tourism, Bristol 2009, S. 3–22.

State Agency of Ukraine on Exclusion Zone Management, „Visiting the Zone", http://dazv.gov.ua/en/visiting-the-zone.html (15.3.2017), 2017.

Steinbrink, M. / A. Pott, Global Slumming: Zur Genese und Globalisierung des Armutstourismus, in: Wöhler, K. (Hg.), Tourismusräume: Zur soziokulturellen Konstruktion eines globalen Phänomens, London 2010, S. 247–270.

Steinecke, A., Kulturtourismus. Marktstrukturen. Fallstudien. Perspektiven, München 2007.

Stone, P. / R. Sharpley, Consuming Dark Tourism: A Thanatological Perspective, in: Annals of Tourism Research 35(2):574–595, 2008.

Stone, P. R., A dark tourism spectrum: Towards a typology of death and macabre related tourist sites, attractions and exhibitions, in: Tourism 54(2):145–160, 2006.

Stone, P. R., Dark tourism experiences: mediating between life and death, in: Sharpley, R. / Ders. (Hg.), Tourist experience. Contemporary perspectives, London/New York 2011a, S. 21–28.

Stone, P. R., Dark tourism: towards a new post-disciplinary research agenda, in: International Journal of Tourism Anthropology 1(3/4):318–332, 2011b.

Stone, P. R., Dark Tourism, heterotopias and post-apocalyptic places: the case of Chernobyl, in: White, L. / E. Frew (Hg.), Dark Tourism and Place Identity. Managing and interpreting dark places, London/New York 2013, S. 79–94.

Strange, C. / M. Kempa, Shades of Dark Tourism. Robben Island and Alcatraz, in: Annals of Tourism Research 30(2):386–405, 2003.

Touissant, S. / A. Decrop, The Père-Lachaise Cemetery. Between dark tourism and heterotopic consumption, in: White, L. / E. Frew (Hg.), Dark Tourism and Place Identity. Managing and interpreting dark places, London u. a. 2013, S. 12–27.

Wolf, A. / C. Matzner, Arten und Motive des *Dark Tourism*, in: Quack, H. / A. Steinecke (Hg.) 2012, S. 89–100.

Yan, B.-J. / J. Zhang / H.-L. Zhang / S.-J. Lu / Y.-R. Guo, Investigating the motivation-experience relationship in a dark tourism space: A case study of the Beichuan earthquake relics, China, in: Tourism Management 53:108–121, 2016.

Christian Antz

15 Spiritueller Tourismus

Reisen zu sich selbst als Wachstumsmarkt für Kirchen und Tourismus

Zusammenfassung: Die säkularisierten Menschen Mitteleuropas sind neben ihren globalisierten, mediatisierten und individualisierten Alltagswelten offenkundig auf der Suche nach Sinn. In Freizeit und Urlaub sind die Menschen heute offener und interessierter an dementsprechenden Angeboten, wodurch ein neuer spiritueller Wachstumsmarkt in Verbindung mit anderen Reisesegmenten entsteht. Die Qualität der Reiseangebote muss sich jedoch in touristischer wie spiritueller Hinsicht an den wachsenden Ansprüchen der Reisenden orientieren, selbst wenn sie wie beim Pilgern und im Kloster von scheinbarer Einfachheit geprägt sind. Der Beliebigkeit der Spiritualität können die christlichen Kirchen – durchaus mit unveränderlichen christlichen Botschaften – aber mit zeitgemäßen kundenorientierten Mitteln begegnen. Die breiten Zielgruppen des Spirituellen Tourismus werden es zu schätzen wissen. Wenn am Anfang des 21. Jahrhunderts Weltjugendtage zu „geilen Events" aus Sicht der Besucher werden, so könnte die Kirche den Nerv der Reise-Zeit treffen. Die Kirchen besitzen das spirituelle Original, allein die authentische Gastfreundschaft auf Reisen sollten sie noch einmal neu erlernen.

Schlagwörter: Spiritueller Tourismus, Religionsgeographie, Pilgern, Klosterurlaub, Gastgeberschaft

15.1 Begriffsbestimmung des Spirituellen Tourismus

„Und es gehen die Menschen, zu bestaunen die Gipfel der Berge und die ungeheuren Fluten des Meeres und die weit dahin fließenden Ströme und den Saum des Ozeans und die Kreisbahnen der Gestirne, und haben nicht acht ihrer selbst" (Petrarca 1998). Der hier beschriebene Reisende mit seinen nach innen gerichteten Gedanken könnte durchaus ein Zeitgenosse des 21. Jahrhunderts sein – in allen Weltgegenden unterwegs, sich selbst jedoch nicht findend. Doch der Autor Aurelius Augustinus hatte diesen Satz in den „Confessiones" bereits 397/401 niedergeschrieben. Fast 1.000 Jahre später war dieser Appell Richtschnur für Francesco Petrarca, als er 1336 den Mont Ventoux bestieg. Diese erste Reise- und Panoramabeschreibung einer realen Gipfelwanderung mündet letztendlich doch in einer Selbstreflexion unter Einschluss des genannten Augustinus-Satzes. Und wiederum 700 Jahre später gerät die Pilgerreise

Prof. Dr. Christian Antz, Kunsthistoriker und Kulturmanager, Honorarprofessor für Slow Tourism, Institut für Management und Tourismus (IMT), Fachhochschule Westküste, Heide

https://doi.org/10.1515/9783486711028-015

Hape Kerkelings nach Santiago de Compostela 2001 weniger zu einem Fußmarsch zu einem geografischen Ziel denn zu einer Reise zu sich selbst (vgl. Kerkeling 2006).

Fast sechs Jahre lang haben Kirchen und Tourismusorganisationen in Sachsen-Anhalt um den Begriff einer sich neu entwickelnden Lebens- und Reiseform gerungen, bis 2006 das Begriffspaar „Spiritueller Tourismus" herauskam (vgl. Antz/Isenberg 2006; Berkemann 2006). Er füllt damit die Bandbreite von einer traditionellen Reise zu einem Ziel („Heilige Wege und Orte") bis zu einer geistigen Reise zu sich selbst (Sinn) oder/und zu Gott. Im Kern des Wortes verzahnen sich die Begriffe „Geist" (wobei die christliche Auslegung die Lebensausrichtung auf den Heiligen Geist meinte) und „Unterwegs sein". Dieser Dualismus aus heilig und profan, Geist und Materie, Religion und Wirtschaft, Kirche und Welt bringt aber letztendlich den Inhalt dieser Reiseform auf den Punkt und macht auch seine Zukunftsfähigkeit aus (vgl. Antz 2007a; Antz 2007b; Sommer/Saviano 2007).

15.2 Vieldeutigkeit des Spirituellen Tourismus als Handlungschance

Die scheinbare Interpretationsvielfalt macht den Spirituellen Tourismus zu einem „Containerbegriff" für verschiedene Tendenzen auf dem heutigen und zukünftigen Reisemarkt, die sonst schwer zu definieren und anzuwenden wären. Bislang wurden Formen des spirituellen Reisens, vor allem die Pilgerreise als älteste Form des Tourismus, unter dem Begriff des Religionstourismus zusammengefasst (vgl. Rinschede 1999). Dieser auf religiöse Reisemotive beschränkte Begriff vernachlässigt jedoch den aktuellen Trend zur allgemeinen Sinnsuche und entpuppt sich damit als eher hinderlicher und begrenzender „Schubladenbegriff". Während im Religionstourismus die (Volks-)Frömmigkeit, die Gemeinschaft und die Außengerichtetheit im Vordergrund stehen, sind es beim Spirituellen Tourismus heute eher die Gegenwelt zum Alltag und die Innengerichtetheit. Die Offenheit und Anwendbarkeit des Dachbegriffs Spiritueller Tourismus manifestiert sich zunehmend in der Entwicklung des gesamten Reisemarkts. Während die Themen des spirituellen Reisens noch 2006 klar dem Kulturtourismus zuzuordnen waren, haben sich bis 2020 die Angebote als Schnittmengen zu Kultur-, Natur-, Aktiv- oder Gesundheitstourismus weiter entfaltet. Im endkundenorientierten Tourismusmarketing hat dieser unemotionale Terminus technicus jedoch nichts zu suchen; er fasst nur die Phänomene für die (Tourismus-)Wissenschaft und die (Tourismus-)Wirtschaft „backstage" zusammen.

Vorsicht ist ebenfalls geboten bei der Überforderung des Begriffs. Mittlerweile ist der Spirituelle Tourismus zu einem Vehikel gesamtgesellschaftlicher Entwicklungen geworden, bei denen es insgesamt um die Vermittlung von spirituellen und religiösen Inhalten mit anderen Methoden geht. Diese Gefahr birgt der Begriff selbst, da er so weite Interpretationsmöglichkeiten zulässt, sich damit aber auch neuen, bisher Kirchen fernen Zielgruppen öffnet. Davon ausgehend sind auch die künftigen wissenschaftlichen Verfahren zur Analyse des Spirituellen Reisens festgelegt. Nur in einem interdisziplinären Forschungsansatz zwischen Theologie und Tourismus, Soziologie und Ethnologie, Geografie und Medizin etc. lassen sich die Phänomene dieses zukunftsträchtigen Reisemarkts erschließen und beschreiben. Allein mit der Festlegung auf die Religionsgeografie sind die Fragen der Kunden nicht zu beantworten.

Dies hat auch die erste große wissenschaftliche Tagung zum Thema gezeigt, die die Deutsche Gesellschaft für Tourismuswissenschaft 2009 unter dem Titel „Spiritualität und Tourismus. Perspektiven zu Wandern, Wellness und Pilgern“ in Eichstätt ausgerichtet hat (Ergebnisse veröffentlicht in Hopfinger u. a. 2012). Tourismuswissenschaft und -wirtschaft haben das Potenzial des Spirituellen Tourismus bislang als nicht marktrelevantes Nischenthema noch vielfach unterschätzt; Theologie und Kirche stehen diesem neuen Reisetrend aufgrund seiner ökonomischen Ausrichtung und seinem breiteren, nicht nur auf die Religion ausgerichteten Ansatz eher skeptisch gegenüber. Beide könnten mit ihrer defensiven Haltung eine wichtige Handlungschance verpassen. Bayern wird dagegen seiner Vorreiterrolle im Deutschlandtourismus weiter gerecht: Die Bayern Tourismus Marketing GmbH und die beiden christlichen Kirchen arbeiten noch enger zusammen und machten gemeinsam das Thema Spirituelles Reisen 2015 zum Thema des Bayerischen Tourismustags sowie 2016 zum Hauptthema der Internationalen Tourismusbörse Berlin.

15.3 Spiritualität auf dem künftigen Tourismusmarkt

Während das Thema Spiritualität in anderen gesellschaftlichen Feldern nach und nach einen festen Platz einnimmt, werden spätestens mit dem Erfolg von Hape Kerkelings Buch „Ich bin dann mal weg“ (Kerkeling 2006) der Spirituelle Tourismus auch in der Reisebranche nicht mehr als abstruses Randthema belächelt. Viele Wirtschaftszweige – auch die Reisebranche – reden von neuen, sinnorientierten Wachstumsmärkten, doch die fakten- und analyseorientierte Aufarbeitung in der Tourismuswissenschaft hinkt noch hinterher. Ob das spirituelle Reisen nun ein Nischenmarkt oder ein Megatrend werden wird, kommt nicht nur auf Analyse und Prognose an, sondern auch auf die Frage, wie der Markt inhaltlich und räumlich definiert wird. Gehört thematisch die „Wallfahrt“ zum Grab der „säkularen Heiligen“ Prinzessin Diana in Althorp genauso dazu wie zum Grab des mittlerweile heiliggesprochenen Papstes Johannes Paul II. in Rom (vgl. Daxelmüller 2003: 205–214)? Ist die künstliche Erlebniswelt Holyland Experience in Orlando ebenso Teil dieses Reisemarkts wie das authentische Stadtensemble um die Grabesbasilika des heiligen Franziskus in Assisi? Wie setzen sich die 600 Mio. religionsbedingter Reisen mit 18 Mrd. Dollar geschätztem Umsatz jährlich zusammen, welche die US-amerikanische World Religious Travel Association berechnet hat? Haben alle 200 Mio. Pilger der unterschiedlichen Weltreligionen, die pro Jahr in Industrienationen wie Entwicklungsländern unterwegs sind, das gleiche Reisemotiv und lassen sich mit der gleichen Angebotsstrategie bedienen?

Sind die bis 70 Mio. Hindus, die alle zwölf Jahre zur Kumbh Mela nach Allahabad strömen, mit in die Marktbeobachtung einzubeziehen oder die 20 Mio. christlicher Pilger in der für Europäer fast unbekannten Wallfahrt zur Nuestra Senora de Guadalupe Hidalgo in Mexiko (vgl. Stausberg 2010)?

„Überall ist Wallfahrt", so formuliert es der Volkskundler Helmut Eberhard (2007: 7–25; vgl. Hänel 2004: 111–129; Müller 2004). Grundsätzlich ist wenig über den Markt des Spirituellen Tourismus bekannt, da die unterschiedlichen Weltreligionen und -regionen sehr unterschiedliche Angebots- und Nachfrageparameter bezüglich dieses Reisesegments besitzen. Da esoterische Strömungen ebenfalls von der gesamtgesellschaftlichen Entwicklung um die Sinnsuche profitieren und da der Markt des spirituellen Reisens sich in Kombination mit vielen anderen Spielarten des Tourismus am Rande und in den Zwischenräumen der Haupttrends entwickelt, ist eine Beschränkung sinnvoll. Die hier getroffenen Aussagen zum Spirituellen Tourismus sind deshalb auf Mitteleuropa und auf die christlichen Kirchen fokussiert, lassen sich aber teilweise auch auf andere Regionen und Religionen anwenden.

Der Megatrend der gesamtgesellschaftlichen Sinnsuche bricht sich auf den jetzigen und künftigen Markt des Spirituellen Tourismus immer weiter Bahn, ohne Rücksichtnahme auf die Defizite in Tourismuswissenschaft oder Pastoraltheologie (Antz/Berkemann 2013). Der Hauptmarkt bleibt erstens immer noch verwoben mit dem Kulturtourismus, worunter Kirchenbesichtigungen oder Klosterreisen zu fassen sind, zweitens der mit Natur-, Aktiv- und Gesundheitstourismus gepaarte Bereich des Pilgerns und Wallfahrens, drittens die Pilger- und Studienreisen auf den Spuren des Apostels Paulus respektive vor allem ins Heilige Land, viertens der Klosterurlaub, der einen Manager-, Fasten-, Exerzitien- oder Stille-Schwerpunkt haben kann, und fünftens der Besuch religiös-historischer Stätten und Feste. Zunächst würde man denken, dass diese verästelten Phänomene nicht einem einzigen Markt zuzuordnen wären. Doch warum sollte sich der Spirituelle Tourismus anders entwickeln als die Konsumgüterindustrie (Horx 2002; Horx 2005; Illing 2002). Gerade die großen Konzerne machen sich bei gleichzeitiger Marktkonzentration seit Jahren Gedanken darüber, wie sie ihre geschmacklich und räumlich immer differenzierter und kleiner werdenden Spezialkundengruppen immer ausgefeilter und weltweit logistisch bedienen können. Die Nachfrager nach Spirituellem Tourismus werden also – wie in den anderen Reise- und Konsummärkten auch – hybrider, sodass sie nur mit sehr differenzierten Angebotsstrategien angesprochen werden können und müssen.

15.4 Gastgeberschaft als Kern des Spirituellen Tourismus

Auch der Markt des Kulturtourismus wächst in Deutschland in Zukunft erheblich, jedoch ebenfalls in neue Richtungen: wenn er auf Sinnsuche in Geschichte, Tradition oder Werten setzt. So stellt sich also die Frage, welche Schwerpunkte das Christentum als Anbieter in Gemeinde- wie Reisekirche über Spirituellen Tourismus setzen kann. Allen Unkenrufen zum Trotz steht in Mitteleuropa das Christentum als gemeinsames kulturelles Orientierungssystem im Zentrum. Da deren 2.000 Jahre alten Werte, Bräuche und Riten – man denke nur an die Feier- und Namenstage – auch unterbewusst unser tägliches Leben prägen und rhythmisieren, sind sie mehr als nur eine Alternative zu außereuropäischen Religionen. Entscheidend für das christliche Angebot scheint jedoch gerade heute der „heilige Ort" zu sein, der als authentischer Anziehungspunkt für Touristen des spirituellen wie kulturellen Reisens unabdingbar ist (vgl. Friesl/Polak 1999; Adolphsen/Nohr 2003). „Kraftorte" nennt der ökumenische Anbieter „Biblische Reisen" diese besonderen Punkte, ohne die es keinen Spirituellen Tourismus geben kann (vgl. Strohmeyer 2004). In Österreich firmieren die Angebote des Kloster-Verbunds „Klösterreich" unter dem Slogan „Kraft tanken" und in Deutschland touristische Angebote aller Orden und Klöster noch grundsätzlicher unter dem Titel „Atem holen" (vgl. Tröster 2004). Dies sind die zentralen und einfachen Bedürfnisse, die Nachfrager nun einmal von den „heiligen Orten" des Christentums abverlangen.

Und auf der Anbieterseite schreibt bereits die Regel Benedikt von Nursias vom Anfang des 6. Jahrhunderts für die „Aufnahme der Gäste" in allen Benediktinerklöstern vor, was bereits ein halbes Jahrtausend zuvor das Evangelium verkündet hatte und was die Zukunft der christlichen Kirchen ausmachen sollte: „Alle Gäste, die zum Kloster kommen, werden wie Christus aufgenommen; denn er wird einst sprechen: ‚Ich war fremd, und ihr habt mich beherbergt'. Allen erweise man die ihnen gebührende Ehre" (Benedikt von Nursia 1980). Hier scheint der Turnaround für die Zukunft der christlichen Kirchen und des christlich ausgeprägten Spirituellen Tourismus zu liegen. Die Kirchen können einerseits weiter jammern, dass die Personal- und Finanznot immer größer wird, dass die Kirchengemeinden aussterben oder sie immer größere und anonymere Dienstleistungsstrukturen bekommen. Aber wie jede Krise bringt auch diese andererseits neue, unerwartete Chancen mit sich, wenn das Christentum seine zweitausendjährige Gastgeberschaft über spirituellen Tourismus wieder ernst nimmt.

Die Kirche bleibt zumindest in Deutschland auch weiterhin „im Dorf", und selbst in Ostdeutschland kämpfen kulturell verwurzelte Bewohner in Kirchbauvereinen um die Erhaltung „ihrer" Kirche, selbst wenn teilweise ohne nur ein einziges christliches Vereinsmitglied. Es wird also keinen „absoluten Weltuntergang" geben, sondern eine christliche Weltveränderung. Momentan entwickeln sich Spiritualität und Spiritueller Tourismus zu einem wachsenden Markt, der auch die aus der Kirche ausgetretenen oder der Religion distanziert gegenüberstehenden Bewohner der Gemeinden bedient (Nüchtern 1991; Hoburg 2009). Der evangelische Pfarrer Wolfgang Vorländer (2007) hat aus seiner praktischen Erfahrung vom „Geheimnis der Gastfreundschaft" geschrieben, in dem sich der Kern der christlichen Kirchen und ihrer Botschaften befinde.

Die „religio potentialis", von der auch der katholische Theologe Michael Zulehner (2002) spricht, also eine mögliche Religiosität, die sich überall in der Gesellschaft finden kann, trifft auch auf den Tourismus zu. Es ergibt sich aus den gesellschaftlichen Veränderungen also ein klarer Auftrag an die Kirchen, daran nicht etwas gut oder schlecht zu finden, sondern zu handeln oder abzuwarten. Ist die „Selbstsäkularisierung“, von der der damalige Ratsvorsitzende und Bischof Wolfgang Huber für seine Evangelische Kirche in Deutschland sprach, schon so weit fortgeschritten, dass die Kirchen die Wünsche der Menschen nicht mehr verstehen? Die „postsäkulare Gesellschaft“ des Philosophen Jürgen Habermas benötigt eine „spirituelle Bewirtung“, wie es der Beauftragte der Lutherdekade und evangelische Pfarrer Stefan Dorgerloh 2009 formulierte (vgl. Dorgerloh 2010). Die Botschaft der Zukunft lautet also: Die Tür der Kirchen ist real und inhaltlich weit auf für ihre Gäste, egal ob sie aus der Gemeinde oder aus der Fremde kommen. Und diese einfache und greifbare Antwort auf ihre Fragen erwarten die Mitteleuropäer von ihren christlichen Kirchen in puncto Freizeit und Tourismus.

15.5 Touristische und spirituelle Qualität für alle Gäste

Nur wer den Kern des Produkts kennt, besitzt die Kompetenz, die Inhalte qualitativ hochwertig zu gestalten; und die liegt für Spirituellen Tourismus bei den christlichen Kirchen. Die marktgerechte Gestaltung und äußere Qualität kann erst dann in Kooperation mit der Tourismuswirtschaft erfolgen, obwohl dort vieles hinsichtlich Qualität, Marktforschung und Kundenorientierung im Argen liegt, trotz der seit 2001 vorangetriebenen Initiative ServiceQualität Deutschland. Wie bei einer Pilgerstudienreise wird das Erlebnis nur perfekt, wenn geistliche Betreuung und touristische Organisation aufeinander abgestimmt sind und einen gleich hohen Qualitätsanspruch haben. Die Herausforderungen des Spirituellen Tourismus für die christlichen Kirchen liegen darin, das Phänomen dieser Reiseform zu erkennen, zu verarbeiten und für das Christentum zu nutzen, der Beliebigkeit der spirituellen Strömungen definitive Wahrheiten und Werte des Christentums entgegenzusetzen und einen professionellen Auf- und Umbau christlicher Themen in touristische Reiseangebote offensiv zu gestalten, also spirituellen Zeitgeist bewusst und aktiv zu christlichem Zeitgeist zu machen.

Von Vorteil für die christlichen Kirchen sind beim Spirituellen Tourismus neben der urchristlichen Gastgeberschaft und der jahrhundertelangen Ortsgebundenheit, von der aus sie mitten in Orten und Städten die Gäste empfangen können, die kulturellen und künstlerischen, rituellen und symbolischen Zeichen, die real und präsent aus dem Geist des Christentums entstanden sind. Aber die Kirchen müssen sich von Anfang an einbringen in die äußere und inhaltliche Gestaltung der spirituellen Angebote. Die Kirchen können und müssen durchaus unveränderliche Botschaften mit kundenorientierten Mitteln formulieren. Die breiten Zielgruppen des Spirituellen Tourismus werden es zu schätzen wissen. Wenn am Anfang des 21. Jahrhunderts Weltjugendtage zu „coolen Events“ aus Sicht der Besucher werden, so hat die Kirche den

Nerv der (Reise-)Zeit getroffen. Die Kirchen besitzen das spirituelle Original, allein die authentische Gastfreundschaft müssen sie noch einmal neu erlernen.

Ohne Einbeziehung der christlichen Kirchen hat der Tourismus z. B. 2009 den „Meditationsweg Ammergauer Alpen“ entwickelt und mit dem „Brennenden Herz“ von Aurelius Augustinus ausgeschildert, die Internetseite „www.brennendes-herz.de“ benannt und unter das augustinische Motto gestellt: „Was du in anderen entzünden willst, muss in dir selbst brennen.“ Weniger als Affront, sondern als Appell an die Amtskirchen ist dies zu verstehen: Lasst euch die Inhalte nicht aus der Hand nehmen.

Auch nach dem Abstieg vom Mont Ventoux konnte Petrarca die Synthese seines bisherigen und künftigen Lebens nur in die Maxime des Augustinus kleiden: „Unruhig ist unser Herz, bis es ruht in Dir, o Gott“. Wenn die Kirchen diese Antwort den suchend Reisenden sinnlich mit auf den Weg geben können, wäre Anbietern wie Nachfragern sehr geholfen. Das Original der christlichen Botschaft erscheint wie ein Versprechen auf Ganzheit, Echtheit und Unveränderlichkeit – ein letzter verlässlicher Baustein menschlicher Lebenswelt zwischen den Megatrends von Globalisierung, Digitalisierung und Mobilität, zu denen auch der Tourismus gehört.

Literatur

Adolphsen, H. / A. Nohr (Hg.), Sehnsucht nach Heiligen Räumen – eine Messe in der Messe, Darmstadt 2003.

Antz, C., Reisen zu heiligen Orten. Spiritueller Tourismus als eine gesellschaftlich-kirchliche Initiative aus Sachsen-Anhalt, in: Schmude, J. / K. Schaarschmidt (Hg.), Tegernseer Tourismus Tage 2006 – Proceedings, Regensburg 2007a (= Beiträge zur Wirtschaftsgeographie Regensburg, 9), S. 11–17.

Antz, C., Spiritueller Tourismus, in: Egger, R. / T. Herdin (Hg.), Tourismus: Herausforderung: Zukunft, Wien/Berlin 2007b (= Wissenschaftliche Schriftenreihe des Zentrums für Tourismusforschung Salzburg, 1), S. 113–123.

Antz, C., Kulturtourismus. Empfehlungen für einen langfristigen Erfolg, in: Loock, F. / O. Scheytt (Hg.), Kulturmanagement und Kulturpolitik, Berlin 2008, Lfg. 8, D 1.6, S. 1–18.

Antz, C. / S. Bartsch / G. Hofmeister (Hg.), „Ich bin dann mal auf dem Weg!“. Spirituelle, kirchliche und touristische Perspektiven des Pilgerns in Deutschland, Konstanz 2018.

Antz, C. / K. Berkemann, 100 spirituelle Tankstellen. Reisen zu christlichen Zielen, Freiburg 2013.

Antz, C. / W. Isenberg (Ltg.), Heilige Orte, sakrale Räume, Pilgerwege. Möglichkeiten und Grenzen des Spirituellen Tourismus, Magdeburg u. a. 2006 (= Tourismus-Studien Sachsen-Anhalt, 24; Bensberger Protokolle, 102).

Benedikt von Nursia, Benediktus-Regel, Lateinisch-deutsch, hg. von Basilius Stedle, 6. Aufl., Beuron 1980.

Berkemann, K., Spiritueller Tourismus in Sachsen-Anhalt. Potentialanalyse und Handlungsempfehlungen für eine besondere Reiseform, Magdeburg u. a. 2006 (= Tourismus-Studien Sachsen-Anhalt, 19).

Daxelmüller, C., Maria und Lady Di. Tradition und säkulare Religiosität, in: Brunner, W. et al. (Hg.), Mariazell und Ungarn. 650 Jahre religiöse Gemeinsamkeit, Graz/Esztergom 2003 (= Veröffentlichungen des steiermärkischen Landesarchivs, 30), S. 205–214.

Dorgerloh, S. (Ltg.), Luthertourismus in der Lutherdekade. Zwischen Bildung, Spiritualität und Erlebnis, hg. von Geschäftsstelle der EKD „Luther 2017 – 500 Jahre Reformation" und „Wege zu Luther e. V.", Frankfurt am Main 2010.

Eberhard, H., Überall ist Wallfahrt, in: Heiliger Dienst 1:7–25, 2007.

Friesl, C. / R. Polak (Hg.), Die Suche nach der religiösen Aura. Analysen zum Verhältnis von Jugend und Religion in Europa, Graz/Wien 1999.

Hänel, D., „Der Kopf kann laufen". Bedeutungen und Funktionen von Wallfahrt in der Gegenwart, in: Rheinisch-Westfälische Zeitschrift für Volkskunde 49:111–129, 2004.

Hoburg, R., Zwischen Ortsgemeinde und Tourismus. Der Markt der Kirchenführungen als Herausforderung für die Kirche, Hannover 2009 (= Quellen und Forschungen zum evangelischen sozialen Handeln, 24).

Hopfinger, H. u. a. (Hg.), Kulturfaktor Spiritualität und Tourismus. Sinnorientierung als Strategie für Destinationen, Berlin 2012 (= Schriften zu Tourismus und Freizeit, 134).

Horx, M., Sensual Society. Die neuen Märkte der Sinn- und Sinnlichkeitsgesellschaft, Frankfurt am Main 2002.

Horx, M., Der Selfness Trend. Was kommt nach Wellness?, Kelkheim 2005.

Illing, K., Zeit für Seele und Selbst. Märkte und Trends im Tourismus für Entspannung und mentale Fitness, Berlin 2002.

Kerkeling, H., Ich bin dann mal weg. Meine Reise auf dem Jakobsweg, München 2006.

Müller, P., Die Seele laufen lassen. Pilgertage und spirituelle Wanderungen, München 2004.

Nüchtern, M., Kirche bei Gelegenheit. Kasualien, Akademiearbeit, Erwachsenenbildung, Stuttgart 1991.

Pechlaner, H. u. a. (Hg.), Wirtschaftsfaktor Spiritualität und Tourismus. Ökonomisches Potential der Werte- und Sinnsuche, Berlin 2012 (= Schriften zu Tourismus und Freizeit, 134).

Petrarca, F., Die Besteigung des Mont Ventoux, übers. von Hans Nachod, Frankfurt am Main 1998.

Rinschede, G., Religionsgeographie, Braunschweig 1999.

Sommer, A. / M. Saviano, Spiritueller Tourismus. Religiöses Reisen in Deutschland, Berlin 2007 (= Heilbronner Reihe Tourismuswirtschaft).

Stausberg, M., Religion im modernen Tourismus, Berlin 2010.

Strohmeyer, C., Deutsche Reiseveranstalter religiös motivierter Reisen. Marktanalyse, Masterarbeit, Hochschule Harz, Wernigerode, 2004, ungedr. Dipl.-Arb.

Tröster, H., Christliche Gastfreundschaft in „Klösterreich": Eine Angebots- und Nachfrageanalyse dargestellt am Beispiel ausgewählter Stifte und Klöster in Österreich, Masterarbeit, Hochschule Trier, 2004, ungedr. Dipl.-Arb.

Vorländer, W., Vom Geheimnis der Gastfreundschaft. Einander Heimat geben in Familie, Gesellschaft und Kirche, Gießen/Basel 2007.

Zulehner, P. M. (Hg.), Spiritualität – mehr als ein Megatrend, Ostfildern 2002.

Christian Antz und Christian Hlavac

16 Gartentourismus

Geschichte und Zukunft einer kulturellen Reiseform

Zusammenfassung: Historische Gärten sind schon seit langer Zeit Teil des englischen und französischen Reisemarkts. In Deutschland verstärkt sich in den letzten 20 Jahren das Interesse der Menschen am Thema Garten ebenfalls. Die gesellschaftlich und wirtschaftlich wachsende Bedeutung des Themas zeigt sich am Zeitschriften- und Buchmarkt, bei Gartencentern und Baumschulen wie auch in der Freizeitgestaltung und bei Reisen. Damit knüpfen die Menschen an den Gartenreiseboom des 18. und 19. Jahrhunderts an, bei dem England, Frankreich und Italien zentrale Reiseziele waren. Von den Tagen der Offenen Gartenpforte über Landes- und Bundesgartenschauen bis zu Welterbe-Gärten reicht das Spektrum des Gartenangebots. Über die Motive der Nachfrager und vor allem über die Veränderungen in den letzten Jahrzehnten wissen wir jedoch nicht sehr viel. Obgleich das Interesse an gartentouristischen Angeboten – auch und gerade im deutschsprachigen Raum – zugenommen hat, ist die Datenlage zum Thema Gartentourismus noch erstaunlich schwach. Hier muss eine über den Tourismus hinausgehende Marktforschung dringend ansetzen.

Schlagwörter: Gartentourismus, Gartenkunst, Gärten und Parks

16.1 Gärten als breit gefächerter Wachstumsmarkt

In einer globalisierten und virtuellen Welt werden Gärten zur Antipode oder Alternative des iPads. Während das eine nur noch zart mit den Fingerspitzen berührt wird, braucht das andere ganzen Körpereinsatz. Mit den Händen in die Erde greifen, haptisch arbeiten, sinnlich und sinnvoll seine Frei- und Reisezeit gestalten, den Knopf an Rechner und Kopf ausschalten, einfach nur vor sich hin harken: Dies wird am Beginn des 21. Jahrhunderts zur Gegenwelt des nur noch am Bürostuhl geerdeten Workaholic. Während Ältere, deren Kinder mittlerweile aus dem Haus sind, ganze Gartenlandschaften gestalten, haben sich nebenbei auch zahlreiche junge Leute dem Thema Garten zugewandt. Ob Urban Gardening, Balkon-Gärtnern, neue Datschenkultur, Gemeinschaftsgärten, die eine Selbstversorgung durch städtische Gemüsebeete anstreben, oder Guerilla Gardening: Eine bisher kaum beachtete Klientel von unter 30-Jährigen wandelt sich zu Gartenenthusiasten. Gleichzeitig überschwemmen seit

Prof. Dr. Christian Antz, Kunsthistoriker und Kulturmanager, Honorarprofessor für Slow Tourism, Institut für Management und Tourismus (IMT), Fachhochschule Westküste, Heide
Dr.-Ing. Christian Hlavac, Gartenhistorische Forschungen – Gartendenkmalpflege – Gartentourismus, GALATOUR – Zentrum für Garten, Landschaft und Tourismus, Wien

https://doi.org/10.1515/9783486711028-016

Jahren Gartenbücher zu verschiedensten, auch abseitigen Themen den Markt. Der weiterhin wachsende Erfolg von Zeitschriften über Gärten und Landleben im insgesamt schwierigen Zeitschriftenmarkt stellt für die Marktforscher ein Rätsel dar. Mit einer Auflage von fast 800.000 Exemplaren überflügelt das Magazin *LandLust* sowohl seine Konkurrenten als auch die eigentlich auf breitere Bevölkerungsschichten ausgerichteten Nachrichten- und Lifestyle-Magazine *Focus*, *Bunte* oder *Gala*. Mit einem authentischen Dreiklang aus Natur, Produkten und Kultur bedient das Magazin vor allem die Zielgruppe der LOHAS (Lifestyle of Health and Sustainability), besonders jene Städter mit gehobenem Einkommen und Sehnsucht nach dem einfachen und nachhaltigen Leben. Außerdem ist das Liebe-Land-Heimat-Lust-Glück-Segment nicht nur via Buch oder Zeitschrift nett anzusehen, sondern auch ein harter Wirtschaftsfaktor. Nur für Gartenbedarf wurden 2010 in den Gartenmärkten Deutschlands 7,4 Mrd. Euro umgesetzt, für Home und Garten 2011 insgesamt 63 Mrd. Euro (Antz/Schmudde 2017: 74–75).

16.2 Gartentourismus als Thema von Kultur- und Sinnorientierung

Europaweit verstärkt sich in den letzten 20 Jahren das Interesse an Gartenkunst und der Trend zum „Garten" ist als kultur- und freizeittouristisches Thema spürbar. Gärten zu nutzen und anzuschauen, zu bewirtschaften und zu besuchen ist ein alter Wunsch des Menschen. Er durchzieht die gesamte Menschheitsgeschichte, scheint aber gerade im globalisierten und technisierten Heute ein tieferes Bedürfnis zu sein. „Lust auf Garten" titelte schon im Jahr 2000 das „Lufthansa-Magazin" und dokumentierte somit, was nicht nur in der sprunghaft angewachsenen Zahl von Gartenmagazinen deutlich wird: Das Freizeitgärtnern ist in Deutschland ein Wachstumsmarkt. Auch der im Magazin zitierte Hamburger Trendforscher Peter Wippermann bescheinigt dem Thema Garten eine „große Zukunft" (Antz 2004: 173–189). Gärten und Parks wirken dabei in eine große Bandbreite von gesellschaftlichen Grundfragen. Sie sind erstens öffentliche Güter, die kulturellen, gesundheitlichen, ökologischen, wissenschaftlichen oder pädagogischen Funktionen dienen, und sie sind zweitens Katalysatoren der Regionalentwicklung mit Arbeits- und Steuer- bis hin zu Imageeffekten. Drittens wirken Gärten und Parks als Nachfrager für Produkte und Dienstleistungen und sind viertens selbst touristische Produkte, die Einnahmen von Besuchern generieren. Dabei bleiben sie Multifunktionsräume, die Kunst- und Kulturdenkmal oder Bühne für Events, Naturraum oder touristisches Highlight, Ausflugsziel oder Ort zum Chillen sein können, sodass Konflikte zwischen den unterschiedlichen Interessengruppen nicht auszuschließen sind (Steinecke 2018).

Neben Gärtnern und Gartenlektüre erleben denn auch Gartenreisen in historische und neue Parks sowie Gärten einen Boom. Für die Touristen sind Schauen und Nachmachen wichtige Besuchsgründe. Befragungen bestätigen die Prognosen der Experten: Die Gäste wollen in erster Linie Blumen sehen und Pflanzen bestaunen, Spazieren gehen, Ruhe, Erholung und Entspannung empfinden sowie Cafés, Restaurants und eventuell Veranstaltungen in Gärten besuchen. Wenn auch der wachsende Markt des Freizeitgärtnerns nicht direkt mit dem Gartentourismus gleichgesetzt werden darf, sind dessen Zahlen doch beeindruckend. Und diese Werte decken sich mit den positiven Prognosen der Demoskopen, die den Deutschen bereits 2002 eine ungebrochene Leidenschaft für Gärten und das Gärtnern attestiert hatten: 58 % der Bevölkerung besitzen einen Garten, weitere 7,4 Mio. Menschen hegen einen bisher unerfüllten Wunsch nach einem eigenen Garten (Antz/Schmudde 2017: 74 –75).

Dass Gartenreisen boomen, ist evident, doch fehlen aufgrund ungenügender Marktforschung und eines fehlenden interdisziplinären Ansatzes, welcher Denkmalpflege, Konsumgüterforschung, Kultur- und Gartentourismus zusammenführen müsste, aussagefähige Daten über Nachfrage, Motive und Angebote. Bei der weiteren Untersuchung hilft vorweg eine **Begriffsdefinition**: Unter Gartentourismus versteht sich im folgenden Tourismus, dessen geografische respektive thematische Ziele Gärten oder Parks sind, unabhängig von der Entstehungszeit der Garten- bzw. Parkanlage und auch davon, ob die Anlage im öffentlichen oder privaten Besitz steht (Hlavac 2002: 12).

Die Bandbreite reicht daher vom quadratkilometergroßen Park von Versailles (Abb. 16.1) bis zum kleinen Privatgarten, der z. B. im Zuge der „Offenen Gartenpforte“ besucht werden kann. Sinnvollerweise wird eine Gartenreise nur dann diesen Namen

Abb. 16.1: Schloss und Garten von Versailles – Ziel von Millionen Menschen im Jahr (Foto: Christian Hlavac)

verdienen, wenn der Besuch von alten (historischen) oder neuen (modernen) Gärten und Parks im Zentrum des Reiseprogramms steht. Mit Ausnahme von Landes-, Bundes- und Internationalen Gartenschauen werden in der Regel Gebäude (Schloss bis Stadt) als Besichtigungs- oder Staffageobjekte mitberücksichtigt. Obwohl eher die Pauschalreisen von Reiseveranstaltern von mengenmäßiger Relevanz sind, ist jener Anteil an Personen, die individuell auf eigene Faust eine Reise mit dem Schwerpunkt „Garten“ unternehmen, nicht zu unterschätzen. Valide Daten dazu fehlen aber bisher.

16.3 Die ersten Gartenreisen

Auch wenn der Begriff „Gartentourismus“ erst in der zweiten Hälfte des 20. Jahrhunderts entstand und innerhalb der Tourismusbranche gebraucht wird, lässt sich der Besuch von Gärten als Reisemotiv schon in früheren Zeiten in Europa nachweisen. Ab dem 16. Jahrhundert wurden in Europa junge Adelige auf die sog. Kavalierstour geschickt. Eine solche Reise – als Verbindung von ritterlichen und akademischen Traditionen – dauerte meist länger als ein Jahr und ermöglichte es den Adeligen, das Gastgeberland näher kennenzulernen. Ende des 17. Jahrhunderts wurden vermehrt Bildungsreisen unternommen, die dem Kennenlernen speziell der „antiken“ Länder Italiens dienten. Die 1697 erstmals als solche bezeichnete „Grand Tour“ des jungen Mannes aus vornehmem Hause – die Bildungsreise an fremde Höfe und zu den antiken Kunstwerken im Süden Europas – war bald obligater Bestandteil des aristokratischen Erziehungsprogramms. Sie führte ab der zweiten Hälfte des 18. Jahrhunderts auch nach England, und hier u. a. zu den neuartigen Landschaftsgärten. Der aufgeklärte Fürst Leopold III. Friedrich Franz von Anhalt-Dessau unternahm, meist mit seinem Baumeister und Freund Friedrich Wilhelm von Erdmannsdorff, zwischen 1763 und 1785 zahlreiche lange Reisen ins Ausland: nach Belgien, in die Niederlande und die Schweiz, nach Frankreich, Österreich, Schottland, viermal nach England und im Rahmen der Grand Tour dreimal nach Italien. Die Gartenanlagen, die der Fürst auf seiner Grand Tour durch Italien 1765/66 in Begleitung von zwölf Personen besuchte, kennen wir durch das Reisejournal seines Kammerherrn. Die Liste könnte auch heute noch ein „Best of“-Angebot eines Gartenreiseveranstalters sein: Giusti (Verona), Caserta (bei Neapel), Villa d’Este (Tivoli), Villa Farnese (Caprarola), die Boboli-Gärten (Florenz) und die Gärten der Isola Bella (Lago Maggiore). Des Fürsten erste Reise 1763/64 nach England galt ausdrücklich auch dem Interesse an Bauwerken und Parks sowie dem Landschafts- und Gartenbau. Unter anderem besuchte er damals die barocken Herrenhäuser Gärten in Hannover, die barocken Brühlschen Gärten bei Bonn, den Garten von Sorgvliet in Holland, die Parks von Greenwich und Hampton Court sowie die Landschaftsgärten von Stowe, Claremont, Blenheim, Chatsworth und Rousham in England. Bei diesen Besuchen holte sich Fürst Franz weitreichende Anregungen für seine zukünftigen Gärten und Bauten – so wie dies heute viele Gartentouristen auch noch tun.

Die Reise durch die Gärten Englands, die „English Garden Tour“, war ab Mitte des 18. Jahrhunderts eine Institution innerhalb des britischen Königreichs. Es wurde für Adelige und zunehmend auch für Bürgerliche Mode, von Garten zu Garten zu reisen, um sie selbst in Augenschein zu nehmen und zu erleben, was die neuen Anlagen zu bieten hatten. Die Gartenbesitzer richteten sich mit Unterkünften in eigens erbauten Logierhäusern und kleinen Pferdefuhrwerken auf die Gäste ein. Um die Privatheit zu schützen und den Andrang an Besuchern zu kanalisieren, kannte z. B. der Garten von Rousham (Oxfordshire) seit Anbeginn einen separaten Eingang und Besuchstage, ebenso wie Stourhead (Wiltshire) bereits in den 1740er-Jahren für Besucher zeitweise zugänglich war. Auch in den Anlagen von Stowe und Blenheim gab es öffentliche Besuchstage. Eine weitere geografische Verlagerung im sog. Proto-Gartentourismus, dem Vorläufer unseres heutigen Gartentourismus mit deutlich höheren Besucherzahlen, erfolgte in der zweiten Hälfte des 18. Jahrhunderts. Beispielsweise brachte die Reise des Fürsten von Anhalt-Dessau zu den englischen Landschaftsgärten mit dem Landschaftspark Wörlitz (Sachsen-Anhalt) als baulichem und gärtnerischen Ergebnis ein neues Reiseziel hervor. Die vielen neuen Landschaftsgärten in Mitteleuropa konnten die Reise in das Mutterland des Landschaftsgartens zunehmend obsolet machen: Die verfeinerten Kopien ersetzten die Originale. Einer der heute wohl berühmtesten „garden tourists“ war wohl Johann Wolfgang von Goethe, der zahlreiche Garten- und Parkanlagen besuchte und darüber in Briefen und Aufzeichnungen berichtete. So war er ab 1776 regelmäßiger Besucher im Gartenreich Dessau-Wörlitz. Inzwischen sind Goethes Garten an der Ilm sowie sein Hausgarten am Frauenplan (Weimar), der seit 1886 den Besuchern offensteht, selbst zu Pilgerzielen von Gartentouristen geworden. Zu erwähnen ist auch, dass im Interesse des jeweiligen Gartenbesitzers bereits im 18. Jahrhundert eine beachtliche Zahl von Gärtnern berufliche Bildungsreisen nach England unternahm. Auch sie brachten die neue Mode in der Gartenkunst – den Landschaftsgarten – nach Kontinentaleuropa. Heute würde man dieses Phänomen unter dem Stichwort Geschäftsreise subsumieren.

16.4 Die ersten Gartenreiseführer

Das Wissen über die Eigenheiten der „großen Reise“ und die berühmten Gärten beschränkte sich nicht nur auf die literarischen Zeugnisse berühmter Dichter und Denker. So erschienen mit steigender Nachfrage neben all den Reise- und Landeskundewerken in enger Folge Gartenreiseführer als notwendige Ausrüstung für den „grand tourist“. Gegenstand des ersten englischen Gartenführers war der Landschaftsgarten in Stowe, der 1732 erstmals gedruckt wurde. Zuvor hatte schon der französische Sonnenkönig Ludwig XIV. eine Art selbst vermarktete Gebrauchsanweisung für den Park von Versailles aufgeschrieben. Die Schrift „Manière de montrer les jardins de Versailles“ (Art und Weise wie die Gärten von Versailles zu besuchen und zu betrachten sind) wurde zwischen 1689 und 1705 mehrfach aufgelegt. Sie gibt einen idealen

Weg vor, alle ab 1664 errichteten Perspektiven, Brunnen, Boskette etc. literarisch oder touristisch zu erleben. Den zeitgenössischen Quellen ist zu entnehmen, dass bereits damals täglich bis zu 2.000 Personen Versailles besuchten. Die Gärten standen für jedermann offen, der entsprechend der Mode distinguiert und korrekt gekleidet war. So berichtet ein Reiseführer von 1718: „Der Parc oder der Garten zu Versailles steht Tag und Nacht offen / und können hier ohne Unterschied alle Menschen / arm und reich / jung und alt / vornehm und gering herein gehen / und sich divertieren" (zit. nach Hennebo 1979: 116). Neben den einzelnen gedruckten Gartenführern machten auch die zahlreichen Europareisenden bzw. Verfasser von lokalen Reiseführern durch ihre Veröffentlichungen Ende des 18. Jahrhunderts bzw. zu Beginn des 19. Jahrhunderts europäische Garten- und Parkanlagen der gebildeten Öffentlichkeit bekannt. Mit der im deutschsprachigen Raum Ende des 18. Jahrhunderts einsetzenden Welle an topografischen Beschreibungen von „Gegenden" nahm die Bekanntheit vieler privater Gartenanlagen ebenfalls deutlich zu. So gehören beispielsweise die zahlreichen Schriften von Franz de Paula Gaheis für den Wiener Raum zu dieser Form von Literaturgattung. Es ist davon auszugehen, dass diese „Reiseführer" zu vermehrten Gartenbesuchen führten. Es ist jene Umbruchszeit, in der einerseits noch Reisende mit ähnlichem sozialen Status als Gäste des Hauses freien Zugang zum Garten hatten, andererseits auch Fremde (Touristen) ihr Interesse an einer Gartenbesichtigung (mit oder ohne Führer) bekundeten.

16.5 Die Gartenbesucher einst

Man kann zu Recht die Kavaliersreise bzw. die Grand Tour als Proto-Gartentourismus bezeichnen (Stubbe 2011). Bei diesen Reisen war die Besichtigung von Gärten ein Ziel von vielen und die soziale Stellung des Reisenden ausschlaggebend für die Zugänglichkeit. An zahlreichen Beispielen – für Wien lässt sich dies u a. beim Augarten und beim Prater zeigen – wird deutlich, dass die Zutrittsmöglichkeit vor allem vom Aussehen (der Kleidung, dem Auftreten) der Personen abhing: Nach dem Motto „Kleider machen Leute" wurden alle Personen gleich welchen Ranges eingelassen, solange sie „geziemend" gekleidet waren. In der Sekundärliteratur bisher kaum beachtete Berichte zeigen uns einerseits, dass zum Beispiel der als kaiserliches Jagdrevier genutzte Prater bereits vor der von Kaiser Joseph II. angeordneten „Öffnung für Jedermann" (1766) zahlreichen Personen offenstand. Nicht nur der Hofadel, die Minister und die Hofbeamten, sondern auch Personen anderer Schichten und ausländische Reisende wurden eingelassen. Andererseits gab es um 1800 zahlreiche Anlagen, die nur gemeinsam mit einem Gärtner besichtigt werden konnten: Hier galt es den Privatraum der Eigentümer zu respektieren und mögliche Schäden durch einheimische wie fremde Besucher zu vermeiden. In vielen nachweisbaren Fällen war Reisenden, die nicht dem Adel angehörten, in Kontinentaleuropa bis ins 19. Jahrhundert der Zutritt zu großen privaten Gärten untersagt. Nur entsprechende Empfehlungsschreiben oder Beziehungen vor Ort ermöglichten ihnen dann den Eintritt. Die soziale Differenzierung im 18. Jahrhundert lässt sich am Beispiel des „Instruction und Verhaltungs Reglement 1753" für den Gärtner des Hundisburger Schlossgartens in Sachsen-Anhalt aufzeigen. Ein Punkt regelte die Zugänglichkeit nach sozialer Herkunft und die Verhaltensregeln: „Denen Frembden und Persohnen vom Stande und Condition so etwa unsern Garten besehen und sich darin Recreation machen, hat er mit aller Höfflichkeit zu begegnen, ihnen was sie zusehen verlangen zu zeigen, keines weges aber allerley schlechte Leute und verdächtige Persohnen oder liederliches Gesindel auff den Garten zulaßen noch weniger zu hausen und zu herbergen [...]" (zit. nach Blanke 2007: 59). Eine ähnliche Anweisung, wie man sich im Garten zu benehmen habe (der gelernte Gast), wie auch, wie man Gartenbesuchern zu begegnen habe (der gelernte Gastgeber), würde der Qualität im Gartentourismus auch heute sehr entgegenkommen.

Die Motive der Eigentümer für die Öffnung ihrer Anlagen waren sehr unterschiedlich: Fürst Franz von Anhalt-Dessau sah in der Öffnung seines Schlosses samt Gärten eine Möglichkeit der Volksbildung – handelte also im Sinne der Aufklärung. Im Schlosspark von Laxenburg bei Wien, der Sommerresidenz des österreichischen Kaisers Franz I., war hingegen die Idee der Verherrlichung habsburgischer Herrschaft als Leitgedanke bestimmend. So erstaunt es nicht, dass der Laxenburger Park ab 1799 vom allgemeinen Publikum besucht werden konnte. Bedienstete standen bereit, Interessierte und Schaulustige durch den Park mit all seinen Sehenswürdigkeiten zu führen und bei Bedarf auch die Gartengebäude zu öffnen. Der Besuch war jedoch „nur distinquierten und reinlichen Leuten gestattet[,] davon ausgenommen war alles mutwillige Gesindel" (zit. nach Hanzl-Wachter 2001, 252). Generell gilt jedoch, dass trotz zahlreicher zeitgenössischer Beschreibungen über Gartenbesucher in den seltensten Fällen klar formuliert wurde, wer mit „jedermann" und was mit „reinlich" oder „standesgemäß" gemeint war. In vielen privaten großen Gärten und Parks standen am Ende des 18. Jahrhunderts den selten in Gruppen reisenden Besuchern obligatorisch oder fakultativ vom Besitzer beigestellte Personen als Führer zur Verfügung.

16.6 Gartentourismus heute

Im Zuge des Wirtschaftswunders nach dem Zweiten Weltkrieg und dem folgenden Aufbruch breiter Gesellschaftsschichten zu Urlaubreisen – samt Wiederaufkommen der Kultur- und Bildungsreise – gewannen Garten- und Parkanlagen an touristischer Bedeutung. Die Hauptziele änderten sich über die Jahrhunderte jedoch nicht wesentlich: das Sonnenreich von Ludwig XIV. in Versailles, das „preußische Arkadien" Friedrichs des Großen und Friedrich Wilhelms IV. in Berlin und Potsdam, die Renaissancegärten rund um Florenz und Rom, das kaiserliche Sommerschloss Schönbrunn in Wien (Abb. 16.2), die Wörlitzer Gartenanlagen und die Landschaftsgärten in England. Besucherzahlen in einer Bandbreite von mehreren 100.000 bis Millionen Besuchern pro Jahr (z. B. Belvedere-Garten in Wien: rund 2,8 Mio. Besucher im Jahr 2013) zeigen das

Abb. 16.2: Schönbrunn – der bekannteste Schlosspark Österreichs (Foto: Christian Hlavac)

Interesse, aber auch die Gefahr einer Zerstörung durch eine hohe touristische Nutzung. So wissen wir nicht, wie Fürst Franz von Anhalt-Dessau auf den heutigen jährlichen Besucherandrang von rund einer Million Besuchern in Wörlitz reagiert hätte – denn zu seinen Zeiten war wahrscheinlich noch eine halbwegs überschaubare Besuchermenge in seinen Anlagen unterwegs.

Neben den traditionellen Gartenreisen nach England und Frankreich, in den vergangenen Jahren auch nach Holland und Belgien, entstehen auch in Deutschland in zunehmendem Maße Gartenrouten und Gartennetzwerke. Quer zum virtuellen Zeitgeist wächst wieder verstärkt die Neigung zu Gärten – und damit zum Anschauen, Genießen, Gärtnern, Kreativ-Sein. Dabei führt die ältere Generation deutlich die Zielgruppe an – und das konstant, was perspektivisch bedeutet, dass die Gartenbegeisterung mit dem Alter zunimmt und dadurch das Gartenthema die einzige in den nächsten 20 Jahren rasant wachsende Altersgruppe bestens bedient.

Heute wird Gartentourismus vor allem mit Pauschalreisen in Verbindung gebracht, bei der ein Reiseveranstalter eine Gesamtheit von Reiseleistungen zu einem Gesamtpreis und im eigenen Namen anbietet. Erste „Garten-Pauschalreisen" gab es aber bereits Anfang des 20. Jahrhunderts: Es lassen sich zahlreiche diesbezügliche Bildungsreisen von Gärtnervereinigungen ins Ausland nachweisen. So reiste beispielsweise ein Gruppe Schönbrunner Gärtner 1912 von Wien zu einer Gartenausstellung nach London. Diese Fachreisen wurden jedoch noch intern und ohne externen Vermittler organisiert. Reiseveranstalter, die für Laien eigene Special-Interest-Reisen zum Thema Gärten anboten, lassen sich im deutschsprachigen Raum hingegen erst in den frühen 1990er-Jahren im Zuge des Booms von Themenreisen (z. B. Weinreisen) nachweisen. Als Phänomen sind Gartenreise-Spezialanbieter daher relativ jung. Im Unterschied zum 18. und 19. Jahrhundert werden kaum noch Einzelpersonen oder Kleinstgruppen von betriebseigenem Fachpersonal wie Gärtnern durch die jeweilige Gartenanlage geführt: Heute geleiten in den meisten Fällen Fremdenführer, Reiseleiter oder eigens geschulte Angestellte große Reisegruppen von bis zu 50 Personen durch öffentliche oder große private Gärten und Parks.

Ein besonderes Phänomen, das am Ende des 20. Jahrhunderts aufkam und auch als weiterer Schritt zur Demokratisierung der Gartenkultur bezeichnet werden kann, entstand als Wunsch der Nachfrager wie als Angebot der Garteneigentümer: der Besuch von Privatgärten im Rahmen von Gartentagesreisen. Die Idee der „Offenen Gartenpforten“ ist einfach: Gartenbesitzer gestatten an bestimmten Tagen im Jahr interessierten Besuchern einen Blick in ihre privaten grünen Paradiese. In Deutschland ist die „Offene Gartenpforte“ seit nunmehr 25 Jahren nicht mehr wegzudenken. Die zahlreichen lokalen und regionalen Initiativen sind von unten her entstanden. Der Wunsch von Gartenbesitzern, gemeinsam mit anderen Menschen ihre Gärten für In-

Abb. 16.3: Box für die Eintrittsgebühr – Garten der Osterburg in Ostfriesland (Foto: Christian Hlavac)

teressierte zu öffnen, war und ist Motor fast aller Initiativen. Der Ansporn für die Besucher – zumeist Tagestouristen – ist Neugier: Das Betreten privater Gärten ist ein Ausflug in sonst versperrtes Terrain, auf dem sich Privates verbirgt. Zudem besteht die Gelegenheit, mit anderen Gartenbegeisterten ins Gespräch zu kommen und zu „fachsimpeln". „Offene Gartenpforten" zeigen die Demokratisierung der Gartenkultur im 20. Jahrhundert auf (Abb. 16.3).

Vereinfacht ausgedrückt war Gartenkultur lange Zeit dem Erb- bzw. Geldadel und dem Großbürgertum vorbehalten. Auch wenn seit der Renaissance viele Anlagen offen zugänglich waren (z. B. Villa Borghese in Rom), waren gewisse Gesellschaftsschichten aus Standes- bzw. finanziellen Gründen vom Besuch ausgeschlossen. Durch die erstmals in der Breite bestehende Möglichkeit, private Gärten besichtigen zu können, darf man das 20. Jahrhundert pointiert als „Jahrhundert der privaten Garten-Entdeckungen" (Hlavac 2011: 73) bezeichnen.

16.7 Gartenreisen in Großbritannien und Frankreich

Die noch vergleichsweise kleinen Pflänzchen eines breiten Gartentourismus in Deutschland, die es neben den wenigen punktuellen Gartentourismuszentren (wie Gartenanlagen Sanssouci in Potsdam und Schlosspark Nymphenburg in München) gibt, bewirken bereits jetzt deutliche wirtschaftlich-touristische Effekte. Doch hier sind uns die Kollegen aus Frankreich und Großbritannien einen Schritt voraus, gerade auch auf dem Gebiet der Marktforschung und wirtschaftlichen Analyse. Die Gärten Großbritanniens und Frankreichs sind bereits weit über ihre Landesgrenzen hinaus bekannt und besitzen gesamttouristische Traditionen. In beiden Ländern bilden sie ein zentrales Thema der touristischen Vermarktung für Besucher aus dem In- und Ausland. Dies zeigt sich auch in den beachtlichen Besucherzahlen und Wachstumsraten, die vor allem seit Ende der 1980er-Jahre stark angestiegen sind. So werden britische Gärten derzeit von rund 16 Mio. und französische von ca. 15–17 Mio. Touristen pro Jahr besucht (Antz 2004). Doch auch in Deutschland zeichnet sich in jüngster Zeit eine Tendenz ab, Gärten zum touristischen Thema zu machen. Aufgrund dieser relativ jungen Entwicklung sind sie als eigenes touristisches Marktsegment hier bisher aber kaum untersucht worden.

Die Tatsache, dass Gärten vor allem in Großbritannien seit Mitte der 1990er-Jahre zur Modeerscheinung geworden sind, zeigt sich dort u. a. in der großen Popularität und ständig wachsenden Vielfalt von Gartensendungen im Fernsehen, auf dem Zeitschriftenmarkt mit über 25 Gartenmagazinen oder in der Nachfrage von Veranstaltern und Regionen, die Parks vermehrt als Kulisse und Aushängeschild nutzen. Dieses Interesse am Garten kann einem generellen Trend zu natur- und gesundheitsorientierten Lebensstilen zugeordnet werden, der sich in vielen Industrienationen feststellen lässt. Für die British Tourism Authority sind historische Parks ein Kerngeschäft der Vermarktung im Ausland und gelten neben dem Königshaus und dem britischen Kulturerbe als Hauptreisemotiv. Von den rund 4.000 Gärten in Großbritannien, die Eintrittsgelder nehmen, stehen 775 in einem inhaltlichen und räumlichen Zusammenhang mit Herrenhäusern und ziehen deshalb als Ensembles die Besucher an. Erfahrungswerte des National Trust zeigen, dass der Anteil der reinen Gartenbesucher – ähnlich wie beim Gartenreich Dessau-Wörlitz – mit zwei Dritteln wesentlich höher liegt als der Anteil derjenigen, die sowohl Gebäude als auch Garten besichtigen.

Die Zahl der regelmäßigen Besucher von Gartenanlagen wird auf 45 % der britischen Bevölkerung geschätzt – und in der Tourismusstatistik des English Tourism Council zeigt sich ein Aufwärtstrend: Die Gästezahlen sind von 1989 bis 1999 im Gartentourismus um 22 % gestiegen. Gärten weisen damit die dritthöchste Wachstumsrate unter den tourismusrelevanten Sehenswürdigkeiten auf. Im Jahr 1999 verzeichnete das Marktsegment Gärten mit 16 Mio. Besuchern in 339 reinen Gartenanlagen sogar die höchste Wachstumsrate im Vergleich zum Vorjahr. Unter diesen Gärten sind über 30 Anlagen mit mehr als 200.000 Besuchern pro Jahr zu verzeichnen. Die tatsächlichen Zahlen sind aber noch weit höher anzusiedeln, wenn die ca. 2.500 bis 3.000 eintrittsfreien Gärten hinzugenommen werden. Allein für die neun königlichen Parkanlagen in London werden jährlich insgesamt 30 Mio. Besuche geschätzt (vgl. Antz 2004).

Auch in Frankreich verzeichnet die Marktforschung seit Mitte der 1990er-Jahre ein vermehrtes Interesse am Gärtnern und an Gartenkunst. Hobbygärtnern ist die drittstärkste Freizeitaktivität der Franzosen, wobei im Norden eine deutlichere Ausprägung zum Nutzgarten und im Süden zum dekorativen Garten zu erkennen ist. Die Ausgaben für das Hobbygärtnern stehen auf demselben Niveau wie für den TV-Hi-Fi-Sektor. Ähnlich positive Entwicklungen sind in Frankreich im Bereich des Gartentourismus ablesbar. Eine Differenzierung von Garten- und Schlossbesuchern ist hier – im Gegensatz zu Großbritannien – schwierig, da die Eintrittsgelder meist nicht getrennt eingehoben werden. Umfragen zeigen jedoch, dass 70 % der Besucher sowohl Schloss als auch Garten besichtigen wollen und die Sehenswürdigkeit als Ensemble wahrnehmen (vgl. Antz 2004).

Auch in Frankreich zeigt sich die hohe Popularität von Gärten bei der Besuchsmotivation unter den touristischen Attraktionen: 50 % der Befragten geben als häufig besuchte Ziele Gartenanlagen, 42 % landschaftliche Sehenswürdigkeiten, 30 % historische Gebäude und 24 % Museen an. Frankreich besitzt eine hohe Dichte an sehenswerten, öffentlich zugänglichen Parks – mit steigender Tendenz: Ihre Zahl ist von 500 im Jahr 1993 auf 784 im Jahr 2000 stark angestiegen. Allein für die zuerst genannten 500 Anlagen wurden circa 15–17 Mio. Besucher pro Jahr geschätzt. Dabei zeigen sich vier Gärten als Ausnahmeerscheinung mit je über einer Million Besuchern; darüber hinaus gibt es eine kleine Top-Gruppe mit neun Anlagen, die 300.000–1.000.000 verzeichnen, und elf weitere Anlagen mit 100.000–300.000 Besuchern jährlich (vgl. Antz 2004).

16.8 Gartentourismus in Deutschland

Auch in Deutschland sind Gärten im Kommen. Ob im Inlandstourismus oder auf dem Zeitschriftensektor, ob im Gartenmarkt oder bei den Fernsehprogrammen – Parks und Gärten sind Ausdruck einer unausgesprochenen Suche nach Ursprung und Glück. Innerhalb der momentanen Entwicklung von der Erlebnis- zur Sinngesellschaft können Gärten eine zentrale Rolle spielen. Nach englischem Vorbild begeben sich immer mehr interessierte Besucher auf landschaftliche Spurensuche. Gartentouristisch bietet Deutschland dabei noch weitgehend ungenutzte, aber hochkarätige Potenziale. Touristisch aufbereitete Gartenrouten, jährliche Veranstaltungen, kontinuierliche und qualitative Parkpflege, interdisziplinäre Weiterbildungsangebote oder grenzüberschreitender Erfahrungsaustausch können Deutschland in seiner gartenkulturellen Vielfalt weiter erschließen.

In Deutschland lassen sich noch kaum flächendeckende Zahlen zum Gartentourismus ermitteln, obwohl das Thema Garten und Gärtnern ähnlich wie in Frankreich und Großbritannien auf Wachstumskurs ist. Meist lassen sich die Besucherzahlen nur schätzen, da kein Eintritt verlangt wird. Gleichwohl ergeben die Nutzungsart sowie die ländliche oder städtische Lage ein sehr differenziertes Bild. Von Sanssouci in Potsdam (Abb. 16.4) mit über 2.000.000 und dem Bürgerpark in Bremen mit über 1.000.000 bis zum Großen Garten in Hannover-Herrenhausen mit 600.000 und den Pückler-Gärten in Bad Muskau mit über 250.000 Besuchern jährlich reichen die Zahlen in Deutschlands Zentren der Gartenkunst. Auch für die volkswirtschaftlichen Auswirkungen des Gartenmarketings und indirekt der Garteninvestitionen in Deutschland liegen bisher nur punktuelle Betrachtungen von einzelnen Gärten vor. Über 1.000.000 Besucher kommen beispielsweise pro Jahr in den Wörlitzer Park und suchen dort touristische Dienstleistungen, obwohl – ähnlich wie dies Zahlen aus Großbritannien zeigen – „nur" 451.000 zahlende Gäste in den sieben Gärten der Kulturstiftung Dessau-Wörlitz registriert wurden (2005). Neben den ungefähr 200 befristeten und unbefristeten Mitarbeitern der Kulturstiftung Dessau-Wörlitz lässt sich aus dem Gartenreich Dessau-Wörlitz auf Basis der Besucherzahlen und der durchschnittlichen Ausgaben der Tages- und Übernachtungsgäste für das Land Sachsen-Anhalt ein wirtschaftlicher Primärimpuls von 14,9 Mio. Euro und ein daraus entstehender Beschäftigungseffekt von rund 430 Arbeitsplätzen pro Jahr berechnen. Diese Ausgaben liegen überwiegend im Bereich Verpflegung und Übernachtungen, deren Zahl sich statistisch in Wörlitz auf 48.000 und in Dessau auf 132.000 in Hotels und Pensionen (über acht Betten) im Jahr 2004 beläuft (vgl. Brandt 2002). Vor diesem Hintergrund ergibt sich bei der sektoralen Verteilung der Produktions-, Wertschöpfungs- und Beschäftigungseffekte im Gartenreich Dessau-Wörlitz ein Schwergewicht im Hotel- und Gaststättengewerbe sowie in der Bauwirtschaft. Das hohe Potenzial des Gartenreichs Dessau-Wörlitz als Standort-, Image- und Wirtschaftsfaktor reicht also über den Tourismus weit hinaus. Diese Einheit von Wirtschaft und Kultur hat Fürst Franz von Anhalt-Dessau, der Begründer der Kulturlandschaft Dessau-Wörlitz schon im 18. Jahrhundert verstanden

Abb. 16.4: Sanssouci – eine der meistbesuchten Gartenanlagen Deutschlands (Foto: Christian Hlavac)

und selbst auf dem Sterbebett nochmals formuliert: „Man muss für Arbeit sorgen, darauf kommt alles an!“

16.9 Gartentourismus auf dem Weg in die Zukunft

Die Trends in Großbritannien, Frankreich und auch Deutschland haben gezeigt, dass der Garten an sich sowohl als Freizeitbeschäftigung als auch hinsichtlich der Tourismusnachfrage „en vogue“ ist. Mit jährlichen Besucherzahlen im Bereich von 15 Mio. verzeichnen beide Länder eine hohe Nachfrage im Gartentourismus. Das Interesse der typischen Gartenbesucher liegt schwerpunktmäßig auf dem generellen Bedürfnis nach Ruhe, Idylle, Ästhetik und Natur. Die Mehrheit der Besucher möchte einfach einen erholsamen Tag in attraktiver Umgebung verbringen. Sie sind zwar mitunter keine Gartenspezialisten, aber doch oftmals im Zusammenhang mit einem eigenen Garten am Thema Gärtnern interessiert und spüren unterbewusst die hohe ästhetische Qualität und Authentizität sowie das Distanz schaffende Anderssein der historischen Gartenanlagen. So brachte 2006 auch Franz Sattlecker, damaliger Geschäftsführer von Schloss Schönbrunn in Wien, die Chancen des Gartentourismus auf den Punkt: „Den Konsumenten geht es nicht nur darum, ihre Bedürfnisse abzudecken, sondern um Wünsche und Träume“ (Sattlecker 2006: 127). Gärten üben in einer globalisierten und hektischen Welt vor allem für die Naherholung und den Kurzzeittourismus eine hohe Anziehungskraft aus. Wie in Frankreich und England existieren auch in Deutschland bedeutende Gartenanlagen, die in Kooperation überregional als Motiv für eine Reise stehen können. Dies zeigt sich bereits im Gartenreich Dessau-Wörlitz, das einerseits einen hohen Stammbesucheranteil aus dem Nahbereich aufweist und andererseits überregional natur-, kultur- und erlebnisorientierte Gäste anzieht.

Gerade im Tourismus macht sich diese gesellschaftliche und wirtschaftliche Gartenaffinität bemerkbar. Trotzdem sind im Vergleich zu Großbritannien und Frankreich, wo Gartenbesuche zum Zweck des gleichzeitigen Gartengenusses eine lange und fest verankerte Tradition haben, die Marktdaten erheblich geringer. Selbst die zehn besucherstärksten Parks in Deutschland können die Anzahl und die Motivation ihrer Gäste nicht genau bestimmen. Auch die ungefähr 2,1 Mio. Besucher pro Jahr im UNESCO-Welterbe Schlosspark Sanssouci in Potsdam oder die 3,5 Mio. im Englischen Garten in München sind nur geschätzt. Über die gartentouristischen Motive und damit auch Potenziale dieser Menschen wissen wir so gut wie nichts. Allein die Steigerungsraten der letzten Jahre lassen jedoch den Markt des Gartentourismus als zukunftsrelevant begreifen: Von 2008 bis 2014 wuchs etwa die Besucherzahl in den Herrenhäuser Gärten in Hannover – parallel zum Schlossneubau – von 200.000 auf 600.000 an (Abb. 16.5). Anders als über die gartentouristischen Dauerbrenner wie die Insel Mainau oder das UNESCO-Welterbe Gartenreich Dessau-Wörlitz besitzen wir nur wenige Informationen über die Besucherzahlen in den vielfältigen Gärten und Parks, die über ganz Deutschland verteilt sind. Ganze 1.500 private und öffentliche Gärten verzeichnet das Standardwerk des deutschen Gartenreiseführers (Ronald Clark, mehrere Auflagen seit 1998), von denen die meisten in Niedersachsen, Nordrhein-Westfalen, Bayern und Baden-Württemberg zu finden sind. Damit bietet die Angebotsseite ein enorm großes, breit gefächertes und ansatzweise bereits genutztes Potenzial, welches es in marktfähige Produkte umzumünzen gilt.

Auf der anderen Seite stieg im letzten Jahrzehnt neben der gesellschaftlichen auch die touristische Affinität der Kunden für Gärten und Parks an. Über jedes Alter, jede Generation oder jedes Geschlecht hinweg interessieren sich in ganz Deutschland ungefähr 50 % der Bevölkerung für den Besuch von Gärten und Parks – ein sensationell hoher Anteil, wenn man bedenkt, dass sich nur 30 % für die Besichtigung von (Bau-) Denkmalen begeistern können. Mit fast 60 % liegen Berlin und die neuen Bundesländer neben dem Saarland noch weiter vorne (Antz/Schmudde 2017). Neben der ästhetischen und kunstgeschichtlichen Bedeutung bietet gestaltetes Grün denn auch einen noch größeren Mehrwert als Kultur. Dieser reicht von Gesundheit über Aktivtourismus bis zu Entspannung und Genuss. Wenn sich Jugendliche in den österreichischen Bundesgärten nur dem Chillen hingeben wollen, so sind sie doch eine große und vor allem nachwachsende Zielgruppe und außerdem in guter Gesellschaft mit den angelsächsischen Besuchergruppen älterer Generationen.

Abb. 16.5: Herrenhäuser Gärten in Hannover (Foto: Christian Hlavac)

Garteneigentümer, -denkmalpfleger und -touristiker müssen umdenken, um das gartentouristische Potenzial in der Gesellschaft – ähnlich wie beim Gartenbuch- oder beim Gartenfilmmarkt – zu heben. Wie neue Zielgruppen angesprochen werden bzw. wie Parks auf neue Trends reagieren können, zeigt beispielhaft der Erfolg neuerer Bundes- und Landesgartenschauen (BUGA/LAGA) in Deutschland. Waren die Bundesgartenschauen (ab 1951) jahrzehntelang reine „Blümchenschauen" mit dem bis heute anhaltenden Besuchermagneten Friedhofsgestaltung, so sind sie in den letzten 25 Jahren zu Motoren einer nachhaltigen Stadtentwicklung mutiert. Neben den Hauptzielgruppen Familien und 55+ werden durch die BUGAs auch mehr und mehr Garten- und Kulturinteressierte jüngerer Generationen angesprochen. Insgesamt 2,4 Mio. Besucher kamen 1999 zur BUGA nach Magdeburg, 1,9 Mio. 2009 nach Schwerin und gar 3,6 Mio. 2011 nach Koblenz. Entscheidend für den Gartentourismus ist die Steigerung der Gästeankünfte: Im BUGA-Jahr 2009 kamen in Schwerin im Vergleich zum Vorjahr um 24 % mehr Gäste. 57 % der Gartenschaubesucher äußerten den Wunsch, die Stadt erneut zu besuchen (Antz/Schmudde 2017). Die Langfristigkeit des Gartentourismus wurzelt deshalb in gesellschaftlichem, strukturellem und im wirtschaftlich-touristischem Boden. Gerade die besonders zukunftsrelevanten Gartenregionen Bayern sowie Berlin–Potsdam–Wörlitz haben in Deutschland ihr Angebotspotenzial im Gartentourismus bisher nur ansatzweise an die Gäste vermittelt.

Literatur

Antz, C., Gartenträume. Ein Landesprojekt für Kultur und Natur, Tourismus und Image in Sachsen-Anhalt, in: Brickwedde, F. / A. Weinman (Hg.), Nachhaltiger Schutz des kulturellen Erbes – Umwelt und Kulturgüter, Berlin 2004 (= Initiativen zum Umweltschutz, 59), S. 173–189.

Antz, C., Kulturtourismus. Empfehlungen für einen langfristigen Erfolg, in: Loock, F. / O. Scheytt (Hg.), Kulturmanagement und Kulturpolitik, Berlin 2008, Lfg. 8, D 1.6, S. 1–18.

Antz, C., Slow Tourism. Reiseperspektiven zwischen Sinnlichkeit und Sinnhaftigkeit, in: Stadt + Grün 8:13–18, 2016.

Antz, C. / C. Hlavac, Vorwärts in's Paradies. Gartentourismus in Europa, München/Wien 2006.

Antz, C. / F. Laudamus / C. Ringkamp / G. Voß / A. Werner, Gartenträume. Historische Parks in Sachsen-Anhalt. Denkmalpflegerisches und touristisches Gesamtkonzept sowie infrastrukturelle Rahmenplanung, Magdeburg-Rehsen 2001 (= Tourismus-Studien Sachsen-Anhalt, 2).

Antz, C. / R. Schmudde, Gartentourismus. Orte der Ruhe und Gelassenheit auf Reisen, in: Eisenstein, B. et al. (Hg.), Tourismusatlas Deutschland, Konstanz/München 2017, S. 74–75.

Antz, C. u. a. (Hg.), Slow Tourism. Reisen zwischen Langsamkeit und Sinnlichkeit, München 2011.

Berger, E., Menschen und Gärten im Barock. Das Leben und Treiben in Lustgärten vornehmlich in der kaiserlichen Haupt- und Residenzstadt Wien, Worms 2013.

Blanke, H., Grundriß über Ihro Hochwohlgeborenen Freyherrlichen Excellence von Alvensleben Garten. Der Hundisburger Schloßgarten und seine Gärtner im 18. Jahrhundert, Hundisburg 2007.

Brandt, A. (Ltg.), Das Gartenreich Dessau-Wörlitz als Wirtschaftsfaktor. Grundlagen für eine Marketing-Konzeption, Hannover/Magdeburg 2002.

Brandt, A. u. a. (Hg.), Marketing für Gärten und Schlösser. Touristische Nutzungskonzepte für Gärten, Parks, Herrenhäuser und Schlösser, Rostock 2004.

Brandt, A. u. a. (Hg.), GartenNetze Deutschland. Entwicklung, Vernetzung, Vermarktung historischer Gärten, Rostock 2007.

Brilli, A., Als Reisen eine Kunst war. Vom Beginn des modernen Tourismus: die „Grand Tour“, Berlin 1997.

Clark, R., Garten Reiseführer. 1500 Gärten und Parks in Deutschland, München 2011, 7. Aufl.

Hanzl-Wachter, L., Der Rittergau im kaiserlichen Schloßpark zu Laxenburg, in: Die Gartenkunst 2:233–253, 2001.

Hennebo, D., Entwicklung des Stadtgrüns von der Antike bis in die Zeit des Absolutismus, Hannover 1979.

Hlavac, C., Zurück ins Paradies. Ein geschichtlicher Abriss des Gartentourismus, in: Hlavac, C. (Hg.), Zurück ins Paradies. Neue Wege im Gartentourismus, München/Wien 2002, S. 11–27.

Hlavac, C., Sichtbares und unsichtbares Lenken. Gedanken zur Informationsweitergabe und Besucherlenkung in historischen Gärten, in: Stadt + Grün 12:39–44, 2009.

Hlavac, C., Gartenkultur von unten. Offene Pforten als internationale Bewegung, in: DGGL Jahrbuch, 2011, S. 70–73.

Hlavac, C. / A. Göttche, Die Gartenmanie der Habsburger. Die kaiserliche Familie und ihre Gärten 1792–1848, Wien 2016.

Sattlecker, F., Die Kommunikationsstrategie des Schlosses Schönbrunn, in: Brandt, A. et al. (Hg.), Diesseits von Eden. Europäische Marketing-Konzepte für Gärten und Schlösser, Rostock 2006, S. 124–128.

Steinecke, A., Tourismus, Parks und Gärten, München 2018 (= Tourism Now).

Stobbe, U., Wie die Besucher in die Parks kamen. Öffnungs- und Zutrittspraktiken im Proto-Gartentourismus, in: Die Gartenkunst 2:249–272, 2011.

Jan Specht

17 Architekturtourismus

Zusammenfassung: Neben elementaren funktionalen Aufgaben kann Architektur im Tourismus auch einen ästhetischen Beitrag leisten. Dabei können sowohl einzelne Bauwerke, als auch zusammenhängende Strukturen zu Attraktionen werden und so maßgeblich den Erfolg einer Destination beeinflussen. Der vorliegende Beitrag erläutert zunächst die Funktionen von Architektur im Tourismus und befasst sich dann mit einer Begriffsabgrenzung. Anschließend werden in diesem Kontext das Zusammenspiel von zeitgenössischer Architektur und historischen Bauwerken beleuchtet und die Bedeutung von Architektur als Destinationssymbol diskutiert. Abschließend werden dann die Bedürfnisse und Rollen der unterschiedlichen Zielgruppen im Architekturtourismus erörtert.

Schlagwörter: Architekturtourismus, Tourismusarchitektur, Attraktionsarchitektur, Destinationssymbol

17.1 Bedeutung und Funktionen von Architektur im Tourismus

Der US-amerikanische Architekt und Visionär Frank Lloyd Wright erklärt in seiner Autobiografie, dass es weder eine Trennung zwischen Architektur und Kultur noch zwischen einem der beiden von unserem Wohlbefinden geben kann (Wright 2005: 338). Tatsächlich lebt heute bereits über die Hälfte der Weltbevölkerung in urbanen Räumen und nicht nur dort beeinflusst die Architektur das gesellschaftliche Leben und Zusammenleben (United Nations 2018: 1). Die gebaute Umwelt prägt das Antlitz des Planeten, auf dem selbst die Waldflächen nur noch zu 26 % aus ursprünglichen, kaum vom Menschen beeinflussten, Strukturen bestehen (Food and Agriculture Organization of the United Nations 2015: 3).

Auch die touristische Landschaft besteht per Definition aus einer konstruierten, weshalb Tourismus ohne Architektur nicht denkbar wäre (Bijlsma/van Dijk/Geerts 2004: 2). So liefert diese – z. B. in Form von Flughäfen, Bahnhöfen, Straßen und Schienen – die notwendige Infrastruktur, um sich überhaupt erst vom Quell- ins Zielgebiet zu bewegen. Vor Ort dient Architektur dann z. B. zur Beherbergung, Versorgung oder für berufliche und private Aktivitäten und kann – nicht zuletzt – auch maßgeblich zur touristischen Attraktivität einer Destination beitragen. Obwohl sich der Tourismus als Dienstleistungsindustrie versteht, gehört die Architektur damit zu einem seiner wichtigsten Erfolgsfaktoren. Weiermaier versteht Architektur und Design im Tourismus deshalb auch als materielle Elemente, die wesentlich dazu beitragen, qualitative

Prof. Dr. Jan Specht, Studiengangsleiter Hotel- und Gastronomiemanagement, Duale Hochschule Baden-Württemberg, Ravensburg

https://doi.org/10.1515/9783486711028-017

Unsicherheiten zu reduzieren, die in einer ansonsten immateriellen Welt aus touristischen Dienstleistungen und Erlebnissen unvermeidbar sind (2002: 5).

Bauwerke mit touristischer Relevanz lassen sich jedoch nicht ohne Weiteres nach den üblichen Maßstäben der Raumordnung und Baugesetzgebung klassifizieren. Während Wohnen, Arbeiten, Einkaufen, Produktion und Verwaltung sowie Sport und Kultur hier festgeschriebene Begriffe sind, lässt sich der Tourismus nur schwer zuordnen (Romeiß-Stracke 2010: 11–12). Warum dies so ist, wird deutlich beim Versuch, die unterschiedlichen Bauwerke eindeutig dem Touristen als Nutzer zuzuschreiben. Während das bei Beherbergungsstrukturen noch ansatzweise gelingen kann, werden andere Immobilienarten, wie z. B. Einkaufszentren, Museen, Restaurants oder Kirchen, sowohl von den Einheimischen als auch Besuchern genutzt. In welchem Umfang das stattfindet, hängt dabei von der jeweiligen Immobilie und dem zugehörigen Standort ab. Hinzu kommt, dass sich die Funktion und touristische Relevanz von Bauwerken im Zeitverlauf ändern können. So gehört heute beispielsweise die Chinesische Mauer zu den wichtigsten baulichen Tourismusattraktionen der Volksrepublik. Dabei war das ab dem 7. Jahrhundert v. Chr. errichtete und aus zahlreichen Einzelobjekten bestehende Bauwerk ursprünglich als Grenzbefestigung gedacht, die das chinesische Kaiserreich vor den nomadischen Reitervölkern aus dem Norden schützen sollte. Die Attraktion, die heute jedes Jahr mehrere Millionen Touristen anlockt, war also ursprünglich dazu gedacht, invasive „Besucher" fernzuhalten.

17.2 Abgrenzung von Tourismusarchitektur und Architekturtourismus

Ein einheitliches Verständnis von Tourismusarchitektur gibt es nicht. So wird der Begriff im engeren Sinne meist für Bauwerke verwendet, wie z. B. Hotels oder Freizeitanlagen, die hauptsächlich oder ausschließlich von Touristen genutzt werden (Romeiß-Stracke 2010: 12). Ein erweitertes Begriffsverständnis umfasst hingegen alle Arten von baulichen Strukturen mit direkter Relevanz für den Tourismus, was z. B. auch Kinos oder Parks einschließt, insofern diese von Touristen besucht werden (Specht 2014: 10). Die Attraktivität der Objekte spielt bei der Frage der Verwendung des Begriffs „Tourismusarchitektur" aber keine Rolle.

Anders verhält es sich beim Architekturtourismus, bei dem die Attraktivität einen entscheidenden Faktor darstellt. So erfüllt die Architektur hier nicht mehr nur funktionale Aufgaben, die den Tourismus unterstützen bzw. ermöglichen, sondern sie steht direkt im Zentrum des touristischen Interesses. D'Acierno bezeichnet diese architektonischen „Objekte der Begierde" deshalb auch als „Architectures of Attraction", als Attraktionsarchitekturen (2005: 140). Welche Art von Architektur in welchem Kontext jedoch als Attraktion verstanden wird, ist individuell verschieden und kann je nach Destination und Besucher variieren (siehe Abschnitt 17.5 in diesem Buch).

17.3 Von historischen Bauwerken zu zeitgenössischer Attraktionsarchitektur

Architekturtourismus ist nicht beschränkt auf eine bestimmte Epoche oder einen bestimmten architektonischen Stil. Er umfasst im weiteren Sinne jede Art von Tourismus, die sich dem Thema „Architektur“ widmet – ganz gleich, ob es dabei um zeitgenössische oder historische Strukturen geht. Allerdings wurde im Zusammenhang mit historischen Bauten in der Praxis und Literatur in den letzten Jahrzehnten selten von Architekturtourismus, sondern vielmehr von Kulturtourismus gesprochen (Peterson 1995: 7; Romeiß-Stracke 2010: 15). Auf der anderen Seite wurden die Begriffe „Architectural Tourism“ und „Architourism“ (dt.: Architekturtourismus und – eher selten – Architektourismus oder Architourismus) während einer Konferenz im Jahre 2002 für touristische Aktivitäten im Zusammenhang mit zeitgenössischer Architektur geprägt und anschließend entsprechend in Presse und Literatur verwendet (Frausto/Ockman 2005: 8). Symbolisch hierfür steht auch das von Frank Gehry im spanischen Bilbao errichtete und 1997 eröffnete Guggenheim Museum (Abb. 17.1). Bilbao, bis zur Eröffnung des Museums noch kaum auf der „touristischen Landkarte“ vertreten, konnte sich plötzlich über einen Zuwachs von rund einer Million Touristen freuen, die bis

Abb. 17.1: Guggenheim Museum Bilbao (Architekt: Frank O. Gehry) mit Jeff Koons' Blumenskulptur „Puppy“ (Foto: Jan Specht, 2011)

heute Jahr für Jahr in die ehemalige Industriestadt pilgern (Museo Guggenheim Bilbao 2019). In der Presse wurde in Folge häufig vom „Guggenheim-Effekt" gesprochen und das Phänomen nicht als eine bestimmte Art von Architekturtourismus, sondern als solcher per se verstanden.

Dabei ist zum einen die zeitgenössische Architektur als Objekt touristischen Verlangens nichts Neues. Gebäude aus der jüngeren Vergangenheit wie die Sagrada Família in Barcelona, das Atomium in Brüssel oder das Sydney Opera House sind da nur einige berühmte Beispiele; zum anderen bezieht sich ein Großteil des Architekturtourismus grundsätzlich auf historische Bauwerke. Spektakuläre Bauten wie das Kolosseum in Rom, die Athener Akropolis oder die Sultan-Ahmed-Moschee (Blaue Moschee) in Istanbul stellen bereits seit den frühen Tagen des Tourismus wichtige Pull-Faktoren für ihre jeweiligen Destinationen dar.

Architekturtourismus – ob nun bezogen auf historische oder zeitgenössische Werke – nur auf spektakuläre Einzelbauten zu beschränken, greift allerdings zu kurz. Insbesondere ein stimmiges architektonisches Gesamtbild kann dafür sorgen, dass eine Destination von Besuchern als attraktiv empfunden wird. Dazu können ebenso kleinere historische Ensembles gehören, die ohne nennenswerte zeitgenössische Einschnitte auskommen (z. B. die Insel Lindau), wie auch eine spannende großstädtische Mischung aus alten und neuen Strukturen (z. B. Berlin oder Barcelona). Romeiß-Stracke vertritt hier sogar die These, dass „mindestens die Hälfte des klassischen Kulturtourismus in Europa eigentlich Architektur-Tourismus ist und die ästhetischen Defizite, die zu Hause, in der Alltags-Architektur entstanden sind, kompensieren soll" (2010: 15).

17.4 Architektur als Destinationssymbol

Laut Urry/Larsen besteht Tourismus heute häufig aus der Suche nach Fotogenem, aus einer Strategie zur Sammlung persönlicher Erinnerungen (2012: 172). Dabei wird die Suche nach geeigneten Motiven aber kaum dem Zufall überlassen und beginnt nicht erst auf der Reise selbst. Vielmehr beeinflussen von anderen Personen oder Institutionen zuvor gemachte Bilder den zukünftigen Reisenden in der Einschätzung, welche Ziele und Attraktionen überhaupt sehenswert sind (Specht 2012: 48). Verbreitet werden solche Bilder über sehr unterschiedliche Kanäle, vom privaten Facebook- oder Instagram-Account über Reiseblogs bis hin zu professionellen Destinationskampagnen, Reiseführern oder Fernsehfilmen. Garrod ist der Meinung, dass diese Bilder eine wesentliche Rolle im Destinationsmarketing spielen und es die Hauptmotivation von Touristen ist, die zuvor geweckten Erwartungen zu (be)suchen, erneut zu fotografieren und dann wieder zu teilen. Er verweist dabei auf Urrys (1990) Theorie von einem sich selbst verstärkenden „geschlossenen Kreis der Repräsentation" (Garrod 2009: 347). Die fotografierten Objekte werden dabei zu Symbolen, visuellen Botschaftern, die Destinationen mit mehr oder weniger spezifischen touristischen Bedürfnissen und Erwartungen verknüpfen. Solche Symbole können Menschen sein, wie die Samba-Tänzer, die für Rio de Janeiro stehen und die bewunderte Lebensfreude verkörpern; oder Tiere, wie Elefanten und Löwen, die Afrika und den Geist der Wildnis und des Abenteuers repräsentieren. Ebenso können z. B. auch Landschaften die natürliche Schönheit ausdrücken, die im Tourismus oft mit Erholungs- oder Outdoor-Aktivitäten verbunden wird. Wenn es um Destinationssymbole geht, spielt Architektur aber eine dominierende Rolle. Einer der Gründe dafür ist der Wiedererkennungswert. So gibt es nur wenige Landschaften und Naturdenkmäler, wie den Uluru bzw. Ayers Rock in Australien oder den Grand Canyon in den USA, die auf einem Foto eindeutig identifiziert werden können (Specht 2013: 44–45). Dabei ist der Wiedererkennungswert im Tourismusmarketing heute jedoch oft wichtiger als die Vermittlung tatsächlichen Wissens über die Destination (Auge 2005: 91). Mit positiven Werten und Erwartungen verbundene und visuell einzigartige Attraktionen können einen wesentlichen Wettbewerbsvorteil für diejenigen Destinationen schaffen, die das Glück haben, über sie zu verfügen. Das gilt vor allem für solche Attraktionen – ob natürlich oder von Menschenhand geschaffen –, die nicht reproduzierbar und zugleich untrennbar mit ihren jeweiligen Standorten verbunden sind. Der Wunsch, die Pyramiden zu sehen, erfordert einen Besuch in Ägypten; das Kolosseum verlangt eine Reise nach Rom, und China ist das Ziel, um die Große Mauer zu begehen. Umgekehrt können schöne Strände an vielen Orten rund um den Globus gefunden werden, und folglich gibt es insbesondere zwischen den häufig als „Sonnenziele“ bezeichneten Destinationen einen starken Wettbewerb.

Und wie steht es um Orte, die ihre touristische Anziehungskraft grundsätzlich erhöhen müssen, oder solche, die mangels Attraktionen noch gar nicht auf der touristischen Landkarte auftauchen? Während historische Bauwerke und/oder natürliche Attraktionsfaktoren für die einen Destinationen bereits standortbezogene Attraktionsfaktoren oder sogar Alleinstellungsmerkmale sind, leiden andere darunter, dass sich solche Elemente kaum (künstlich) nachbilden lassen. Ehemals vom Krieg zerstörte Innenstädte bekommen dies ebenso zu spüren wie landschaftlich benachteiligte Regionen. Kotler/Gertner schlagen deshalb vor, dass – wenn zu wenig ursprüngliche touristische Ressourcen vorhanden sind – in den Bau neuer Attraktionen investiert werden sollte (2011: 46). Zeitgenössische Architektur kann hier – nicht nur touristisch – als Instrument der (Re-)Vitalisierung dienen. Entsprechend wurden in den letzten Jahren auch unzählige Stararchitekten – von Sir Norman Foster über Zaha Hadid und Santiago Calatrava, Jean Nouvel und Rem Koolhaas bis Herzog & de Meuron – von Destinationen mit ikonischen Bauten beauftragt, in der Hoffnung, den sogenannten Bilbao-Effekt mit ihren Werken zu wiederholen.

Zeitlich befristete Großveranstaltungen wie Olympiaden oder Weltausstellungen bedienen sich ebenfalls traditionellerweise spektakulärer zeitgenössischer Architekturen, um auf Event und Ort aufmerksam zu machen und so Besucher anzulocken. Dabei soll die Strahlkraft möglichst auch über die Dauer der Veranstaltung hinaus anhalten und das Image der Destination nachhaltig positiv beeinflussen. Für kontroverse Diskussionen sorgen hier häufig die Kosten und der Umgang mit den eigentlich für temporäre Zwecke gedachten Gebäuden. Während die einen auf den kompletten Rückbau setzen, versuchen andere Destinationen die teuren Bauwerke – mal mehr, mal weniger erfolgreich – weiterzunutzen. Schanghai hat hier nach der Expo 2010 beispielsweise eine hybride Strategie verfolgt und lediglich auf den Rückbau des eigenen Pavillons verzichtet, der heute ein Museum für zeitgenössische chinesische Kunst beherbergt. Etablierte und kaum mehr wegzudenkende Destinationssymbole wie der Pariser Eiffelturm, das Brüsseler Atomium oder die Space Needle in Seattle blicken auf eine ähnliche Entstehungsgeschichte zurück. Doch auch ohne den Anlass einer Großveranstaltung setzen selbst erfolgreiche Tourismusdestinationen, denen einprägsame Symbole fehlen, bewusst auf zeitgenössische Architektur. Ob Calatravas spektakuläres Auditorio de Tenerife (Auditorium von Teneriffa) oder die teure Hamburger Elbphilharmonie (Abb. 17.2) allerdings die neuen Eiffeltürme oder Sydney Opera Houses ihrer Destinationen werden oder – langfristig betrachtet – doch nur finanzielle Einbahnstraßen sind, bleibt abzuwarten. Immerhin hat die „New York Times" – schon kurz vor Eröffnung der Elbphilharmonie – Hamburg in die Top-Ten-Reiseziele für 2017 aufgenommen und das sowohl mit dem aufsehenerregenden zeitgenössischen Bauwerk selbst als auch dem historischen UNESCO-Welterbe der Speicherstadt begründet (Bloch u. a. 2017).

Abb. 17.2: Finanzielle Einbahnstraße oder nachhaltiges Destinationssymbol? Konzerthaus Elbphilharmonie, Hamburg (Architekten: Herzog & de Meuron) (Foto: Jan Specht 2016)

17.5 Vom Massen- zum Architekturtouristen

Je nach Ort und Besucher kann Architektur ein mehr oder weniger wichtiges Element für eine Destination darstellen und sich auch in Form und Funktion fundamental voneinander unterscheiden (z. B. im ländlichen und städtischen Tourismus). Innerhalb eines bestimmten Zielorts können die Arten von Besuchern und deren Erwartungen und Anforderungen ebenfalls erheblich voneinander abweichen. Dies gilt speziell für städtische Destinationen, wo Einkaufstourismus, Eventtourismus, Kulturtourismus und viele andere Formen stattfinden, manchmal koexistieren und nicht selten miteinander verschmelzen. Je nach Art und Zweck ihrer Reise kann sich ein und dieselbe Person auch sehr unterschiedlich verhalten und entsprechend unterschiedliche Tourismusformen wahrnehmen. So kann z. B. ein Geschäftsreisender nach dem Messebesuch in seiner Freizeit noch ein Konzert aufsuchen oder Architektur „konsumieren", indem er durch die Altstadt flaniert. Verschiedene Autoren plädieren daher schon seit Längerem für eine Abkehr der Einteilung in starre Arten oder Typen von Touristen hin zu multivariaten Aktivitätsmustern, in denen Touristen ihre Aktivitäten miteinander kombinieren und so unterschiedliche Rollen einnehmen können (Mazanec 1997: 114; Cohen 2004: 29). Sich als Destination also nur auf den vermeintlichen Architekturtouristen per se zu konzentrieren, würde wesentliche Zielgruppenpotenziale außer Acht lassen. Vielmehr sollten alle Zielgruppen hinsichtlich ihrer „architektonischen Bedürfnisse" und unterschiedlichen Aktivitäten und Rollen untersucht werden. Hinzu kommt, dass beim Zusammenspiel von Attraktivität und touristischem Interesse „Architektur" als Begriff nicht spezifisch genug für eine signifikante Bewertung ist. So ist es z. B. möglich, dass Touristen, die historische Bauwerke besuchen, an zeitgenössischer Architektur überhaupt nicht interessiert sind (Steinecke 2008: 190).

Hughes hat bei Untersuchungen im Bereich des kunstbezogenen Tourismus ähnliche Phänomene festgestellt. Auch hier finden sich weltbekannte und für den Massentourismus relevante Destinationssymbole, wie Leonardo da Vincis „Mona Lisa" oder Michelangelos „David" neben Werken, die nur für wenige Besucher interessant sind (2000: 127). Abhängig vom spezifischen Interesse an der Kunst und dem Grad der Absicht, tatsächlich Kunst zu besuchen, hat Hughes daher verschiedene Rollen definiert, die sich zum Teil auch auf den Architekturtourismus übertragen lassen (siehe Abb. 17.3).

Zu den Architekturtouristen mit spezifischen Interessen gehören z. B. auch die Architekten selbst, die aus beruflichem und/oder privatem Interesse auf Reisen häufig zeitgenössische Bauten besuchen. Ebenso gibt es Touristen, die ein ganz spezifisches Interesse an bestimmten Epochen oder Werken bestimmter Architekten hat. Gemein haben all diese vergleichsweise kleinen Gruppen, dass sie sich meist mit den „Objekten der Begierde" auskennen und sich auf den Besuch vorbereiten. Die Absicht, die spezifische Architektur zu besuchen, steht dabei im Vordergrund, der architektonische Wert ist vorrangig und die eigentliche Funktion des Gebäudes oft nachrangig. Umgekehrt nehmen auch „reguläre" Touristen ohne spezifisches Interesse an Archi-

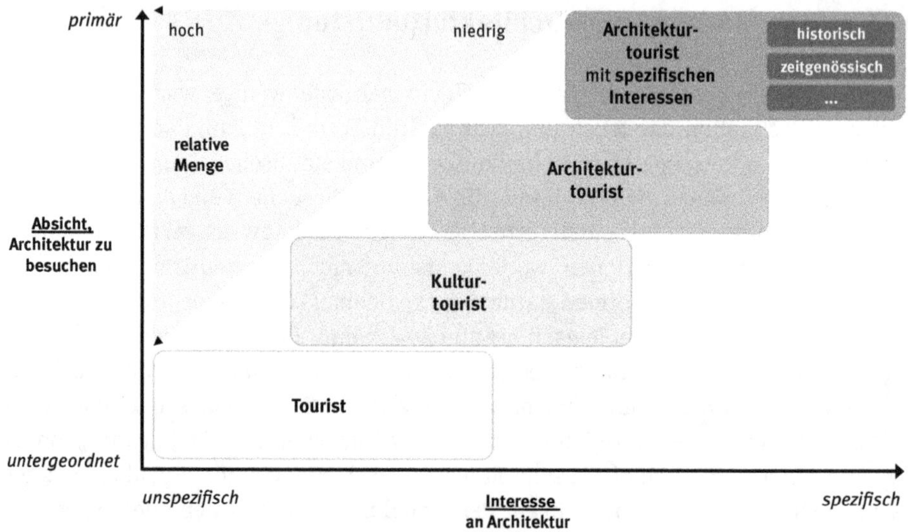

Abb. 17.3: Architekturrelevante Rollen im Tourismus (nach Specht 2015: 314)

tektur diese wahr und werden in ihrem Reiseerlebnis und ihrer Einschätzung der Destination durch sie beeinflusst. Ob eine Innenstadt oder ein Museum als attraktiv empfunden werden, liegt nicht selten an der architektonischen Qualität – auch wenn der Besucher kein spezifisches Interesse daran oder Wissen darüber hat. Dabei gilt sein Besuch meist nicht primär der Architektur, sondern der damit einhergehenden Funktion. Er begegnet der Architektur eher beiläufig oder sogar zufällig und konsumiert sie unbewusst. So steht z. B. das von Daniel Libeskind entworfene Jüdische Museum in Berlin ob seiner außergewöhnlichen und oft als dekonstruktivistisch bezeichneten Architektur bei Architekturtouristen mit spezifischem Interesse an zeitgenössischen Bauten ganz oben auf der architektonischen Besuchsliste. Touristen und Kulturtouristen hingegen interessieren sich oft stärker für die Inhalte der Ausstellungen selbst als für die Architektur des Museums. Dabei können Besucher auch mehre Rollen gleichzeitig belegen oder sich situationsbedingt zwischen verschiedenen Rollen bewegen. Auch sind die Grenzen oft fließend, was eine harte Abgrenzung kaum möglich macht. Dennoch sollten sich die Manager von Attraktionen und Destinationen, auch aus architektonischer Sicht, mit den spezifischen Interessen und Absichten ihrer (potenziellen) Zielgruppen auseinandersetzen, um diese konkret ansprechen und ihren unterschiedlichen Bedürfnissen gerecht werden zu können.

Literatur

Auge, M., Contemporary Tourist Experience as Mis-en-Scene, in: Ockman / Frausto 2005, S. 88–91.
Bijlsma, L. / T. van Dijk / F. Geerts, Architecture and the Tourist Landscape, in: Architectural Journal Oase 64:2–15, 2004.

Bloch, M. / P. Brown / A. DeSantis / A. Eaton / N. Koppel / D. Saltzstein / M. Towey / J. White / J. Williams, 52 Places to Go in 2017, in: The New York Times, 2017, 4.1.2017, https://www.nytimes.com/interactive/2017/travel/places-to-visit.html (8.9.2019).

Cohen, E., Who is a Tourist? A Conceptual Clarification, in: Cohen, E. (Hg.), Contemporary Tourism. Diversity and Change, Amsterdam 2004, S. 17–36.

d'Acierno, P., Spectacular, in: Ockman / Frausto 2005, S. 138–141.

Food and Agriculture Organization of the United Nations, Global Forest Resources Assessment, 2. Aufl. http://www.fao.org/3/a-i4793e.pdf (20.4.2017) 2015.

Garrod, B., Understanding the Relationship between Tourism Destination Imagery and Tourist Photography, in: Journal of Travel Research 47:346–358, 2009.

Hughes, H., Arts, Entertainment and Tourism, Oxford 2000.

Kotler, P. / D. Gertner, A Place Marketing and Brand Management Perspective Revised, in: Morgan, N. et al. (Hg.), Destination Branding. Creating the Unique Destination Proposition, London 2011, 3. Aufl., S. 33–54.

Mazanec, J. A., Segmenting City Tourists into Vacation Styles, in: Mazanec, J. A. (Hg.), International City Tourism: Analysis and Strategy, London 1997, S. 114–128.

Museo Guggenheim Bilbao, Annual evolution of the number of visitors to the Guggenheim Museum Bilbao (Spain) from 2010 to 2018 (in Statista), https://www-statista-com.ezproxy-dhrv-2.redi-bw.de/statistics/781335/annual-number-of-visitors-in-the-museum-guggenheim-in-bilbao/ (6.9.2019) 2019.

Ockman, J. / S. Frausto, Architourism. Authentic, Escapist, Exotic, Spectacular, München 2005.

Peterson, K. I., The Heritage Resource as Seen by the Tourist, in: Harssel, J. Van (Hg.), Tourism. An Exploration, Englewood Cliffs (NJ) 1995, S. 242–249.

Romeiss-Stracke, F., Auf dem Weg zu einer Baukultur im Tourismus, in: Romeiss-Stracke, F. (Hg.), Tourismusarchitektur: Baukultur als Erfolgsfaktor, Berlin 2008, S. 9–16.

Romeiss-Stracke, F., Mehr Baukultur im Tourismus, in: Pechlaner, H. / S. Schön (Hg.), Regionale Baukultur als Erfolgsfaktor im Tourismus: Nachhaltige Vermarktung von Destinationen, Berlin 2010.

Specht, J., The Interdependencies between Photography and Architecture. Their Mutual Impacts on the Image of a Destination, in: The International Journal of the Image 2(2):45–57, 2012.

Specht, J., Architecture and the Destination Image. Something Familiar, Something New, Something Virtual, Something True, in: Sonnenburg, S. / L. Baker (Hg.), Branded Spaces. Experience Enactments and Entanglements, Wiesbaden 2013, S. 43–62.

Specht, J., Architectural Tourism: Building for Urban Travel Destinations, Wiesbaden 2014.

Specht, J., Towards a New Role Model of the Contemporary Architectural Tourist, in: Wee, D. / S. Sonnenburg (Hg.), Touring Consumption, Wiesbaden 2015, S. 303–318.

Steinecke, A., Kathedralen, Patrizierhäuser, Wolkenkratzer – architektonische Denkmäler als städtetouristische Attraktionen, in: Romeiss-Stracke, F. (Hg.), Tourismusarchitektur. Baukultur als Erfolgsfaktor, Berlin 2008, S. 190–198.

United Nations, The World Cities in 2018, https://www.un.org/en/events/citiesday/assets/pdf/the_worlds_cities_in_2018_data_booklet.pdf (8.9.2019) 2018.

Urry, J., The Tourist Gaze. Leisure and Travel in Contemporary Societies, London 1990.

Urry, J. / J. Larsen, The Tourist Gaze 3.0, London 2012, 3. Aufl.

Weiermair, K., The Integration of the Local Setting in Tourist Products: What Is the Importance of Architecture? 2002, Zusammenfassung eines Beitrags für das 4. Tourism Summit in Chomanix Mont-Blanc (11.–13.12.2002).

Wright, Frank Lloyd, An Autobiography, Petaluma (CA) 2005.

Werner Kreisel und Tobias Reeh

18 Industrietourismus

Zusammenfassung: Industrietourismus hat sich in jüngerer Zeit als ein Zweig des Kulturtourismus etabliert. Charakteristische Baudenkmale (z. B. Fabriken, Arbeitersiedlungen, Wohnsitze von Unternehmerfamilien) kennzeichnen die Industriekultur (Industrial Heritage), die mancherorts ganze Industrielandschaften hervorgebracht hat. Das touristische Interesse gilt dabei sowohl den aktuell produzierenden Werken als auch denen, deren Fertigung inzwischen zum Stillstand gekommen ist. Im ersten Fall haben sich komplexe Industrieerlebniswelten entwickelt, bei denen die Grenzen zwischen Produktion, Marketing, Kundenbetreuung und Unterhaltung verschwimmen. Die Besucher lernen den jeweiligen Betrieb, seine Produktionsprozesse, die historische Entwicklung und die zukünftigen Pläne des Werks kennen. Schauräume und Museen sorgen ebenso wie Hotellerie und Gastronomie für ein umfangreiches Erlebnisprogramm. Im zweiten Fall werden aufgelassene Betriebsstätten infrastrukturell aufgewertet und touristisch genutzt. Dies kann die regionale Identität der Bevölkerung stärken und die weichen Standortfaktoren sowie das Image für die Ansiedlung neuer Betriebe verbessern, wodurch wiederum die Schaffung alternativer Arbeitsplätze erleichtert wird. Um solche Industrieanlagen für touristische Belange attraktiv zu machen, sind Inszenierungen erforderlich, die den Besuchern ein möglichst wahrheitsgetreues Bild der Wirtschafts- und Sozialgeschichte vermitteln, aber gleichzeitig die Erfordernisse heutiger Infrastruktur berücksichtigen.

Schlagwörter: Industriekultur, Industrieerlebniswelten, Inszenierungen, Authentizität, Strukturwandel, Regionalentwicklung

18.1 Industrie als kulturelles Erbe und touristische Attraktion

Die Industrialisierung hat Umwelt, Wirtschaft und Gesellschaft stärker geprägt als jede andere Entwicklung im Verlauf der Menschheitsgeschichte. Industriebetriebe sind damit nicht allein Produktionsstätten, sondern besitzen als kulturelle Denkmale einen hohen Wert. Daher rührt ihre zunehmende Bedeutung für den Tourismus, in dem vermehrt auch stark anthropogen überformte Landschaften als Zielgebiete eine Rolle spielen (Ebert 2004: 21 ff.). Mittlerweile ist es im traditionellen „Kulturtourismus" akzeptiert, dass nicht nur Schlösser, Burgen, Kirchen und andere Baudenkmale aus der Vergangenheit touristische Attraktionen darstellen (Schröder 2003: 214; Brittner-Wid-

Prof. Dr. Werner Kreisel, Abteilung Humangeographie, Geographisches Institut, Georg-August-Universität Göttingen
Dr. Tobias Reeh, Wissenschaftlicher Mitarbeiter, Abteilung Humangeographie, Geographisches Institut, Georg-August-Universität Göttingen

https://doi.org/10.1515/9783486711028-018

mann: Kapitel 13 in diesem Band). Ganze Industrielandschaften – lange Zeit als Symbole des Niedergangs betrachtet – sind in den letzten Jahren zu Erlebnisorten geworden, in denen das industrielle Erbe zum Hintergrund für eine Reihe touristischer Aktivitäten wird (Goodall 1994: 93 ff.; Green 1994: 16 f.; Hospers 2002: 398; Gee 2003: 3; Soyez 2006: 75; Steinecke 2007: 246 ff.; Otgaar 2012: 86). Allerdings ist das Phänomen Industrietourismus kein gänzlich neues, denn „[j]ede Epoche der Kulturgeschichte – so auch die Industrialisierung – hat gegen ihr Ende eine Welle des Erinnerns und der Rückschau ausgelöst“ (Ebert 1999: 60). So faszinierten historische Mühlenanlagen, frühneuzeitliche Hütten- und Hammerwerke oder auch Bergwerke und Technikmuseen schon von jeher Besucher und können daher als frühe industrietouristische Attraktionen gelten (Schröder 2003: 213; vgl. Kapitel 13 in diesem Buch). Zweifellos werden sie jedoch von den Zeugnissen der eigentlichen „industriellen Revolution“ überstrahlt. Ausdruck hiervon ist die Aufnahme entsprechender Standorte in die Liste des UNESCO-Welterbes (z. B. Zeche Zollverein in Essen mit rund 1,5 Mio. Besuchern jährlich, vgl. Bösch 2018: 4; vgl. Abb. 18.1; Völklinger Hütte mit rund 250.000 Besuchern jährlich, vgl. Völklinger Hütte 2017: o. S.; vgl. Abb. 18.2) sowie die Entwicklung touristischer Netzwerke der Industriekultur (Route der Industriekultur im Ruhrgebiet, Straße der Mitteldeutschen Braunkohle usw.). Als Industriekultur lässt sich dabei nach Wilhelm (2004: 44) „die Geschichte der Technik- und Sozialgeschichte der Arbeit, aber auch die Architekturgeschichte der Fabriken [sowie] die Entwicklung des geographischen Raumes, den man gemeinhin mit ‚Industrierevier‘ oder ‚Industriestadt‘ benennen könnte“, auffassen.

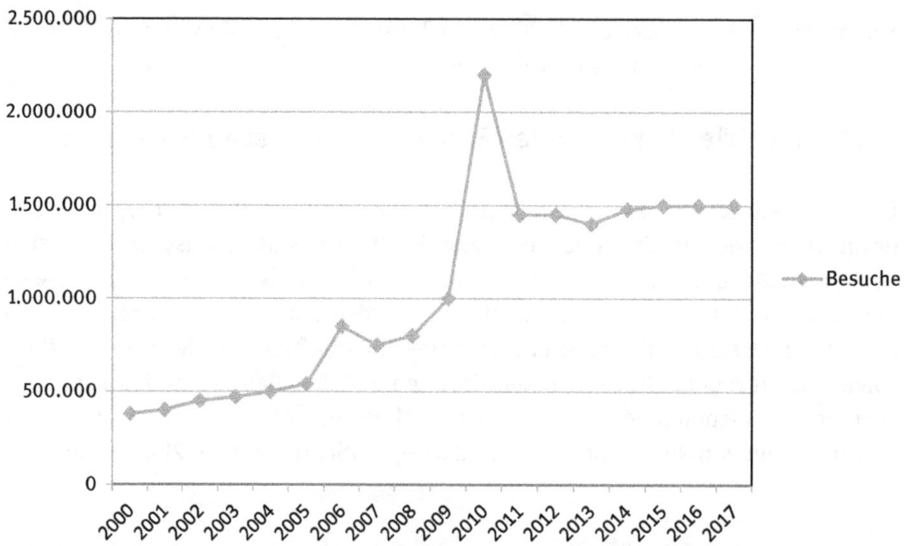

Abb. 18.1: Besucherzahlen UNESCO-Welterbe Zollverein 2000–2017 (gerundete Werte) (Quelle: Bösch 2018: 4)

Abb. 18.2: Völklinger Hütte bei Nacht. Installation *licht – Lumière* von Hans Peter Kuhn (Bildnachweis: © Weltkulturerbe Völklinger Hütte/Gerhard Kassner)

Die Zielorte des Industrietourismus sind folglich die „Industrieobjekte selbst und die von ihnen in charakteristischer Weise geprägten Räume [...]. Es seien darunter solche Formen der räumlichen Mobilität verstanden, die durch die Anziehungskraft ehemaliger oder in Betrieb befindlicher Industrien auf externe Besucher ausgelöst werden" (Soyez 1993: 41; siehe auch Gelhar 2005: 31). Diese Charakterisierung spiegelt sich in den englischen Bezeichnungen „Industrial Heritage Tourism" sowie „Industrial Tourism" wider (Frew/Shaw 1995: 88; Kuntz 1999: 157; Steinecke 2004: 249; Frew 2008: 27 ff.). Allgemein lässt sich der Industrietourismus als „mehr oder minder professionell organisierte Reisen zu Industrieproduktionsstätten, deren Besuch und Führungen in denselben" verstehen (Wilhelm 2004: 45).

Folgt man der Übersicht von Steinecke (2007: 7) zu den Arten des Kulturtourismus, so stellt die Industrie sowohl Einzelobjekte (Objektkulturtourismus; z. B. Swarovski-Kristallwelten) als auch Kulturobjekthäufungen (Gebietskulturtourismus; z. B. Route der Industriekultur) als Ressourcen zur Verfügung. Ferner dienen ihre Standorte als Schauplätze kultureller Events (Ereigniskulturtourismus). Wilhelm (2004: 46) unterscheidet dabei die folgenden Typen von industriekulturellen Einrichtungen:

- Technik- und Industriemuseen klassischer Art,
- Industriekulturareale, -parks, -sites,
- „Real"-Museen, Denkmale mit kulturtouristischer Erschließung,

- Einrichtungen zu handwerklichen Fertigkeiten, die in Vergessenheit geraten sind („savoir faire"),
- Einrichtungen, die Sozialleben, Alltag der Arbeit sowie Sozialgeschichte der Industriekultur als Ausdruck der typischen Lebensweise einer Region, eines Berufsstands etc. thematisieren,
- aktuelle Produktionsstätten und ihre Arbeitsbedingungen sowie Arbeitsverfahren.

18.2 Touristische Inwertsetzung produzierender Industrien

Fleiß (2010: 207 ff.) stellt anhand unterschiedlicher Quellen (u. a. Reiseführer, Postkarten) anschaulich die „Konstruktion der Fabrik als touristischen Raum" bereits im späten 19. und frühen 20. Jahrhundert heraus. Im Fall der produzierenden Betriebe handelt es sich heute zumeist um Unternehmen, die im Rahmen ihrer Kommunikationspolitik touristisch relevante Angebote bereitstellen und diese z. T. mit dem Vertrieb verbinden (Steinecke 2004: 248 f.). Dabei lässt sich eine Entwicklung von eher „klassischen" Unternehmensbesichtigungen und -museen vor allem im Bereich der Konsumgüterindustrie hin zu komplexen „Industrieerlebniswelten", „Markenwelten", „Brand Lands" oder „Mixed-Use-Centers" (insbesondere im Fall von Großunternehmen) beobachten, in denen die „Grenzen zwischen Produktion, Marketing, Kundenbetreuung und Unterhaltung" verschwimmen (Soyez 2006: 74). Der Besuch der vielgestaltigen Themenwelten ersetzt mitunter sogar die Besichtigung der eigentlichen Produktionsstätten (Steinecke 2001: 87 ff.). Besonders engagieren sich in diesem Marktsegment Unternehmen aus der Automobilbranche. Sie bieten beispielsweise an, dass Käufer ihre Autos direkt im Werk abholen können und verbinden damit oft die Möglichkeit, einen oder mehrere Tage dort oder in der Umgebung zu verbringen und während dieser Zeit die Produktionsprozesse sowie die historische Entwicklung des jeweiligen Werks in den angeschlossenen Schauräumen und Museen kennenzulernen. Hotellerie und Gastronomie sind häufig direkt auf dem Werksgelände vorhanden, sodass die Besucher zu erschwinglichen Preisen ein Rundumpaket buchen können. Übergeordnetes Ziel ist dabei die Verbesserung der Wettbewerbsposition und des Images und nicht so sehr eine Förderung des Tourismus (Altenhöner 2001; Hirtenhuber u. a. 2001; Mader 2003; Steinecke 2004; Kerwin 2005; Otgaar 2012). Steinecke (2004: 249) unterscheidet zwischen eher informations- und bildungsorientierten Angeboten (z. B. Swarovski-Kristallwelten Wattens, Autostadt Wolfsburg, Audi-Forum Ingolstadt) und eher spaß- und unterhaltungsorientierten Einrichtungen (z. B. Ravensburger Spieleland, Legoland-Parks). Frew (2008: 32 ff.) benennt als Gliederungsmöglichkeit hingegen die Aspekte „Automatisierungsgrad der Produktion", „Greifbarkeit der Produkte" sowie „Einbeziehung der Besucher". Vor diesem Hintergrund verweist Kotler (1994) auf die unterschiedliche Interaktionstiefe der Besucher mit dem Produkt von der Teilhabe am bzw. der Informationen zum Herstellungsprozess bis hin zum Ausprobieren und Kauf des Produkts. Der gewünschte Marketing- und Publicity-Aspekt geht naturgemäß mit zusätzlichen Kosten insbesondere beim Personal und der Infrastruktur einher. Diese erscheinen jedoch angesichts der Erwartung, dass sich der damit verbundene Aufwand rentiert, vertretbar (Schröder 2004: 216).

18.3 Touristische Inwertsetzung nicht mehr produzierender Industrien

Infolge der Standortverlagerungen zahlreicher Industriezweige von Europa in andere Weltregionen kommt es seit den 1950er-Jahren vielerorts zur Schließung von Betriebsstätten. Das betrifft in erster Linie die Eisen- und Stahl- sowie die Textilindustrie, die in großem Stil etwa nach Ost-, Südost- und Südasien abgewandert sind. Hinzu treten lagerstättengebundene Industriebereiche (z. B. Braunkohle; Boshold 1999; Krajewski 2004; Soyez/Gelhar 2005). Das bedeutet, dass man in Europa vermehrt aufgelassene Industrieflächen findet. Mit der touristischen Inwertsetzung werden in diesen Fällen strukturelle Verbesserungen angestrebt und insbesondere die nachstehenden Ziele verfolgt (Steinecke 2007: 252; siehe auch Soyez 1986, 2006; Neumann u. a. 2012):

- touristische Vermittlung der regionalen Industrie-, Wirtschafts- und Sozialgeschichte am Originalschauplatz,
- Aufwertung spektakulärer Industriedenkmale und -symbole zur Stärkung der regionalen Identität (Innenwirkung),
- Verbesserung des regionalen Images (Außenwirkung),
- Neu- oder Umnutzung von Industrierelikten,
- Sanierung alter Industriestandorte und ihres Umfelds,
- Schaffung neuer Arbeitsplätze, vor allem im Dienstleistungssektor.

Steinecke (2004: 255 ff.) nimmt hierbei die folgende Einteilung vor:
1) Industrierelikte und -museen,
2) industrietouristische Themenstraßen sowie
3) Industrieerlebnislandschaften.

Der Fokus liegt in der Regel auf der Bewahrung und Vermittlung des industriekulturellen Erbes im umfassenden Sinne (ebd.: 249 ff.). Vor allem altindustrialisierte Räume versuchen „sich als Tourismusdestinationen zu positionieren, indem sie ihr industriegeschichtliches Erbe (Heritage) schützen und zugleich für den Tourismusmarkt aufbereiten“ (ebd.: 247). Hierfür werden das materielle Erbe („Industriebauten“ – z. B. Produktionsstätten, Verkehrswege, Direktorenvillen und Arbeiterhäuser; Hospers 2002: 399) sowie das immaterielle Erbe („Kultur der Arbeit“ – z. B. Vereinswesen, Brauchtum) gleichermaßen herangezogen und als Alleinstellungsmerkmal genutzt (Schwark 2004: 15 ff.). Als bekannte Beispiele sind die Route der Industriekultur (Ruhrgebiet), die Völklinger Hütte (Saarland) oder auch die Quarry Bank Mill (Styal/

Cheshire, England) zu nennen. Allerdings ist die touristische Umnutzung von Altanlagen und -standorten zuweilen auch mit Problemen behaftet, die zunächst überwunden werden müssen (Schröder 2003: 219 ff.). Als Hemmnisse nennt Soyez (1986: 78 ff.; 1993: 49 ff.) mental-kognitive Barrieren, die dazu führen können, dass Industrierelikte als unattraktiv empfunden werden, ökonomische Barrieren, die beinhalten, dass man möglicherweise auf Gewinne verzichten muss (z. B. Schrottverwertung), rechtlich-organisatorische Barrieren, welche die Frage der Trägerschaft und des Versicherungsschutzes der Besucher betreffen, sowie physische Barrieren, die zumeist eine Flächenkonversion entsprechend der touristischen Belange erforderlich machen.

Im Zuge der Umwandlung ehemaliger Bergbaulandschaften zu Erholungsräumen ergeben sich sogar großräumige landschaftliche Veränderungen. Eine besondere Herausforderung ist es, die durch den Braunkohleabbau verursachten riesigen Narben in der Landschaft nach dem Ende der Förderung einer sinnvollen Nutzung zuzuführen. Eine – wenn auch sehr aufwendige – Möglichkeit besteht darin, ehemalige Braunkohletagebaue zu fluten. Das ist der Fall etwa bei dem mittlerweile beendeten Abbau von Braunkohle-Lagerstätten in der Lausitz. Dort entstand zwischen Berlin und Dresden durch die Flutung früherer Tagebaue das „Lausitzer Seenland" mit mehr als 20 künstlichen Seen, die in wenigen Jahren durch schiffbare Kanäle miteinander verbunden sein werden. Das Lausitzer Seenland ist eine Urlaubsregion im Entstehen, die sich vom ehemaligen Braunkohlerevier zu einer der größten anthropogen geschaffenen Wasserlandschaften Europas entwickelt (vgl. Abb. 18.3).

18.4 Industrietourismus im Spannungsfeld von Musealisierung und Inszenierung

Obwohl der Wert der Industriekultur für den Tourismus inzwischen allenthalben anerkannt wird, ist es offensichtlich, dass Industrieanlagen nicht automatisch auch touristisch attraktiv sind. Es bedarf eines umfassenden Marketing- sowie eines Inszenierungsansatzes. Im ersten Fall ist ein breites Spektrum an Strategien denkbar (Steinecke 2007: 26 ff.) – etwa über die Aspekte „Thematisierung" (z. B. Kohle und Stahl), „Vernetzung" (z. B. Route der Industriekultur), „Limitierung" (z. B. Ruhr 2010 – Europäische Kulturhauptstadt; die Zeche Zollverein konnte in jenem Jahr mit 2,21 Mio. Besuchern einen Rekordwert verbuchen; Bösch 2018: 4) oder auch „Qualität" (z. B. Bergwerk Rammelsberg in Goslar als Welterbe). Auch im zweiten Fall – also der touristischen Aufbereitung der „Hardware" – sind unterschiedliche Herangehensweisen vorstellbar. Eine davon ist ein Weitergebrauch der Industrieanlagen lediglich zu dem Zweck, um an ihnen die früheren industriellen Aktivitäten zu erläutern. Damit besteht die Möglichkeit, die entsprechenden Anlagen als „Museen" zu nutzen, um den Besuchern die historische Produktion vor Augen zu führen („Erhalt in der ursprünglichen Nutzung"; Skalecki 1999: 27; vgl. Abb. 18.4).

Abb. 18.3: Segelboote im Lausitzer Seenland (Quelle: © Tourismusverband Lausitzer Seenland/Kathrin Winkler)

Freilich kann dies nicht dadurch gelingen, dass man die nicht mehr funktionierenden Anlagen einfach in dem Zustand belässt, wie er sich zum Ende der Produktion dargestellt hat, denn in diesem Fall würden sie langsam, aber sicher verrotten. Wenn kritisiert wird, dass dies dann nicht mehr ausreichend authentisch sei, weil die Besuche zu oft mit Inszenierungen verbunden sind, verkennt dies, dass eine industrielle Nutzung eben nicht mehr stattfindet. Eine solche muss dem Besucher vielmehr „vorgespielt" werden, denn touristische Aktivitäten sind von vornherein anders ausgerichtet als die ursprünglichen industriellen Arbeitsweisen. Die Besucher haben dementsprechend andere Bedürfnisse als die seinerzeitigen Arbeitskräfte. Das heißt, dass eine Denkmalpflege lediglich unter Beibehaltung der vergangenen Produktionsbedingungen und ohne eine entsprechende Infrastruktur, die den Ansprüchen heutiger Besucher genügt, schlichtweg nicht möglich ist. Die Frage kann daher nicht lauten, ob überhaupt eine Art von Inszenierung erfolgen darf. Entscheidend ist vielmehr festzustellen, welche Aufbereitung erforderlich ist, um einerseits den ursprünglichen Eindruck des Betriebs nicht völlig zu verwischen, und andererseits dem Besucher die nötigen Annehmlichkeiten zu bieten und somit Angebote zu entwickeln, die interessant und attraktiv sind (Edutainment). Schröder (2004: 216 ff.) unterscheidet dabei zwischen einer Inszenierung des Industriedenkmals (z. B. Präsentationstechniken/didaktische Aufbereitung) sowie einer Inszenierung im Industriedenkmal (z. B. Kulissenfunktion für Ausstellungen, Theateraufführungen und Konzerte; vgl. Abb. 18.5).

Abb. 18.4: Zeche Zollverein: Gruppe bei einer Führung des Denkmalpfads ZOLLVEREIN® auf der Kokerei Zollverein (Quelle: © Jochen Tack/Stiftung Zollverein)

Dies würde dann mit einer Umnutzung der industriellen Anlagen einhergehen. Das bedeutet, dass die historischen Bauten nicht nur zum „Erlebnis“ der ursprünglichen Nutzung präsentiert werden, sondern dass in ihnen auch andere Aktivitäten stattfinden können, die unter Umständen nichts mit der vergangenen Industrie zu tun haben. Damit lässt sich also eine neue Klientel ansprechen, die bislang – ohne eine Art von Inszenierung – nicht erreicht worden wäre (Hinterhuber u. a. 2001). Dies geschieht im großen, aber auch im kleineren Maßstab und verhindert die Gefahr der Entstehung von Industriebrachen, die niemandem nutzen. Es gibt natürlich gewisse Schwierigkeiten, der Bevölkerung den kulturellen Wert der Industrie zu verdeutlichen. Das betrifft nicht zuletzt auch den Personenkreis, der dort werktätig war oder noch immer ist. Industrietourismus muss deshalb auch die Möglichkeit bieten, Arbeitnehmern den Stolz auf ihre jetzigen oder früheren Leistungen zu vermitteln. Inzwischen hat dieser Ansatz Erfolg gezeigt, etwa wenn die Beschäftigten als Guides respektive Experten für die Besucher aktiv sind und dabei ihre eigenen Erfahrungen hautnah vermitteln.

Bei der Aufbereitung der industriegeschichtlichen „Hardware“ durch eine industrietouristische „Software“ können also unterschiedliche Wege beschritten werden. Als grundsätzliche Voraussetzungen definiert Ebert (2004: 35 f.) zusammenfassend: 1) Das Vorhandensein einer kritischen Masse tatsächlich wahrnehmbarer Exponate, 2) Ansatzpunkte für ein Storytelling, 3) die lokale Unterstützung der Initiative sowie

Abb. 18.5: Zeche Zollverein: Konzert zur ExtraSchicht 2014 (Quelle: © Jochen Tack/Stiftung Zollverein)

4) ein Mindestmaß an touristischer Infrastruktur am Standort. Der Leitgedanke ist stets die Schaffung einer narrativen Welt, um die Erlebnisdimension der Besucher anzusprechen (Steinecke 2007: 29).

18.5 Industrietourismus und Regionalentwicklung

Angesichts der Tatsache, dass viele Regionen ihr industrielles Standbein verloren haben, bietet der Industrietourismus sicherlich Chancen für strukturelle Verbesserungen. Allerdings kann nicht erwartet werden, dass er die Industrie sowohl hinsichtlich der Wertschöpfung als auch in Bezug auf die Bereitstellung von Arbeitsplätzen zu ersetzen vermag (zum Vergleich: 1965 zählte der Produktionsbereich der Völklinger Hütte 17.000 Mitarbeiter, der tourismusinduzierte Beschäftigungseffekt des heutigen Industriedenkmals belief sich hingegen im Jahr 2014 auf 393 Arbeitsplätze; MSP 2015: 1). Im Rahmen der Tertiärisierung der Wirtschaft kann er jedoch einen gewissen Anteil im Rahmen des sowieso stattfindenden Strukturwandels übernehmen (so hatten etwa auf dem Welterbe-Areal der Zeche Zollverein im Jahr 2012 39 Unternehmen mit rund 950 Beschäftigten ihren Sitz; Bösch o. J.: 1). Ebenfalls ist nicht davon auszugehen, dass durch die Einnahmen, die durch diese touristische Umnutzung generiert werden, die nötige Infrastruktur, die für eine touristische Inwertsetzung essenziell ist, vollständig getragen werden könnte. Der Wert des Industrietourismus lässt sich also nicht allein im wirtschaftlichen, folglich finanziellen Erfolg messen. Ob sich die Investitionen, die zur Aufrechterhaltung und touristischen Nutzung von Industriedenkmalen erforderlich sind, jemals wirtschaftlich lohnen bzw. amortisieren werden und können, ist fraglich (Schröder 2004: 219). Jedoch kann die Aufwertung des industriellen Erbes bei der lokalen Bevölkerung das Bewusstsein fördern, dass ihre Region trotz des wirtschaftlichen Niedergangs einen Wert besitzt.

Sicher ist hingegen, dass der Industrietourismus zur Imageverbesserung einer Landschaft, die den Nimbus von Umweltzerstörung und -verschmutzung abstreifen möchte, beitragen kann. Sowohl im Ruhrgebiet als auch im Saarland ist dies gelungen. Die touristische Inwertsetzung des industriellen Kulturerbes hat hier den Strukturwandel unterstützt und nicht zuletzt im Sinne eines weichen Standortfaktors die Ansiedlung neuer Betriebe begünstigt. Wenn zudem die Industriekultur zusammen mit den umliegenden, teilweise sehr attraktiven ländlichen Räumen gemeinsam vermarktet wird, ist dies ein Alleinstellungsmerkmal, das durchaus nicht zu vernachlässigen ist (z. B. Kombination des Besuchs des Audi-Forums in Ingolstadt mit dem landschaftlich reizvollen Altmühltal oder des Welterbes Rammelsberg sowie der weiteren Welterbestätten im Harz mit der attraktiven Naturlandschaft dieses Mittelgebirges).

18.6 Forschungsbedarf

Vielerorts ist der aktive Umgang mit der Industriekultur zum integralen Bestandteil der Regionalplanung geworden. So konnten sich Regionen wie das Ruhrgebiet, das Saarland oder auch der Harz bereits erfolgreich über industrielle Themen als Tourismusdestinationen profilieren (Ebert 1999; Döpcke 2005). Nach Wolf (2005: 135 ff.) lassen sich drei Basis-Erfolgsfaktoren ausweisen: 1) ausreichende Investitionen und Finanzierung, 2) professionelles Personal- und Besuchermanagement sowie 3) zielgruppenspezifische Marketingmaßnahmen und Angebotsgestaltung.

Industriekultur ist jedenfalls en vogue, wobei „Erleben", „Nacherleben" und „Erfahren" sicherlich zu den wichtigen Schlagworten zählen (Gee 2003: 2). Parallel dazu ist die Industriekultur zum Ausdruck eines wachsenden Regionalstolzes geworden, was als Unique Selling Proposition nach außen getragen werden kann. Allerdings besteht noch erheblicher Forschungsbedarf sowohl hinsichtlich der regionalwirtschaftlichen Effekte, der Zielgruppendifferenzierung als auch der Binnen- und Außenidentifikation im Kontext des Industrietourismus (Soyez 2006: 75; Otgaar 2012: 86). Mit Blick auf die inhaltliche Struktur der Angebote plädiert Soyez (2006: 77 ff.) für eine stärke „Europäisierung", z. B. über transnationale europaweite Aktivitäten wie die European Route of Industrial Heritage. Damit ließe sich unter Umständen auch die bisherige Dominanz von Angeboten aus dem Bereich der Montanindustrie auflösen (ebd.: 81). Eine engere Zusammenarbeit von Industrie, Tourismusbranche und den sie begleitenden Wissenschaften ist hierbei eine wesentliche Voraussetzung.

Literatur

Altenhöner, N., Brand Lands – Markenführung mit Appeal: Die Autostadt in Wolfsburg, in: Hinterhuber, H. et al. (Hg.), IndustrieErlebnisWelten. Vom Standort zur Destination, Berlin 2001, S. 223–234.

Bösch, D., Basis Presse-Information – Zeche Zollverein, Essen. 2018, www.zollverein.de (26.08.2019).

Bösch, D., Basis-Information – Das UNESCO-Welterbe Zollverein – Daten, Zahlen, Fakten, Essen o. J., www.zollverein.de (23.4.2018).

Boshold, A., Industrie-Tourismus im Lausitzer Braunkohlenrevier. Perspektiven zum Strukturwandel einer ostdeutschen Industrieregion, Berlin 1999.

Döpcke, I., Neue Nutzung alter Lasten? Zum Begriff „Industriekultur" und seinem Gebrauch im Ruhrgebiet, in: FORUM Industriedenkmalpflege und Geschichtskultur 1:29–33, 2005.

Ebert, W., Industrietourismus – am Beispiel des Ruhrgebietes, in: Fontanari, M. L. et al. (Hg.), Industrietourismus im Wettbewerb der Regionen, Trier 1999 (= ETI-Texte, 14), S. 59–77.

Ebert, W., Strategien und Konzepte für eine nachhaltige Entwicklung des Tourismus zu Zielen der Industriekultur, in: Schwark, J. (Hg.), Tourismus und Industriekultur – Vermarktung von Technik und Arbeit, Berlin 2004 (= Schriften zu Tourismus und Freizeit, 2), S. 21–42.

Fleiß, D., Industrietourismus. Entdeckung und Konstruktion der Fabrik als touristischer Raum im späten 19. und frühen 20. Jahrhundert, in: Wöhler, K. et al. (Hg.), Tourismusräume. Zur soziokulturellen Konstruktion eines globalen Phänomens, Bielefeld 2010, S. 207–224.

Fontanari, M. L. / M. Weid, Industrietourismus als Instrument zur Positionierung im Wettbewerb der Destinationen, in: Fontanari, M. L. et al. (Hg.), Industrietourismus im Wettbewerb der Regionen, Trier 1999 (= ETI-Texte, 14), S. 11–26.

Frew, E. A., Industrial Tourism Theory and Implemented Strategies, in: Advances in Culture, Tourism, and Hospitality Research 2:27–42, 2008.

Frew, E. A. / R. N. Shaw, Industrial tourism: The experience and the motivation to visit, in: Shaw, R. N. (Hg.), National Tourism and Hospitality Conference Proceedings, Melbourne 1995, S. 88–104.

Gee, K., Industriekultur und Tourismus – Vorwort, in: ZELTSchriften – Zeitschrift für Landschaftsinterpretation und Tourismus 2(2):3, 2003.

Gelhar, M., Industrietourismus am südlichen Niederrhein. Analyse von Grundlagen, Angebotsstrukturen und Entwicklungspotenzialen unter Berücksichtigung räumlich-historischer Aspekte, Bergisch-Gladbach 2005.

Goodall, B., Industrial heritage and tourism, in: Built Environment 19(2):93–105, 1994.

Green, S., Industry tourism, in: Environmental Interpretation 9(3):16–17, 1994.

Hinterhuber, H. H. et al. (Hg.), IndustrieErlebnisWelten. Vom Standort zur Destination, Berlin 2001.

Hospers, G.-J., Industrial Heritage Tourism and Regional Restructuring in the European Union, in: European Planning Studies 10(3):397–404, 2002, doi:10.1080/09654310220121112.

Kerwin, K., When the factory is a theme park: Companies are jazzing up plant tours and store visits to build customer loyalty, in: Business Week 3881:94, 03.05.2005.

Kotler, P., Marketing management: Analysis, planning, implementation, and control, Englewood Cliffs (NJ) 1994.

Krajewski, C., Tourismus und Industriekultur in Brandenburger Bergbaufolgelandschaften, in: Schwark, J. (Hg.), Tourismus und Industriekultur – Vermarktung von Technik und Arbeit, Berlin 2004 (= Schriften zu Tourismus und Freizeit, 2), S. 151–178.

Kuntz, T., Industrietourismus – Ein Pulsschlag aus Stahl fürs Revier?, in: Kommunalverband Ruhrgebiet (Hg.), Regionalmarketing für das Ruhrgebiet: Internationale Erfahrungen und Bausteine für eine Region mit Zukunft, Essen 1999, S. 155–178.

Mader, T., Produzierende Betriebe als touristische Attraktion im Ruhrgebiet: Grundlagen, Erscheinungsformen, Probleme, Hamburg 2003.
MSP ImpulsProjekt, Regionalwirtschaftliche Effekte – UNESCO Weltkulturerbe Völklinger Hütte, https://www.voelklinger-huette.org/weltkulturerbe-voelklinger-huette/regionalwirtschaftliche-effekte/ (12.04.2018) 2015.
Neumann, U. / L. Trettin / G. Zakrzewski, Tourismus im Ruhrgebiet: Chance für kleine Unternehmen?, Essen 2012 (= RWI Materialien, 70).
Otgaar, A., Towards a common agenda for the development of industrial tourism, in: Tourism Management Perspectives 4:86–91, 2012.
Schröder, A., Industrietourismus, in: Becker, C. et al. (Hg.), Geographie der Freizeit und des Tourismus. Bilanz und Ausblick, München/Wien 2003, S. 213–224.
Schwark, J., Industriekultur und Technik im Tourismus, in: Ders. (Hg.), Tourismus und Industriekultur – Vermarktung von Technik und Arbeit, Berlin 2004 (= Schriften zu Tourismus und Freizeit, 2), S. 15–20.
Skalecki, G., Die alte Völklinger Hütte. Von der Eisenhütte zum Weltkulturerbe – Denkmalpflege und Tourismus, in: Fontanari, M. L. et al. (Hg.), Industrietourismus im Wettbewerb der Regionen, Trier 1999 (= ETI-Texte, 14), S. 27–38.
Soyez, D., Industrietourismus, in: Erdkunde 40(2):105–111, 1986.
Soyez, D., Kulturtourismus in Industrielandschaften. Synopse und Widerstandsanalyse, in: Becker, C. / A. Steinecke (Hg.), Kulturtourismus in Europa: Wachstum ohne Grenzen?, Trier 1993 (= ETI-Studien, 2), S. 40–63.
Soyez, D., Europäische Industriekultur als touristisches Destinationspotenzial, in: Zeitschrift für Wirtschaftsgeographie 50(2):75–84, 2006.
Soyez, D. / M. Gelhar, EnergieErlebnis Rheinland – eine industrietouristische Konzeption für das Rheinische Braunkohlenrevier, in: Reuber, P. / P. Schnell (Hg.), Postmoderne Freizeitstile und Freizeiträume. Neue Angebote im Tourismus, Berlin 2005 (= Schriften zu Tourismus und Freizeit, 5), S. 247–266.
Steinecke, A., Industrieerlebniswelten zwischen Heritage und Markt: Konzepte – Modelle – Trends, in: Hinterhuber, H. H. et al. (Hg.), IndustrieErlebnisWelten. Vom Standort zur Destination, Berlin 2001, S. 85–101.
Steinecke, A., Zur Phänomenologie von Marken-Erlebniswelten, in: Brittner-Widmann, A. et al. (Hg.), Von Erholungsräumen zur Tourismusdestinationen. Facetten der Fremdenverkehrsgeographie, Trier 2004 (= Trierer Geographische Studien, 27), S. 201–219.
Steinecke, A., Kulturtourismus – Marktstrukturen, Fallstudien, Perspektiven, München/Wien 2007.
Völklinger Hütte (Hg.), Weltkulturerbe Völklinger Hütte: Rückblick 2016 – Ausblick 2017, https://www.voelklinger-huette.org/presse-medien/news/article/weltkulturerbe-voelklinger-huette-rueckblick-2016-ausblick-2017/News/detail/ (02.01.2017) 2017.
Wilhelm, L., Industrietourismus gestern und heute, in: Integra 1:2–4, 2000.
Wilhelm, L., Perspektiven von Industriekultur und Tourismus in Europa, in: Schwark, J. (Hg.), Tourismus und Industriekultur – Vermarktung von Technik und Arbeit, Berlin 2004, S. 43–64.
Wolf, A., Erfolgsfaktoren industrietouristischer Einrichtungen, Paderborn 2005 (= Paderborner Geographische Studien zu Tourismusforschung und Destinationsmanagement, 18).

Torsten Widmann

19 Filmtourismus

Zusammenfassung: Der Filmtourismus ist eine touristische Aktivität, die durch ein Faible für das Betrachten von Bewegtbildern ausgelöst wird. Diese kann sowohl als On-Location-Filmtourismus zu Schauplätzen und Drehorten der filmischen Darstellung erfolgen als auch zu filmbezogenen Freizeit- und Kultureinrichtungen bzw. Events führen. Der Off-Location-Filmtourismus beinhaltet filmbezogene Freizeitparkattraktionen ebenso wie die Teilnahme an Premierefeiern oder Touren zu den Wohnhäusern der Filmstars. Die Entwicklung des Angebots und dessen Diversifizierung wird ebenso betrachtet wie die Entwicklung der Nachfrage und der damit verbundenen Wirkung des Filmtourismus auf Destinationen.

Schlagwörter: Filmtourismus, On Location, Off Location, Immersion, filmtouristische Destinationen, Themenparks

„Eine TV-Serie, die Fans in Touristen verwandelt“ (Lewerenz 2016, S. 50) – so enthusiastisch beschreibt die Branchenfachzeitschrift *fvw* in ihrer Ausgabe vom August 2016 die Nachfrageeffekte, welche die international erfolgreiche Fantasy-Serie *Game of Thrones* an verschiedenen Drehorten auslöst. Die Stadt Dubrovnik, die seit 2011 als Kulisse für die Hauptstadt „Königsmund“ der „Sieben Königslande“ dient, konnte ihre Übernachtungszahlen von 2,2 Mio. (2010) auf 3,3 Mio. (2016) steigern. Trotz digitaler Bearbeitung des mittelalterlichen Stadtbilds sehen die Tourismusschaffenden einen wesentlichen Grund für den Übernachtungsboom in dem Wunsch, die Originalschauplätze der Erfolgsserie zu besichtigen. Vor allem jüngere Gäste sind es, die sich besonders für Touren und Stadtführungen zu den Locations interessieren. Hiervon profitieren auch weitere Drehorte der Serie, so in Nordirland oder auf Island. In der letztgenannten Destination machen sich allerdings die negativen Effekte dieses filmtouristischen Booms bemerkbar: Kritiker beklagen die „Disneyfizierung“ der authentischen isländischen Landschaft und befürchten Überlastungserscheinungen rund um die Drehorte, sodass bereits eine Forderung nach Begrenzung der Besucherzahlen laut wird (vgl. Lewerenz 2016: 50 f.).

Dieses Fallbeispiel zeigt das enorme Potenzial des Filmtourismus und führt gleichzeitig auch dessen Risiken vor Augen. Um dem Phänomen dieses Tourismustrends gerecht zu werden, soll zunächst ausgehend von einer Definition die Entwicklung des Angebots und dessen Diversifizierung beschrieben werden. Ebenso wird die Entwicklung der Nachfrage und der damit verbundenen Wirkung des Filmtourismus auf Destinationen betrachtet.

Prof. Dr. Torsten Widmann, Studiengangsleiter Freizeitwirtschaft, Duale Hochschule Baden-Württemberg, Ravensburg

https://doi.org/10.1515/9783486711028-019

Filmtourismus kann im Wesentlichen definiert werden als jede touristische Aktivität, die durch ein Faible für das Betrachten von Bewegtbildern ausgelöst wird (vgl. Connell 2012: 1009). Diese recht allgemeine Beschreibung schließt somit also jede Form der filmischen Darstellung sowie alle Rezeptionskanäle – vom Kino über Fernsehen bis zu den digitalen Medien – ein. Sie erlaubt es aber auch, die mitunter recht unterschiedlichen Formen des Filmtourismus einer näheren Betrachtung zu unterziehen. An erster Stelle ist hier der „film induced tourism" nach Beeton (2005: 10) zu nennen, welcher den durch eine filmische Rezeption ausgelösten Besuch eines realen oder vermeintlichen Schauplatzes beschreibt. Neben diesem On-Location-Tourismus (Beeton 2005: 9), also Reisen zu Schauplätzen und Drehorten von Film- und Fernsehproduktionen, kann der Besuch von filmbezogenen Freizeit- und Kultureinrichtungen bzw. Events (Off Locations) als Filmtourismus verstanden werden (vgl. Beeton 2005: 45; vgl. Steinecke 2016: 45).

19.1 On-Location-Filmtourismus

On-Location-Filmtourismus kann nach Beeton (2016: 10 f.) als Teil einer Urlaubsreise stattfinden, wenn während des Urlaubs Drehorte oder Film- und Fernsehstudios besucht werden; so z. B. ein Besuch der Bavaria Filmstadt in Grünwald bei München dienen, wo während der geführten Bavaria Film Tour nicht nur filmbezogene Attraktionen und Kulissen besucht werden, sondern auch ein Einblick in laufende Produktionen (Shopping TV) gegeben wird.

Drehorte können für unterschiedliche Rezipientengruppen attraktiv genug sein, um den Reisewunsch selbst auszulösen und als hauptsächlicher Reisegrund angegeben zu werden. Connell (2005: 763 ff.) beschreibt das Phänomen, wie durch eine von der britischen BBC ausgestrahlten Fernsehserie für Kleinkinder (*Balamory*) die schottische Isle of Mull zum attraktiven Ausflugsziel für junge Familien wurde. Die farbenfrohen Häuserzeilen des pittoresken Hauptorts Tobermory hatten die Kulisse für die Serie abgegeben. Während der Laufzeit der populären Serie (2003–2006) gaben 69 % der befragten Besucher an, ausschließlich wegen *Balamory* den Ort zu besuchen (vgl. Connell/Meyer 2009: 199). Weiterführende Befragungen wiesen aber auch nach, dass die nicht gegebene Möglichkeit, die sich im Privatbesitz befindlichen Häuser zu besichtigen, bei den Touristen Enttäuschung hervorgerufen hat. Die Kleinkinder zeigten sich überdies enttäuscht darüber, dass die Charaktere der Serie nicht anzutreffen waren (vgl. ebd.: 201).

Während – wie im genannten Fall – die Anziehungskraft mit zeitlichem Abstand zur Ausstrahlung des Films oder der Serie oftmals abnimmt, gibt es auch Filmschauplätze, zu denen sich ein regelrechter Pilgertourismus entwickelt. Dies ist dann der Fall, wenn ein Film im Lauf der Zeit Kultstatus annimmt, wie beispielsweise *Die Ritter der Kokosnuss* der Komikertruppe Monty Python aus dem Jahr 1975. Das in den schottischen Highlands gelegene Doune Castle, in dem die meisten Ritterburgszenen gedreht wurden, gilt als Wallfahrtsort unter den Monty-Python-Fans. Die dort erhältlichen Souvenirs zeichnen sich durch Bezüge zum Film und zum spezifischen Humor der Komikergruppe aus. Vor Ort können Requisiten zum Nachspielen (Re-Enactment) von Filmszenen ausgeliehen werden (vgl. Beeton 2016: 45 ff.). Terry Jones, der Regisseur des Films, sprach sogar eine der Audioführungen durch die Burg ein. Die Burg wird heute bewusst durch die Scottish Castles Association als filmtouristische Destination vermarktet und erfährt somit ein „location placement" mit dem Ziel, die Aufmerksamkeit der Zuschauer für diesen Ort zu steigern (vgl. Historic Environment Scotland o. J.; vgl. Abb. 19.1). Da sie noch Drehort für weitere Produktionen ist, dürfte das Interesse an der Burg langfristig gesichert sein.

Nachhaltiger filmtouristischer Erfolg ist denjenigen Locations beschert, die als besonders authentisch wahrgenommen werden, obwohl dort unter Umständen ein äußerst fiktionaler Stoff abgedreht wurde. Am Beispiel Neuseelands sprechen Buchmann u. a. (2010: 239) von einer „fiktionalen Authentizität", weil der Charakter des Landes, der sich durch Ursprünglichkeit, Abgeschiedenheit und junge geologische Formationen beschreiben lässt, dem Bild des Kontinents „Mittelerde" aus der Trilogie *Herr der Ringe* idealtypisch entspricht. Der Mythos der Unberührtheit und Einzigartigkeit Neuseelands verbindet sich mit der Darstellung Mittelerdes in den Filmen, wodurch bei den Filmtouristen eine emotionale Bindung zu den Drehorten entsteht (ebd.). Kommerzielle Reiseveranstalter bieten geführte Touren zu den rund 30 Drehorten auf Neuseeland an. Am Drehort für das fiktive Dorf „Hobbiton" wurden die Filmkulissen erhalten bzw. rekonstruiert und erweitert. Pro Jahr besuchen etwa 250.000 Gäste das ehemalige Filmset. Beeton (2016: 10) spricht hier von einem „Commercial On-Location"-Filmtourismus. Die Wahrnehmung Neuseelands als Mittelerde eröffnete im Destinationsmarketing neue Perspektiven und trug dazu bei, das Angebotsprofil zu schärfen und sich von vergleichbaren Destinationen abzugrenzen. Die Fortsetzung der Filmreihe mit der Trilogie *Der Hobbit* festigte das Destinationsimage. Durch die Auflösung von realen und fiktionalen Grenzen entstand hier ein hyperrealer Ort, der kognitiv mit der epischen Erzählung des Films verknüpft wird.

Vom On-Location-Filmtourismus können auch Destinationen profitieren, in denen der Film zwar spielt, aber keine Dreharbeiten stattgefunden haben. In der literarischen Vorlage zum Spielfilm *Unterwegs nach Cold Mountain* spielen die Landschaft und die lokale Kultur der Blue Ridge Mountains im North Carolina der amerikanischen Bürgerkriegsjahre um 1860 eine wesentliche Rolle. Vorwiegend aus wirtschaftlichen Gründen, jedoch ebenso im Hinblick auf das Erreichen einer vorlagengetreuen Darstellung wurde der Film als „runaway production" in den rumänischen Karpaten gedreht (vgl. Lukinbeal 2006: 337). Ebenso wie am Beispiel der Produktion *Braveheart*, die in Schottland spielt, aber in Irland gedreht wurde, wird die dargestellte Location als real akzeptiert und erfährt eine erhöhte touristische Aufmerksamkeit.

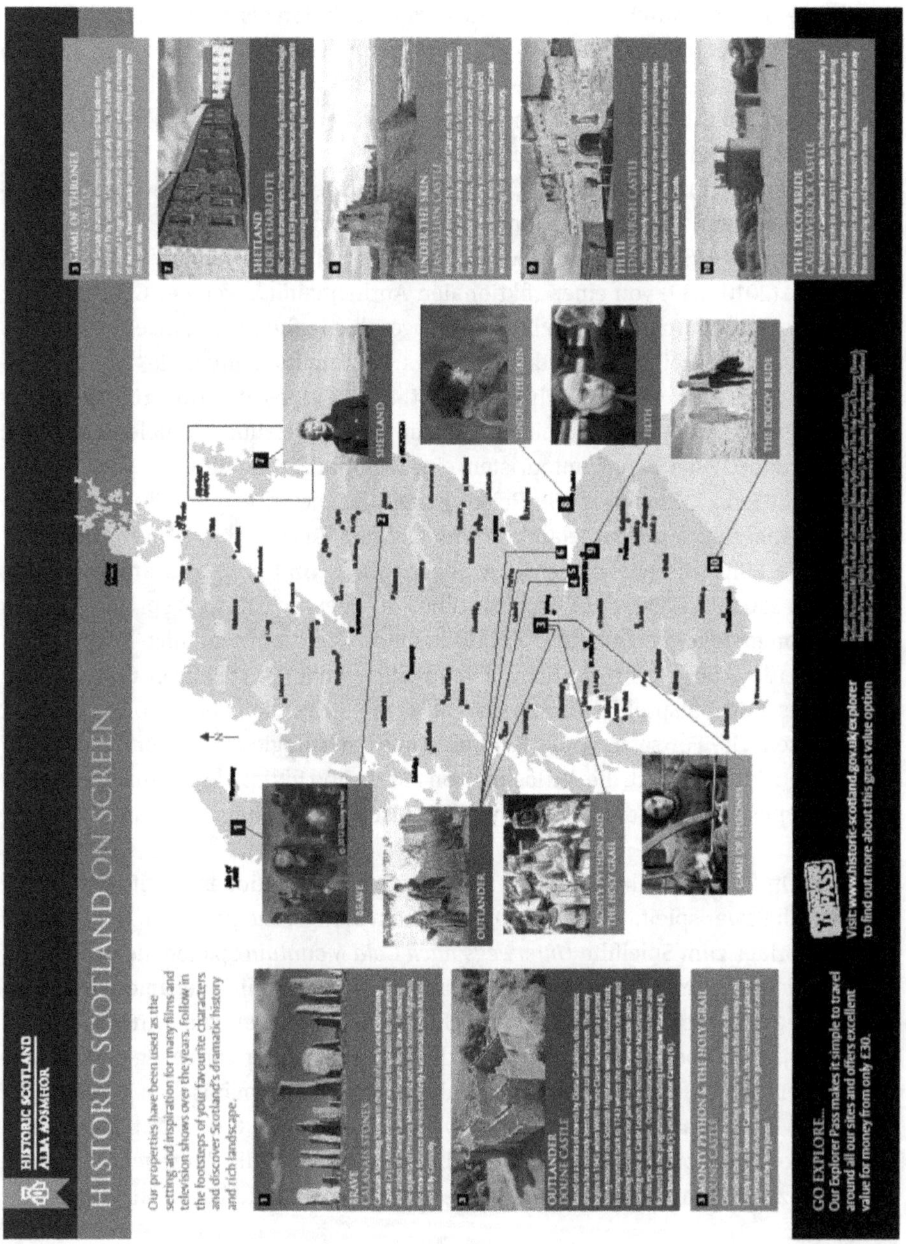

Abb. 19.1: Scotland Movie Map (Quelle: Historic Environment Scotland)

19.2 Off-Location-Filmtourismus

Das Spektrum an filmbezogenen Freizeit- und Kultureinrichtungen bzw. Events ist sehr groß. Es reicht von Führungen zu den Wohn- und Wirkungsstätten von Schauspielern über Studiotouren und Filmparks bis zu Filmfestivals und -prämierungen. Die touristische Attraktivität der Off Locations basiert auf der Befriedigung von Erwartungen des Kino- und Reisepublikums. Die Neugier am Leben, Wirken und Schicksal von Filmstars wird durch Besuche an deren Wohnorten – oft als geführte Touren, wie die zahlreichen Bustouren zu den Häusern der Filmstars in Beverly Hills – gestillt. Das Verlangen, Filmstars aus der Nähe zu sehen, drückt sich auch im Besuch von Premierenfeiern oder Filmfestivals aus, wie den Internationalen Filmfestspielen von Cannes. Wachsfigurenkabinette wie Madame Tussauds bestücken ihre Ausstellungen überwiegend mit Prominenten aus dem Show Business. Connell (2012, S. 1010) spricht hier in Anlehnung an Urry/Larsen (2011) vom „celebrity gaze".

Eine weitere wichtige Variante der Umsetzung des Off-Location-Filmtourismus ist die Nutzung filmischer Themen in Freizeitparks. Disneyland – der Prototyp des modernen Themenparks – konnte durch seine konsequente Thematisierung an Walt Disneys Filmen und Charakteren überhaupt erst sein Potenzial an Themenwelten entfalten. Filmtourismus und Freizeitparktourismus sind seit dessen Gründung im Jahr 1955 eng verbunden. In der Folgezeit wurden verschiedene Filmparks im Umfeld von Filmstudios realisiert, wie beispielsweise der Universal Studios Hollywood Themenpark. Wie im bereits erwähnten Beispiel der Bavaria-Filmstadt München befindet sich auch dieser Park an der Schnittstelle zwischen On und Off Location. Er dient als Ausgangspunkt für die beliebte ‚Universal Studio Tour', bei der verschiedene Kulissen auf dem Gelände der Universal Studios besichtigt werden können. Die Shows und Attraktionen des Parks orientieren sich thematisch an den Film- und Fernsehproduktionen der Universal Studios. Durch die universelle Sprache des modernen Blockbuster-Kinos und die weltweite Vermarktung der Filme eignen sich auf Filmthemen basierende Shows und Fahrgeschäfte besonders gut zur Mehrfachverwertung und somit globalen Filialisierung der Freizeitparks. Tokyo Disneyland, Disneyland Paris, Universal Studios Japan oder Hongkong Disneyland gehören zu den weltweit besucherstärksten Freizeitparks (vgl. TEA/AECOM 2016: 12 f.). So ist beispielsweise die Themenwelt „The Wizzarding World of Harry Potter" sowohl in den Universal Studio Parks in Hollywood, Orlando und Japan zu sehen, obwohl die *Harry-Potter*-Filmreihe nicht von Universal, sondern beim Konkurrenten Warner Bros. produziert wurde. Entsprechend kann am Drehort der Filmreihe, den Warner Bros. Studios in Leavesden bei London, ebenfalls eine Harry-Potter-Studiotour besucht werden.

Freizeiteinrichtungen, die nicht zu den Unternehmensgruppen der Filmstudios gehören, können ebenso von der Anziehungskraft der Filmthemen profitieren. Da die Filme für bestimmte Zuschauergruppen produziert wurden, können diese Zuschauergruppen mit entsprechenden thematisierten „Rides" zielgenau für den Park angesprochen werden. Freizeitparks schließen mit Filmstudios Verträge für Intellectual-

Property-Lizenzen ab und entwickeln das Fahrgeschäft in Zusammenarbeit mit dem Lizenzgeber. Im Heide-Park Soltau wurde beispielsweise der „Dark Ride" „Ghostbusters 5D – Die ultimative Geisterjagd" geschaffen, um verstärkt die Zielgruppe Familien mit Kindern zu anzusprechen (vgl. Weiß 2017: 10 f.). Auch zur Erschließung von Quellmärkten eignen sich Filmthemen. Der grenznah gelegene Europapark Rust in Baden-Württemberg errichtete 2014 eine ganze Themenwelt rund um die französische Filmreihe *Arthur und die Minimoys*, die dort ein großer Erfolg war, während sie in Deutschland weitgehend unbeachtet blieb (vgl. Ahuis 2014: 11 ff.).

19.3 Nachfrage und Wirkungen auf die Destinationen

Entsprechend der vorgestellten recht unterschiedlichen Formen des On- und Off-Location-Filmtourismus kann auch bei den Nachfragern nicht von einer homogenen Zielgruppe ausgegangen werden. Steinecke (2016: 75) unterscheidet bei den On-Location-Filmtouristen zwischen zwei Teilgruppen, die sich durch das Interesse an der Location selbst unterscheiden. Zum einen werden Filmtouristen durch Spielfilme und TV-Serien generell dazu angeregt, eine Destination zu besuchen, während bei Drehorttouristen der Wunsch, einen Originaldrehort zu besuchen, im Vordergrund steht. Vor allem Drehorttouristen zeigen an den Locations Reaktionen und Verhaltensweisen, wie das Re-Enactment, also das Nachspielen von Filmszenen, bei denen ihr persönliches „involvement" in das Filmthema zum Ausdruck kommt. Der Off-Location-Filmtourismus der Studios und Themenparks bezieht seine Attraktivität von der Möglichkeit der Immersion, d. h., die Besucher wollen hier möglichst tief in die Filmwelt eintauchen. Touren zu den Häusern der Hollywoodstars und Besuche bei Celebrity-bezogenen Attraktionen wie Madame Tussauds erfolgen eher aus dem Wunsch heraus, Berühmtheiten aus der Nähe zu betrachten.

Während die filmische Thematisierung von Fahrgeschäften und Themenwelten in Freizeitparks unbestreitbar zur erwünschten Immersion führen kann, ist der Beitrag des Filmtourismus zur Profilierung und Markenbildung in Destinationen umstritten. Als Beispiel einer filmtouristischen Destinationsmarkenstrategie kann die ostschweizerische Region Heidiland genannt werden. Die thematische Dachmarke wird seit 1997 von der Heidiland Tourismus AG geführt. Auf internationalen Quellmärkten entstand ein Alleinstellungsmerkmal gegenüber anderen Alpendestinationen, da in Japan vor allem die Zeichentrickserie, die auf den Romanen von Johanna Spyri basiert, äußerst populär ist – gilt sie doch als eine der ersten Fernsehproduktionen im Mangastil überhaupt. Da hier naturgemäß allerdings keine Originaldrehorte zu besichtigen waren und überdies die zahlreichen Realverfilmungen an unterschiedlichen Drehorten entstanden sind, wurden die eigens geschaffenen Heidi-Locations sowie touristische Produkte wie das *Heidi*-Musical oft als wenig authentisch empfunden. Gleichzeitig konnten mit dem Heidi-Thema die eigentlichen touristischen Stärken der Region, wie Kultur, Kulinarik und Wellness, nur unzureichend vermittelt werden. Heute wird die Heidi-Figur daher eher als symbolische Sympathieträgerin genutzt, um die emotionalen Grundwerte der Geschichten zu transportieren – u. a. Heimat, Natürlichkeit, Gesundheit, Freundschaft, Lebensfreude – und eine kognitive Verknüpfung mit der Destination zu erreichen (vgl. Filk u. a. 2011: 139 ff.).

Die Erschließung von Drehorten und der Erhalt der Kulissen ist ein wichtiges Kriterium für ein erfolgreiches filmtouristisches Destinationsmanagement, wie am Beispiel von „Hobbiton" bereits dargestellt. Die Destination wird für die Filmtouristen Teil ihrer imaginären Geografie und erfährt durch die erzielte Hyperrealität ein Alleinstellungsmerkmal. Filmtourismus kann somit zur Erweiterung der touristischen Produktpalette einer Destination beitragen und zur Verlängerung der Tourismussaison führen. Weniger nachgefragte Teilregionen oder Ort können in den Vordergrund rücken und neue Destinationen erschlossen werden. Staatliche und regionale „Film Commissions" haben die Chancen, die sich durch Locations für die regionale Wertschöpfung ergeben können, erkannt und werben gezielt um Film- und Fernsehproduktionen. Die kroatische Regierung beispielsweise fördert Filmprojekte seit 2012 mit einem eigenen „Incentive Program": Die Filmproduktionen bekommen 20 % Rabatt auf Waren und Dienstleistungen, die sie in Kroatien beziehen. Wie bereits eingangs erwähnt, führt die Serie *Game of Thrones* in Dubrovnik und anderen kroatischen Drehorten zu einem Tourismusboom und zu internationaler Bekanntheit (vgl. Abb. 19.2).

Bei erfolgreichen Fernsehserien oder Filmreihen wie *Game of Thrones* oder *Herr der Ringe* ist die Adaption des Themas recht risikolos für das Destinationsmarketing, da der Publikumserfolg und somit auch die Aufmerksamkeit für die Drehorte vorhersehbar ist. Die Destinationsmarketingorganisation (DMO) Tourism Northern Ireland führte 2017 zum Serienstart der siebten und vorletzten Staffel von *Game of Thrones* eine umfangreiche Kampagne zur Bewerbung der zahlreichen nordirischen Drehorte durch. Für das ehemals bürgerkriegsgeplagte Land bietet sich die Chance eines Imagewandels und der thematischen Profilierung durch die Kommunikation einer rauen, mittelalterlich geprägten Landschaft (vgl. Tourism Northern Ireland o. J.). Da noch eine achte Staffel folgte und der Serie Kultcharakter zugeschrieben werden kann, ist zumindest von einem mittelfristigen Interesse an den Drehorten und den positiven Wirkungen auf die Destination auszugehen.

Allerdings stehen den Chancen, die sich für die Destinationen aus der Partizipation am Filmtourismus ergeben, auch Risiken gegenüber. Filme und Serien sind recht kurzlebige Produkte. Einerseits kommt es durch die Zunahme von Distributionskanälen wie Streaming-Diensten, Online-Mediatheken und Fernsehsendern für Wiederholungen und Spartenprogramme zu einer größeren Verfügbarkeit einzelner Filme und Serien; andererseits sinkt die Aufmerksamkeitsspanne durch das von den Video-on-demand-Diensten ausgelöste Phänomen des „Binge Watching" (das Betrachten aller Serienfolgen oder einer ganzen Filmreihe am Stück), sodass immer neuer Content auf den Markt gebracht werden muss. Die Dauer des filmtouristischen Produktlebenszyklus ist damit, wie bereits dargestellt, stark vom Kultcharakter, der internationalen Vermarktung des Stoffs und dem interkulturellen Verständnis des Themas abhängig.

Abb. 19.2: Altstadt von Dubrovnik mit Szene aus einer Fernsehserie (Foto: Andrea David, filmtourismus.de)

Dennoch gilt: Je größer die zeitliche Distanz zum Erscheinungsjahr ist, desto stärker sinkt die Attraktivität der filmtouristischen Destination. Selbst die Drehorte von Blockbuster-Produktionen verlieren mit der Zeit an Attraktivität. Steinecke (2016: 166 ff.) führt hier das Beispiel der international erfolgreichen Serie *Schwarzwaldklinik* an. Das Glottertal im Schwarzwald und das namensgebende Klinikgebäude wurden während der Laufzeit der Serie in den 1980er-Jahren zunächst zu einem beliebten Ausflugsziel für Tagesgäste und Bustouristen. Bereits zum Ende der Ausstrahlung mussten deutliche Besucherrückgänge verzeichnet werden, und heute stellt die Location keine besondere Attraktion mehr dar.

Ein weiteres Risiko ist die Unkalkulierbarkeit des Erfolgs der Film- und Fernsehproduktionen. Zum einen kann es aus thematischen Gründen zu einer begrenzten Reichweite des Stoffs kommen, wenn beispielsweise die Geschichten von Nationalhelden verfilmt werden, da diese hauptsächlich auf nationalen Märkten ihre Wirkung erzielen. Zum anderen können selbst mit großem Budget und hohem Marketingaufwand produzierte Filme an der Kinokasse floppen und somit auch nicht die gewünschte Strahlkraft auf die Destination entfalten. Im Zusammenhang mit dem Melodram *Australia* ließ die DMO Tourism West Australia aufwendige Werbespots durch den Regisseur des Films drehen und startete 2008 eine millionenschwere Marketingkampagne unter den Titel „See the Movie, See the Country“. Der Film erzielte allerdings an den Kinokassen nicht den erwünschten Erfolg, und so blieb auch das Ergebnis der Werbekampagne hinter den Erwartungen zurück (vgl. Steinecke 2016: 169; vgl. Vagionis/Loumioti 2011: 359).

Auch selektive bzw. negative Darstellungen von Orten der Handlung können sich nachteilig auf das Destinationsimage auswirken, so durch die Darstellung von Gewalt in Armenvierteln, wie im Spielfilm *City of God*, der das Leben in einer Favela in Rio de Janeiro thematisiert. Werden die Dreharbeiten von einer negativen Berichterstattung überschattet, bleiben gewünschte Imageeffekte ebenso aus, so geschehen bei den Dreharbeiten zum Spielfilm *The Beach*. Hier wurde ein Strand der naturgeschützten thailändischen Insel Phi Phi Lei derart umgestaltet, dass dies zahlreiche Naturschutzorganisationen auf den Plan rief, eine negative Berichterstattung ausgelöst und der Strand bis 2021 gesperrt wurde. So wurde der an sich gesellschafts- und konsumkritische Film mit einem negativen Narrativ der rücksichtslosen westlichen Kinokultur belegt (vgl. Steinecke 2016: 157 f.).

19.4 Fazit

Destinationen können vor allem dann vom Filmtourismus profitieren, wenn die vorgefundene Realität der Erwartungshaltung der Gäste entspricht. Dies gilt sowohl für On als auch für Off Locations. Eine eindrucksvolle Geschichte mit starken Charakteren und bekannten Darstellern trägt von filmischer Seite dazu bei. Ebenso sollte der filmische Content eine positive Grundstimmung vermitteln. Dabei dürfen die Locations nicht nur als austauschbarer Hintergrund für die Handlung dienen. Vielmehr sollte die Kombination aus Kulisse, Handlung und starken Charakteren die Gäste dazu anregen, gedanklich in eine Rolle des Films zu schlüpfen. Der Drehort oder die filmbasierte Attraktion wird dann immersiv erlebt. Dies führt zu einer erweiterten Wahrnehmung („evoked set") der Destination: Der Gast taucht in eine erweiterte Realität, eine Hyperrealität ein. Für Urry/Larsen (2011: 7 ff.) liegt ein wesentlicher Grund für touristische Reisen darin begründet, dass Touristen die Erwartungshaltung haben, in der Fremde Erfahrungen machen zu können, die zu Hause nicht möglich sind. Diese Erwartungshaltungen werden beflügelt durch die Massenmedien: Print, Radio, aber in wesentlichem Maße fiktionale Werke des Films, die über digitale und analoge Kanäle ihren Weg zum Rezipienten finden. Der Filmtourismus ist also nicht nur eine besondere kulturtouristische Form des Reisens, sondern das Bewegtbild ist vielmehr einer der wichtigsten Auslöser – oder Push-Faktoren – für das touristische Reisen an sich.

Literatur

Ahuis, C., Europapark: Arthur – Im Königreich der Minimoys, in: Euro Amusement Professional 3(Mai/Juni):10–18, 2014.

Beeton, S., Film-induced tourism, Clevedon 2005 (= Aspects of Tourism, 25).

Beeton, S., Film-induced tourism, 2. Aufl., Bristol 2016 (= Aspects of Tourism, 76).
Buchmann, A. / K. Moore / D. Fisher, Experiencing Film Tourism. Autheticity & fellowship, in: Annals of Tourism Research 37(1):229–248, 2010.
Connell, J., Toddlers, Tourism and Tobermory. Destination marketing issues and television-induced tourism, in: Tourism Management 26:763–776, 2005.
Connell, J., Film tourism – Evolution, progress and prospects, in: Tourism Management 33:1007–1029, 2012.
Connell, J. / D. Meyer, Balamory revisited: An evaluation of the screen tourism destination-tourist nexus, in: Tourism Management 30:194–207, 2009.
David, A., Filmtourismus.de – Die Welt der Drehorte, https://www.filmtourismus.de (27.6.2017).
Filk, C. / C. Schatzmann / Y. Herzig Gainsford, „Literary Imagination goes Tourism" – Destination Branding und fiktive Narrative am Beispiel von „Heidi" und „Heidiland", in: Boksberger, P. / M. Schuckert (Hg.), Innovationen in Tourismus und Freizeit. Hypes, Trends und Entwicklungen, Berlin 2011 (= Schriften zu Tourismus und Freizeit, 12), S. 139–152.
Historic Environment Scotland, Doune Castle, https://www.historicenvironment.scot/visit-a-place/places/doune-castle/ (27.6.2017), o. J.
Lewerenz, M., Eine TV-Serie, die Fans in Touristen verwandelt, in: fvw 17:50–51, 2016.
Lukinbeal, C., Runaway Hollywood: Cold Mountain, Romania, in: Erdkunde. Archiv für wissenschaftliche Geographie 60(4):337–345, 2006, Bonn.
Steinecke, Albrecht, Filmtourismus, Konstanz 2016.
TEA and AECOM, Global Attractions Attendance Report 2015 2016.
Tourism Northern Ireland, Game of Thrones ®, https://discovernorthernireland.com/things-to-do/attractions/game-of-thrones/game-of-thrones/ (27.6.2017).
Urry, J. / J. Larsen, The Tourist Gaze 3.0, London 2011.
Vagionis, Nikolaos / Maria Loumioti, Movies as a tool of modern tourist marketing, in: Tourismos. An international multidisciplinary Journal of Tourism 6(2):353–362, 2011.
Weiß, J., Ghostbusters 5D. Auf ultimativer Geisterjagd im Heide Park, in: Euro Amusement Professional 4(Juli/August):10–13, 2017.

Filmografie

Arthur und die Minimoys, Filmreihe (Luc Besson 2006–2010)
Australia (Baz Luhrmann 2008)
Balamory, TV-Serie (Großbritannien 2002–2005)
Braveheart (Mel Gibson 1995)
City of God (Fernando Meirelles 2002)
Der Hobbit, Trilogie (Peter Jackson 2012–2014)
Die Ritter der Kokosnuss (Terry Gilliam, Terry Jones 1975)
Die Schwarzwaldklinik, TV-Serie (Deutschland 1984–1988)
Game of Thrones, TV-Serie (USA 2011–2019)
Ghostbusters, Filmreihe (Ivan Reitmann 1984, 1989; Paul Feig 2016)
Harry Potter, Filmreihe (verschiedene, 2001–2011)
Heidi, TV-Serie (Japan, 1974)
Herr der Ringe, Trilogie (Peter Jackson 2001–2003)
The Beach (Danny Boyle 2000)
Unterwegs nach Cold Mountain (Anthony Minghella 2003)

Tobias Reeh und Lisa Hannemann

20 Literaturtourismus

Zusammenfassung: Zahlreiche literarische Schauplätze haben sich erfolgreich als Reiseziele am Tourismusmarkt etabliert. Die Formen und Angebote des Literaturtourismus reichen von museal geprägten Besuchen von Dichterhäusern über literarische Rundreisen bis hin zu partizipativen Aktivitäten in entsprechenden Themenwelten. Die Bezüge „zwischen Konsumenten, Produzenten und Autoren sowie literarischen Verräumlichungen" (May 2014: 125) erweisen sich dabei als ausgesprochen facettenreich. Nicht zuletzt spiegelt sich die zunehmende Popularität von Literaturreisen auch im steigenden Medieninteresse wider. Ausdruck hiervon ist z. B. die Auflage von gedruckten oder digitalen literarischen Reiseführern, Literacy-Traveller Blogs sowie „Literaten-Stadtplänen".

Schlagwörter: Literarische Schauplätze, Literaturreisen, Angebotsformen, Reisemotive, Vermarktung

20.1 Einführung

„Literatur ist etwas Schönes, Tourismus ist etwas Schönes, wie schön muß dann erst Literaturtourismus sein?" (Grieser 1995: 21). Mit dieser Einschätzung ist der zeitgenössische österreichische Bestsellerautor Dietmar Grieser nicht allein, denn literarisches Reisen liegt im Trend und hat als kulturelle Praxis einen festen Platz gefunden (Gentile/Brown 2015; Knipp 2016: 482). Dabei ist dieses Phänomen keinesfalls neu. Der Literaturtourismus lässt sich in organisierter Form in Europa spätestens in der zweiten Hälfte des 19. Jahrhunderts verorten (Robinson/Anderson 2002a: 12; Knipp 2014: 67; Knipp 2017: 51, 75). Zudem ist die Grand Tour, die im 17. Jahrhundert bei jungen Adligen sowie Angehörigen des gehobenen Bürgertums sehr populär war, als Vorläufer der Literaturreise zu nennen (Plachta 2008: 144; Knipp 2017: 51–56). Einige Autoren datieren die kulturgeschichtlichen Anfänge sogar in das 14. Jahrhundert, als Literaturinteressierte erstmals zu Orten pilgerten, die eng mit dem Leben bekannter Dichter, wie beispielsweise Francesco Petrarca, verbunden waren (Hendrix 2008; Plachta 2008: 144; Hendrix 2009; Ozanik 2012; Knipp 2017: 52; für eine ausführliche Geschichte des Literaturtourismus siehe Knipp 2016, 52 ff.). In der Gegenwart finden sich mannigfaltige literaturtouristische Beispiele. „Die Reihe reicht von klassischer Literatur und ihren medialen Adaptionen, z. B. die Romane und Verfilmungen nach Jane Austen (Bath und Hampshire), Thomas Manns *Buddenbrooks* (Lübeck) oder Bram Stokers *Dracula*

Dr. Tobias Reeh, Wissenschaftlicher Mitarbeiter, Geographisches Institut, Abteilung Humangeographie, Georg-August-Universität Göttingen
Lisa Hannemann (M. Ed.), Studentische Mitarbeiterin, Geographisches Institut, Abteilung Humangeographie, Georg-August-Universität Göttingen

https://doi.org/10.1515/9783486711028-020

(Rumänien), über verfilmte Bestseller, etwa Dan Browns *Illuminati* (Rom) und *The Da Vinci Code* (Paris) sowie Stieg Larssons *Millenium*-Trilogie (Stockholm) [...]" (Knipp 2014: 67).

Vor diesem Hintergrund haben sich allerhand Schauplätze als Tourismusdestinationen profiliert. Diverse Städte bieten literaturthematische Führungen an. Dabei greifen die Routen entweder Wohn- und Wirkstätten bekannter Autoren auf oder orientieren sich an einer spezifischen Figurenperspektive („themed walks") sowie an (Handlungsschau-)Plätzen, die in der Literatur beschrieben werden (Knipp 2016: 482). Auch in ländlichen Gegenden existieren vereinzelt „Literatouren", bei denen die Leser den Spuren fiktiver Figuren folgen (Ries 2017). Häufiger sind jedoch Themenwanderwege vorzufinden, die sich aus Stationen zusammensetzen, die die raumbezogene Narration eines bestimmten Werkes erfahrbar machen wollen (Knipp 2016: 482). Insbesondere für unbekanntere Orte oder Regionen können die literarischen Assoziationen ein wichtiges Kriterium sein, um die Popularität des jeweiligen Ziels zu erhöhen (May 2014; Bittner 2017; Knipp 2017: 23). Oftmals werden zur Vermarktung literaturthematische Stadtpläne und Landkarten angefertigt und/oder Hinweistafeln angebracht. Gelegentlich erfolgt sogar die Umbenennung oder Umgestaltung real existierender Orte in Anlehnung an ihre literarischen Bezüge (Knipp 2017: 23). Die Popularität des Literaturtourismus spiegelt sich darüber hinaus im steigenden Medieninteresse wider. Im Internet machen beispielsweise Literacy-Traveller Blogs und entsprechende Webseiten auf die Vorzüge von Literaturreisen aufmerksam (Knipp 2016; Knipp 2017: 23 f.). In diesem Zusammenhang können weiterhin Kommentare in Feuilletons, populärwissenschaftliche Sachbücher sowie literarische Reiseführer genannt werden (Knipp 2017: 23).

20.2 Einordnung des Literaturtourismus

Wenngleich sich die Bezeichnung Literaturtourismus mittlerweile etabliert hat, existiert bisher keine allgemeingültige Definition (Smith 2012; Gentile/Brown 2015: 26; Knipp 2016: 14). Nach Robinson/Anderson (2002b: xiv) und May (2014: 125) umfasst das Phänomen die komplexen Beziehungen zwischen Autoren, ihren Werken, Konzepten von Orten bzw. Landschaften und Reisenden, die über durchaus vielfältige Besuchsmotive und literarische Interessen verfügen. Unter dem Begriff Literaturtourismus werden demnach Praktiken des freizeitlichen Ortswechsels von Personen aufgrund des Interesses an Autoren und bzw. oder fiktionaler Literaturinhalte subsummiert (Squire 1991; Squire 1993; Busby/Klug 2011; Biesalski 2011; Knipp 2016).

Vielfach, speziell im deutschsprachigen Raum, wird der Literaturtourismus dem Kulturtourismus zugeordnet (Gödden 1997; Biesalski 2011; Saretzki 2013; May 2014; Knipp 2017). Nach Herbert (2001) und Squire (1994 und 1996) hingegen ist er Teil des Heritage-Tourismus. Hoppen u. a. (2014: 41) sprechen sich dafür aus, den Literaturtourismus sowohl dem Kultur- als auch dem Heritage-Tourismus zuzuteilen, denn beide

Tourismusarten beinhalten relevante literaturtouristische Elemente. Der Hauptunterschied bestehe darin, dass der Heritage-Tourismus ortsbezogener als der Kulturtourismus sei. Er beziehe die touristische (symbolische) Aufladung des Ortes aus der lokalen Landschaft, Architektur, den Menschen, Artefakten, Traditionen und Geschichten, die einen Ort einzigartig machen. Im Gegensatz dazu beschäftige sich der Kulturtourismus weitgehend mit den gleichen Aspekten wie der Heritage-Tourismus, ohne jedoch gleichzeitig mit dem Ort selbst so stark verbunden zu sein. Hoppen u. a. (2014: 41) veranschaulichen dies mit folgendem Beispiel: Das Betrachten der Werke eines Künstlers in seiner Wohnung oder seinem Atelier wird als ein Erlebnis des Heritage-Tourismus eingestuft, das Betrachten seiner Kunst als Teil einer Ausstellung außerhalb des Wohnortes des Künstlers oder der Arbeit hingegen als ein Erlebnis des Kulturtourismus. Busby/Klug (2001: 316) schließlich sehen den Literaturtourismus als Teil des medienbezogenen Tourismus. Dieser beinhalte Besuche an Orten, deren Popularität auf ihren Assoziationen mit Büchern und Autoren sowie Fernsehprogrammen und Filmen beruhe. Hoppen u. a. (2014) verweisen vor diesem Hintergrund auf den Begriff des Kreativtourismus, der beispielsweise von Mintel (2011) verwendet wird und per Definition die kreativen Künste wie Design, Architektur, Film, Medien, Musik und Literatur umfasst. Schlussendlich kann der Literaturtourismus somit als Variante des medienbezogenen Tourismus innerhalb des kreativen Tourismus betrachtet werden (Hoppen u. a. 2014; vgl. Abb. 20.1). Insgesamt ist das Bereisen literarischer Handlungsorte als „special interest tourism" anzusprechen (Biesalski 2011: 50; Saretzki 2013: 62; May 2014: 125).

Abb. 20.1: Einordnung des Literaturtourismus (Quelle: Eigene Darstellung verändert nach Hoppen u. a. 2014: 40)

20.3 Orte des Literaturtourismus

Literaturtourismus unterliegt, wie andere Tourismusformen auch, dem Einfluss des Angebots (den Orten, die zur Verfügung stehen) und der Nachfrage (dem Interesse der Literaturtouristen) (Magner 2013: 15). Welche Orte letztendlich als literarturtouristisches Reiseziel Bestand haben, hängt unter anderem von der Popularität des jeweiligen Autors bzw. Referenztextes ab (Knipp 2017: 18). Ferner sind Aspekte wie die „Kanonisierung von Literatur sowie die Propagierung bestimmter Orte, Autoren und Werke in literarischen Reiseführern" (ebd.: 75) sowie auf sogenannten Literacy-Traveller-Blogs und Webseiten im Netz von entscheidender Bedeutung.

Hinsichtlich der Kategorisierung der Destinationen und Formen des Literaturtourismus merkt May (2014: 125) an, dass „der recht weit gefasste Oberbegriff [...] in verschiedene Kategorien unterteilt werden [kann], welche sich aus den unterschiedlichen Beziehungsformen zwischen Konsumenten, Produzenten und Autoren sowie literarischen Verräumlichungen zusammensetzen" (siehe auch Biesalski 2011: 52). Im Allgemeinen werden zwei Ausprägungen von Destinationen unterschieden: eine textbezogene und eine autorbezogene (Robinson/Anderson 2002b: xiv; Knipp 2017: 16). Diese Einteilung steht in Zusammenhang mit den verschiedenen Motiven der Literaturtouristen. Sie suchen einerseits die realen Orte aus der Biografie des Autors auf, um die Stätten seines Lebens und Schaffens zu sehen (autorbezogen), andererseits interessieren sie sich für das ursprüngliche Material, wie Landschaften oder Städte, die der Autor als Vorlage für seine fiktionalen Handlungsschauplätze verwendet hat, also die literarischen Texte selbst (textbezogen) (Biesalski 2011: 52; May 2014: 125; Knipp 2017: 16). Jüngere Arbeiten schlagen vor, neuere Phänomene (z. B. Literaturfestivals und Bücherdörfer) als eigenständige Formen des Literaturtourismus anzuerkennen (Mintel 2011; Hoppen u. a. 2014: 41; Bittner 2017: 9). Folglich müsste eine dritte (Orts-) Kategorie eingeführt werden, da sich Literaturfestivals und Bücherdörfer weder den textbezogenen noch den autorbezogenen Orten eindeutig zuordnen lassen. Eine mögliche Bezeichnung für diese Ausprägung wäre „literaturbezogen", da in der Regel die Werke verschiedener Autoren „gebündelt" im Fokus stehen. Hierbei ist zu beachten, dass es allerdings ebenso Festivals gibt, bei denen einzelne Autoren oder Werke im Vordergrund stehen. Deutlich wird hieran, dass die in Abb. 20.2 vorgestellte Kategorisierung literarischer Orte und Angebotsformen über eine gewisse „Durchlässigkeit" verfügt.

20.4 Formen und Angebote des Literaturtourismus

Die Formen und Angebote des Literaturtourismus reichen von „klassischen", eher museal geprägten Besuchen von Dichterhäusern über literarische Pilgerreisen bis hin zu partizipativen und performativen spielerischen Aktivitäten (Schaff 2011: 166; Knipp 2014). Anzumerken ist hierbei, dass diese Ausprägungen von verschiedenen Autoren

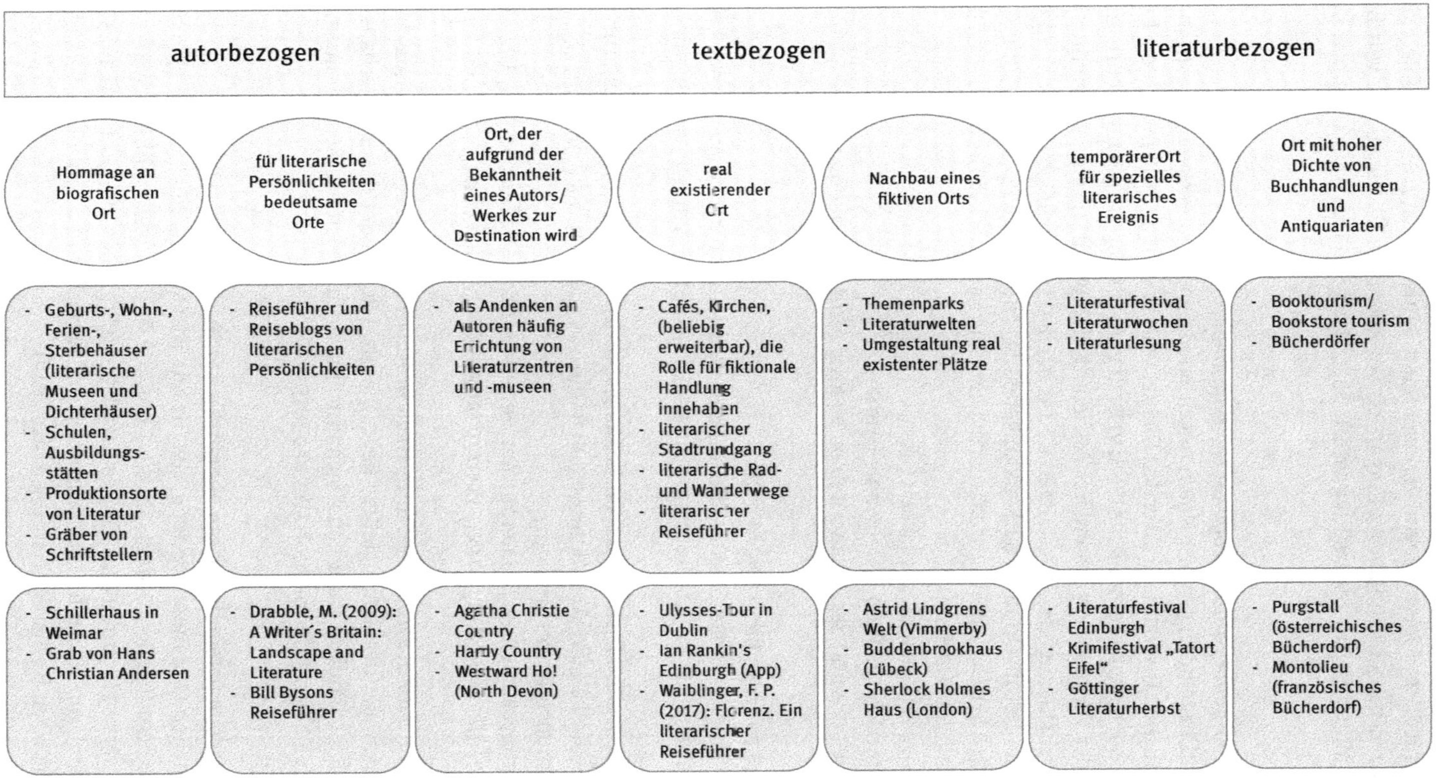

Abb. 20.2: Destinationen, Formen und Angebote des Literaturtourismus (basierend auf Butler 1986; Busby/Klug 2001; Busby 2004; Mintel 2011; Hoppen u. a. 2014)

auf unterschiedliche Weise kategorisiert werden (Gentile/Brown 2015). Die folgenden Ausführungen berücksichtigen und ergänzen vor allem die Überlegungen von Butler (1986), Mintel (2011), Busby/Klug (2001: 321), Busby (2004: 5) und Hoppen u. a. (2014).

Formen und Angebote autorbezogener Destinationen

Bereits Goethe stellte in seinen „Noten und Abgrenzungen zu besserem Verständnis des westöstlichen Divans“ fest: „Wer den Dichter will verstehen / Muß in Dichters Lande gehen.“ Auch nach Greiner-Mei (1988: 9) ist der autorbezogene Literaturtourismus, bei denen der Verfasser als besonderer Anziehungsfaktor wirkt, „eine der eindrucksvollsten Möglichkeiten, Dichter kennen und verstehen zu lernen [sowie] sich mit Leben und Schaffen am Ort ihres Wirkens zu befassen“ (siehe auch Plachta 2008: 144 f.; Biesalski 2011: 52). Die autorbezogenen Typen literaturtouristischer Destinationen lassen sich wie folgt einteilen:

1) Hommage an einen biografischen Ort
2) für literarische Figuren bedeutsame Orte sowie
3) Orte, die aufgrund der Bekanntheit eines Autors zur Destination werden.

1. Hommage an einen biografischen Ort

Bei dieser Form des Literaturtourismus werden Wohn- und Wirkstätten eines Schriftstellers oder einer Schriftstellergruppe aufgesucht. Hierbei handelt es sich zumeist um

- Geburts-, Wohn-, Ferien- oder Sterbehäuser sowie Gräber von Schriftstellern;
- Schulen und andere Ausbildungsstätten, die Schriftsteller besucht haben;
- Produktionsorte von Literatur;
- Erinnerungsstätten (z. B. Literaturmuseen, literarische Gedenkzimmer, Dichterhäuser), die man häufig in den oben genannten Gebäuden eingerichtet hat.

Beispiele sind z. B. das Theodor-Storm-Haus in Husum, in dessen Erdgeschoss u. a. das Arbeitszimmer des Schriftstellers liegt (Biesalski 2011) oder das Schillerhaus in Weimar, auch „Schillers Wohnhaus“ genannt, hinter dem sich das Schillermuseum befindet (EVE Tourist Information Weimar 2015).

2. Für literarische Persönlichkeiten bedeutsame Orte

Im Fokus stehen Orte und Gegenden, die für literarische Persönlichkeiten, also beispielsweise Schriftsteller, bedeutsam sind und die in der Regel publikumswirksam beworben werden (Squire 1996). Diese spezialisierte Form des Literaturtourismus ist weit verbreitet, um Zielgebiete zu vermarkten und wirtschaftliche Vorteile zu erzielen (Busby/Klug 2001; Busby 2004; Hoppen u. a. 2014).

Ein populäres Beispiel ist der literarische Reiseführer „A Writer's Britain: Landscape and Literature" von Margaret Drabble (1984). In einem weiteren Sinne können auch Reiseführer oder Reiseblogs von bekannten literarischen Persönlichkeiten zu dieser Form des Literaturtourismus gezählt werden. So haben etwa Bill Byrons Schilderungen seiner Reisen und Wanderungen durch Großbritannien, Nordamerika und Australien viele Leser motiviert, seinen Routen zu folgen (Hoppen u. a. 2014: 41).

3. Orte, die aufgrund der Bekanntheit eines Autors zu Destinationen werden
Hierunter werden Orte zusammengefasst, die aufgrund der Bekanntheit eines Schriftstellers oder einer Schriftstellergruppe zu Popularität gelangen und selbst zur touristischen Destination werden, obwohl sie nicht in direkter Verbindung zu deren Leben stehen. Oftmals werden an diesen Plätzen Literaturzentren und/oder -museen als Andenken an die Autoren errichtet.

Zu dieser Form des Literaturtourismus zählen etwa die Landstriche, die als „Hardy Country" oder „Agatha Christie Country" bekannt sind (Hoppen u. a. 2014: 41; Bittner 2017: 18).

Formen und Angebote textbezogener Destinationen
Mittlerweile nimmt das Bereisen literarischer Handlungsorte innerhalb des Literaturtourismus eine entscheidende Rolle ein (Knipp 2016: 482). Im Fall der textbezogenen Orte können drei Kategorien ausgewiesen werden. Es handelt sich hierbei um 1) Orte, die aufgrund der Bekanntheit eines Werks selbst zum literaturtouristischen Zielort werden, ohne dass sie dabei dessen Handlungsschauplatz verkörpern. Hierin unterscheiden sie sich von den 2) real existierenden Orten sowie den 3) Nachbauten von fiktiven Orten textbezogener Destinationen (Biesalski 2011; Schaff 2011; Knipp 2014; Knipp 2016).

1. Orte, die aufgrund der Bekanntheit eines Werks zur Destination werden
Orte können nicht nur aufgrund der Bekanntheit eines Autors, sondern auch durch die Popularität eines bestimmten Werkes selbst einen hohen Bekanntheitsgrad erzielen, gleichwohl sie nicht Handlungsschauplatz des Referenztextes sind. Diese Form steht also in sehr engem Zusammenhang mit der dritten Form der autorbezogenen Destinationen, weshalb sie in der Abb. 20.2 zusammengefasst aufgeführt werden.

Busby (2004) verweist auf das Beispiel „Westward Ho!" in North Devon, einer am Meer gelegenen Stadt in Großbritannien, die nach Charles Kingsleys gleichnamigem Roman (erschienen 1855) entwickelt und benannt wurde. Die Popularität des Buches löste ein solches Interesse an diesem Gebiet in der Nähe von Bideford aus, dass eine Gruppe von Unternehmern 1863 beschloss, dort einen Kurort zu gründen, der jedoch nur mäßig erfolgreich war (Hoppen u. a. 2014: 41).

2. Real existierende Orte

Hierbei handelt es sich um real existierende Orte, die zu touristischen Destinationen avancieren, weil literarische Texte in der Ausformung ihrer fiktiven Handlungsschauplätze auf sie rekurrieren und in der Folge von Literaturinteressierten aufgesucht werden, die der „literarischen Darstellung vor Ort nachspüren“ (Knipp 2016: 482) möchten. Kirshenblatt-Gimblett (1998: 9, zit. nach Knipp 2017: 14) fasst dieses Phänomen folgendermaßen zusammen: „Tourists travel to actual destinations to experience virtual places.“

Als bekanntes Exempel kann der Roman „The Da Vinci Code“ (2003) von Dan Brown angeführt werden, der Leser buchstäblich in Bewegung setzt, den Spuren des Protagonisten in Rom zu folgen (Panteleit 2009; Knipp 2017: 24). Oft werden für Werke mit einer solchen Reichweite, insbesondere im städtischen Raum, auch literarische Spaziergänge angeboten. Ergänzend werden vielfach literarische Stadtpläne und Reiseführer zur Vermarktung der entsprechenden Orte eingesetzt. Diese sollen den Literaturinteressierten Handreichungen zur Orientierung geben. So bündelt beispielsweise das Audiobook „Florenz. Ein literarischer Reiseführer“ von Waiblinger verschiedene Textsorten, um das kulturelle Erbe der Stadt erlebbar zu machen. Neben literarischen Reiseführern in Print- oder E-Book-Form sind auch Reiseführer-Apps weit verbreitet. „Ian Rankin’s Edinburgh“ ist z. B. eine solche App, die im Auftrag des Autors herausgegeben wurde und kostenlos zur Verfügung steht. Sie dient als virtuelle Stadtführung durch Edinburgh, indem sie neben Kartenmaterial beispielsweise Hintergrundinformationen über die wichtigsten Handlungsschauplätze der Geschichten und ihrer Charaktere liefert (Orion Publishing Group o. J.; Hoppen u. a. 2014).

3. Nachbauten von fiktiven Orten

Angesprochen sind (ursprünglich) nicht in der Realwelt existierende Orte, die für den touristischen Zweck für Leser und Literaturinteressierte getreu der fiktiven Vorbilder nachgebaut worden sind. Gegenstand sind also künstlich erzeugte Handlungsorte, „die physisch bereist werden können“ (Knipp 2014: 69). Literarische Imaginationen können auf diese Weise buchstäblich zu einem Bestandteil der real existierenden Welt werden (May 2014; Knipp 2016).

Zu nennen sind insbesondere Literaturwelten in Themenparks (Schaff 2011; Knipp 2014). Ein prominentes Beispiel aus dem Bereich der Kinder- und Jugendliteratur ist die „Astrid Lindgrens Värld“ in Vimmerby, Schweden, die von Michel aus Lönneberga bis hin zu Pippi Langstrumpf verschiedene Themenwelten beinhaltet (Astrid Lindgrens Värld o. J.; vgl. Abb. 20.3). Eine beliebte Art der touristischen Inszenierung ist dabei das Nachspielen von Szenen aus literarischen Werken (Roesch 2009: 162 ff.).

Innerhalb der Kategorie der künstlich erzeugten Handlungsorte lassen sich ferner Beispiele finden, die gewissermaßen einen Zwischenstatus einnehmen, da die literarischen Vorlagen durchaus auf reale Städtetopografien rekurrieren (Knipp 2014: 70). So

Abb. 20.3: Nils-Karlsson-Däumling-Haus in der „Astrid Lindgrens Värld“ in Vimmerby (Foto: Lisa Hannemann 2008)

ist das Haus der Kaufmannsfamilie Buddenbrook in Lübeck nach dem gleichnamigen Roman von Thomas Mann (1901) anhand eines imaginären, fiktiven Vorbilds gestaltet worden und gleichermaßen ein Beispiel für die museale Aufbereitung und materielle Inszenierung eines literarischen Schauplatzes (Knipp 2016: 14, 23). Der Baker Street in London wurde sogar die Adresse „221b“ hinzugefügt, um dort nach der Vorlage der Romane und Erzählungen von Arthur Conan Doyle die Wohnung von „Sherlock Holmes“ nachzustellen (Knipp 2016: 482).

Formen und Angebote literaturbezogener Destinationen

Zu den Formen und Angeboten literaturbezogener Destinationen zählen im Allgemeinen jene, die nicht in direkter Verbindung mit bekannten Autoren oder Werken stehen. Es handelt sich hierbei um die jüngsten literaturtouristischen Angebotsvarianten (Hoppen u. a. 2014: 41). Dazu gehören 1) temporäre Orte für spezielle literarische Ereignisse. Eine weitere aktuell diskutierte Form, die sich dieser Kategorie zuordnen lässt, sind literarische Reisen zu 2) Orten, die aufgrund ihrer hohen Anzahl an Buchhandlungen und Antiquariaten als literarische Destination gelten (Hoppen u. a. 2014: 42; Driscoll 2016: 5; Bittner 2017).

1) Temporäre Orte für spezielle literarische Ereignisse

Zu den temporären Orten für spezielle literarische Ereignisse zählen Veranstaltungsorte von Literaturwochen, -lesungen oder -festivals, die bei Literaturinteressierten auf Interesse stoßen.

Für diese Form des Literaturtourismus lassen sich zahlreiche Beispiele finden. Im deutschsprachigen Raum etwa ist das Literaturfestival in der Eifel sehr populär. Hier bekommen in verschiedenen Orten Autoren mit unterschiedlichstem Bekanntheitsgrad eine Bühne (Zierden 2008: 150; Simon 2018: 119).

2) Orte mit einer hohen Anzahl an Buchhandlungen und Antiquariaten

Hierzu gehören zum Beispiel Bücherdörfer, bei denen es sich häufig um „idyllische Ortschaften" handelt, die neben ihrer literarischen Attraktivität auch mit einer touristisch anziehenden Landschaft und historischen Sehenswürdigkeiten aufwarten (Bittner 2017). Im englischen Sprachraum findet sich für diese Form des Tourismus auch die Bezeichnung des „Book Tourism" oder „Bookstore Tourism" (Gentile/Brown 2015: 32). Die Reisemotivation besteht nach Mintel (2011: 34) darin, Buchhandlungen (u. a. Antiquariate) eines bestimmten Reiseziels zu besuchen, um vor allem Werke lokaler Autoren oder Werke, deren Titel mit der Destination verbunden sind, aufzuspüren sowie andere lokale literarische Attraktionen kennenzulernen (siehe hierzu auch Gentile/Brown 2015). Ferner finden sich vielfach Angebote rund um die Buchproduktion (Merfeld-Langston 2013: 17, 176; Bittner 2017).

Einschlägige Beispiele für Bücherdörfer wären z. B. Purgstall in Österreich (Driscoll 2016: 5; Bittner 2017) oder das französische Montolieu. Mittlerweile werden die touristischen Schwerpunkte hier jedoch auch noch auf die Bewahrung und Vermittlung von Künsten und Berufen, die mit der Buchproduktion in Verbindung stehen, gelegt (Merfeld-Langston 2013: 17, 176; Bittner 2017).

20.5 Fazit

Der Literaturtourismus hat in den vergangenen Jahrzehnten einen starken Aufschwung erfahren. Vor dem Hintergrund neuer touristischer Kommunikationsmittel sind zahlreiche innovative Angebote entstanden, die von diversen Destinationen im Sinne einer Markenbildung kombiniert (Herbert 2001: 314 ff.; Kahrs 2006; Watson 2006; Watson 2009; Filk u. a. 2011; Stobbe 2013) und mitunter als Pauschalen vertrieben werden. Unterschiedliche Tourismusorganisationen und spezialisierte Reiseveranstalter arbeiten für Regionen, die eine Ballung literaturgeschichtlich bedeutsamer Stätten besitzen, häufig „literarische Spaziergänge" (so z. B. auf den Spuren von Donna Leons Comissario Brunetti durch Venedig), „Dichter-Spaziergänge", „Literaten-Stadtpläne" (z. B. Thomas Mann, Rainer Rilke, Bertolt Brecht, Franz Kafka) oder „literarische Wanderwege/Literatouren" (z. B. Goethe-Wanderweg, Schiller-Route) aus (Plachta 2008: 145). Oft kombinieren diese den Besuch von literarischen Gedenkstätten und Museen sowie Literatengräbern mit Lesungen oder Literaturfestivals etc. und ergänzen dabei z. T. bereits eingeführte „klassische" literaturtouristische Angebote (z. B. Deutsche Märchenstraße, Schwäbische Dichterstraße) (ebd.: 145). Das Interesse an literaturtouristischen Angeboten wird dadurch befördert, dass zahlreiche Verlage entsprechende Reiseführer in ihr Programm mit aufgenommen haben. Unabhängig von seinen vielgestaltigen Ausprägungen werden Literaturreisen zumeist mit ergänzenden Sightseeing- oder bewegungsorientierten Aktivitäten verbunden (z. B. „Literarische Radwege" in Baden-Württemberg). Nur eine Minderheit der Nutzer literaturtouristischer Angebote reist allein aus literarischem, literaturhistorischem, journalistischem oder bildungsorientiertem Interesse im engeren Sinne (Robinson/ Anderson 2002a; Saretzki 2013: 279).

Ferner weist Steinecke (2016: 39) auf die „große Schnittstelle [...] zwischen dem Filmtourismus und dem Literaturtourismus [hin], da das Drehbuch vieler Spielfilme und TV-Serien auf Erzählungen und Romanen basiert." Beeton (2005: 53) bemerkt hierzu Folgendes: „Film is to literacy tourism what the Boeing 747 was to mainstream tourism – a major booster for mass tourism." Ein Beispiel ist der *Dracula*-Stoff (Bram Stoker 1897), der in verschiedensten Medien (Film, Fernsehen, Comics usw.) Verbreitung gefunden hat. „Obgleich Stokers atmosphärisch dichte Beschreibung der Reise Jonathan Harkers in die Karpaten vielmehr auf einer imaginären denn einer realen Geographie beruht, hat sich in Rumänien ein beachtlicher ‚DraculaTourismus' herausgebildet" (Knipp 2014: 68; siehe hierzu auch Light 2009). Allerdings gilt es die unterschiedlichen Zeichensysteme von Literatur und Film bzw. Fernsehen im Wahrnehmungsprozess zu beachten (z. B. Besuch von beschriebenen Schauplätzen vs. Drehorten) (Knipp 2014: 69).

Angesichts der hohen Dynamik und des enormen Facettenreichtums im Marktsegment des Literaturtourismus sind interdisziplinär ausgerichtete Untersuchungen seitens der Tourismuswissenschaften dringend angeraten. Forschungsbedarf besteht vor allem hinsichtlich des literaturtouristischen Destinationsmanagements (z. B. Marken- und Produktbildung, Kommunikationspolitik, Erfolgsfaktoren) sowie den Wirkungen des Literaturtourismus (z. B. ökonomische, ökologische und soziale Effekte, Imagebildung, Chancen und Risiken).

Literatur

Astrid Lindgrens Värld, Hineinspaziert in die Welt von Astrid Lindgren, o. J., http://astridlindgrensvarld.se/de (8.4.2018).

Beeton, S., Film-induced tourism, Clevedon 2005.

Biesalski, V., Literaturtourismus am Beispiel von Husum und Theodor Storm, in: Reeh, T. / G. Ströhlein (Hg.), Orte, Wege, Visionen: Aktuelle Ansätze der Tourismusgeographie, Göttingen 2011 (= ZELTForum, 6), S. 50–63.

Bittner, L., Das Bücherdorf – eine neue Form des Literaturtourismus. Eine Untersuchung unter Berücksichtigung wirtschaftlicher, kultureller und gesellschaftlicher Aspekte, Masterarbeit, Universität Wien, 2017, unveröffentlichte Masterarbeit.

Busby, G., Representations of Cornwall in fiction: the influence on tourism, in: Robinson, M. / D. Picard (Hg.), Conference proceedings tourism and literature: travel, imagination and myth, 22.–26.7.2004, Harrogate 2004 (CD-ROM, Sheffield: Centre for Tourism and Cultural Change).

Busby, G. / J. Klug, Movie-induced tourism: The challenge of measurement and other issues, in: Journal of Vacation Marketing 7(4):316–332, 2001.

Butler, R., Literature as an influence in shaping the image of tourist destinations: A review and case study, in: Marsh, J. (Hg.), Canadian studies of parks, recreation and foreign lands, Peterborough 1986 (= Occasional paper / Department of Geography, Trent University, 11), S. 111–132.

Driscoll, B., Local places and cultural distinction: The booktown model, in: European Journal of Cultural Studies, 21.7.2016, http://journals.sagepub.com/doi/abs/10.1177/1367549416656856#articleCitationDownloadContainer (4.5.2018).

EVE Tourist Information Weimar, Schillerhaus (Schillers Wohnhaus) Weimar, 10.1.2015, https://www.weimar-touristinformation.de/schillerhaus-schillers-wohnhaus-weimar/ (8.4.2018).

Filk, C. / C. Schatzmann / Y. Herzig Gainsford, „Literary Imagination goes Tourism" – Destination Branding und fiktive Narrative am Beispiel von „Heidi" und „Heidiland", in: Boksberger, P. / M. Schuckert (Hg.), Innovationen in Tourismus und Freizeit. Hypes, Trends und Entwicklungen, Berlin 2011 (= Schriften zu Tourismus und Freizeit, 12), S. 139–152.

Gentile, R. / L. Brown, A life as a work of art: literary tourists' motivations and experiences at Il Vittoriale degli Italiani, in: European Journal of Tourism, Hospitality and Recreation 6(2):25–47, 2015.

Gödden, W., Teil eines größeren Ganzen. Literaturgeschichtsforschung und Literarische Gesellschaften in Westfalen, in: Mitteilungen / Arbeitsgemeinschaft Literarischer Gesellschaften Berlin Nr. 19, September 1997, S. 3–7.

Greiner-Mai, H., Literatur. Dichter, Stätten, Episoden, Berlin/Leipzig 1988.

Grieser, D., Stifters Rosenhaus und Kafkas Schloß. Reisebilder eines Literaturtouristen, Wien u. a 1995.

Hendrix, H., The Early Modern Invention of Literary Tourism: Petrarch's Houses in France and Italy, in: Ders. (Hg.), Writer's Houses and the Making of Memory, New York/London 2008, S. 15–29.

Hendrix, H., From early modern to romantic literary tourism: a diachronical perspective, in: Watson, N. J. (Hg.), Literary tourism and nineteenth-century culture, London 2009, S. 13–24.

Herbert, D., Literary places, tourism and the heritage experience, in: Annals of Tourism Research 28(2):312–333, 2001.

Hoppen, A. / L. Brown / A. Fyall, Literary tourism: Opportunities and challenges for the marketing and branding of destinations?, in: Journal of Destination Marketing and Management 3(1):37–47, 2014.

Kahrs, A. (Hg.), Literatur und Tourismus an der Elbe – Grundlagen, Kooperationen und Perspektiven. Fachkonferenz auf Einladung der Regierungsvertretung Lüneburg und des Literaturzentrums Norddeutschland (LZN), Hitzacker (Elbe) 2006.

Kirshenblatt-Gimblett, B., Destination Culture. Tourism, Museums, and Heritage, Berkeley/London 1998.

Knipp, R., „One day, I would go there ...". Fantouristische Praktiken im Kontext transmedialer Welten in Literatur, Film und Fernsehen, in: Image 7, 2014, http://www.gib.uni-tuebingen.de/own/journal/upload/6134e1a8c6ba2da2d48b453aef99c776.pdf (10.1.2018), S. 64–79.

Knipp, R., Vom alltäglichen Umgang mit Literatur – am Beispiel des Literaturtourismus zu Joyces Ulysses, in: Zeitschrift für Literaturwissenschaft und Linguistik 46(4):479–497, 2016.

Knipp, R., Begehbare Literatur. Eine literatur- und kulturwissenschaftliche Studie zum Literaturtourismus, Heidelberg 2017 (= Beiträge zur Literatur-, Sprach- und Medienwissenschaft, 174).
Light, D., Performing Transylvania. Tourism, Fantasy and Play in a Liminal Place, in: Tourist Studies 9(3):240–258, 2009.
Magner, B., Finding Furphy Country: such is Life and Literary Tourism, in: Journal of the Association for the Study of Australian Literature 13(1):1–18, 2013.
May, C., Kulturvermittlung durch Literaturinszenierungen. Ein Praxisbericht aus Nordfriesland, in: Interkulturelles Management in Freizeit und Tourismus. Kommunikation – Kooperation – Kompetenz 17, 2014, S. 123–132.
Merfeld-Langston, A., The bibliografting of Montolieu, village du Livre des Arts Graphiques, in: Journal of European Popular Culture 4(2):173–193, 2013.
Mintel International Group, Literary tourism – international – September, London 2011, https://store.mintel.com/literary-tourism-international-september-2011 (4.5.2018).
Orion publishing group, Ian Rankin's Edinburgh app, o. J., https://www.ianrankin.net/ian-rankin-edinburgh-app/ (8.3.2018).
Ozanik, L., Literaturtourismus. Von Petrarca zu Potter, 2012, http://www.litlog.de/misc/von-petrarca-zu-potter/#fnref-10319-1 (13.3.2018).
Panteleit, K., Literaturtourismus: auf den Spuren der Illuminati in Rom, in: Lenz, R. / K. Salein (Hg.), Kulturtourismus: ethnografische Recherchen im Reiseraum Europa, Frankfurt am Main 2009, S. 257–277.
Piatti, B., Die Geographie der Literatur. Schauplätze, Handlungsräume, Raumphantasien, Göttingen 2008.
Platcha, B., Literaturbetrieb, Paderborn 2008.
Ries, H., Literaturtourismus – Auf den Spuren fiktiver Figuren, 2017, https://www.wp.de/region/sauer-und-siegerland/auf-den-spuren-fiktiver-figuren-id210384863.html (8.4.2018).
Robinson, M. / H. C. Anderson (Hg.), Literature and Tourism. Reading and Writing Tourism Texts, London/New York 2002.
Robinson, M. / H. C. Anderson, Reading Between the Lines: Literature and the Creation of Touristic Spaces, in: Robinson / Anderson 2002a, S. 1–38.
Roesch, S., The Experiences of Film Location Tourists, Bristol 2009.
Saretzki, A., Vom Schreiben und Lesen der Stadt. LiteraTouristische Erkundungen des Urbanen, in: Egger, R. / K. Luger (Hg.), Tourismus und mobile Freizeit. Lebensformen, Trends, Herausforderungen, Norderstedt 2015, S. 259–280.
Schaff, B., In the footsteps of ..., in: KulturPoetik 11(2):166–180, 2011.
Simon, K., Eifel, Aachen: Wasser, Wald und Wildnis, Köln 2018 (DuMont Bildatlas, 152).
Smith, Y., Literary tourism as a developing genre: South Africa as a case study, Honors Mini-Thesis, 2012, http://upetd.up.ac.za/thesis/available/etd-10252012-112148/unrestricted/dissertation.pdf (8.4.2018).
Squire, S. J., Meanings, myths and memories: literary tourism as cultural discourse in Beatrix Potter's Lake District, Doktorarbeit, University of London, 1991, Diss.
Squire, S. J., Valuing countryside: reflections on Beatrix Potter tourism, in: Area 25(1):5–10, 1993.
Squire, S. J., The cultural values of literary tourism, in: Annals of Tourism Research 21(1):103–120, 1994.
Squire, S. J., Literary tourism and sustainable tourism: Promoting „Anne of Green Gables" in Prince Edward Island, in: Journal of Sustainable Tourism 4(3):119–134, 1996.
Steinecke, A., Filmtourismus, Konstanz/München 2016.
Stobbe, U., Literatur zum Greifen nah. Strategien und Praktiken des gegenwärtigen Literatur- und Kulturtourismus, in: Kroucheva, K. / B. Schaff (Hg.), Kafkas Gabel – Überlegungen zum Ausstellen von Literatur, Bielefeld 2013, S. 251–270.

Watson, N. J., The Literary Tourist. Readers and Places in Romantic and Victorian Britain, Basingstoke 2006.
Watson, N. J. (Hg.), Literary Tourism and Nineteenth-Century Culture, Basingstoke 2009.
Zierden, J., Literaturgenuss pur, Autoren live: Das Eifel-Literatur-Festival, in: Müller, R. (Hg.), Die Eifel. Reise-Lesebuch, Trier 2008, S. 150–151.

Yvonne Pröbstle

21 Quo vadis, Kulturtouristen?

Zusammenfassung: Der Beitrag beschäftigt sich mit dem Status quo und der Zukunft der kulturtouristischen Nachfrage. Neben Ergebnissen aus der Kulturtourismusstudie 2018 wird eine Typologie vorgestellt, die verschiedene Typen von Kulturtouristen auf der Grundlage ihres Kulturnutzungsverhaltens im Alltag und auf Reisen unterscheidet. Darüber hinaus werden aktuelle gesellschaftliche und touristische Trends vorgestellt und ihre Relevanz für die kulturtouristische Nachfrage beleuchtet.

Schlagwörter: Besucherforschung, Kulturmarketing, Kulturtourismus, Kulturtouristen, Kulturtourismusstudie, Kulturvermittlung, Tourismustrends, Typologie

21.1 Kulturtouristen: eine Einführung

Der Besuch kultureller Sehenswürdigkeiten steht auf Platz 1 der Reiseaktivitäten deutscher Urlaubsgäste im Inland (Deutscher Tourismusverband 2018: 18). Dabei ziehen besonders Museen sowie baukulturelle Sehenswürdigkeiten und historisch bedeutsame Gebäude oder Anlagen touristische Besucher an (vgl. Forschungsgemeinschaft Urlaub und Reisen 2012: 6). Für den Kulturbetrieb, der sich angesichts der vielerorts drohenden Publikumserosion in den letzten Jahren vermehrt besucherorientiert ausgerichtet hat, ist das eine erfreuliche Entwicklung. Die Aussicht auf mehr und neue Besucher ist deshalb auch wenig überraschend die Hauptmotivation vieler Kulturbetriebe, ihre Marketingaktivitäten nicht mehr nur lokal zu denken, sondern regional, national und oder gar international auszuweiten und dabei Tourismusakteure zu ihren wichtigsten Verbündeten zu machen. Mit Erfolg, denn laut Ergebnissen der Kulturtourismusstudie 2018 konnten rund 50 % der befragten Kultureinrichtungen, die vornehmlich kulturelles Erbe bewahren und vermitteln, in den letzten fünf Jahren nach Selbsteinschätzung einen Zuwachs an touristischen Besuchern verzeichnen (Kulturtourismusstudie 2018). In 30 % der Fälle machen Kulturtouristen mittlerweile sogar einen Anteil von mehr als 50 % am gesamten Besucheraufkommen aus. Und umgekehrt gilt derzeit für mehr als 80 % der Tourismusorganisationen, die sich ebenfalls an der Befragung beteiligten, dass Kunst und Kultur wichtige bzw. die wichtigsten Säulen in der Profilierung ihrer Destination sind (vgl. Burzinski/Buschmann/Pröbstle 2018: 29 f., 56 f.).

Angesichts der skizzierten Entwicklung scheint diese Gruppe von touristischen Besuchern bzw. Gästen keine Minderheit (mehr) darzustellen. Wer aber sind diese sogenannten Kulturtouristen? Was treibt sie an? Was wollen sie finden? Ziehen sie als kulturbeflissene Gäste bestens vorbereitet durch die Musentempel dieser Lande, ganz

Dr. Yvonne Pröbstle, Geschäftsführerin, Kulturgold GmbH, Stuttgart

https://doi.org/10.1515/9783486711028-021

im Sinne der bürgerlichen Bildungsreise? Oder haben die „Abhaktouristen“ auf ihrer Jagd nach den „Must-sees“ längst Trampelpfade und ihre Spuren am kulturellen Erbe hinterlassen?

21.2 Kulturtouristen: kulturbeflissene Gäste oder „Abhaktouristen“?

Es sind diese beiden stereotypen Vorstellungen von Kulturtouristen, die sich in der Diskussion über Chancen und Herausforderungen in diesem Marktsegment hartnäckig halten, obwohl uns die Marktforschung längst lehrt, dass sich die Wirklichkeit weniger schwarz-weiß und deutlich komplexer darstellt. In der Praxis des Kulturbetriebs begegnen uns gegenwärtig verschiedene Typen von Kulturtouristen, die sich u. a. unterscheiden in ihren kulturellen Interessen und Motiven, in der Nutzungshäufigkeit von Kulturangeboten, in der Art und Weise, wie sie Kulturaktivitäten vor- und nachbereiten, in ihren Vorlieben für Vermittlungsangebote – und das sowohl auf Reisen wie auch im Alltag. Die folgende Typologie, die auf qualitativen Interviews mit rund 90 deutschsprachigen Übernachtungs- und Tagestouristen basiert, die während ihres Aufenthalts eine Kultureinrichtung beziehungsweise Kulturveranstaltung besuchten, unterscheidet fünf Typen von Kulturtouristen (vgl. Pröbstle 2014, Abb. 21.1):

Die **passionierten Spezialisten** sind im Alltag Vielbesucher, im Extremfall besuchen sie mehrmals wöchentlich Kultureinrichtungen. Die Auseinandersetzung mit Kunst und Kultur gilt ihnen dementsprechend als Grundbedürfnis. Dieser Typus, der gebildet und tendenziell älter ist, hat sich ausgewählten Sparten, Formaten, Künstlern oder Themen verschrieben. Diesen Interessen wird heute in leidenschaftlicher Manier nachgegangen, kein Weg ist dafür wortwörtlich zu weit, kein Aufwand zu groß. Und so stellt es für Vertreter dieses Typus auch eine Selbstverständlichkeit dar, ausgewählte Kulturangebote zum Reiseanlass zu nehmen. Dabei interessiert sich der passionierte Spezialist auch auf Reisen für Musik, Oper, Schauspiel und Tanz, während das Gros der Sightseeing-Kulturtouristen in erster Linie historische Monumente und Ausstellungen besichtigt. Reiseziele sind zum Beispiel die Salzburger Festspiele, die Ruhrtriennale oder auch die JazzBaltica im Rahmen des Schleswig-Holstein Musik Festivals. Besonders häufig übte der passionierte Spezialist im Gespräch über den Besuch dieser oder ähnlicher Festspiele und Festivals Kritik an vermeintlichen Starbesetzungen, die seiner Meinung nach Inbegriff einer zunehmenden Eventisierung von Kunst und Kultur sind. Anstelle der immer gleichen Künstler geht es ihm darum, seine Interessen durch Neues zu vertiefen, die dafür erforderliche Experimentierfreude und Offenheit bringt er mit. Als passionierter Spezialist bereitet er den Kulturbesuch außerdem eigenständig und sehr umfassend vor bzw. nach (z. B. durch das Lesen von Feuilletons, Fachzeitschriften). Im Moment der Rezeption setzt er auf ein unmittelbares Erleben; d. h., klassische Vermittlungsangebote (z. B. Führungen oder Einführungsveranstaltungen) werden selten genutzt.

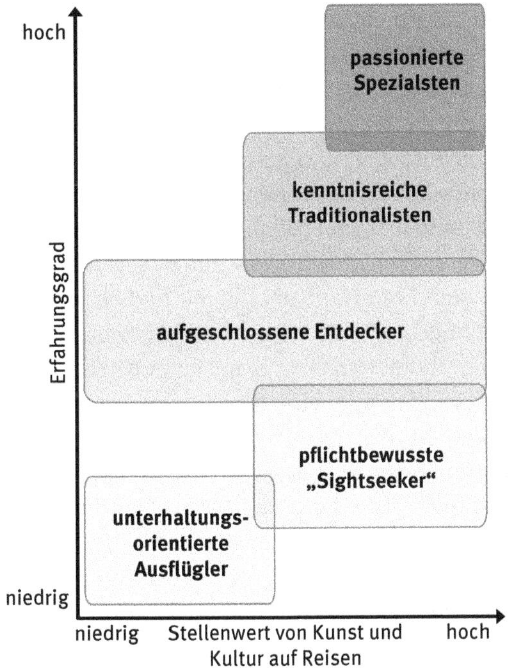

Abb. 21.1: Kulturtouristen-Typologie (Quelle: Pröbstle 2014: 304)

Die **kenntnisreichen Traditionalisten** sind den passionierten Spezialisten auf den ersten Blick recht ähnlich: Es handelt sich um ein tendenziell älteres und reiserfahrenes Publikum, das häufig auch als Vielnutzer zu den Abonnenten oder Mitgliedern in Freundeskreisen von Kultureinrichtungen zählt. Allerdings manifestiert sich bei diesem Typus besonders stark, was der Soziologe Gerhard Schulze (2005: 142 ff.) als „Hochkulturschema“ beschreibt: Das vorherrschende Rezeptionsmuster ist das der Kontemplation. Vertreter dieses Typus treten dem Kunstwerk beinahe andächtig gegenüber. Man hört betontermaßen klassische Musik oder liest gute Bücher. In der Darbietung wird Perfektion zum Ideal erhoben. Der kenntnisreiche Traditionalist begeistert sich dabei wie kein anderer Typus am Erlebnis des Schönen – das allerdings zeitgenössisches Kunstschaffen ausschließt. Wissen, das bereits vorhanden ist, soll bestätigt oder vertieft werden, zu diesem Zweck bereiten die kenntnisreichen Traditionalisten ihre Kulturbesuche ausführlich vor und nach. Sie legen außerdem großen Wert auf die Vermittlung durch einen Fachmann (z. B. promovierter Kunsthistoriker oder Historiker) und nehmen deshalb auch an Studienreisen teil. Neben Museen und Ausstellungen zählen auch Besuche in Konzert-, Opern- und Schauspielhäusern zu den typischen Reiseaktivitäten der kenntnisreichen Traditionalisten.

Unter den **aufgeschlossenen Entdeckern** finden wir die ersten Nicht-Besucher von Kultureinrichtungen im Alltag. Genauer formuliert handelt es sich um Nichtmehr-Besucher, die den Übergang in die Familienphase vollzogen haben oder deren Interesse am lokalen Kulturangebot erschöpft ist. Auf Reisen gelten Kunst und Kultur dagegen nach wie vor als Selbstverständlichkeit. Der aufgeschlossene Entdecker möchte sein Reiseziel dabei möglichst eigenständig und ohne strikten Plan erkunden, um die Atmosphäre einer Destination einzufangen und Raum für spontane Entdeckungen zu lassen. Vermittlungsangebote werden deshalb weniger nachgefragt, weil eben auch der Moment der Rezeption unmittelbar sein soll und es dem aufgeschlossenen Entdecker nicht um Wissen und Kennerschaft geht. Was ihm dagegen in Erinnerung bleibt und worauf er Wert legt, sind Kulturformate, die mit herkömmlichen Sehgewohnheiten brechen (z. B. Ausstellungen oder Konzerte an außergewöhnlichen Orten) oder einzelne Kunstobjekte, die berühren, weil sie z. B. mit einer persönlichen Lebenssituation in Verbindung gebracht werden oder eine persönliche Anschauung widerspiegeln. Im Mittelpunkt steht dabei stets die eigene Selbsterfahrung. Künstler, Werktitel oder andere Hintergrundinformationen sind dagegen zweitrangig. Dieses Streben nach Selbsterfahrung und -ausdruck dürfte auch dafür verantwortlich sein, dass ein Großteil der aufgeschlossenen Entdecker selbst künstlerisch aktiv ist oder war (z. B. Musizieren oder Theaterspielen).

Der **pflichtbewusste „Sightseeker"** (engl. „to seek" = „etwas suchen, anstreben, begehren") sucht auf Reisen – vornehmlich Städtereisen – gezielt Sehenswürdigkeiten auf. „Das muss man mal gesehen haben" steht als Besuchsmotiv in erster Linie von baukulturellen Sehenswürdigkeiten und bekannten Museen im Vordergrund. So können Vertreter dieses Typus bspw. auf der Festung Hohensalzburg, im Neuen Museum in Berlin oder in der ehemaligen Zeche Zollverein in Essen angetroffen werden – allesamt touristische Hotspots, die in Reiseführern mit Asterisken ausgezeichnet sind und als „Must-sees" gelten. Auch wenn der pflichtbewusste „Sightseeker" keinesfalls überinformiert werden möchte, so legt er doch Wert darauf, das Gesehene stilgeschichtlich verorten zu können, die historische Entwicklung oder zumindest Versatzstücke aus der Geschichte seines Reiseziels in Erfahrung zu bringen. Deshalb nimmt er auch Vermittlungsangebote in Anspruch. Positiv bewertet werden dabei kurze Überblicksführungen sowie szenische Vermittlungsangebote. Im Alltag setzen sich die pflichtbewussten „Sightseeker", die in Altersstufen vertreten sind, etwa zur Hälfte aus Nicht-Besuchern zusammen, die kein tiefergehendes Interesse für Kunst und Kultur hegen. Wer im Alltag dagegen Kulturangebote nutzt, tut dies der Allgemeinbildung wegen. Besucht werden dann beispielsweise Aufführungen von Bühnenklassikern in möglichst „originaler" Inszenierung. Oder es werden unterhaltungsorientierte Formate favorisiert, die Spaß machen, Abstand und Erholung vom Alltag garantieren und ein geselliges Erlebnis versprechen (z. B. Kinovorstellungen, Kleinkunst- und Laienbühnen, Popkonzerte). Dieser Wunsch nach Unterhaltung kann auch Anlass für kulturell motivierte Reisen sein, z. B. Musicalreisen oder Ausflüge zu Freilichtbühnen.

Die **unterhaltungsorientierten Ausflügler** treten im Alltag allesamt als Nicht-Besucher in Erscheinung. In den seltenen Fällen, in denen sie bisher eine Kultureinrichtung besucht haben, handelte es sich um unterhaltungsorientierte Formate, zum Beispiel Kinovorstellungen, Operetten, Pop- oder Schlagerkonzerte. Entspannung, Freude und Spaß sind in diesen Fällen charakteristisch für das Erleben, das bei diesem Typus grundsätzlich stärker emotional als kognitiv angelegt ist. Auf Reisen nehmen Kunst und Kultur dagegen durchaus den Stellenwert einer Reiseaktivität ein – ein Ausflug, um die Erholungsreise abwechslungsreicher zu gestalten bzw. um zu besuchen, „was man unbedingt gesehen haben sollte". Dazu gehören baukulturelle Sehenswürdigkeiten wie Klöster und Kirchen, Burgen und Schlösser, historische Stadtkerne und Gedenkstätten bekannter Persönlichkeiten. Die bleibende Erinnerung besteht im eigentlichen Besuch, in der Tatsache, selbst an einem betontermaßen sehenswerten Ort gewesen zu sein. Gelegentlich werden auch Tagesausflüge zu kulturellen Zielen vom Wohnort aus unternommen, so wenn Kinder im Haushalt leben und es sich explizit um Angebote für Familien und Kinder handelt, z. B. ein Familientag im Freilichtmuseum.

21.3 Wo geht die Reise hin? Aktuelle Trends in der kulturtouristischen Nachfrage

Die vorgestellte Typologie liefert zahlreiche Erkenntnisse für den Umgang mit Kulturtouristen in der Praxis. Gleichwohl lässt sich nicht leugnen: Die kulturtouristische Nachfrage verändert sich bereits und wird sich weiter verändern – in Wechselwirkung mit allgemeinen gesellschaftlichen, aber auch insbesondere touristischen Trends.

Wo werden wir künftig beispielsweise die kenntnisreichen Traditionalisten antreffen? Treffen wir sie überhaupt noch an? Die Publikumsforschung lehrt uns immer wieder, dass kulturelle Einstellungen und damit auch das Nutzungsverhalten generationenbedingt sein können (Göschel 1991; Glogner-Pilz/Föhl 2016). Anders als z. B. die pflichtbewussten „Sightseeker", die durch alle Altersstufen hindurch vertreten sind, erweisen sich gerade die kenntnisreichen Traditionalisten als altersmäßig besonders homogene Gruppe von Kulturtouristen. Und es handelt sich um die Gruppe mit den ältesten Kulturtouristen. Auch die passionierten Spezialisten könnten möglicherweise zukünftig weniger häufig angetroffen werden. Zum einen ist auch dieser Typus des Kulturtouristen tendenziell älter, zum anderen zeigt die Publikumsforschung im Zeitvergleich deutliche Tendenzen auf, die für einen „Kulturflaneur" sprechen. Dieser Typus des Kulturnutzers bindet sich nicht an eine Sparte, ein Genre oder an ausgewählte Künstler, er lässt sich nicht festlegen. Ihn zeichnet ein wechselhaftes Kulturnutzungsverhalten aus (vgl. Keuchel 2005: 119 f.), ganz anders also als den passionierten Spezialisten.

Die Suche nach dem Authentischen wird zum „Must-see"

Und die aufgeschlossenen Entdecker? Sie fungieren als „Trendtreiber". In ihren Motiven und in ihrem Verhalten spiegelt sich bereits heute wider, was Trend- und Tourismusforscher unlängst für die touristische Nachfrage prophezeit haben: Sie erkunden ihre Reiseziele und entscheiden spontan; langfristige geplante Aktivitäten, die mit entsprechenden Buchungen einhergehen, sind ihnen hingegen fremd. Dieses spontane Reise- und Buchungsverhalten wird sich künftig sehr wahrscheinlich ausweiten: „Viel mehr als je zuvor wird situativ im Ist-Zeit-Zustand über etwas entschieden. Das verändert das Buchungs- und Bewertungsverhalten der Reisenden. Diese Vorgänge finden zunehmend spontan und nicht mehr in der klassischen Reihenfolge statt. Der Reisende entscheidet nicht mehr lange im Voraus, sondern möchte sich alle Möglichkeiten offen halten. So ist es in Zukunft wichtig, Tools anzubieten – insbesondere über mobile Endgeräte –, die immer eine Echtzeit-Interaktion zwischen Travellern und Touristikern ermöglichen, so dass die Reisepläne jederzeit geändert werden können" (Kirig/Eckes 2014: 109). Der aufgeschlossene Entdecker erweist sich schon heute als besonders affin, wenn es um die Nutzung mobiler Endgeräte auf Reisen geht. Die Destinationen ziehen nach, z. B. mit Apps, die klassische Reiseführer ergänzen oder gar ersetzen, häufig mit dem Versprechen, den jeweiligen Ort „so zu erleben, wie er wirklich ist". Mit der App Going Local Berlin „können Sie Berlin ab sofort wie ein echter Berliner entdecken" (https://www.visitberlin.de/de/going-local-berlin-app, 13.6.2018), so das Versprechen von visitBerlin. Überhaupt fällt auf, dass Destinationen und ihre touristischen Leistungsträger Besuchern immer häufiger „besondere", „echte", „authentische" Erlebnisse abseits der ausgetretenen touristischen „Trampelpfade" versprechen. „Small-scale, less visited places that offer a taste of ‚local' or ‚authentic' culture. Tourists increasingly say that they want to experience local culture, to live like locals and to find out about the real identity of the places they visit" (Richards 2013: 299). Wohl auch deshalb sind Reiseblogs gefragt, weil die Blogger unverstellt von ihren Erlebnissen berichten. Dabei scheint es die Follower weniger zu interessieren, dass es sich häufig um Blogger-Kampagnen handelt, die gezielt von den verantwortlichen Destinationsmanagern lanciert werden. Stadtführungen wiederum führen an entlegene Orte einer Destination. Die Vienna Ugly Tour ist deshalb anders, weil sie einen Blick auf die hässlichen Seiten der Donaumetropole verspricht. „Beauty can be boring – but ugly never is" (http://spaceandplace.at/vienna-ugly, 13.6.2018). Auf der Plattform Spotted by Locals verraten sogenannte Spotters ihre Lieblingsplätze in rund 70 Städten in Europa und Nordamerika. Und auch in der Wahl der Unterkünfte wird die Suche nach Authentizität manifest. Nicht anders erklärt sich der Erfolg von Plattformen für private Unterkünfte wie Airbnb.

Angebote, wie sie hier beispielhaft genannt werden, sind keinesfalls neu, doch sie haben spürbar zugenommen und sind vermutlich auf dem besten Wege, zum touristischen Mainstream zu werden, so lehrt es uns die Dialektik des Tourismus (vgl. Enzensberger 1958). Aus dem kleinen Kreis der Entdecker wird ein großer Kreis von „Normtrottern" (Kirig/Eckes 2014: 65), die auch entdecken wollen, ebenso nach einzigartigen und individuellen Erlebnissen gieren, aber für die sich der Aufwand in Grenzen halten soll: „Echte Individualität war gestern – zumindest die anstrengende Version. Die Sehnsucht nach dem Besonderen soll vereinbar sein mit Komfort und Sicherheit. Die

Maxime der neuen Durchschnittstouristen lautet: einzigartige Erfahrungen im gesicherten Modus“ (ebd.: 69).

Übertragen auf die kulturtouristische Nachfrage und die hier vorgestellte Typologie bedeutet diese Entwicklung: Die aufgeschlossenen Entdecker haben die Tourismusbranche für Bedürfnisse sensibilisiert, die immer häufiger von touristischen Leistungsträgern in Form von massentauglichen Angeboten befriedigt werden. Erinnert sei nochmals an die oben zitierte App Going Local Berlin, die zwar Begegnungen mit Locals verspricht, aber keineswegs von Einheimischen, sondern von der örtlichen Destinationsmanagementorganisation ins Leben gerufen wurde und über die Kanäle von visitBerlin wohl vor allem klassische Städtetouristen ansprechen dürfte. Die pflichtbewussten „Sightseeker“ besichtigen somit nicht mehr nur den spektakulären Museumsneubau, die restaurierte Schlossanlage, die Gedenkstätte oder das barocke Altstadtensemble. Sie buchen nicht mehr nur die klassische Stadtrundfahrt oder entscheiden sich für einen Rundgang zu Sammlungsstücken, die man unbedingt gesehen haben muss. Sie werden künftig immer häufiger auch das Kreativquartier der Stadt, die Galerie im Außenbezirk oder das vermeintliche Szenelokal „besichtigen“ – „going local“ wird zum „Must-see“.

Creative Tourism: Kulturtouristen werden nicht mehr nur Rezipienten sein

Je mehr sich das Gros der Touristen jedoch dem Verhalten der aufgeschlossenen Entdecker annähert, desto wahrscheinlicher wird es, dass Letztere andere Wege gehen werden, denn „Touristen sind für andere Touristen untrügliche Marker für die Inszeniertheit des jeweiligen Settings, in das sie geraten sind und ‚ent-authentifzieren‘ sich gegenseitig ihre Destinationen durch ihre bloße Präsenz“ (Schäfer 2015: 12). Die aufgeschlossenen Entdecker werden sich deshalb vermutlich aufmachen und nach alternativen Erlebnissen suchen – und zwar nicht länger nur in der Rolle der Rezipienten, sondern als aktive kulturinteressierte Reisende. Der internationale Kulturtourismusexperte Greg Richards beobachtet einen Wandel in den Bedürfnissen von Kulturtouristen „[f]rom culture to creativity“: „cultural tourism is being transformed into creative tourism“ (Richards 2013: 297). Als ursächlich erweist sich seiner Meinung nach paradoxerweise der Markterfolg des Kulturtourismus, denn „cultural tourism is now becoming a victim of its own success. [...] Just as cultural tourists are becoming more experienced, more sophisticated and better able to structure their own experiences, so the cultural tourism product being offered is becoming more standardised, more rigid and less engaging. [...] Clearly, new types of cultural tourism products are needed“ (ebd.: 299). Aber auch einschlägige Veränderungen im Konsumentenverhalten macht Richards dafür verantwortlich: „from basic needs to creative needs“ und „from goods to experiences“ (ebd.: 298). Was den Konsumenten von heute antreibt, ist nicht mehr die Befriedigung überlebenswichtiger Grundbedürfnisse, sondern mehr denn je die Suche nach dem eigenen Ich. Im Mittelpunkt stehen Erlebnisse und Erfahrungen sowie das Streben, die persönlichen Begabungen, Interessen und Fähigkeiten auszuleben und weiterzuentwickeln (vgl. Reckwitz 2012; Göschel 2015). „People want to paint, draw, design, photograph, sing, do yoga – a whole range of activities that will build their own skills and develop their potential" (Richards 2013: 298). Exakt diese Art von Bedürfnissen und Aktivitäten begründen eine neue Erscheinungsform des Kulturtourismus, die Richards als „creative tourism" bezeichnet: „Tourism which offers visitors the opportunity to develop their creative potential through active participation in courses and learning experiences which are characteristic of the holiday destination where they are undertaken" (ebd.: 300).

Die Provinz wird zum Refugium für tourismusgeplagte Entdecker

Der Kulturtourist von morgen dürfte also viel mehr, als dies heute der Fall ist, dem Rezipientendasein entwachsen und dagegen häufiger in die Produzentenrolle schlüpfen oder zumindest vermehrt partizipative Angebote einfordern. Und es ist keinesfalls unwahrscheinlich, dass er genau das an Orten tun wird, die wir heute nicht unbedingt als Kulturdestinationen par excellence bezeichnen würden. Tourismusforscher lassen daran keinen Zweifel: „ländliche Räume werden neu entdeckt, neu belebt, neu kultiviert." (Kirig 2013: 64). Erleben wir also nach dem Boom des Städtetourismus eine neue „Landlust" (vgl. Baumann 2018) im Kulturtourismus? Zum Vorteil könnte dem „Stiefkind des Tourismus" (Steinecke 2003: 2) ausgerechnet werden, was ländlichen Räumen lange Zeit als Manko ausgelegt wurde: „Die Provinz muss nicht dieselben Dinge besitzen wie eine Großstadt" (Kirig 2013: 64). Das häufige Fehlen von kulturellen „Leuchttürmen" bzw. der Dichte solcher Attraktionen – erstklassige Sammlungen, Blockbusterausstellungen, hochkarätig besetzte Festivals, denkmalgeschützte Altstadtensembles und Wirkungsorte berühmter Persönlichkeiten – ist nicht länger ein Makel, sondern wird als Chance begriffen: als Chance, um Künstlern Freiräume zu ermöglichen, Formate zu erproben, die es im etablierten Kulturbetrieb schwer haben, für die Orte zum Experimentieren fehlen oder die als besonders geeignet erachtet werden, um Transformationsprozesse anzustoßen und aktuellen gesellschaftlichen wie kulturbetrieblichen Herausforderungen (z. B. Demografischer Wandel, Digitalisierung oder kulturelle Teilhabe und Bildung) zu begegnen (vgl. Kruska/Pröbstle 2017). Gepaart mit dem Umstand, dass ländliche Räume häufig als strukturschwach eingestuft werden, begründen die genannten Chancen mittlerweile eine ganze Reihe von Förderprogrammen. Das Institut für Kulturpolitik der Kulturpolitischen Gesellschaft vermeldete 2015 im Rahmen einer Bestandsaufnahme: „So viel Förderung war nie!", und zwar auf Länder-, Bundes- und EU-Ebene (Institut für Kulturpolitik 2015: 81).

Die Zeichen stehen also günstig für ländliche Destinationen: Die aufgeschlossenen Entdecker sehnen sich nach Rückzugsorten, sie suchen nach Alternativen, die es abseits der Metropolen und Großstädte zu erkunden lohnt, und gleichzeitig tun sich vielseitige Förderperspektiven für den Kulturtourismus in ländlichen Räumen auf. Hinzu kommt nachfrageseitig ein weiterer Vorteil: Die Begegnung mit „echten" Locals, mit Einheimischen, wie sie vielfach in diesem Beitrag bereits als Begehr beschrieben wurde, lässt sich in der Wahrnehmung von Reisenden in ländlichen Destinationen ganz offensichtlich (noch) realisieren (vgl. Drews 2017).

Neue Kulturangebote und Kulturdestinationen entwickeln sich vermehrt außerhalb traditioneller Kultureinrichtungen

Kehren wir zum Abschluss noch einmal zu den unterhaltungsorientierten Ausflüglern zurück. Da sie auf Reisen einen Rollenwechsel vom Nicht-Besucher im Alltag zum temporären Besucher von Kultureinrichtungen vollziehen, dürfte ihnen vor allem ein Großteil jener Erscheinungsformen des Kulturtourismus entgegenkommen, der sich derzeit außerhalb traditioneller Kultureinrichtungen entwickelt, z. B. im Segment des Kreuzfahrttourismus (vgl. Klein/Pröbstle/Schmidt-Ott 2017). Es handelt sich um Angebote, die auf Edutainment oder ganz und gar auf Entertainment setzen, sich problemlos mit anderen Reisemotiven kombinieren lassen und in ein attraktives Gesamtsetting eingebettet sind. Von Theater, Konzert, Musical, Varieté über Führungen und Kursangebote bis hin zu speziellen Themen- und Eventreisen mit ausgewählten Künstlern an Bord reicht aktuell die Palette der schwimmenden Kulturdestinationen. Ob die „weltweit erste kammermusikalische Philharmonie auf See" (https://www.tuicruises.com/an-bord/innenbereiche/klanghaus, 13.6.2018) oder Rundgänge durch die schiffseigene Kunstsammlung – der Entwicklung scheinen derzeit keine Grenzen gesetzt. Es dürften nur wenige Zweifel daran bestehen, dass es sich um ein kulturtouristisches Produkt handelt, wenn auch in einem abermals erweiterten Begriffsverständnis. Für Letzteres geben auch zahlreiche Beiträge dieses Sammelbands ein eindrückliches Zeugnis ab.

Es sind die hier beschriebenen Erscheinungsformen des Kulturtourismus, denen in Zukunft mehr Aufmerksamkeit der Marktforschung zuteilwerden sollte. Viel zu wenig wissen wir bislang über jene Gruppe von Kulturtouristen, die wir nicht unbedingt beim Besuch eines Museums, einer Kulturerbestätte oder eines Festivals antreffen, für die Kultur (im erweiterten Sinne) aber „irgendwie" zum Gesamterlebnis einer Reise dazu gehört oder unerwartet ein Bestandteil davon wird.

Literatur

Baumann, C., Idyllische Ländlichkeit. Eine Kulturgeographie der Landlust, Bielefeld 2018.

Burzinski, M. / L. Buschmann / Y. Pröbstle, Kulturtourismusstudie 2018. Empirische Einblicke in die Praxis von Kultur- und Tourismusakteuren, Februar 2018, https://kulturmanagement.ph-ludwigsburg.de/fileadmin/subsites/2c-kuma-t-01/PDF/Forschung/Kulturtourismusstudie_2018_final.pdf (13.6.2018).

Deutscher Tourismusverband e. V. (DTV), Zahlen – Daten – Fakten 2017, 2018, https://www.deutschertourismusverband.de/fileadmin/Mediendatenbank/Bilder/Presse/Presse_PDF/ZDF_2017.pdf (13.6.2018).

Drews, K., Kulturtourismus im ländlichen Raum an „dritten Orten“ der Begegnung als Chance zur Integration von Kultur- und Tourismusentwicklung. Eine Befragung von touristischen und einheimischen Kulturbesuchern in ländlichen Regionen Sachsens, Hildesheim u. a 2017.

Enzensberger, H. M., Vergebliche Brandung in der Ferne. Eine Theorie des Tourismus, in: Merkur 12(H. 8):701–720, 1958.

Forschungsgemeinschaft Urlaub und Reisen e. V. (F.U.R.), Reiseanalyse 2012. Erste Ausgewählte Ergebnisse, 2012, http://www.fur.de/fileadmin/user_upload/RA_2012/ITB2012/FUR_RA2012_Erste_Ergebnisse_web.pdf (13.6.2018).

Glogner-Pilz, P. / P. S. Föhl, Handbuch Kulturpublikum. Forschungsfragen und -befunde, Wiesbaden 2016.

Göschel, A., Die Ungleichzeitigkeit der Kultur. Wandel des Kulturbegriffs in vier Generationen, Stuttgart u. a 1991.

Göschel, A., Kulturpolitik in der „Authentizitätsgesellschaft“, in: Kulturpolitische Mitteilungen Nr. 149, 2:50–53, 2015.

Institut für Kulturpolitik der Kulturpolitischen Gesellschaft (Hg.), Förderpotenziale für die kulturelle Infrastruktur sowie für kulturelle Aktivitäten in ländlichen Räumen. Eine Bestandsaufnahme, Bonn. https://www.kupoge.de/download/Studie_laendliche-kulturarbeit.pdf (14.9.2019) 2015.

Keuchel, S., Das Kulturpublikum zwischen Kontinuität und Wandel – Empirische Perspektiven, in: Institut für Kulturpolitik der Kulturpolitischen Gesellschaft (Hg.), Jahrbuch für Kulturpolitik 2005, S. 111–125. Kulturpublikum, Essen, 2005.

Kirig, A., Tourismusreport 2014, Frankfurt am Main 2013.

Kirig, A. / S. Eckes, Tourismusreport 2015, Frankfurt am Main 2014.

Klein, A. / Y. Pröbstle / T. Schmidt-Ott (Hg.), Kulturtourismus für alle? Neue Strategien für einen Wachstumsmarkt, Bielefeld 2017.

Kruska, C. / Y. Pröbstle, Kulturzeichen Kitzinger Land – Eine Region erzählt ihre Geschichte, in: Klein, A. et al. (Hg.), Kulturtourismus für alle? Neue Strategien für einen Wachstumsmarkt, Bielefeld 2017, S. 221–232.

Pröbstle, Y., Kulturtouristen. Eine Typologie, Wiesbaden 2014.

Reckwitz, A., Die Erfindung der Kreativität. Zum Prozess gesellschaftlicher Ästhetisierung, Berlin 2012.

Richards, G., Tourism development trajectories. From culture to creativity?, in: Smith, M. / G. Richards (Hg.), The Routledge Handbook of Cultural Tourism, London/New York 2013, S. 297–303.

Schäfer, R., Tourismus und Authentizität. Zur gesellschaftlichen Organisation von Außeralltäglichkeit, Bielefeld 2015.

Schulze, G., Die Erlebnisgesellschaft. Kultursoziologie der Gegenwart, München/Frankfurt am Main 2005.

Steinecke, A., Erlebnis- und Konsumwelten – eine Strategie auch für den ländlichen Raum?“, in: Popp, H. (Hg.), Auf der Suche nach kreativen Formen eines ländlichen Tourismus, Bamberg 2003, S. 2–11.

Stichwortverzeichnis

https://doi.org/10.1515/9783486711028-022

www.ingramcontent.com/pod-product-compliance
Lightning Source LLC
LaVergne TN
LVHW060625300926
849162LV00008B/1717

* 9 7 8 3 4 8 6 5 8 2 5 8 1 *